全国优秀畅销书

高等院校本科市场营销专业教材新系

中国高等院校市场学研究会组编

BUSINESS NEGOTIATION

5th edition

商务谈判

第五版

樊建廷 干勤 等 编著

东北财经大学出版社 大连

Dongbei University of Finance & Economics Press

图书在版编目（CIP）数据

商务谈判/樊建廷，干勤等编著. —5版. —大连：东北财经大学出版社，2018.2（2018.7重印）
（高等院校本科市场营销专业教材新系）
ISBN 978-7-5654-3093-0

Ⅰ. 商…　Ⅱ. ①樊…②干…　Ⅲ. 商务谈判-高等学校-教材　Ⅳ. F715.4

中国版本图书馆 CIP 数据核字（2018）第 029384 号

东北财经大学出版社出版
（大连市黑石礁尖山街 217 号　邮政编码　116025）
网　　址：http://www.dufep.cn
读者信箱：dufep@dufe.edu.cn
大连图腾彩色印刷有限公司印刷　　东北财经大学出版社发行
幅面尺寸：185mm×260mm　字数：436 千字　印张：20.5　插页：1
2018 年 2 月第 5 版　　　　　　2018 年 7 月第 36 次印刷
责任编辑：石真珍　　　　　　　责任校对：贺　力
封面设计：冀贵收　　　　　　　版式设计：钟福建
定价：42.00 元

"高等院校本科市场营销专业教材新系"
编写指导委员会

总　序

东兔西乌，岁月如流。呈现在读者面前的这套"高等院校本科市场营销专业教材新系"，从发轫到今天形成较成熟、完整的新体系，已整整走过了30多个春秋。在这三分之一世纪的岁月中，我国社会经济在改革开放浪潮的席卷下，发生了极其深刻的变化，业已嬗变成社会主义市场经济。与这一进程基本同步的市场营销学及其系列课程的重新引进和建设，也从不完善到逐步完善，取得了有目共睹的骄人成绩。溯源徂流，这些成就的获得，是与我国市场营销学界的勇于探索及创新分不开的。

早在党的十一届三中全会前夕，我国市场营销学界一些原来从事部门经济教学的同道，从当时我国传统计划经济体制的"紧箍咒"有所松动、改革开放的红日即将喷薄而出等迹象，见微知著，预期商品和市场的培育问题必将成为我国经济工作的主线，有必要改弦更张，重新引进适应我国商品、市场发展要求的市场营销学及其相关课程。1978年秋，南方的个别高校在制订新的教学计划时，遂将市场营销学、消费心理学、广告学首先列入商学专业的教学计划，并于1979年在校内外先后开设这些课程，受到在校学生及业务部门培训人员的广泛欢迎。

改革开放初期，企业开始自主经营、自负盈亏，市场问题日渐凸显，市场营销学已开始派上用场，受到广大工商企业经营管理人员的欢迎，各地开设市场营销学的院校也越来越多，业务部门开办的市场营销学培训班更如雨后春笋。这种喜人形势的出现，与广大市场营销学者的潜心探索和艰辛努力分不开。此时我们的营销学界从无到有，从不成熟到较成熟，很快编写出一批各有特色、繁简不一的市场营销学及某些相关课程的教材，为市场营销学在我国的启蒙和推广做出了初始的贡献。1984年全国高等财经院校市场学教学研究会（此为中国高等院校市场学研究会的前身）及后来的中国市场学会的成立，更有组织地推动了市场营销学教学、科研工作的迅猛发展。20世纪90年代初，各地编写的市场营销学专著及教材达200余种，此时市场营销学在我国已基本普及。

随着改革开放的进一步深入，其攻坚战的拉开及商品、市场的大发展，如何与此相适应，使市场营销学在普及的基础上进一步提高，是我国广大营销学者面临的新课题。这包括两方面的具体任务：一是要从着重引进国外教材的"拿来"阶段上升到引进与总结相结合的新阶段，着重探讨和创建更贴近我国国情、对我国企业市场营销活动更具直接指导意义的市场营销学体系；二是把从市场营销学单科教材或配以少数相关教材为主的"短腿"教材建设，推进到以市场营销学这一主导课程为基础，将各主要市场营销组合因素细化为探讨更深入、内容更专一而又相互紧密联系的系列课程教材建设。经过日益壮大的市场营销学界近10年的共同奋战，这两项任务在20世纪千年纪元结束之际已基本完成，不仅全国出版的市场营销学主教材已累计达300余种，各种新增的分支专业市场营销学教材大量涌现，而且质量和水平都大大提高。

但客观形势总是向前发展的，市场营销学的学科建设也永无止境。在新世纪，市场营销学的学科建设也给自身提出了新的要求和任务。21世纪是高新技术的时代，世界经济将经历空前深刻的变化。为迎接这种新的挑战，重要任务之一是要建设一支能适应新世纪科学技术和社会经济大发展环境的未来型企业家队伍。企业家必须重点掌握的市场营销学，在培养未来型企业家的系统工程中，具有举足轻重、功关大局的地位。因此，如何在原教材建设日锻月炼的基础上，以只争朝夕的精神，尽快编写出一套体系更完整、内容更先进、更适合培养未来型企业家的新教材，便成为我国市场营销学界的当务之急。

无独有偶，我国财经类出版社中最具实力和影响力之一的东北财经大学出版社（以下简称东财大出版社）也匠心独运，主动提出要与中国高等院校市场学研究会（以下简称研究会）联合组织编写出版"高等院校本科市场营销专业教材新系"（以下简称"新系"）的设想。这真是一拍即合。在东财大出版社的大力倡导、策划和支持下，研究会从全国各地组织了几十位市场营销学专家，对"新系"的种类构成，教材建设的任务、原则与途径进行了认真、深入和细致的研讨，确定编写11门相关课程的教材。

目前业已推出的这批"新系"教材的主要特点如下：

1. 首创"换代型"：在内容与形式上都有重大更新，符合全国教育工作会议和教育部关于高等院校教学改革与教材建设的最新精神。其内容更新不仅在于完全摆脱了过去部门经济学的"政策学"窠臼，还在于扬弃了改革开放后第一代市场营销学教材中残留的计划经济旧内容，反映了当时市场刚发育、低水平的营销策略思想和技术手段，总结和探讨了在世纪之交的市场经济和全球化大潮席卷下企业应树立的新营销观念和策略思想，以及应掌握的最新营销理论和技术。其形式更新主要围绕贯彻知识、能力、技术三位一体的教育原则，重塑教材的赋型机制。各门课程教材在结构、栏目、体例和写作风格上均有所突破，大量运用图表、案例、专栏等形式，强化了学生的素质、知识、操作与创新能力的训练。

2. 中西合璧：结合我国市场营销的国情，大力借鉴发达国家最具代表性、最新版教材之所长。过去我国在引进和建设市场营销学系列课程中，曾有过两种做法或主张，即或者原原本本地"拿来"，或者完完全全地"中国化"。这两者都各有其特定的历史背景和局限性。20世纪70年代末到80年代初，由于我国各级学府久违市场营销学已达30年，很多人对市场营销学尤其是现代市场营销学为何物知之甚少，并且我国也鲜有市场营销工作的实践和经验，因此强调先原原本本把外国教材引进来，再逐渐消化、融会贯通，可说顺理成章。不过，这里有个引进版教材不完全适合中国国情的问题。到了90年代，市场营销学及其系列课程已在我国普及，广大工商企业已有大量的市场营销实践和不少成功经验，此时有的同道提出教材建设要搞本国化也是水到渠成。然而，这里也同样有个本国化如何与市场营销学的普遍原理相结合的问题。与上述两种做法或主张不同，本"新系"一方面十分重视总结我国丰富的市场营销实践和经验，将其提升到理论高度；另一方面也充分借鉴了发达国家一些最具代表性和普遍适用性的市场营销学新理论、新技术，力求做到既博采中外所长，又独树一帜。

　　3.作者阵容强大：众多资深营销学家联袂组成编委会，十余所著名高校管理院系的知名专家、教授领衔编撰。本"新系"整个编撰队伍由来自我国东西南北中各地不同高等学府的数十位知名专家、学者组成，他们中的大多数是我国一级学术社团——中国高等院校市场学研究会的核心会员，此外还包括其他学术社团及国内部分高校的著名跨世纪学科带头人。"新系"中的各门课程教材，除各由不同学校及不同学术专长的多位学者共同承担编写任务外，其主要体系、内容、结构还经编写指导委员会及全体编写人员集体讨论，互提意见和建议，从而很好地发挥了集思广益、增强互补性的作用，使教材质量更上一层楼。

　　高尔基说过：科学的大胆的活动是没有止境的，也不应有止境。巴甫洛夫也曾有类似的警世名言：科学需要一个人贡献毕生的精力，科学要求每个人有极紧张的工作状态和伟大的热情。本"新系"的建设应该说也是一种科学的大胆活动，同样不应有止境。我们现在奉献给读者的这套教材，其成就犹如我国著名作家姚雪垠所指出的那样，"都是整个过程里面一个段落的小结，它既是一次小结，同时也是新的开始"。我想，我们全体"新系"的作者都会汲取这些至理名言，以极大热情，通过不断修订，使"新系"的更新与国内外市场营销的学科新发展及实践新探索永保同步，为培养新世纪高素质市场营销专业人才而贡献力量！

何永祺

第五版前言

由笔者领衔编写的《商务谈判》(第一版)2001年2月由东北财经大学出版社出版。后经修订,于2007年2月、2011年7月、2015年2月相继出版了第二、三、四版,并连续荣膺"全国优秀畅销书"。谨此,向各兄弟院校同行专家、教师和广大读者对本书的厚爱深表谢意!也向东北财经大学出版社的领导和责任编辑多年来给予本书的支持、帮助表示感谢!

为适应教学需要,现对本书第四版再次进行修订,以敬奉读者。本次修订基本保留了上一版的框架、结构,同时对全书内容进行审慎校勘,增补、更新、调整、删减了部分内容,力求使本书不断完善。教材终归是为了教学的需要而编写并接受检验的,在本书第五版付梓之际,再次诚请同行专家、教师和广大读者继续对本书予以指正。

为方便教学,本书配有电子课件以及章后基本训练参考答案与提示、综合案例分析与提示、综合实践教学建议,使用本教材的任课教师可登录东北财经大学出版社网站(www.dufep.cn)查询或下载这些资料。

为了增强学习的趣味性,提高学生的学习兴趣,本教材每一章都设置了与谈判技巧相关的拓展知识,并生成了二维码,学生使用手机扫描二维码即可阅读。

樊建廷

2018年1月

第一版前言

人的本质在于社会性。社会，则是人们交互作用的产物。实际上，没有社会交往，人和人类社会就不可能形成。自从有了人类及其社会交往活动，也就有了谈判。谈判的历史，同人类社会一样久远。古往今来，部落相争、家族矛盾、劳资纠纷、商品贸易、损失索赔、国际关系等，总有各种各样的问题需要解决，由此，便出现了兵戎相见、伦理规范、行政命令、协商谈判、经济杠杆、法律仲裁等各种各样的解决办法。最初，谈判只是解决争议的手段之一，但是，社会实践不断地表明：各种争议的解决办法，或者同时总要伴随着彼此间的协商谈判，或者最终总要回到谈判桌上来协商。谈判作为一种有效的协调手段，越来越被广泛地运用到社会生活的各个领域，人们也因此对谈判给予越来越多的关注。

当今社会，和平与发展已成为主旋律。在竞争日益激烈的情况下，社会生活愈发强调合作。在竞争中合作，在合作中竞争，为谈判活动开辟了广阔的空间。同时，现代社会人们之间的联系交往日益密切，需要谈判协调的事务也大大增多，人们以比往常更高的频率介入更广层面的谈判之中。谈判，已成为现代人无法回避的生活现实和必须具备的基本能力。

谈判行为的普遍性及过程与结果的重要性，促使人们去探究谈判的内在规律，从而把谈判成功的偶然变为必然。关于谈判理论的系统研究，美国与欧洲国家起步较早，自20世纪60年代以来已经取得了一定的成果。到了80年代，谈判学课程越来越多地进入了大学课堂，对谈判理论、实务、技巧的学习已成为许多专业尤其是商学院学生的必修课程。在我国，自20世纪80年代开始，谈判学课程逐步进入高等院校，而且，为适应21世纪经济和社会发展以及人才培养的需要，谈判方面的课程在许多相关专业也日益受到重视。此次由中国高等院校市场学研究会与东北财经大学出版社合作组编的"高等院校本科市场营销专业教材新系"，《商务谈判》列为其中之一。应当指出，商务谈判在谈判学课程中最具代表性。随着改革开放的深化，随着社会主义市场经济体制以及现代企业制度的完善，随着我国加入世界贸易组织（WTO）和融入世界经济带来的机遇与挑战，商务谈判的实践和理论必将备受国人瞩目。

这次编写的《商务谈判》一书，分为三编12章。第一编商务谈判原理，包括：第1章导论，第2章商务谈判概述，第3章商务谈判的内容，第4章商务谈判中的思维、心理和伦理；第二编商务谈判实务，包括：第5章商务谈判准备，第6章商务谈判过程，第7章商务谈判中的价格谈判，第8章商务谈判签约；第三编商务谈判艺术，包括：第9章商务谈判策略，第10章商务谈判沟通，第11章商务谈判礼仪与礼节，第12章国际商务谈判。本书由樊建廷领衔，与干勤、刘广起、吴爱明三位教授合作完成。其中，第1章、第2章、第3章、第7章由樊建廷撰写，第4章、第8章由刘广起撰写，第5章、第6章由吴爱明撰写，第9章、第10章、第11章、第12章由干勤撰写。最后，樊建廷负责对全部书稿进行了修改、总纂。

本书的出版，蒙中国高等院校市场学研究会同仁的盛情相邀和东北财经大学出版社同志们的大力支持，书稿写作中参阅了许多国内外文献，谨此深表谢忱！由于工作繁忙、时间紧迫和编者水平有限，书中偏颇、疏漏在所难免，诚请同行专家和读者指正！

樊建廷

2000年9月于天津商苑

目　录

第一编　商务谈判原理

第一编 商务谈判原理

本编论述商务谈判的基本原理,包括:第1章,导论,主要涉及谈判的定义、动因、要素、类型等;第2章,商务谈判概述,全面介绍商务谈判的概念、特征与职能,程序与模式,原则与成败标准等;第3章,商务谈判的内容,重点阐述货物买卖谈判,技术贸易谈判,工程承包、租赁、合资、合作谈判等;第4章,商务谈判中的思维、心理和伦理,分别探讨商务谈判中谈判人员必备的谋略、心态、道德等理论知识和基本素质。这一部分是学习和研究商务谈判的基础。

第 **1** 章

导论

学习目标 ◐

通过本章学习，你应该达到以下目标：

知识目标：认识谈判的定义和谈判概念一般包含的基本点；从谈判概念包含的基本点出发认识谈判的一般动因；理解谈判的基本要素；了解谈判的主要类型。

技能目标：正确确定谈判议题；懂得如何对谈判各方及谈判背景进行分析考察。

能力目标：通过对谈判各方及谈判背景的分析考察，初步掌握识别谈判各方的优势、弱点及谈判的客观条件的能力。

引例 @   **谈判——随处可见**

春节，我为两个小侄女送去一箱大苹果。因天气寒冷，怕她们多吃伤胃，先洗了一个，想切开让她俩分着吃。然而，矛盾产生了，俩人都争着想要大的一半。于是，我让她们"谈判"，很快得出圆满的解决办法：一人先来切开苹果，认为怎么切好就怎么切；另一人先来挑选其中一半，愿意要哪一半就要哪一半。这样，苹果切开了，挑选也顺利进行，俩人心安理得、各得其所，都觉得公平、"双赢"。

商务谈判是现代社会中谈判活动的主要类型。从一般的意义上了解谈判，是学习和研究商务谈判的起点和"入口"。

作为开篇，导论分两节内容，主要说明谈判的定义和动因、谈判的要素和类型。

1.1 谈判的定义和动因

1.1.1 谈判的定义

谈判，《现代汉语词典》解释为：有关方面对有待解决的重大问题进行会谈。其实，谈判也有狭义和广义之分。狭义的谈判，指为解决较为重大的问题，在正式专门场合下进行的会谈；而广义的谈判，则包括各种形式的"交涉""洽谈""协商"等。作为探讨谈判实践内在规律的谈判理论，主要以建立在广义谈判基础之上的狭义谈判为研究对象。

谈判实际上包含"谈"和"判"两个紧密联系的环节。谈，即说话或讨论，就是当事人明确阐述自己的意愿和所要追求的目标，充分发表关于各方应当承担和享有的责、权、利等看法。判，即分辨和评定，就是当事各方努力寻求关于各项权利和义务的共同一致的意见，以期通过相应的协议正式予以确认。因此，谈是判的前提和基础，判是谈的结果和目的。

不过，要给谈判下一个大家都认同的专业性的定义，可能还需要一个"谈判"的过程。目前，出现在各类文献中关于谈判的定义，见仁见智、多种多样。比较有代表性的可列举如下：

美国谈判学会主席杰勒德·I.尼尔伦伯格（Gerard I.Nierenberg）在其所著的《谈判的艺术》（The Art of Negotiating）中写道："谈判的定义最为简单，而涉及的范围却最为广泛，每一个要求满足的愿望和每一项寻求满足的需要，至少都是诱发人们展开谈判过程的潜因。只要人们为了改变相互关系而交换观点，只要人们是为了取得一致而磋商协议，他们就是在进行谈判。"

英国学者 P.D.V.马什（P.D.V.Marsh）在《合同谈判手册》（Contract Negotiation Handbook）一书中对谈判所下的定义是："所谓谈判是指有关各方为了自身的目的，在一项涉及各方利益的事务中进行磋商，并通过调整各自提出的条件，最终达成一项各方较为满意的协议这样一个不断协调的过程。"

法国谈判学家克里斯托夫·杜邦（Christophe Dupont）全面研究了欧美国家许多谈判专家的著述后在其所著的《谈判的行为、理论与应用》（La Negociation：Conduite，Theorie，Applications）中给谈判下了这样的定义："谈判是使两个或数个角色处于面对面位置上的一项活动。各角色因持有分歧而相互对立，但他们彼此又互为依存。他们选择谋求达成协议的实际态度，以便终止分歧，并在他们之间（即使是暂时性的）创造、维持、发展某种关系。"

美国著名谈判咨询顾问 C.威恩·巴罗（C.Wayne Barlow）和格莱恩·P.艾森（Glenn P.Eisen）在合著的《谈判技巧》一书中指出："谈判是一种双方致力于说服对方接受其要求时所运用的交换意见的技能。其最终目的就是要达成一项对双方都有利的协议。"

我国很多学者也为谈判下了定义，比如：

"所谓谈判，乃是个人、组织或国家之间，就一项涉及双方利害关系的标的物，利用协商手段，反复调整各自目标，在满足己方利益的前提下取得一致的过程。"[①]

"谈判是谈判双方（各方）观点互换、情感互动、利益互惠的人际交往活动。"[②]

"谈判是人们为了协调彼此之间的关系，满足各自的需要，通过协商而争取达到意见一致的行为和过程。"[③]

"谈判是指人们为了各自的利益动机而进行相互协商并设法达成一致意见的行为。"[④]

本书无意再为谈判增加一个新的定义，然而，研究以上定义似可发现，虽然中外

① 赵大生，等. 涉外公共关系与谈判交往技巧 [M]. 北京：科学技术文献出版社，1989.
② 田志华，等. 实用谈判学 [M]. 北京：中国青年出版社，1991.
③ 张祥. 国际商务谈判 [M]. 上海：上海三联书店，1995.
④ 许晓明，等. 经济谈判 [M]. 上海：复旦大学出版社，1998.

学者对谈判概念的文字表述不尽相同，但其都包含一些相近的或相通的基本点。这些基本点大致有：

1）谈判的目的性

谈判均有各自的需求、愿望或利益目标，是目的性很强的活动。没有明确的谈判目的，不明白为什么而谈和在谈什么，至多只能叫作"聊天"或"闲谈"。因此，上述定义都强调谈判的目的性，即追求一定的目标这一基本点，如"满足愿望""满足需要""为了自身的目的""对双方都有利"，或者"满足己方利益""利益互惠""满足各自的需要""为了各自的利益动机"等。

2）谈判的相互性

谈判是一种双边或多边的社会交往和互动过程，总要有谈判的对象；否则，自己和自己谈，就不成其为谈判，也达不到谈判的目的。因此，人们在谈判的定义中都指出谈判的相互性，即涉及彼此关系这一基本点，如"为了改变相互关系""涉及各方""使两个或数个角色处于面对面位置上""双方致力于说服对方"，或者"个人、组织或国家之间""谈判双方""协调彼此之间的关系"等。

3）谈判的协商性

谈判是通过协调相互关系实现各自目标的行为方式。英语中谈判与协商是同一个词——negotiate。谈判不是命令或通知，不能由一方说了算，所以在谈判中一方既要清楚地表达其立场和观点，又必须认真地听取他方的陈述和要求并不断调整对策，以沟通信息、增进了解、缩小分歧、达成共识，这就是彼此之间的协商或磋商。因此，谈判的定义不能不阐明谈判的协商性，即共同商量办事这一基本点，如"交换观点""进行磋商""说服对方"，或者"利用协商手段""观点互换""通过协商""进行相互协商"等。

综合上述的基本点，我们可以把谈判理解为：谈判是人们为了各自的目的而相互协商的活动。

1.1.2 谈判的动因

人们为什么要谈判？谈判发生的一般动因是什么？对此，应从谈判的内涵中去思考。

1）追求利益

谈判是一种具有明确目的的行为。这里，最基本的目的就是追求自身的利益需要。

人们的利益需要是多种多样的。从内容看，有物质的需要、精神的需要；从层次看，有生理需要、安全需要、社交需要、尊重需要、自我实现需要；从时间看，有短期需要、长期需要；从主体看，有个人需要、组织需要、国家需要等。人们的种种利益需要，有些是可以依靠自身及其努力来满足的，但是更多则必须与他人进行交换来满足。显然，这种交换是比较效益的客观要求，其直接动因是为了使利益需要得到更好的满足。

其实，在利益交换中，双方或各方都是为了追求自身的利益目标。就一方而言，当然是要追求自身利益的最大化，但是这种自身利益的扩大如果侵害或者不能保证对方的最低利益，对方势必退出，利益交换便不能实现。可见，在利益交换中，有关各方追求并维护自身的利益需要，不仅成为谈判之必要，而且是谈判的首要动因。

2）谋求合作

在现实生活中，由于社会分工、发展水平、资源条件、时空制约等原因，人们及各类组织乃至地区或国家之间，往往形成各种各样的相互依赖关系。例如，一方生产某产品，另一方正需要该产品；一方拥有农产品但需要工业品，另一方拥有工业品而需要农产品；一方拥有市场但需要技术，另一方拥有技术而需要市场等。这种相互差异，为各方发挥优势、实现互补提供了客观基础。

当今社会，随着科学技术的发展和社会的进步，出现了两种平行的趋势：一是社会分工日益明显，生产和劳动的专业化程度日益提高；二是社会协作日益紧密，人们之间的相互依赖性日益增强。在这种社会生活相互依赖关系不断增强的客观趋势下，人们的某种利益目标实现的程度，不仅取决于自身的努力，还取决于与自身利益目标相关方面的态度和行为，取决于彼此之间的互补合作。人们相互之间的依赖程度越强，就越需要加强相互的合作。可见，社会依赖关系的存在，不仅为人们相互间的互补合作提供了可能性，同时也是一种必要。正是这种在相互依赖的可能中谋求合作的必要，成为谈判的又一重要动因。

3）寻求共识

借助他人的资源满足自身的利益需要，必然出现不同主体利益归属的要求和矛盾。古往今来，强权掠夺、发动战争的确是达到一方利益目标的手段。然而，随着社会文明的进步和社会生活相互依赖关系及观念的增强，人们逐渐认识到暴力并非处理矛盾的理想方式，它不仅造成许多严重后果并留下诸多隐患，而且大多同时或最终仍要通过非暴力的方式得以解决。人们也逐渐认识到摒弃对抗、谋求合作才是处理日益密切的社会联系和相互依赖关系的明智之举，而谈判正是实现互利的最佳选择。

谈判行为的特征是平等协商，即在相互依赖的社会关系中有关各方的地位相对平等，并在此基础上通过彼此商讨和相互沟通来寻求互利合作中各方都能认可和自愿接受的交换条件与实施程序。伴随着社会的进步以及社会生活的依法有序，利益主体维护自身权益的意识自觉增强并日益受到社会的尊重与保护。在这种社会环境下，只有通过谈判来寻求相互合作的共同利益并达成共识、形成协议，才能使互助互惠成为客观现实。因此，寻求共识进而实现互利合作同样是谈判的动因之一。

综上所述，追求利益、谋求合作、寻求共识是谈判的主要动因，其中：追求利益是谈判的必要；谋求合作及其所依据的相互依赖关系既是谈判的必要，又使谈判成为可能；寻求共识则是谈判中能够使追求利益和谋求合作的必要与可能最终成为现实的有效途径。

【实例1-1】

周恩来是古今中外罕见的谈判天才

周恩来是古今中外罕见的谈判天才，言辞柔中带刚，绵里藏针，其论理、气度和分寸感折服了所有的谈判对手。周恩来善于以适当的让步和通融打破僵局，争取主动，但如果要他放弃原则，他会毫不犹豫地离开谈判桌。

作为共产党的首席谈判代表，周恩来曾长期与国民党周旋，参加了从达成抗日民族统一战线到国共彻底反目之间的历次重要谈判，前后十年无一败绩。谈判中，周恩来始终以不损害中共根本利益为原则，在坚持这个原则的前提下做出适当的让步和通融。1937年1月24日，他致电毛泽东和张闻天，提出了同国民党谈判进行让步的界线，即"可以服从三民主义，但放弃共产主义信仰绝无谈判余地"，"承认国民党在全国领导，但取消共产党绝不可能"。有了上述界线，便可以"不争名位与形式"，陕甘宁边区政府可以改称中华民国特区政府，共产党的军队可以编入国民革命军序列，采用国民党军队的番号等。蒋介石虽然不满意这些让步，但迫于形势，他也不得不在此基础上发表《国共合作宣言》，实行共同抗日。

蒋介石"收编"中共军队的目的未能达到，但他并不死心，整个抗战时期，他都想用政治解决方式搞垮共产党，为此他耍了各种各样的花招，如提出共产党合并于国民党，要求在共产党军队中派遣军政人员，邀请共产党到政府去做官等。但是蒋介石的这些要求均为周恩来所拒绝。

资料来源　胡长明. 大智周恩来［M］. 北京：中共党史出版社，2008.

1.2 谈判的要素和类型

1.2.1 谈判的基本要素

谈判的要素，是指构成谈判活动的必要因素。它是从静态结构上对谈判行为的剖析。换言之，没有这些要素，谈判就无从进行。

谈判通常由谈判当事人、谈判议题、谈判背景三个要素构成。

1）谈判当事人

谈判总是在人们的参与下进行的。**谈判当事人**，是指谈判活动中有关各方的所有参与者。从谈判组织的角度来看，谈判当事人一般有两类人员：台上的谈判人员和台下的谈判人员。

台上的谈判人员，指在谈判一线的当事人，亦即出席谈判、上谈判桌的人员。一线的当事人，除单兵谈判外，通常包括谈判负责人、主谈人和陪谈人。其中，谈判负责人，即谈判当事一方现场的行政领导，也是上级派在谈判一线的直接责任者，他虽然可能不是谈判桌上的主要发言人，但有发言权，可以对主谈人的阐述进行某些补充甚至必要的更正，是谈判桌上的组织者、指挥者，起到控制、引导和场上核心的作用。主谈人，即谈判桌上的主要发言人，他不仅是场上的主攻手，也是谈判桌上的组织者之一，其主要职责是按照既定的谈判目标及策略同谈判负责人默契配合，与对方进行有理、有利、有节、有根、有据的论辩和坦率、诚恳的磋商，以说服对方接受自己的方案或与对方寻求双方（各方）都能接受的方案。陪谈人包括谈判中的专业技术人员、记录人员、译员等，其主要职责是在谈判中提供某些咨询服务、记录谈判的过程与内容以及做好翻译工作等。

台下的谈判人员，指谈判活动的幕后人员。他们在谈判中虽然不出席、不上桌，但是对谈判发挥着重要的影响或起着重要的作用。他们包括该项谈判主管单位的领导和谈判工作的辅助人员。主管单位的领导的主要责任是组班布阵、审定方案、掌握进程、适当干预，辅助人员的主要作用是为谈判做好资料准备工作和进行背景分析等。

2）谈判议题

谈判议题，是指谈判需商议的具体问题，亦即谈判标的。标的，意为目标、目的，指当事人权利、义务共同指向的对象，如货物、劳务、项目等。谈判议题是谈判的起因、内容和目的，并决定当事各方参与谈判的人员组成及策略，所以它是谈判活动的中心。没有议题，谈判显然无从开始且无法进行。

谈判议题不是凭空拟定的，也不是单方面的意愿。它必须是与各方利益需要相关，为各方所共同关心，从而成为谈判内容的提案。谈判议题的最大特点在于当事各方认识的一致性。如果没有这种一致性，就不可能形成谈判议题，谈判也就无共同语言。

谈判中可谈判的议题几乎没有限制，任何涉及当事方利益需要且双方共同关心的内容都可以成为谈判议题，正所谓"一切都可谈判"。谈判议题的类别形式，按其涉及内容分，有政治议题、经济议题、文化议题等；按其重要程度分，有重大议题、一般议题等；按其纵向和横向结构分，有主要议题及其项下的子议题（议题中的议题）、以主要议题为中心的多项并列议题、互相包容或互相影响的复合议题等。由于谈判议题的多样性，其谈判的复杂程度也就不同。

3）谈判背景

谈判背景是指谈判所处的客观条件。任何谈判都不可能孤立地进行，而必然处在一定的客观条件之下并受其制约。因此，谈判背景对谈判的发生、发展、结局均有重要的影响，是谈判不可忽视的要件。

谈判背景主要包括环境背景、组织背景和人员背景三个方面。

环境背景一般包括政治背景、经济背景、文化背景，以及地理、自然等客观环境因素。其中，政治背景在国际谈判中是一个很重要的背景因素，它包括所在国家或地区的社会制度、政治信仰、体制政策、政局动态、国家关系等。例如，国家关系友好，谈判一般较为宽松，能彼此坦诚相待，充满互帮互助情谊，出现问题也比较容易解决；反之，国家关系处在或面临对抗与冷战状态，谈判会受到较多的限制，谈判的难度也较大，甚至会出现某些制裁、禁运或其他歧视性政策。有时由于政治因素的干扰，即使谈判的当事人有诚意达成某些协议，其也可能成为一纸空文。如果某国政局动荡，该方谈判者自然职位不稳，政府人事更迭也有可能导致现行政策的某些变化等。经济背景也是很重要的背景因素，尤其对商务谈判有直接的影响，它包括所在国家或地区的经济水平、发展速度、市场状况、财政政策、股市行情等。例如，经济水平反映了谈判者背后的经济实力；某方占有市场的垄断地位，他在谈判中就具有绝对的优势；市场供求状况不同，谈判态度及策略也会不同；财政政策与汇率，既反映了谈判方的宏观经济健康状况，又反映了支持谈判结果的基础的坚挺程度；股市行情则往往是谈判者可供参照和借鉴的"晴雨表"。文化背景同样不可忽视，它包括所在国家或地区的历史渊源、民族宗教、价值观念、风俗习惯等。在这方面，东西方国家之间、不同种族和不同民族之间，甚至一个国家内的不同区域之间，往往会有很大差异。

组织背景包括组织的历史发展、行为理念、规模实力、经营管理、财务状况、资信状况、市场地位、谈判目标、主要利益、谈判时限等。组织背景直接影响谈判议题的确立，也影响谈判策略的选择和谈判的结果。

人员背景包括谈判当事人的职级地位、教育程度、个人阅历、工作作风、行为追求、心理素质、谈判风格、人际关系等。由于谈判是在谈判当事人的参与下进行的，因此人员背景直接影响谈判的策略运用和谈判的进程。

上述是构成谈判活动的三个基本要素。对于任何谈判来说，这三个要素都是不能缺少的（见图 1-1）。

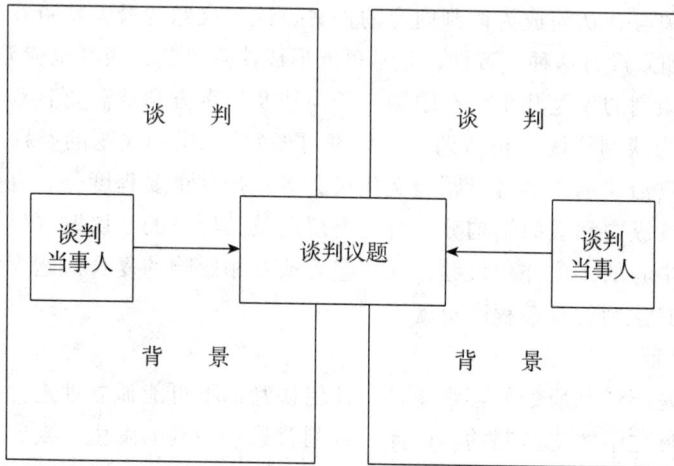

图 1-1　谈判要素示意图

1.2.2　谈判的主要类型

谈判客观上存在不同的类型。认识谈判的不同类型，目的在于根据其不同特征和要求更好地参与谈判和采取有效的谈判策略。可以说，对谈判类型的正确把握是谈判成功的起点。

1）按谈判参与方的数量，谈判分为双方谈判、多方谈判

双方谈判，是指谈判只有两个当事方参与的谈判，例如，一个卖方和一个买方参与的交易谈判或者只有两个当事方参与的合资谈判均为双方谈判。在国家或地区之间进行的双方谈判，也叫双边谈判。

多方谈判，是指有三个及三个以上的当事方参与的谈判，如甲、乙、丙三方合资兴办企业的谈判。在国家或地区之间进行的多方谈判，也叫多边谈判。

双方谈判和多方谈判，由于参与方数量的差别而有不同的特点。双方谈判，一般来说涉及的责、权、利划分较为简单明确，因而谈判也比较易于把握。多方谈判，参与方越多，其谈判条件越错综复杂，需要顾及的方面就越多，也难以在多方的利益关

系中加以协调，从而会增加谈判的难度。

2）按谈判议题的规模及各方参加谈判的人员数量，谈判分为大型谈判、中型谈判、小型谈判，或者分为小组谈判、单人谈判

谈判规模取决于谈判议题及相应的谈判人员的数量。谈判议题越是结构复杂，涉及的项目内容越多，各方参加谈判的人员数量也会越多。这样，谈判自然有大型、中型、小型之分。但是，这种划分只是相对而言，并没有严格的界限。通常划分谈判规模，以各方台上的谈判人员数量为依据，各方在12人以上的为大型谈判、4~12人为中型谈判、4人以下为小型谈判。

一般情况下，大、中型谈判由于谈判项目内容以及涉及的谈判背景等较为复杂，谈判持续的时间也较长，因而需要充分做好谈判的各方面准备工作。例如，组织好谈判班子（其成员要考虑各类职能专家）、了解分析相关的谈判背景和各方的实力、制订全面的谈判计划、选择有效的谈判策略、做好谈判的物质准备等。小型谈判由于其规模较小，虽也应做好准备、认真对待，但谈判内容、涉及背景、策略运用等均相对简单。

按照谈判各方参加人员的数量，谈判还可分为小组谈判、单人谈判。小组谈判指各方出席谈判的人员在2人以上并组成小组进行的谈判。谈判小组人员较多或职级较高，也称谈判代表团。单人谈判也称单兵谈判，即指各方出席谈判的人员只有1人，为"一对一"的谈判。小组谈判与单人谈判，其规模通常也由谈判议题决定。规模大的谈判，有时根据需要也可在首席代表之间安排"一对一"的单人谈判，以磋商某些关键或棘手问题。另外，单人谈判独立作战，因而对谈判人员有较高的要求。

3）按谈判所在地，谈判分为主场谈判、客场谈判、第三地谈判

主场谈判也称主座谈判，是指在自己一方所在地、由自己一方做主人组织的谈判。主场谈判占有"地利"，会给主方带来诸多便利，例如，熟悉工作和生活环境、利于谈判的各项准备、便于请示和磋商问题等。因此，主场谈判人员的自信心、应变能力及应变手段，均占有天然的优势。如果主方善于利用主场谈判的便利和优势，往往会为谈判带来有利影响。当然，作为东道主，谈判的主方应当礼貌待客，做好谈判的各项准备。

客场谈判也称客座谈判，是指在谈判对手所在地进行的谈判。客场谈判时，客居他乡的谈判人员会受到各种条件的限制，也需要克服种种困难。客场谈判人员，面对谈判对手必须审时度势，认真分析谈判背景、主方的优势与不足等，以便正确运用并调整自己的谈判策略，发挥自己的优势，争取获得满意的谈判结果。这种情况在外交、外贸谈判中历来为谈判人员所重视。

为了平衡主、客场谈判的利弊，如果谈判需要进行多轮，通常安排主、客场轮换。在这种情况下，谈判人员也应善于抓住主场机会，使其对整个谈判过程产生有利的影响。

第三地谈判是指在谈判双方（或各方）以外的地点安排的谈判。第三地谈判可以避免主、客场对谈判的某些影响，为谈判提供良好的环境和平等的气氛，但是可能引起第三方的介入而使谈判各方的关系发生微妙变化。

4）按谈判内容的性质，谈判分为经济谈判、非经济谈判

经济谈判是指以某种经济利益关系为谈判议题、内容和目标的谈判。经济谈判是现代社会最为普遍的谈判类型，它囊括和涉及了现代社会各种不同利益主体之间的经济利益关系，例如，货物买卖、服务贸易、工程承包、知识产权转让、投资、融资、租赁、代理、拍卖、索赔等。经济谈判中的主要形式为商务谈判。

非经济谈判是指以非直接的经济利益关系为谈判议题、内容和目标的谈判，如涉及政治关系、外交事务、军事问题、边界划分、人质释放、文化交流、科技合作、家庭纠纷等的谈判。

经济谈判和非经济谈判有时互相交织，但由于谈判内容的性质不同，所以其遵循的原则、运用的策略以及对谈判人员的要求等均有不同。

5）按商务交易的地位，谈判分为买方谈判、卖方谈判、代理谈判

买方谈判是指以求购者（购买商品、服务、技术、证券、不动产等）的身份参加的谈判。显然，这种买方地位不以谈判地点而论。买方谈判的特征主要表现为：

①重视搜集有关信息，"货比三家"。这种搜集信息的工作应当贯穿在谈判的各个阶段，并且其目的和作用应有所不同。

②极力压价，"掏钱难"。买方是掏钱者，一般不会"一口价"随便成交。即使是重购，买方也总要以种种理由追求更优惠的价格。

③度势压人，"买主是上帝"。处于买方地位的谈判方往往会有对方"有求于我"的优越感，甚者盛气凌人。同时，"褒贬是买主"，买方常常以挑剔者的身份参与谈判，"评头品足""吹毛求疵"均在情理之中。只有在某种商品短缺或处于垄断地位时，买方才可能俯首称臣。

卖方谈判是指以供应者（提供商品、服务、技术、证券、不动产等）的身份参加的谈判。同样，卖方地位也不以谈判地点为转移。卖方谈判的主要特征为：

①主动出击。卖方即供应商，为了自身的生存和发展，其谈判态度自然积极，谈判中的各种表现也均体现出主动精神。

②虚实相映。谈判中卖方的表现往往是态度诚恳、交易心切与软中带硬、待价而沽同在，亦真亦假、若明若暗兼有。当己方为卖方时，应注意运用此特征争取好的卖价。而当他方为卖方时，也应注意识别哪是实、哪是虚。

③"打""停"结合。卖方谈判常常表现出时而紧锣密鼓，似急于求成；时而鸣金收兵，需观察动静。如此打打停停、停停打打，对于克服买方的压力和加强卖方地位，通盘考虑谈判方案及其细节，以争取谈判的成功是必要的。

代理谈判，是指受当事方委托参与的谈判。代理又分为全权代理和只有谈判权而无签约权代理两种。代理谈判的主要特征为：

①谈判人权限观念强，一般都谨慎和准确地在授权范围之内行事。

②由于不是交易的所有者，谈判人的立场中立、客观。

③由于受人之托，为表现其能力和取得佣金，谈判人的态度积极、主动。

6）按谈判的态度与方法，谈判分为软式谈判、硬式谈判、原则式谈判

软式谈判也称关系型谈判。这种谈判不把对方当成对头，而是当作朋友，强调的

不是要占上风，而是要建立和维持良好的关系。软式谈判的一般做法是：信任对方→提出建议→做出让步→达成协议→维系关系。当然，如果当事各方都能以"关系"为重，以宽容、理解的心态，互谅互让、友好协商，那么，无疑谈判的效率会提高、成本会降低，相互关系也会得到进一步加强。然而，由于价值观念和利益驱动等原因，有时这只是一种良好的愿望和理想的境界。事实是，对某些强硬者一味退让，最终往往只能达成不平等甚至是屈辱的协议。只有在有长期友好关系的互信合作伙伴之间，或者在合作高于局部近期利益、今天的"失"是为了明天的"得"的情况下，软式谈判的运用才有意义。

硬式谈判也称立场型谈判。这种谈判视对方为劲敌，强调谈判立场的坚定性，强调针锋相对，认为谈判是一场意志力的竞赛，只有按照己方的立场达成的协议才是谈判的胜利。采用硬式谈判，双方常常会互不信任、互相指责，谈判也往往易陷入僵局且旷日持久，无法达成协议。而且，这种谈判即使达成某些妥协，也会由于某方的让步而消极履约，甚至想方设法撕毁协议、予以反击，从而陷入新一轮的对峙，最后导致相互关系完全破裂。在对方玩弄谈判工具须揭露其阴谋、事关自身的根本利益而无退让的余地、竞争性商务关系、一次性交往而不考虑今后合作、对方思维天真并缺乏洞察利弊得失之能力等场合，运用硬式谈判是有必要的。

原则式谈判也称价值型谈判。这种谈判最早由美国哈佛大学谈判研究中心提出，故又称哈佛谈判术。原则式谈判吸取软式谈判和硬式谈判之长而避其之短，强调公正原则和公平价值，主要有以下特征：

①谈判中对人温和、对事强硬，把人与事分开。

②主张按照共同接受的具有客观公正性的原则和公平价值来达成协议，而不是简单地依靠具体问题来讨价还价。

③谈判中开诚布公而不施诡计，追求利益而不失风度。

④努力寻找共同点、消除分歧，争取共同满意的谈判结果。

原则式谈判是一种既理性又富有人情味的谈判态度与方法。运用原则式谈判的要求有：当事各方从大局着眼，相互尊重，平等协商；处理问题坚持公正的客观标准，提出相互受益的谈判方案；以诚相待，采取建设性态度，立足于解决问题；求同存异，互谅互让，争取双赢。这种谈判态度与方法，同现代谈判强调的实现互惠合作的宗旨相符，愈发受到社会各界的推崇。

7）按谈判所属部门，谈判分为官方谈判、民间谈判、半官半民谈判

官方谈判是指国际组织之间、国家之间、各级政府及其职能部门之间进行的谈判。官方谈判的主要特征是：谈判人员职级高、实力强；谈判节奏快、信息处理及时；注意保密、注重礼仪。

民间谈判是指民间组织之间直接进行的谈判。民间谈判的主要特征是：相互平等、机动灵活、重视私交、计较得失。

半官半民谈判是指谈判议题涉及官方和民间两方面的利益，或者指官方人员和民间人士共同参加的谈判、受官方委托以民间名义组织的谈判等。半官半民谈判兼有官

方谈判和民间谈判的特点，一般表现为：谈判需兼顾官方和民间的双重意图及利益，制约因素多；解决谈判中的各类问题时，回旋余地大。

8）按谈判的沟通方式，谈判分为口头谈判、书面谈判

口头谈判是指谈判人员面对面直接用口头语言交流信息和协商条件，或者在异地通过电话进行商谈。口头谈判是谈判活动的主要方式，主要优点是：当面陈述、解释，直接、灵活，为谈判人员展示个人魅力提供了舞台；便于谈判人员在知识、能力、经验等方面相互补充、协同配合，提高整体谈判能力；反馈及时，利于有针对性地调整谈判策略；能够利用情感因素促进谈判的成功等。口头谈判也存在某些缺陷，主要有：利于对方察言观色，推测己方的谈判意图及达到此意图的坚定性；易于受到对方的反击，从而动摇谈判人员的主观意志。但是，这些缺陷反过来也是可供运用的优点。

书面谈判是指谈判人员利用文字或图表等书面语言进行交流和协商。书面谈判一般采取信函、电报、电传等具体方式。书面谈判通常作为口头谈判的辅助方式，其主要优点是：思考从容，利于审慎决策；表达准确、郑重，利于遵循；避免偏离谈判主题和徒增不必要的矛盾；费用较低，利于提高谈判的经济效益等。书面谈判，切忌文不达意和粗心大意，它对谈判人员的书面表达能力和工作作风有较高的要求。

9）按谈判参与方的国域界限，谈判分为国内谈判、国际谈判

国内谈判是指谈判参与方均在一个国家内部。国际谈判是指谈判参与方分属两个及两个以上的国家或地区。

国内谈判和国际谈判的明显区别在于，谈判背景存在较大的差异。对于国际谈判，谈判人员首先必须认真研究对方国家或地区相关的政治、法律、经济、文化等社会环境背景，同时也要认真研究对方国家或地区谈判者的个人阅历、谈判作风等人员背景。此外，国际谈判对谈判人员在外语水平、外事或外贸知识与法律等方面，也有相应的要求。

10）按谈判内容与目标的关系，谈判分为实质性谈判、非实质性谈判

实质性谈判是指谈判内容与谈判目标直接相关的谈判。非实质性谈判是指为实质性谈判而事前进行的关于议程、范围、时间、地点、形式、人员等的磋商和安排；事中进行的有关各方面具体事项的联络和协调；事后进行的对协议拟作技术处理和其他善后工作等的事务性谈判。

事实表明，谈判越是重要、复杂、大型、国际化，非实质性谈判与实质性谈判的关系就越密切、越不可轻视，所以不能认为非实质性谈判是无关紧要的谈判。而那些善于利用自身的主动性，对谈判的议程、范围、时间、地点等进行周密安排的人，往往能在实质性谈判还没有开始就已经事实上取得了主导地位和优势。这种主导地位和优势，有可能直接导致在实质性谈判中产生有利于己方的谈判结果。反之，某些稳操胜券的谈判，可能由于事前安排的一个小小疏漏或变动而酿成败局。因此，20世纪60年代以来，国际上越来越重视非实质性谈判对实质性谈判的影响作用甚至是决定作用。

【实例1-2】

罗杰·道森：生活就是一场谈判

罗杰·道森，美国前总统克林顿的首席谈判顾问，当今世界上最会谈判的人。罗杰·道森16岁时就放弃了学业，20岁时，他开始环游全球，到今天为止，他已经去过113个国家。

这位被《福布斯》评选出的"全美最佳商业谈判教练"，与同样举世闻名的爱丁堡首席谈判专家盖温·肯尼迪一样，也热衷于为企业领袖和主管进行商务谈判技能的培训，如今许多活跃在国际商场上的跨国企业谈判高手，都师出罗杰·道森。

他说，自己人生最得意的不是拥有"能左右世界政治格局"的内阁高参身分，也不是成为名利双收的实业家，而是"协助全美上万家企业培养了无数个销售主管和商务谈判高手"。

这位为谈判而生的美国人坚信"生活就是一场谈判"：幸福需要谈判，商业互动需要谈判，与人合作需要谈判，团队领导需要谈判，国与国之间需要谈判，夫妻关系需要谈判，亲子教育需要谈判……

资料来源　刘悠扬，顾一心. 罗杰·道森：生活就是一场谈判［EB/OL］.［2018-01-29］. http://www.china.com.cn/culture/renwu/2010-07/08/content_20453936.htm.

相关链接：谈判者的四种类型

本章小结

了解谈判的定义，可以从谈判实践和现有诸多的定义中抽象出其中的三个基本点：谈判的目的性、相互性、协商性。谈判是人们为了各自的目的而相互协商的活动。

谈判的一般动因，应当从谈判的内涵中思考，即谈判的目的性——追求利益，谈判的相互性——谋求合作，谈判的协商性——寻求共识。

谈判的基本要素是谈判当事人、谈判议题、谈判背景，三者缺一就不能谈判。

谈判客观上存在各种不同的类型。认识这些类型的目的在于根据其不同特征和要求采取有效的谈判策略。

主要概念和观念

□ **主要概念**

谈判　谈判当事人　谈判议题　谈判背景　经济谈判　买方谈判　卖方谈判

软式谈判　硬式谈判　原则式谈判

□ 主要观念

　　谈判概念的三个基本点　谈判的一般动因　谈判的基本要素　谈判的主要类型

基本训练

□ 知识题

　　1.1　阅读理解

　　1）谈判概念包含哪些基本点？什么是谈判？

　　2）从谈判的基本点出发，如何理解谈判的一般动因？

　　3）构成谈判的基本要素是什么？

　　4）简述谈判的主要类型。

　　1.2　知识应用

　　1.2.1　选择题

　　1）你认为谈判的实质是什么？（　　　）

　　（1）协调双方利益　　　　　　　　（2）满足各自需要

　　（3）维护己方利益　　　　　　　　（4）达到一方目的

　　2）你同意"谈判可以解决任何问题"的观点吗？（　　　）

　　（1）同意　　　　　　　　　　　　（2）有保留地同意

　　（3）不一定　　　　　　　　　　　（4）不同意

　　3）你认为谈判者的素质对谈判的成功重要吗？（　　　）

　　（1）很重要　　　　　　　　　　　（2）比较重要

　　（3）不太重要　　　　　　　　　　（4）不重要

　　4）你认为谈判必须有议题吗？（　　　）

　　（1）必须有　　　　　　　　　　　（2）最好有

　　（3）不一定有　　　　　　　　　　（4）不需要有

　　5）你认为在谈判中必须充分重视谈判背景吗？（　　　）

　　（1）必须充分重视　　　　　　　　（2）适当予以重视

　　（3）有时应当重视　　　　　　　　（4）应视谈判议题而定

　　6）你若进行谈判，考虑谈判类型吗？（　　　）

　　（1）充分考虑　　　　　　　　　　（2）适当考虑

　　（3）也许考虑　　　　　　　　　　（4）不予考虑

　　7）买方谈判或卖方谈判依据什么决定？（　　　）

　　（1）谈判方的身份决定　　　　　　（2）谈判方的实力决定

　　（3）谈判的内容决定　　　　　　　（4）谈判的所在地决定

　　8）你是否同意"坚持强硬立场，就会迫使对方让步，使己方获取最大的利益"的观点？（　　　）

　　（1）完全同意　　　　　　　　　　（2）有保留地同意

（3）不同意　　　　　　　　（4）不好说

9）你认为国内谈判和国际谈判最大的差别是什么？（　　）

（1）国域界限　　　　　　　（2）双方语言

（3）谈判背景　　　　　　　（4）需求特征

1.2.2　判断题

1）谈判是通过相互协商实现互利。　　　　　　　　　　　　　（　　）

2）追求利益是谈判的必要，从而是谈判的内在动因。　　　　　（　　）

3）谈判的构成要素是谈判当事人、谈判议题、谈判背景。　　　（　　）

4）谈判议题即谈判所处的客观条件。　　　　　　　　　　　　（　　）

5）经济谈判是现代社会最为普遍的一种谈判类型。　　　　　　（　　）

□ 技能题

1.1　规则复习

1）不论何种谈判，通常由谈判当事人、谈判议题、谈判背景三个要素构成。

2）谈判当事人是指谈判活动中有关各方的所有参与者。从谈判组织的角度来看，谈判当事人一般包括各方台上的谈判人员和台下的谈判人员。考察谈判当事人的组织、人员背景，是对谈判对手进行分析的重要内容，也是谈判背景分析的重要方面。而学会对谈判对手的分析把握，则是谈判技能的重要环节。

3）谈判议题指需商议的具体问题。它是谈判的起因、内容和目的，并决定谈判的人员组成及策略，所以它是谈判活动的中心。谈判议题又是区分谈判类型的重要依据。

4）谈判背景指谈判所处的客观条件，主要包括环境背景、组织背景和人员背景等。善于对谈判的宏观、微观背景和谈判对手进行科学分析并制定相应的对策，无疑是具备谈判技能的重要标志。

1.2　操作练习

1.2.1　实务题

用你所了解的一个谈判事例，说明什么是谈判，并分析其动因。

1.2.2　综合题

尝试在生活或工作中进行一次谈判（哪怕对方没有意识到你在与他进行谈判），然后对这一谈判的基本要素进行分析，并说明其类型。

□ 能力题

案例分析

一次在商厦购物的谈判

春节前夕，小芳陪母亲到吉利大厦买衣服。商厦的衣服花色、品种、款式很多，但适合中老年妇女穿的却很少。经过挑选，她们看中一件品牌上衣，标价456元，现价九折410元。母亲试穿后，还觉满意，于是，小芳问售货员："价格能否再优惠一点？"售货员说："这种品牌衣服平时是不打折的，现在赶上春节打九折，很优惠了。"小芳说："380元可以吗？行，我们就买一件。"售货员道："这个价格还真没卖过，不过，我看你们很想买这款上衣，我去请示一下主任，你们等一会儿好吗？"片刻，售货员回来，说："最低390元，行，就卖给你们一件。"小芳和母亲表示同意，买了这件上衣。

问题：

1）小芳与商厦售货员进行的是什么谈判？

2）该案例中，谈判的构成要素是哪些？

商务谈判概述

通过本章学习，你应该达到以下目标：

知识目标：了解商务谈判的概念、特征与职能。

技能目标：掌握商务谈判的一般程序与主要模式。

能力目标：掌握商务谈判的基本原则和评价商务谈判成败的主要标准，以提高开展商务谈判的能力。

引例 @   **购销未然　谈判先行**

东方家具城正在展销各类家具，批发可另享优惠。于是，买家纷至沓来，各种交易磋商由此展开：购货量增加，价格折扣是否可再优惠？能否优先选货、送货？支付方式可否灵活？有的外地买主还提出：运杂费是否由卖方负担？运输中商品损坏怎么办……看来，买卖双方就各种交易条件进行磋商并达成协议，自然成为购销顺利实现的先导。

如第 1 章所述，谈判按内容性质，可以分为经济谈判和非经济谈判。虽然非经济谈判涉及的范围较广，诸如政治谈判、外交谈判、军事谈判、科技谈判、文化谈判、体育谈判、宗教谈判、民事谈判等，但是，经济谈判特别是商务谈判几乎囊括了现代社会市场经济中的各种利益关系，无疑是谈判中最为普遍、极为重要的类型和分支。因此，本书以商务谈判为"切入点"来研究谈判。

本章从多个角度对商务谈判进行一般的探讨。

2.1 商务谈判的概念、特征与职能

2.1.1 商务谈判的概念

当今时代，社会生产力获得了空前发展，人们之间的经济关系越来越密切，经济交往越来越频繁，需要协调和处理的经济利益问题也越来越复杂，因而商务谈判在现代社会各种谈判活动中占有越来越重要的地位。

"商"有多重字义，其一为交易，"商务"亦即交易之事务，因此，所谓**商务谈**

判，就是人们为了实现交易目标而相互协商的活动。这里，"商务谈判"有两层含义：一是"商务"；二是"谈判"。前者表明行为目标和内容性质，后者表明运作过程和活动方式。在"商务谈判"中，没有"商务"，就不能说明谈判的特定目标和内容性质；没有"谈判"，也就不能说明商务的运作过程和活动方式。可见，商务谈判正是这样一种为实现商品交易目标，而就交易条件进行相互协商的活动。

2.1.2 商务谈判的特征

商务谈判是谈判的类型之一，当然具备谈判的共性特征，例如，行为的目的性、对象的相互性、手段的协商性，包含谈判当事人、谈判议题、谈判背景等各要素。但是，商务谈判作为谈判的一种特定形式，又必然具有自己的个性特征。认识商务谈判的个性特征，有助于更好地把握商务谈判。

1）普遍性

商务谈判中谈判当事各方通常是各种类型的企业，但是绝不仅仅限于企业等经济组织，政府机关、军队部门、科研院所、医疗机构、文化团体、各类学校等，为采购所需的（或者销售所生产的）各种物资、设备、器具、用品等，同样会成为谈判的当事方。此外，国际经济贸易合作项目的官方谈判也比比皆是。可见，作为商务谈判主体的当事各方，涉及经济、政治、文化等各类社会组织，这就是商务谈判主体构成的普遍性特征。这一特征是商务谈判成为各种谈判活动中人们参与最为普遍、与人们息息相关的谈判活动的原因之所在。

2）交易性

各类社会组织之所以进行或参与商务谈判，其根本原因是因各自需要所产生的交易愿望及交易目标。所谓交易，即买卖商品。在市场经济的条件下，货物、技术、劳务、资金、资源、信息等，都具有使用价值和价值，都是有形商品或无形商品的不同形式，因而都可以成为交易内容即谈判标的。所以，在实现交易目标的商务谈判中，其实最重要的不在于谁来谈判，而在于谈什么。凡是当事各方为实现交易目标而就交易条件进行的协商，即为商务谈判。因此，商务谈判就是针对商品交易的谈判，这就是商务谈判内容的交易性特征。这一特征是商务谈判的基本属性，它也表明，拥有对路的交易标的物是能够与他方进行商务谈判并取得成功的条件。

3）利益性

商务谈判内容的交易性，决定了商务谈判以追求和实现交易的经济利益为目的。在商务谈判中，谈判当事人的谈判计划和策略，都是以追求和实现交易的经济利益为出发点和归宿的，离开了这种经济利益，商务谈判就失去了存在的意义和可能。因此，商务谈判就是以经济利益为目的的谈判，这就是商务谈判目的追求的利益性特征。当然，任何谈判都有利益追求，但商务谈判的利益性特征特指直接的经济利益，这是与其他谈判不同的。

需要指出，商务谈判中的经济利益是谈判各方的共同追求，所以这种利益性应当是"合作的利己主义"，即应当在相互合作中实现自身利益的最大化。在商务谈判中，以双方谈判为例，其利益关系界限如图2-1所示。

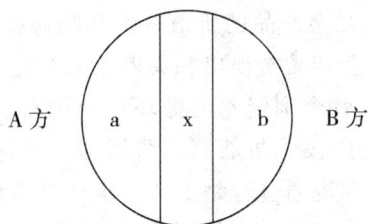

图2-1 商务谈判利益关系界限

图2-1中，整个圆代表A、B双方谈判的总利益，其中，a为A方必须从谈判中获得的最低利益，b为B方必须从谈判中获得的最低利益，x则为A、B双方可以争取分割的利益。在这种利益关系界限中，A方的最低利益为a，最高利益为a+x；B方的最低利益为b，最高利益为b+x。谈判中，A、B双方的利益区间应分别为a≤A≤a+x和b≤B≤b+x。如果A<a，即B>b+x，或B<b，即A>a+x，A方或B方就会因不能满足其最低利益而退出谈判，谈判也就会因此而破裂，对方获利超过其最高利益的奢望也不可能实现。

了解和把握商务谈判的利益关系界限十分重要。谈判中，如果一方的期望持高不下，超越了对方利益的临界点，势必导致谈判失败。所以，谈判当事人不仅要考虑己方的利益，同时还要站在对方的立场上，考虑对方的利益和己方提出的要求能否被对方接受。只有在对方所能接受的临界利益之上考虑己方的利益，谈判才有可能成功，己方的利益追求也才有可能实现。

4）价格性

以商品交易为内容和以经济利益为目的的商务谈判，其谈判议题必然以价格为核心。价格是商品价值的货币表现。一方面，价格的高低直接表明谈判各方通过交易可以实际获得的经济利益的大小；另一方面，虽然商务谈判的议题还会涉及价格以外的其他因素，但这些因素都与价格存在密切的关系，并往往可以折算为一定的价格。因此，在商务谈判中，无论谈判议题如何，其实质不是直接围绕着价格，就是间接体现着价格，价格总是商务谈判议题的核心。这就是商务谈判议题核心的价格性特征。这一特征要求商务谈判的当事人必须坚持以价格为核心实现自己的利益，同时，又要善于拓宽思路，从其他因素同价格的联系上争取更多的利益。例如，某谈判至关重要，但经讨价还价后对方在价格上不肯再做让步，双方形成僵局，那么己方就可以转而要求对方在其他方面提供若干优惠条件，并使对方易于接受。这样做，实际上己方正是灵活运用了谈判议题核心的价格性特征，赢得了谈判的成功。

2.1.3 商务谈判的职能

商务谈判的职能，即它的应有作用或功能。了解商务谈判的职能，有助于提高对商务谈判的认识和强化对商务谈判的运用。商务谈判的主要职能如下：

1）实现购销

我们知道，物质资料的生产是社会存在和发展的基础。人们不能停止消费，因而也不能停止生产，所以任何社会的生产都是再生产。这里，社会再生产能够顺利进行，其必要条件就是要解决社会产品的价值补偿和物质替换，即所谓产品的"实现"问题。也就是说，要解决社会产品卖得出和买得进的问题。这是就社会总资本的再生产说明流通的地位。同样，就个别资本的循环和周转而言，资本运动要顺次经过购买、生产、销售三个不同的阶段。虽然第二阶段即生产过程在资本运动中起决定作用，但第一阶段和第三阶段即流通过程是生产过程得以顺利进行的必要条件。如果所需的各种生产要素不能购买，或者生产的产品不能销售，生产过程就不能开始，或者不能继续，资本的循环和周转也就会中断。可见，无论从社会总资本还是个别资本来看，流通都是再生产甚至生产的必要前提。

在现代市场经济中，流通即买和卖，实际上就是商务问题。它关系到整个社会经济的顺利运行，关系到一个社会组织（特别是企业）的发展，也体现了人们及各类社会组织之间的社会关系。而商务问题，首先又是一个商务谈判的问题，因为任何商务活动都只能和必须借助这样或那样的商务谈判才能成为现实。例如，货物的买卖，其品种、规格、品质、数量、价格、支付、交货、违约责任等，都要通过商务谈判来确定，只有当事各方经过认真的谈判就上述一系列交易条件达成协议，货物的买卖才能进行。其他如技术贸易、合资、合作等更广泛意义上的购销交易，也只能通过相应的商务谈判并达成协议才能实施。所以，商务谈判在现代社会举足轻重，它是各种购销活动的桥梁，决定着各种商品购销关系的实现。

如果说，在计划经济条件下，自上而下的计划是社会经济活动的指挥棒，那么，在市场经济条件下，自下而上的商务谈判及其合同则是社会经济活动的航向标。因此，从这个意义上讲，商务谈判是现代市场经济的运作之手。

2）获取信息

"信息值千金"，在现代市场经济条件下，由于面临激烈的市场竞争，社会组织特别是企业的生存和发展必须自觉以市场为导向，而只有及时、准确地掌握足够的市场信息，才能知己知彼并正确决策，才能占优占先并灵活应对，才能掌握市场竞争的主动权，因此，信息是现代社会的宝贵资源。商务谈判正是获取各种市场信息的重要途径。

商务谈判获取信息的重要职能，体现在商务谈判的议题确定、对象选择、背景调查、计划安排、谈判磋商、合同履行等方方面面，贯穿在商务谈判的始终。例如，与对方谈判货物买卖，首先就要了解该方的资质和市场的生产、需求、消费、技术、金融、法律等各种信息，还要了解该方提供的产品的来源、数量、品质、价格，以及服务、供货能力等，并将其同市场上的同类产品做比较，以便在此基础上提出己方具体的交易条件和要求与对方磋商。而且，谈判中的相互磋商，本身也是信息沟通，它反映着市场的供求状况及其趋势，其中许多信息往往令各方始料不及；同时，这种相互磋商常常使当事各方得到有益的启示，从中获得许多有价值的信息。

3）开拓发展

社会组织要发展不但需要不断提高自身素质和能力，更需要将这种素质和能力转化为现实效益来推动组织不断开拓。所谓开拓就是开辟、扩展。例如，企业的开拓，就要求在不断提高企业的整体素质以及产品水平、生产效率的基础上，不断开辟、扩展新的市场。而这种新的市场的开辟、扩展，其内容实际上包括产品的扩大销售和各种生产要素的扩大引进，即卖和买两个方面的不断扩大。这里，卖和买两个方面的扩大及其所涉及的各项交易，显然是通过一系列商务谈判来完成的。因此，只有通过成功的商务谈判这一纽带，才能实现市场的开拓，进而促进企业的发展。当然，企业开拓市场，通常还要采取产品、价格、渠道、促销等营销组合策略和其他各种经营策略，但是，这些策略的效果最终必然要在商务谈判中得到反映、受到检验，并成为现实。

总之，商务谈判是社会组织与外部联系的桥梁、途径和纽带，其中，实现购销是商务谈判的基本职能。随着社会主义市场经济体制的健全和完善以及我国经济与世界经济的深度融合，人们必将越发认识到搞好商务谈判和充分发挥其职能的重要性。

2.2 商务谈判的程序与模式

2.2.1　商务谈判的程序

商务谈判是一项比较复杂的活动，易于受各种主、客观因素的影响，因此谈判桌上往往风云变幻、跌宕起伏。同时，各种商务谈判的具体谈判内容不同，当事各方的目标、实力、风格、策略等也不同，所以各种商务谈判千差万别、多姿多彩。当然，一般比较正式的商务谈判总是依照一定的程序进行的。商务谈判的程序或步骤，大体上可以分为三个阶段：

1）准备阶段

商务谈判直接影响组织的交易活动目标的实现，并关系到组织的经济利益和生存与发展。而谈判前的准备阶段的工作做得如何，对谈判能否顺利进行和取得成功至关重要。

商务谈判前的准备阶段，应当包括以下各项工作：

（1）选择对象

选择对象即选择谈判的对手。当己方决定争取实现某项交易目标而须进行商务谈判时，首先要做的准备工作就是选择谈判对象。选择谈判对象应根据交易目标之必要和相互间商务依赖关系之可能，通过直接的或间接的先期探询即相互寻找、了解交易对象的活动，在若干候选对象中进行分析、比较和谈判的可行性研究，找到己方目标与对象条件的最佳结合点，以实现优化选择。

（2）背景调查

在确定谈判对象的基础上，应以"知己知彼"为原则，对谈判背景进行认真的调查研究。背景调查不仅包括对己方的背景调查，更要做好对谈判对象的背景调查。调查的内容应包括环境背景、组织背景和人员背景等方面。背景调查实际上是谈判准备阶段的信息准备，要注重从多种渠道获取信息，建立谈判对象档案，并以动态的观点分析问题。

（3）组建班子

商务谈判是一项有目标、有计划、有组织的活动，必须依靠具体的谈判人员去实现。所以，组建好谈判班子，是谈判前最重要的准备工作。在很多情况下，某些组织在即将进行的谈判中其实具有明显的优势，但由于缺乏优秀的谈判人员和协调有序的谈判班子，反而导致了谈判的失败。因此，组建好谈判班子，是谈判取得成功的组织保证。一般来说，要抓好三个环节：一是人员个体素质优化，即按照一定的职业道德、知识能力等识、学、才要求，做好对谈判人员的遴选工作。二是班子规模结构适当，即一方面应根据谈判的客观需要和组织的资源条件，使谈判班子规模适当；另一方面应从组织、业务、性格、年龄等构成方面，使谈判班子结构合理、珠联璧合。三是实现队伍有效管理，即通过谈判班子负责人的挑选和分配，通过确定谈判方针和高层领导适当干预，实现对谈判队伍间接或直接的有效管理。

（4）制订计划

谈判计划是谈判前预先对谈判目标、谈判方略和相关事项所做的设想及其书面安排。它既是谈判前各项主要准备的提纲挈领，又是正式谈判阶段的行动指南。谈判计划是谈判的重要文件，应注意它的保密性，最好限于主管领导和谈判班子成员参阅。谈判计划的制订原则是合理、实用、灵活。制订程序应在明确谈判目标以及所要采取的谈判策略的基础上，经谈判班子成员集思广益，报主管领导审批确定。其主要内容一般包括谈判各层次目标的确定、谈判各种策略的部署、谈判议程模式的安排、谈判所在地点的选择，以及必要说明及附件等。

（5）模拟谈判

模拟谈判是正式谈判前的"彩排"。它是将谈判班子的全体成员分为两部分，一部分人员扮演对方角色，模拟对方的立场、观点和风格，与另一部分己方人员对阵，预演谈判过程。模拟谈判可以帮助己方谈判人员从中发现问题，对既定的谈判计划进行修改和完善，使谈判计划更为实用和有效，同时，能使谈判人员获得谈判经验，锻炼谈判能力，从而提高谈判的成功率。模拟谈判的原则是：一要善于假设，提出各种可能出现的问题；二要尽量提高仿真程度，"假戏真做"；三要把促使对方做出己方希望的决定作为模拟谈判目标；四要认真总结经验，进行必要的反思。模拟谈判的形式，除现场彩排演练以外，还可根据谈判的实际需要，采用列表回答、提问论辩等形式。

【实例2-1】

"三国"中的谈判案例

正式的"商务谈判"开始前，谈判双方往往都要对整个市场环境、谈判对手的基本情况进行分析，以便在谈判中占据有利地位，从而保证己方利益能够较大程度地实现。"三国"中也不乏这种案例。虽然"三国"时期的社会背景、谈判的内容不同于现下的商务活动，但是两种谈判的目的是类似的，就是保证己方实现利益最大化，同时还要考虑今后双方的关系。下面选取"三国"时期经典的"谈判案例"——"隆中对"，分析其中所运用的谈判技巧与艺术。

1.立场坚定

刘备作为后期"谈判"的"主谈人"，在这次背景与实力分析的过程中，他首先表明自己的立场——"欲信大义于天下"，即"想要为天下人伸张大义"，这是他这次谈判或者说商议的主要目的，且立场和原则十分坚定，也是接下来谈判的主要方向。

主谈人是谈判的核心，也是在正式谈判中做出相关决策的谈判者。所以，明确自身立场是后期进行背景与实力分析的前提条件。

2. 知己

"知己知彼，方能百战百胜"。接下来刘备又说："而智术浅短，遂用猖獗，至于今日。"对自己的现状进行了简单描述。

谈判者尤其是主谈判人需要对自身的情况有较为详尽的了解，才可以保证在谈判中合理应用战术，遇到"僵局"的情况时，能在自身团队可承受的范围内进行利益的博弈。如果对自身情况半知半解，或谈判队伍中出现信息不对称的情况，都可能在谈判对手未展开"攻势"时，内部出现矛盾，最终导致谈判失败。

3. 背景分析与谈判队伍的组成

接下来，"谋臣"诸葛亮就出场了，他并未直接提出策略"你应该怎么做"，而是首先对社会背景情况进行简单的分析："自董卓已来，豪杰并起，跨州连郡者不可胜数。"简单几句话，就在排除掉干扰因素的同时，明确指出了当下的情况，为接下来的战略制定打下基础。

随后，诸葛亮在前景分析的最后给予"主谈判者（刘备）"以"谈判胜利（恢复汉室）"的信心——"曹操比于袁绍，则名微而众寡。然操遂能克绍，以弱为强者，非惟天时，抑亦人谋也。"

在谈判队伍的组成中，除了主谈人作为谈判的核心外，不可忽视的是团队中的"谋士"。例如，诸葛亮、司马懿等不是最终建功立业之人，但是他们在整个过程中的作用是不可忽略的。在现代商务谈判中，所谓的谋士，可以指"技术、物流、财务"等"术业有专攻"的人，也可以指谈判专家，或专门从事谈判的人员。他们只负责提供"谋略"——某一方面的参考，具体的谈判过程都是由主谈人完成的，但是这小小的一个谋略都可能促成谈判的最终胜利。这也就解释了为什么一个谈判队伍一般都有3~5个人，具体的人员组成要依据谈判的内容确定。

4. 实力对比

形势介绍完后，诸葛亮就开始规划了。但是在此之前，他分别用一句话对曹操、孙权的情况做了说明：曹操"已拥百万之众，挟天子而令诸侯"；孙权"据有江东，已历三世"。这时，结合之前的自我剖析、实力对比，谈判对手的优劣势就呈现出来了，接下来需要的策略也就呼之欲出了。

在谈判前，谈判者尤其是主谈人需要明白双方的实力对比，真正到了谈判桌上，一开始"谁优谁劣，谁攻谁守"都已是了然之事，对接下来的策略选择就可以明确了。

资料来源　王晓婷. 商务谈判的技巧与艺术——"三国"中的谈判案例借鉴［J］. 经营与管理，2017（11）.

2）谈判阶段

谈判前准备阶段的各项工作完成后，便可以按照谈判计划的时间和地点开始正式的谈判阶段。这个阶段就是谈判当事人为实现预定的交易目标，就交易条件与对方协商的阶段。它是全部谈判程序的中心和关键。

谈判阶段依照活动过程可以分为若干相互联结的环节或步骤。为了简明，这里划分为以下三个环节：

（1）开局

开局是指谈判当事人各方从见面开始，到进入交易条件的正式磋商之前的这一过程。开局的主要工作有三项：

①营造气氛，即通过相互致意、寒暄、交谈等，营造一种和谐、融洽、合作的谈判气氛，使谈判有一个良好的开端。

②协商通则，即根据谈判议题先对谈判目的、计划、进度等非实质性的安排进行协商，并相互介绍谈判人员。在英文中，目的（purpose）、计划（plan）、进度（pace）、成员（personalities）的第一个字母均为p，故简称"4P"。

③开场陈述，即分别简介各自对谈判议题的原则性态度、看法和各方的共同利益。各方陈述后，有时需要做出一种能把各方引向寻求共同利益的进一步陈述，这就是倡议。同时，通过对对方陈述的分析，也可大体了解对方对谈判的需要、诚意和意向，这就是探测。开场陈述之后，谈判即导入实质性的磋商环节。

（2）磋商

磋商即按照已达成一致的谈判通则，开始就实现交易目标的各项交易条件进行具体协商、讨价还价。它是谈判阶段的核心和最具有实质意义的步骤。磋商过程又包括：

①明示和报价。明示，即谈判各方通过各种信息传递方式，明确地表示各自的立场和意见，暴露出分歧点，以便展开讨论。报价，不仅指在价格方面的要价，而且泛指谈判一方向对方提出的所有要求。

②交锋。交锋，即谈判各方在已掌握的各种谈判信息的基础上，为了实现各自的谈判目标和利益，展开的针锋相对、据理力争、反驳论辩、说服对方这样一个沟通交流的过程。交锋常常是一个充满挑战的艰辛过程。交锋中，谈判人员一方面要坚定信念、勇往直前；另一方面又要以科学的态度、客观的事实、严密的逻辑，倾听、分析对方的意见并回答对方的质询。

③妥协。妥协，就是经过激烈的交锋，为了突破谈判僵局，防止谈判破裂和实现谈判目标所做出的让步。实际上，商务谈判不能"一口价"，磋商中各方也不可能一直无休止地争论和坚持己见。为了寻求都可以接受的条件和共同利益，适时、适当的妥协是完全必要的。妥协的原则应是有所施、有所受，或者说，有所失、有所得。在商务谈判中，成功的谈判应当使各方都是赢家。而这种"双赢"的结果，必须从各方共同利益的大局着眼，求同存异、互谅互让。从这个意义上可以说，善于做出妥协，恰恰是谈判人员成熟的表现。

（3）协议

协议即协商议定，就是谈判各方经过磋商，特别是经过交锋和妥协，达到了共同利益和预期目标，从而拟订协议书并签字生效。协议标志着谈判的结束，之前谈判席上唇枪舌剑的对手，顿时亲密无间、互致祝贺。

3）履约阶段

经过谈判阶段，除中途破裂、分道扬镳者外，多数会达成协议。而谈判破裂者，有一部分还会重新谈判，最终言归于好。达成协议是谈判各方反复磋商取得的共识。而且，谈判达成一致的条件均具有不可更改性，即只要谈判各方达成协议、签字生效就不能再随意更改，这叫作谈判结束的"不二性"。所以，达成协议应当说是宣告谈判阶段基本完成，但是达成协议又只是交易合作的开始，许多合同内容如交货、支付等都只能是后续工作，因此，从实现交易目标的角度来说，达成协议绝不是大功告成。完整的商务谈判程序必须包括履约阶段。

履约阶段的主要工作是检查协议的履行情况，做好沟通并认真总结。其中，如对方违约，应按照协议索赔，如出现争议，需按照协议仲裁。只有在整个合同期协议的全部条款得到了落实，谈判各方的交易目标及交易合作才真正实现，谈判才画上了圆满的句号。

综上所述，商务谈判的程序如图 2-2 所示。

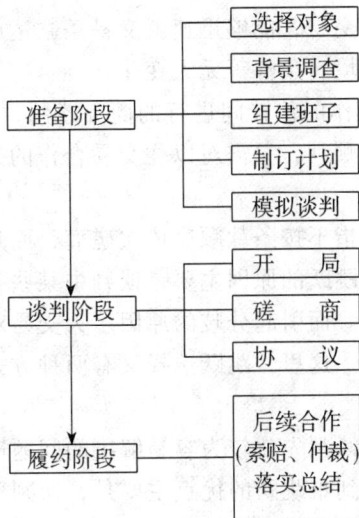

图 2-2　商务谈判的程序

2.2.2　商务谈判的模式

由于谈判当事方追求的目标、谈判议题、背景条件等千差万别、千变万化，所以商务谈判很难有固定、划一的模式。然而，总结商务谈判的实践和分析影响其模式的基本因素，可以将商务谈判的模式划分为六种类型。研究商务谈判的基本模式及其特点，将有助于把握商务谈判的实务和艺术。

影响商务谈判模式的基本因素是谈判进行速度和条款进行顺序，由此形成商务谈判模式矩阵（见图 2-3）。

1）快速顺进式

所谓快速，是指商务谈判进行的速度较快。所谓顺进，是指谈判开始后按照事先商定的议题和条款顺序依次逐一磋商。快速顺进式避免了不必要的争议，节省了谈判时间，进而降低了谈判成本。采用快速顺进式谈判模式的条件是：

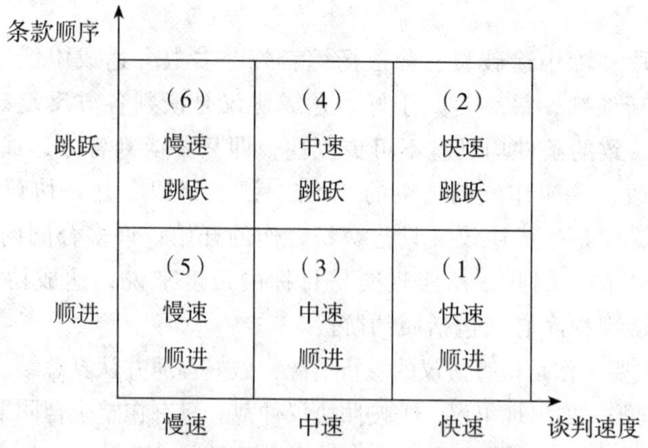

图2-3　商务谈判模式矩阵

①交易对象熟悉，多次合作，彼此信任。

②交易内容重复。重复交易，能够迅速就交易条款达成一致。

③交易背景稳定，即环境、条件等无大变化。

现实中经常开展商务合作的伙伴间进行的商务谈判，由于相互信任、交易重复、背景少变，多进行得快捷、顺利，只需对以往交易合作的条款再次认定即可。

2）快速跳跃式

快速，同上述。跳跃，指不按条款顺序依次磋商，而是根据谈判需要跳跃式地选择条款内容逐一讨论。造成跳跃的原因主要是谈判中某些条款分歧较大，不便就此耽误时间和影响整个谈判进程。而引起分歧的原因多为交易对象、交易内容、交易背景等方面出现新的情况和变化。这里，跳跃选择又有两种方式：一是从易到难；二是从难到易。

从易到难的跳跃，是指谈判先就较为容易解决的问题进行讨论，然后再集中精力磋商分歧较大的问题。从易到难跳跃的优点主要是，谈判开始先就容易解决的问题达成一致，而把难题暂时搁置，这样有利于形成良好的合作气氛和为以后难题的解决奠定基础，能使谈判各方从容思考，找出最好的解决办法。

从难到易的跳跃，与上述相反，是指谈判先就分歧较大的条款进行磋商，然后再去敲定其他易于解决的问题。这种跳跃的主要优点是"抓主要矛盾"，即开始谈判时，各方情绪高涨、精力充沛，此时进行"攻坚战"效果较好，而"主要矛盾"一经解决，其他矛盾便可迎刃而解。

无论何种内容的商务谈判，若交易条款存在"难题"，跳跃当属明智之举。这种跳跃有利于节省谈判时间、提高谈判效率和降低谈判成本，同时，也有利于处理僵局和推动合作，因而成为谈判的一种艺术。

3）中速顺进式与中速跳跃式

顺进、跳跃，均如前述。中速，即指谈判进行的速度较慢。这里，中速并无准确的度量规定，一般持续一周至两周的谈判可视为中速。中速谈判的原因多为交易内容新和较为复杂。中速跳跃式谈判所要处理的交易条款往往更为复杂，遇到的"难题"

更为棘手。

4）慢速顺进式与慢速跳跃式

慢速，即指谈判耗费的时间较多、速度较慢。两周以上或需进行多轮的谈判，可视为慢速。一般，慢速谈判模式属大型、大宗交易谈判，且交易条件、谈判背景均极为复杂。在慢速谈判中，谈判各方通常需商定较为严密的谈判议程，并严格依照议程和条款顺序逐一认真磋商，故顺进式居多。只有在遇到难以解决的问题或出现僵局时，跳跃才作为一种协调技巧来运用。慢速式商务谈判，谈判各方的工作量很大，谈判成本也高，一般中、小企业较少采用。

2.3　商务谈判的原则与成败标准

2.3.1　商务谈判的原则

商务谈判的原则，是指商务谈判中谈判各方应当遵循的指导思想和基本准则。商务谈判的原则，是商务谈判内在的、必然的行为规范，是商务谈判的实践总结和制胜规律。因此，认识和把握商务谈判的原则，有助于维护谈判各方的权益、提高谈判的成功率和指导谈判策略的运用。

商务谈判的原则包含丰富的内容。其基本原则如下：

1）自愿原则

商务谈判的自愿原则，是指作为谈判主体的当事各方，不是屈服于某种外来的压力和他人的驱使，而是出于自身对利益目标的追求和互补互惠的意愿来参加谈判的。自愿表明谈判各方具有独立的行为能力，能够按照自己的意志在谈判中就有关权利义务做出决定，同时，只有自愿，谈判各方才会有合作的要求和诚意，才会进行平等的竞争，才会互补互助、互谅互让，最终取得各方满意的谈判结果。在商务谈判的过程中，强迫性的行为是不可取的，一旦出现，自愿原则就会遭到破坏，被强迫的一方势必退出谈判，谈判也就会因此而破裂。可见，自愿原则是商务谈判的前提。

2）平等原则

平等原则，是指商务谈判中无论各方的经济实力强、弱，组织规模大、小，其地位都是平等的。在商务谈判中，当事各方对于交易项目及其交易条件都拥有同样的否决权，要达成协议只能协商一致，不能一家说了算或少数服从多数。这种同质的否决权和协商一致的要求，客观上赋予了各方平等的权利和地位。因此，谈判各方必须充分认识这种相互平等的权利和地位，自觉贯彻平等原则。贯彻平等原则，要求谈判各方互相尊重、以礼相待，任何一方都不能仗势欺人、以强凌弱，把自己的意志强加于人。只有坚持这种平等原则，商务谈判才能在互信合作的气氛中顺利进行，才能达到互助互惠的谈判目标。可以说，平等原则是商务谈判的基础。

3）互利原则

互利原则，是指谈判达成的协议对于各方都是有利的。互利是平等的客观要求和直接结果。而且，商务谈判不是竞技比赛，不能一方胜利、一方失败，一方盈利、一方亏本，因为谈判如果只有利于一方，不利方就会退出谈判，这样自然导致谈判破裂，谈判的胜利方也就不复存在。同时，谈判中所耗费的劳动也就成为无效劳动，谈判各方也都只能是失败者。可见，互利是商务谈判的目标。坚持互利，就要重视合作，没有合作，互利就不能实现。谈判各方只有在追求自身利益的同时，也尊重对方的利益追求，立足于互补合作，才能互谅互让，争取互惠"双赢"，才能实现各自的利益目标，获得谈判的成功。正是从这一原则出发，尼尔伦伯格把谈判称为"合作的利己主义"。

4）求同原则

求同原则，是指谈判中面对利益分歧，从大局着眼，努力寻求共同利益。贯彻求同原则，要求谈判各方首先要立足于共同利益，要把谈判对象当作合作伙伴，而不是仅视为谈判对手；同时，要承认利益分歧，正是由于需求的差异和利益的不同，才可能产生需求的互补和利益的契合，才会形成共同利益。贯彻求同原则，要求各方在商务谈判中善于从大局出发，着眼于自身发展的整体利益和长远利益的大局，着眼于长期合作的大局；善于运用灵活机动的谈判策略，通过妥协寻求协调利益冲突的解决办法，构建和增进共同利益；善于求同存异，不仅应当求大同存小异，也可以为了求大同而存大异。可以说，求同原则是商务谈判成功的关键。善于求同，历来是谈判高手具有智慧的表现。

5）效益原则

效益原则，是指商务谈判要重视效益，不仅要节约谈判成本，重视谈判自身的效益，也要重视谈判项目的社会效益。首先，商务谈判要重视谈判自身的效益。谈判也是一种投资，需要花费时间、人力、费用，商务谈判不能搞"马拉松"，只有以最短的时间、最少的人力和资金投入达到预期的谈判目标，谈判才是高效益的；反之，就是低效益的。同时，商务谈判也要重视社会效益，要综合考虑合作项目对社会的影响，重视谈判主体的社会角色和社会责任，努力实现组织自身效益和社会效益的统一。例如，某一投资谈判进行得很顺利，但若该项目投产将严重污染环境，显然这一谈判结果最终会受到社会的抵制。所以，只有在实现谈判自身效益的同时实现良好的社会效益，才能保证谈判的成功。可以说，效益原则是商务谈判成功的保证。

6）合法原则

合法原则，是指商务谈判必须遵守国家的法律、政策，国际商务谈判还应当遵循有关的国际法和对方国家的有关法规。商务谈判的合法原则具体体现在以下三个方面：一是谈判主体合法，即谈判参与各方组织及其谈判人员具有合法的资格。二是谈判议题合法，即谈判所要磋商的交易项目具有合法性。对于法律不允许的行为，如买卖毒品、贩卖人口、走私货物等，其谈判显然违法。三是谈判手段合法，即应通过公正、公平、公开的手段达到谈判目的，而不能采用某些不正当的手段，如行贿受贿、暴力威胁等来达到谈判的目的。总之，只有在商务谈判中遵守合法原则，谈判及其协议才具有法律效力，当事各方的权益才能受到法律的保护。显然，合法原则是商务谈判的根本。

【实例2-2】

通过谈判实现双赢

国内一家物流上市公司在上海金桥工业区投资建成了一个物流仓库，当时面临的问题是如何尽快找到项目，使仓库运营起来，并在第一年获得盈利，因为仓库一建立就必须配备众多人员，这就等于每天在消耗费用，时间越久越不利。此时该公司恰好得知日本松下集团正在中国开设其等离子电视的生产基地，地点就在上海金桥开发区，山久集团作为松下集团在日本的物流供应商，负责提供日本方面的物流服务，同时将整厂设备在新工厂安装到位。松下集团等离子事业部在新工厂安装设备时面临以下情况：整厂设备不可能在几天内完全进口，进口后不可能立刻完成安装，调试需要时间，这就需要一个可以暂时储存设备的地方。于是，在山久集团的安排下，物流公司和松下集团举行了商务谈判。双方在仓租的价格上分歧比较大。松下集团认为只能支付0.4元/平方米·天，但对物流公司来说，这是一个没有利润的价格，所以物流公司的报价在0.5元/平方米·天。面对如此分歧，物流公司做出调价，下降5分的仓租，但松下集团方面咬得死，如果不到0.4元/平方米·天，他们宁可找其他供应商谈，双方谈判陷入了困境。

如果改日再谈的话，物流公司会失去先机，并且对方极有可能再安排和其他公司谈判。于是，物流公司除了大力强调基础设施的优势外，还谈到公司在国内的资源优势和强大的后勤保证，同时也站在松下集团的立场上讨论其设备安装完成后开始试工时的原材料零部件库存需要，包括试工成功后正式开始投产后的原料和成品周转需要。通过进一步了解，物流公司提出条件：如果松下集团等离子事业部和我方维持1年期的租赁协议，由我方负责这一年内其设备的储存/出入库以及其原材料和成品的存储，则我方可接受仓租为0.4元/平方米·天。这个条件等于把原来3个月左右的短期租赁延长至1年，看似降价，其实同时兼顾了双方利益，松下集团实现价格目标，物流公司也因为租赁期延长而获利。在此次商务谈判中，双方达到了双赢。

资料来源　李伟华. 浅谈谈判原则在商务谈判中的应用和重要性［J］. 华商，2008（12）.

2.3.2　商务谈判的成败标准

商务谈判，以经济利益为目标追求，以价值价格为议题核心，但是，并不能简单地说能够取得最大的经济利益，特别是最大的短期利益的谈判，就是成功的商务谈判。因此，把握评价商务谈判成败的标准，对于谋划商务谈判、全面实现谈判目标和取得谈判的成功有重要的意义。

评价商务谈判成败的标准，从根本上来说，就是要以效益原则为指导，既要考察谈判带来的经济利益，又要考察投入的谈判成本；既要考察经济效益，又要考察社会效益，以克服商务谈判中的单纯经济观点和短期行为。具体说来，应当包括以下三项：

1）经济利益

评价商务谈判的成败，不能离开交易各方可以获得的直接的经济利益。如货物买卖谈判，对于买方来说，最重要的当然应看货物的品质是否优良、价格是否低廉，而对于卖方而言，主要则看卖价是否理想、支付条件是否有利等。可以说，交易各方可获得的经济利益的大小，是评价商务谈判成功与否的首要标准。但是，需要指出：这不应当是唯一标准。

2）谈判成本

商务谈判是一个"给"与"取"兼而有之的过程。为了获得期望的交易利益，也需要一定的投入，这种投入就是谈判付出的成本。谈判成本包括费用成本和机会成本。

商务谈判的费用成本，是指谈判全过程的费用消耗。谈判全过程是指从谈判准备开始，一直到协议签字生效和善后工作结束。无论谈判成功与否，由谈判过程引起的时间、人力、物力、财力等消耗，都要形成谈判的费用成本。这种费用一般计入组织的管理费用，并成为总成本的一部分，最终参与经济效益核算。而谈判的经济效益，是指谈判协议生效期间产生的总收入与谈判全过程的费用之间的比率，或者是谈判带来的总收入减去谈判总费用所得的净收入。谈判的费用成本是谈判的显性成本。在谈判产出的经济利益一定的情况下，谈判的费用成本越低，谈判的经济效益越高，所以，谈判费用成本的高低可以成为评价谈判成败的标准之一。

商务谈判的成本还包括机会成本。经济学上的机会成本，是指把一定的资源用于生产某物品，而放弃生产另一物品所付出的代价。商务谈判的机会成本可以有两种含义：一是把一定的时间、人力、物力、财力等用于谈判过程，而放弃了把这些要素用于生产经营过程所带来的收入。这种放弃的收入就是谈判的机会成本。二是与现有对象谈判合作，就放弃了与其他对象谈判合作的机会，而后者可能带来更为理想的合作效果。这种放弃同可能失去将有限的资源用于其他领域的机会一样，也是一种机会成本。谈判的机会成本是谈判的隐性成本。相对于费用成本，这种机会成本的意义更为重要，因为费用成本无非是诸项费用的累加，往往数额有限，而在市场经济下，抓住一个谈判机会的同时意味着放弃了更多的其他机会，这种放弃可能付出的代价巨大。所以，必须重视对谈判的机会成本的研究与把握，并在做谈判决策时予以充分考虑。一项成功的商务谈判应当能为组织把握住最好的商业机会创造条件。

3）社会效益

商务谈判的社会效益，是指商务谈判所产生的社会效果和社会反映。社会效益包括多方面的内容，有些是有形的，更多是无形的；有些是可以计量的，更多是不能计量的，只能定性描述。即使是可以计量的社会效益，也只能间接折算，而且计量的指标形式不是以价格为量纲的，多通过社会效果、社会声誉、社会福利等来反映。例如，某货物买卖，有利于建立和巩固良好的供应者关系或经销者关系，有利于提高组织的知名度、美誉度和树立良好的组织形象；某技术贸易，导致引进高新科技项目，有利于环境保护，增加了就业机会，成为新的经济增长点；某项工程承包项目的完成，有助于改善该地区的投资环境，促进该地区的经济发展和社会进步等。商务谈判追求的社会效益，同社会市场营销观念有相似之处。把社会效益作为评价商务谈判的成败标准，有利于使谈判当事人的谈判哲学提升到一个新的高度。

相关链接：谈判高手这么做

本章小结 ✎

　　商务谈判就是人们为了实现交易目标而相互协商的活动。商务谈判具有普遍性、交易性、利益性、价格性等特征。商务谈判的主要职能是实现购销、获取信息、开拓发展。

　　商务谈判的程序包括准备阶段、谈判阶段、履约阶段，每一阶段又包括若干工作内容或环节。影响商务谈判模式的基本因素是谈判进行速度和条款进行顺序，由此形成了快速顺进式、快速跳跃式、中速顺进式、中速跳跃式、慢速顺进式、慢速跳跃式六种基本模式。

　　商务谈判的基本原则是自愿原则、平等原则、互利原则、求同原则、效益原则、合法原则。评价商务谈判的成败标准，主要是谈判的经济利益、谈判成本、社会效益。

主要概念和观念 ▯

□ 主要概念
　　商务谈判

□ 主要观念
　　快速顺进式　快速跳跃式　中速顺进式　中速跳跃式　慢速顺进式　慢速跳跃式　谈判的费用成本　谈判的机会成本　谈判的社会效益

基本训练 👥

□ 知识题

　　2.1　阅读理解

　　1）什么是商务谈判？

　　2）商务谈判的主要特征是什么？

　　3）商务谈判的主要职能是什么？

　　4）商务谈判的程序一般包括哪些阶段及环节？

　　5）说明商务谈判的基本模式。

　　6）商务谈判应遵循哪些主要原则？

7）如何评价商务谈判的成败？

2.2　知识应用

2.2.1　选择题

1）你认为商务谈判是（　　　）。

（1）商业企业之间进行的谈判

（2）与商业企业进行的谈判

（3）为协商交易条件进行的谈判

（4）为实现交易目标进行的谈判

2）商务谈判议题内容的特征为（　　　）。

（1）认识的一致性　　　　　　　　（2）经济性

（3）互利性　　　　　　　　　　　（4）交易性

3）市场经济下，社会组织之间实现购销活动主要通过（　　　）。

（1）计划分配　　　　　　　　　　（2）自由购销

（3）市场买卖　　　　　　　　　　（4）合同交易

4）你认为进行商务谈判，准备阶段很重要吗？（　　　）

（1）很重要　　　　　　　　　　　（2）较重要

（3）要视谈判内容　　　　　　　　（4）不重要

5）你认为商务谈判的谈判阶段，最关键的环节是（　　　）。

（1）开局　　　　　　　　　　　　（2）磋商

（3）磋商中的交锋　　　　　　　　（4）协议

6）你认为商务谈判的履约阶段，其主要工作是（　　　）。

（1）签约即大功告成，此阶段不重要

（2）协议的进一步修改、完善

（3）处理违约索赔和争议仲裁等事务

（4）后续合作，落实协议，做好总结

7）商务谈判中，若交易条款存在"难题"，明智之举是（　　　）。

（1）按条款顺序依次耐心磋商　　　（2）从易到难跳跃

（3）从难到易跳跃　　　　　　　　（4）视具体情况选择跳跃

8）你认为商务谈判中各方是一种什么样的关系？（　　　）

（1）平等合作　　　　　　　　　　（2）竞争为主的合作

（3）竞争的对手　　　　　　　　　（4）敌对的较量

9）你赞成哪一种交易？（　　　）

（1）互利的交易　　　　　　　　　（2）对己有利的交易

（3）各为自己打算的交易　　　　　（4）对己有利、对他不利的交易

10）商务谈判中，你如何对待各方的分歧和矛盾？（　　　）

（1）激怒对方，使他丧失理智　　　（2）坚持立场，毫不妥协

（3）变通策略，调和矛盾　　　　　（4）寻求共同利益，搁置分歧

11）你认为商务谈判成功的标志是什么？（　　　）

（1）不惜一切代价，争取己方最大的经济利益

（2）使对方一败涂地

（3）以最小的谈判成本，获得最大的经济利益

（4）既要实现最大的经济效益，也要实现良好的社会效益

12）你认为商务谈判的社会效益是（　　　）。

（1）各方经济效果的总和　　　　　（2）建立和巩固良好的交易关系

（3）树立良好的组织形象　　　　　（4）所产生的社会效果和社会反映

2.2.2　判断题

1）商务谈判是商品交易双方进行的谈判。　　　　　　　　　　（　　）

2）商务谈判的主要特征是互利。　　　　　　　　　　　　　　（　　）

3）商务谈判达成了协议即表明谈判全部完成。　　　　　　　　（　　）

4）谈判一方可获得的经济利益的大小，是评价其谈判成败的唯一标准。

（　　）

□ 技能题

2.1　规则复习

1）商务谈判是为实现商品交易目标而就交易条件进行相互协商的活动。一般比较正式的商务谈判，大体包括准备、谈判、履约三个阶段，而且每一阶段又包括若干工作内容和环节。

2）商务谈判的模式主要受谈判进行速度和条款进行顺序两个基本因素的影响，由此形成了模式矩阵及其6种操作模式。

3）商务谈判的实践一般应当遵循自愿、平等、互利、求同、效益、合法这些指导原则，它们是商务谈判内在的、必然的行为规范，也是商务谈判的实践总结和制胜规律。

4）商务谈判的成败一般应从经济利益、谈判成本、社会效益诸方面全面考量，以克服单纯的经济观点和短期行为，实现谈判的真正成功。

2.2　操作练习

2.2.1　实务题

从商务谈判应遵循的原则的角度，举例说明你在某次购物时谈判成功或失败的体会。

2.2.2　综合题

一公司将与多次合作、彼此信任的某方进行一大宗交易谈判。事先得知：其中一关键环节有变，谈判难度较大；另一环节也随之有一点分歧，但较易解决。试问：若你是该公司的主管领导，你将如何设计此次谈判模式？

□ 能力题

案例分析

采购员的一次失误

大明电机厂需要购进一批电工器材，此器材属首次采购。采购员小刘经网上调研得知多年交易伙伴——民生电器批发商城——的销售价格最低，为每箱660元，且器

材质量可靠，即上门谈判。谈判中小刘了解到商城此器材系从上海某生产厂家进货，进价为每箱600元，尽管在谈判中商城将每箱销价由660元降为650元，后又降至645元，但小刘坚持以略高于商城进货价即605元采购，最终商城断然拒绝，交易未成。

问题：

1）作为大明电机厂多年交易伙伴的民生电器批发商城这次为何断然拒绝交易？

2）采购员小刘此次谈判的失误在何处？你认为应如何使此次谈判成功？

第 3 章

商务谈判的内容

学习目标 ◎

通过本章学习，你应该达到以下目标：

知识目标：了解货物买卖谈判的特点，技术贸易的对象、方式、特点及工程承包、租赁、合资、合作等谈判内容的一般知识。

技能目标：掌握货物买卖与技术贸易等谈判的主要内容及应注意的要点或问题。

能力目标：全面了解和掌握各项商务谈判的特点和谈判的主要条款内容，并能在各项谈判中把握好应着重注意和解决的主要问题。

引例 @   吉利收购沃尔沃艰苦的谈判

2009 年 4 月 1 日起，沃尔沃并购项目团队开始进行为期 4 个月的尽职调查。尽职调查结束之后，吉利向福特提交第二轮标书。围绕并购的谈判正式开始。

2009 年 9 月 30 日，李书福迎来了吉利收购沃尔沃的一个关键节点：福特汽车公开宣布吉利成为沃尔沃的首选竞购方。

但这对并购团队来说，任务还远未完成。等待他们的，是围绕核心知识产权的更为紧张和激烈的谈判。知识产权大体上归为三类：第一类是广泛授权，即福特拥有的知识产权，既对沃尔沃公开，又对吉利公开，这部分非常有限；第二类是有限授权，这部分知识产权是福特拥有的，沃尔沃可以使用，但绝对不能向吉利公开；第三类是排除性知识产权，即福特的知识产权，沃尔沃参与开发或者了解，但沃尔沃不能用。第二类知识产权是吉利最在乎的，也是谈判最费力的。

令吉利汽车控股有限公司执行董事赵福全印象最深的一次谈判，是有关一个他突然想起来的假定：万一有一天因为各种原因吉利养活不了沃尔沃，要卖的时候，福特是不是同意打包卖呢？期限是多长呢？赵福全把这个问题一提出来，福特的人就拍桌子了："你还没有买，怎么就想着卖了？不谈了！"赵福全说："10 年前福特买沃尔沃的时候，也没想到今天会卖出去。在美国，两个人决定结婚时要做婚前财产公证，虽然爱得死去活来，但也要为离婚做准备。"

最终，谈判的结果从沃尔沃 10 年之内不能卖变为 4 年之内不能卖，4 年之后可以无条件卖。

2009 年 12 月 23 日，圣诞节前一天，吉利与福特同时宣布，双方就收购沃尔沃的主要商业条款达成一致。

资料来源　王千马，梁冬梅. 首次揭秘！吉利收购沃尔沃全过程，"汽车疯子"李书福哭了……［EB/OL］.［2018-01-25］. http：//news.hexun.com/2017-08-10/190397240.html.

谈判内容的性质决定着谈判的类型。商务谈判之所以区别于其他谈判，正是由于它的谈判内容的特定性。商务谈判是为实现商品交易目标而就交易条件进行相互协商的活动，只有了解商务谈判包括的具体谈判内容，才能真正认识商务谈判。

在第2章了解了商务谈判一般知识的基础上，本章介绍商务谈判的内容。

3.1 货物买卖谈判

3.1.1　货物买卖谈判的概念

货物买卖谈判是指针对有形商品即货物的买卖而进行的谈判。货物买卖谈判按照交易地位可分为采购谈判和推销谈判；按照国域界限可分为国内货物买卖谈判和国际货物买卖谈判。在国际货物买卖谈判中，又有进口谈判和出口谈判。

3.1.2　货物买卖谈判的特点

与其他一些商务谈判相比，货物买卖谈判有以下特点：

①难度相对较小。货物买卖谈判相对较为简单，一是大多数货物均有通行的技术标准；二是大多数交易均属重复性交易；三是谈判内容大多围绕与实物商品有关的权利和义务。但是，谈判各方绝不能因此而轻视货物买卖谈判，特别对初次合作、大宗交易、国际货物买卖而言更是如此。

②条款比较全面。货物买卖是商品交易的基本形式，货物买卖谈判也是商务谈判的基本形态。在货物买卖的谈判中，通常要包括货物部分的谈判，如标的、品质、数量、包装、检验等；商务部分的谈判，如价格、交货、支付、索赔等；法律部分的谈判，如不可抗力、仲裁与法律适用等。在这些内容中，习惯上将货物部分和商务部分的条款列为主要条款，它们属于交易的个别性条款；而将其他条款列为一般条款，它们是适用于每一笔交易的共同性条款。总之，这些内容涉及货物买卖交易的各个方面、各个环节，不可有所疏忽，以避免日后引起纠纷。而且，货物买卖谈判的条款内容往往可以作为其他商务谈判参照的一般基础。

3.1.3　货物买卖谈判的主要内容

1）标的

标的即谈判涉及的交易对象或交易内容。在货物买卖合同中，标的即指被交易的具体货物，并应为规范化的商品名称。

2）品质

货物的品质是指货物的内在质量及外观形态。它是量度货物使用价值和价值的依据，也是货物买卖谈判中的主要交易条件。许多国家的有关法律规定，如果卖方所交货物的品质不符合合同的规定，即可视为违约，买方有权要求赔偿。因此，在谈判中必须对货物品质做出准确、全面的规定。根据货物特点和交易惯例，品质表示方法通常以样品、规格等级、品牌商标、产地名称、说明书和图样等为标准，并在表述品质标准时注意避免使用易引起误解的概念。

3）数量

数量也是货物买卖的主要交易条件，它既影响合同的总金额，又与单价直接相关。许多国家法律规定，卖方所交货物的数量如果小于或大于合同规定，买方有权拒收。有关数量问题，在谈判中应根据货物性质和交易需要选用适当的计量单位，如重量单位、长度单位、个数单位等。其中，重量最易引起纠纷，故须对毛重、净重及皮重的扣除方法等予以明确。

4）包装

包装分为运输包装和销售包装，它不仅有利于保护货物的使用价值，也有利于实现和增加货物的价值。在货物买卖中，除少数散装货、裸货外，绝大多数货物需要包装。在货物的包装方面，买卖双方一般主要就包装材料、包装方式、包装标志和包装费用等方面进行磋商。在国际货物买卖中，谈判人员还应注意了解有关国家或地区对包装的规定和偏好。例如，美国、加拿大、日本等国对进口货物严禁用稻草、木丝、报纸做包装垫衬物，伊斯兰国家忌用猪和类似的动物做图案，英国人视孔雀为祸鸟，巴西、叙利亚忌用黄色，法国、比利时忌用墨绿色等。另外，有些国家对进口货物的标签内容也有明确的规定。

5）价格

价格是货物买卖谈判议题的核心，它直接关系交易各方的经济利益，也与其他交易条件有着密切的联系。货物买卖谈判中的价格条款主要涉及以下内容：

①价格水平。价格水平即单价，它通常是在买卖双方报价的基础上经过讨价还价最终确定的，而且，价格水平的确定必须联系其他各项交易条件统筹考虑。

②价格计算的方式。在货物买卖中通常采用固定价格，即在合同中明确规定交易价格并在合同期内不做调整；有时也采用非固定价格，即只规定作价原则或暂行价。这些均应进行具体磋商并达成一致意见。

③价格术语的运用。价格术语是贸易（主要是国际贸易）中习惯采用的，用以概括价格构成并说明交易各方权利与义务的专门用语，如离岸价格（FOB）、到岸价格（CIF）、成本加运费价格（C&F）等。使用价格术语，有助于简化交易磋商的内容和规范交易各方责任，应在订立合同时根据交易需要予以运用。

6）交货

怎样使货物按照合同规定及时、完整地交付给买方，这是卖方的责任和义务，也是货物买卖谈判中的重要内容。在交货问题上，买卖双方主要应就货物运输方式、装运时间、装运地和目的地等进行磋商。其中，装运时间尤其重要，如果卖方未能在合同规定的时间内装运货物，即构成违约，买方有权撤销合同并要求赔偿。对买卖双方来说，交接货时间应争取与自己的生产计划和营销计划相吻合。

7）支付

货款的支付是货物买卖中的一项重要问题。在不同的支付条件下，尽管表面支付的价格总额不变，但对买方的实际支出和卖方的实际收入却可能有很大影响，所以谈判各方都应努力争取对自身有利的支付条件。为此，须注意以下问题：

①支付手段。货物买卖中的支付手段分为现金结算和非现金结算两种。其中，大多数采用非现金结算，并应就采用的票据如汇票、本票、支票等做出明确规定。

②支付时间。支付时间的早晚影响到交易双方的实际收益和风险分担，须根据自身资金周转状况商定具体的支付时间，以免日后出现枝节。对分期付款，须明确首付时间及金额和之后的分期次数及各期的时间与金额；对延期付款，须订明具体的付款时间和进度。

③支付货币。在国际货物买卖中，还涉及以何种货币计价和支付的问题。一般情况下，应选择兑换比较方便、币值也较稳定的货币作为计价和支付货币。由于各国普遍实行浮动汇率制度，在出口谈判中选用汇率呈上浮趋势的"硬货币"，在进口谈判中选用汇率呈下浮趋势的"软货币"，更为有利。

④支付方式。货物买卖中涉及的支付方式主要有汇付、托收和信用证三种，每种方式又有多种具体形式。不同的支付方式为买卖双方带来的收益和风险也不同，谈判中应结合双方实力对比、对方资信状况和贸易惯例选择合适的支付方式。

8）检验

检验是对被交易的货物的品质、数量、包装等实施的检查和鉴定。检验合格是卖方履约的重要标志，也是买方支付货款的前提条件。许多国家的法律与有关国际公约都明确规定或默示了买方收到货物后的检验权利和卖方对所供货物不符合合同规定须承担的违约责任。为保障买卖双方的利益和避免合同履行中的矛盾，谈判中关于检验的磋商主要有：

①检验内容和方法。检验通常针对交易货物的品质、数量、包装等项的基本内容进行。检验方法指采用物理检验还是生化检验，抽样检验还是总体检验等。

②检验时间和地点。货物检验的时间和地点通常有：以离岸品质和数量等为准；以到岸品质和数量等为准；以装运港的检验证明为依据，但货物到达目的港后买方有复验权利并可依此索赔。以上三种做法中，第一种、第二种分别有利于卖方和买方，第三种兼顾了双方利益，比较公平合理，是目前采用比较普遍的做法，但在给予买方复验权的情况下，也须对复验时间和地点做出明确规定。

③检验机构。检验机构应具有资格并与交易双方无利害关系。检验机构的类型很多，如国家质检总局主要负责进出口货物的检验。

9）不可抗力

不可抗力指某些非可控的自然或社会力量引起的突发事件。不可抗力可能会影响合同的顺利履行，贸易实践和各国法律均认可不可抗力，但对其细节没有统一规定。为防止交易中某一方任意扩大或缩小对不可抗力范围的解释和维护当事各方的权益，通过磋商并在合同中规定不可抗力条款是必要的。谈判中关于不可抗力条款的磋商一般涉及：①不可抗力事件的范围。②出具不可抗力事件证明的机构。③事件发生后通知对方的期限。④发生不可抗力事件后合同的履行和处理等。

　　10）索赔和仲裁

　　在货物买卖中，常常会发生一方因种种理由而违约的情况，而另一方则有权索取相应的赔偿，这是商务谈判中不可回避的索赔问题。关于谈判中的索赔问题，通常应就以下方面达成一致：①索赔的依据，即在什么情况下可索赔。②索赔的有效期限。③索赔损失的计算办法等。

　　仲裁是指合同当事人在产生争议不能协商解决的情况下，由仲裁机构居中做出的判断和裁决。仲裁一般有以下两个特点：一是仲裁申请的自愿性，即仲裁申请必须由当事各方一致同意并通过订立协议确定，没有仲裁申请协议的争议是不予仲裁的；二是仲裁结论的终局性，即一旦当事各方将争议递交仲裁，就排除了法院对该争议的管辖权，任何一方都不得再向法院起诉。因此，用仲裁方式解决争议，有利于保持交易关系，而且手续简便、费用较低、时间也较短。商务谈判中的仲裁条款应协商的问题主要是：①仲裁地点；②仲裁机构；③仲裁程序；④仲裁费用等。

【实例3-1】

一例成功的货物买卖谈判

　　辽宁省盘锦市A公司从事某添加剂业务，在2008年金融海啸导致许多工业原材料价格暴跌时，决定以低价从国外大量购进该产品。A公司做了大量的市场调研工作，首先通过互联网搜寻该添加剂主要生产国的信息，又通过对各国产品的性价比对确定英国B公司为谈判对象。我方A公司还通过电子邮件等方式与B公司进行沟通，把我方的基本情况和所需产品信息传递给对方，也进一步获取了对方的信息。

　　在谈判过程中，双方首先出现的争执是谈判地点的确定。B公司要求我方派人员赴英国谈判，而我方要求对方来华谈判，双方都清楚在本国谈判的优势——有助于控制谈判。在金融危机使全球经济不景气的大环境下，我方利用买方市场优势，使B公司主动找上门来谈判。

　　双方初次面谈富有成效，确定了要进口产品的品种、数量、进口时间等，并在其他方面也达成了基本共识。但是，在接下来的价格谈判上出现了僵局，挑战来自多方面。首先，双方初次合作缺乏信任，交易金额大，交货分批进行，合同履行时间长达两年。其次，合同的定价涉及未来两年该产品世界市场价格的波动与走势、汇率波动的影响等问题。双方都想采用对己有利的价格条款以规避风险。经多次反复面谈，双方最终以一个折中但对我方更优惠的价格达成协议。

　　资料来源　庞立华. 浅谈国际贸易中的商务谈判［J］. 中国经贸，2010（12）.

3.2　技术贸易谈判

3.2.1　技术与技术贸易

　　技术是人类在认识自然和改造自然的反复实践中积累起来的有关生产劳动的经验

和知识。世界知识产权组织（WIPO）1977年出版的《供发展中国家使用的许可证贸易手册》给技术下的定义是："技术是为制造某种产品、采用某种工艺过程或提供一项服务，为设计、安装、开办、维修、管理某个工厂和某个工商企业或提供其他协助所需要的系统知识。"

技术作为交易对象具有以下特点：

①技术是无形的、非物质的知识。它只有应用于生产活动中，与一定的物质条件相结合，才能转化为生产力，制造出有形的产品。

②技术是整套的、系统化的知识。它包括从构想、设计到具体生产实施，再到市场营销各个阶段的全部知识。

③技术具有商品的一般属性。它既有使用价值，也有交换价值。

技术贸易是指以技术为对象的买卖交易活动。技术贸易中的买方又称为"技术引进方"或"引进方"、"受让方"，卖方又称为"技术转让方"或"转让方"、"许可方"。

3.2.2 技术的形式与技术贸易的对象

技术按其表现形态，可分为：

①技能化的技术，即潜存于人体之中的技术。这种技术一般由掌握它的人在一定条件下通过演示、传授表现出来。

②知识化的技术，即借助于其他物质载体而存在的技术。这里的物质载体主要指技术资料，包括图纸、公式、配方、工艺说明等。只要具备相应的知识，就能通过这些技术资料了解和掌握这种技术。

③物化的技术，即以机器设备形式存在的技术。

前两种通常称为"技术软件"，后一种被称为"技术硬件"。技术贸易的对象一般是技术软件，即买方要求卖方提供相应的技术资料、技术指导和人员培训，有时也包括提供对掌握软件技术必不可少的技术硬件。而单纯技术硬件的买卖，则一般属于货物买卖。

技术按其公开的程度和受法律保护的程度，可分为：

①公开技术或一般技术，指在传播和利用方面不受限制的技术，如报纸杂志发表的科技论文或各种学术报告、超过时效的专利技术或已经公开的专有技术等。

②半公开技术或专利技术。专利技术之所以是半公开技术，是因为：一方面，作为专利技术，按照一般专利法的规定，其主要内容应向社会公开，但这种公开并不会使该项技术变为一般的公开技术，因为专利法同时确认和保护该项技术的产权，在一定地域和一定期限内未经许可不得使用；另一方面，专利技术的所有者为了自身利益，往往并不把该项技术的全部内容公布于众，而是将其最为关键和核心的部分隐藏起来。因此，专利技术既有公开的一面，又有不公开的一面。

③秘密技术或专有技术，指没有取得专利权的技术秘诀、技术诀窍。此项技术依靠保密手段而不是法律手段来保护，一旦泄密或破译，则他人可无偿使用。但专有技术相对较为复杂，不易被他人掌握，因而在市场上拥有一定优势。

上述技术中，第一种公开技术或一般技术，显然不是技术贸易的对象，后两种即专利技术和专有技术，则是技术贸易的对象。前述"技术软件"，在实际技术贸易中，亦通常以专利技术和专有技术的形式出现。

需要说明，商标也是技术贸易的对象之一。商标本质上不是技术，但作为产品的标志往往同时代表了产品的技术、质量、信誉，因而成为无形资产。在技术贸易中，引进方同时引进商标有利于其产品迅速进入市场。

3.2.3 技术贸易的方式

技术贸易主要有两种方式：一是技术软件，如专利技术、专有技术、商标的使用权的买卖；二是技术硬件，如成套或关键设备的买卖。由于技术软件的特点，技术贸易中的卖方实际上只向买方出售了技术的"使用许可"，所以通称"许可贸易"。而技术硬件的买卖，又可归为货物买卖。因此，许可贸易是技术贸易的基本方式，技术贸易也被称为许可贸易。

许可贸易是由交易双方签订许可协议，技术的转让方许可技术的引进方享有技术的使用权、产品的制造权和销售权。

许可贸易的内容主要包括专利技术使用权的许可、专有技术使用权的许可、商标使用权的许可。实际上，在技术贸易中单独购买其中某一项使用权许可的一般只占10%~20%，更多的是专利技术、专有技术、商标结合在一起进行买卖，这大约要占一半以上，称为"混合许可"。

许可贸易按照许可权利的程度，可分为以下五种类型：

①独占许可，指技术的转让方给予引进方在规定地区使用、制造和销售该技术的独占权或垄断权，而转让方和任何第三方在该地区内均无这一技术的使用、制造和销售权。

②排他许可，指技术的转让方给予引进方在规定地区对该技术的使用、制造和销售权，而转让方在该地区除自己保留这种权利外不得再给予第三方。

③普通许可，指技术的转让方给予引进方在规定地区对该技术的使用、制造和销售权，但转让方在该地区仍保留自己和再转让给任何第三方的权利。

④可转售许可，也称"分许可"，指技术的引进方有权将所得到的权利在其所在的地区内转售给第三方。

⑤互换许可，指双方以各自的技术互相交换、互不收费。互换许可可以是独占的，也可以是非独占的。

3.2.4 技术贸易的特点

技术作为无形商品，与一般的货物不同，技术贸易的特点对其谈判的方针、策略以及双方权利、义务关系等有着直接的影响。技术贸易的特点主要是：

1）技术贸易实质是使用权的转让

在货物买卖中，买方支付货款获得货物，卖方付出货物得到货款，货物的所有权连同使用权一起转移。技术贸易则不同，由于技术本质上是一种无形的经验和知识，所以引进方虽然支付价款购买并获得了某项技术，但对转让方来说并没有失去这一技术，而只是将其使用权让渡给了对方。

2）技术价格具有不确定性

在一般货物买卖中，最终的成交价格虽然与最初买卖双方的报价均有差距，但是通常会在双方预期的水平上。在技术贸易中，转让方对技术所做的报价和引进方愿意支付的价款，往往是一个不确定的数值。这有两点原因：第一，技术价格无法以价值为基础。对于一般商品，决定其价值量的社会必要劳动时间，实际上是由生产同一商品的无数生产者的个别劳动时间通过竞争机制形成的一个大体上的平均数。然而对于技术来说，其生产具有非同步性，不可能有很多研究者同时在进行研究，即使如此，也只能是其中的最先成功者的劳动得到社会承认，因此不可能以社会平均劳动时间决定价值，也就无法以此为基础来确定价格。第二，技术价格并不反映成本。技术引进方对某一技术愿意支付的使用费，不取决于生产此项技术耗费的劳动，而主要取决于其使用后所获得的经济效益。获得的效益越高，引进方愿意支付的费用就越高。所以，如果技术转让方投入很高的成本研制出的某项技术不能给引进方带来预期经济效益，那么该技术只能被低价转让，甚至无人问津。

3）技术贸易的交易关系具有持续性

在货物买卖中，交易双方钱货两清，交易关系即告结束，而技术贸易则不同。技术的转让方除交付有关技术资料外，通常还要为引进方提供技术咨询和人员培训，有的还包括有关技术设备的安装和调试等。在大型的技术贸易项目中，上述工作往往需要持续较长时间才能完成。另外，技术转让费如果采取提成支付方式，则要在有关技术投入使用后相当长的时间内陆续支付。可见，技术贸易的交易关系一般要持续较长时间。

4）国际技术贸易受转让方政府干预较多

在一般国际货物买卖中，各国政府总是积极鼓励本国出口，包括给予各种财政补贴和信贷支持，以增强本国货物在国际市场的竞争能力，但是在技术贸易中，对于技术转让，各国政府均持谨慎态度。因为技术是一个国家经济发展的根本，是国际经济竞争的制胜法宝，有些技术甚至关系国家安全，所以许多国家通过立法和行政干预，加强对技术贸易中技术转让的管理和限制，以维护本国的政治经济利益。

【实例3-2】

技术贸易壁垒

海尔集团发明的抽屉式"迈克"冷柜，在美国市场上市的头5个月就卖了71 000台。美国的几家家电企业对此很眼红，但因为海尔申请了国际专利，它们便不能染指。这些企业竟然以这款冷柜没有标准为由，对海尔提起诉讼。按照当地法律，产品只要受到质疑必须马上停止销售。尽管美国海尔公司向美国家电协会申诉后，冷柜重获上市，但时间已过去8个月。这件事让海尔人深刻认识到：过去只强调应用专利保护自己的创新成果，却忽视了知识产权的另一个重要内容——技术标准。

针对"迈克"冷柜的能效问题，海尔也多次和法国LCIE、法国市场监督局（DGCCRF）进行沟通，阐述海尔"迈克"冷柜的特点和应被划分的产品分类理由。但是这两个机构一直以"欧洲客户倾向于以第9种产品分类来判断'迈克'冷柜"的借口拒绝进行能效级别更改。海尔也尝试着加入欧洲电器制造商协会（CECED），想通过该组织来影响欧洲权威检测和认证机构改变立场，但是对于海尔这样的欧盟地区外的中国公司来说成为委员的条件极为苛刻。

因此，为了有效应对海外技术性壁垒引发的市场准入受阻问题，我国家电企业需要重点考虑的策略包括：（1）全面掌握目标市场的技术贸易壁垒信息；（2）保证产品质量，加大技术研发力度；（3）从跟踪到影响目标市场的技术标准制定；（4）有机推行本土化产品运营战略。

资料来源　郭露. 技术贸易壁垒消解机制研究——以家电行业为例［J］. 家电科技，2016（8）.

3.2.5　技术贸易谈判的主要内容

技术贸易谈判的内容一般包括三个方面：技术部分的谈判、商务部分的谈判和法律部分的谈判。每一方面的谈判又包括若干具体条款。

1）技术部分的主要谈判内容

（1）标的

标的即技术贸易的对象、内容、范围等，对其关键词语应做出明确的定义。

（2）技术性能

技术性能指技术的水平和特性。在技术贸易中，对技术性能的规定相当于对技术商品的质量要求。对引进方而言，达到规定的技术性能是实现技术贸易目标的基本保证；对转让方而言，达到规定的技术性能是其承担义务和责任的主要依据。在谈判中，对于技术性能，也要用能够全面反映该项技术真正水平与特性的指标明确地加以规定。

（3）技术资料的交付

技术资料是技术的载体，保证其完整、可靠并及时送达，是技术贸易的关键环节。这相当于货物买卖中的交货。对此，在谈判中主要应规定：

①交付日期，如一次交付的具体时间，分次交付的各次时间。

②交付方式，如文字资料、图纸、照片、光盘等。

③文本。文本即资料使用何种文字，这会直接影响引进方消化、吸收技术资料的时间和效率。

④完好性。技术资料发生污损、短缺、丢失，将直接影响技术引进与技术转让工作的进行。在谈判中，一般规定引进方应根据资料所随清单清点，如发现短缺、污损或不清晰部分，转让方应在限期内补齐、在更换。为确保资料完好无缺，在合同中应明确资料的包装方式及标记，避免资料在交付过程中出现损坏。

（4）技术咨询和人员培训

单凭转让方提供的技术资料，引进方往往难以完全掌握某些技术，这就要求转让方同时提供技术咨询和人员培训。因此，技术咨询和人员培训，是技术转让方保证转让技术为引进方所掌握而必须承担的义务和责任。

技术咨询是指转让方根据引进方的要求，派遣技术专家到引进方给予技术指导和技术服务。在谈判中，针对技术咨询条款，通常需商定以下事项：

①人选。如转让方所派技术专家的专业、职级和人数等，以保证能够胜任和完成

工作。对于不称职者，引进方有权要求调换，转让方应承担由此而引起的费用。

②工作条件和生活待遇。引进方应为技术专家提供工作、交通、医疗、翻译等项必要条件，提供膳食、住宿、工资福利等项待遇，并对此做出具体规定。

人员培训通常有两种方式：一是转让方派技术专家对引进方的技术人员、管理人员、操作人员进行培训；二是引进方派人到转让方进修学习。无论采取何种方式，都应对培训目的、内容、时间、人数、要求及培训费用等有关双方的义务与责任加以具体规定。

（5）技术考核与验收

一项技术转让，只有最后考核全部合格、通过验收，才能表明转让方已经完成其责任，因此，技术考核与验收是技术部分谈判的重要内容。这部分谈判主要涉及以下内容：

①考核验收的方式和标准。考核方式通常有两种：一种是对工艺过程的考核，其标准是先进性、合理性、均衡性和稳定性等；另一种是对最终产品的考核，其标准如产品的型号、规格、品质以及生产效率、资源利用率等。上述考核方式及验收标准的具体指标，应在谈判中予以确定。经双方同意，也可采用其他方式及标准。

②考核验收结果的评定与处理。一般考核验收结果有三种情况：一是全部合格，通过验收，引进方即可签字认可，转让方亦即完成责任；二是大部分合格，延期通过验收，其中若属引进方的责任，如对技术掌握得不够等，转让方仍有义务给予帮助，若属转让方的责任，如技术上的缺陷等，转让方应予改正、解决，并承担相应费用；三是大部分或全部性能指标达不到标准，这表明转让的技术有问题，根据惯例可再给予转让方1~2次重新考核的机会，但转让方须承担其考核的费用并被酌处一定罚金，如最终仍不能通过验收，引进方则有权要求索赔。

③考核与验收的时间与地点、参加人员等。

（6）技术的改进和交换

科学技术是不断发展的，在技术贸易有效期内，合同双方都有可能改进此项技术。对于改进的收益和所有权，在谈判中应有明确的规定。按照惯例，如技术贸易采用提成支付的方式，一般要求转让方免费或适当有偿向引进方提供改进和发展了的技术，这叫作"动态技术转让"或"继续技术援助"。同样，引进方也有义务向转让方提供其技术运用中的改进和发展内容，这叫作"技术反馈权"。在洽谈技术改进的交换时，应注意的问题是：①平等互利。②明确改进技术的所有权属于改进方。③对"重大技术改进"应做明确的定义，并应就其是否属于交换范围达成一致意见。

2）商务部分的主要谈判内容

（1）技术使用的范围和许可的程度

技术贸易实质是转让技术使用权的交易，因此技术使用的范围和许可的程度直接关系双方的权益，也关系到技术价格的高低，是技术贸易谈判中的重要内容。关于技术使用的范围的谈判，包括三个方面：一是确定技术使用的组织范围。一家大型的公司可能有若干分公司、子公司，跨国公司则有若干海外分支企业，这样引进方使用某技术的组织范围越大，可能获得的收益就越大，转让方要求的价格也会越高。二是确定技术使用的产品范围。引进方使用某技术制造的产品范围越大，可能获得的收益就越大，转让方的要价也会越高。商标使用的产品范围，也有类似问题。三是确定使用某技术生产的产品的销售地区范围。引进方的销售地区越大，可以利用的市场空间越大，可能获得的收益就越大，对转让方构成的市场竞争压力也越大，转让方的要价也就越高。以上三个方面，实际上就是技术的使用权、制造权和销售权问题。关于技术许可的程度，即前述的按照许可权利的程度划分的五种类型。不同程度的许可，对转让方和引进方的约束不同，利益和代价也就不同。

（2）价格

技术贸易的价格直接影响交易双方的经济利益，是技术贸易谈判的议题核心。技术贸易的价格通常由技术使用基本费、项目设计费、技术资料费、技术咨询费、人员培训费等构成。然而，与货物买卖价格不同，技术贸易价格有其特殊性。在技术贸易中，达成交易后技术由卖方转让给买方，但是并不存在所有权的转移，而只是技术使用权的许可，所以引进方付给转让方一定款额仅仅是对获得技术使用权支付的一种酬金或使用费，这里，价格只是一种代名词而已，并非一般意义的范围。因此，技术贸易中**技术价格**的含义，实际上是技术的引进方为获得技术使用权所愿支付并为转让方接受的技术使用费的货币表现。

影响技术价格的因素，从转让方的角度来讲，主要有以下方面：

①技术开发费，指该技术设计、试验、制造等人力、物力消耗的成本，包括参加研究开发的技术人员的工资、研究中购置的仪器设备、研究中消耗的能源和原材料等。这部分费用不难计算，而且由于可做多次转让及分摊，实际上数额已不大。

②技术转让费，指为转让技术而发生的直接费用，包括接待考察费、技术资料费、咨询服务费、人员培训费等。这部分费用数额也有限，并容易计算。但在谈判上花费的时间、精力越多，这部分费用也会越高。

③利润损失补偿费，指由于技术转让，转让方失去了利用该技术获取市场利润的机会和引进方使用该技术增加了转让方的竞争压力并缩小了转让方的商品市场而导致的利益损失的补偿。这部分费用是技术价格的主体，且最不易确定，往往是双方讨价还价的焦点。

影响技术价格的因素，从引进方的角度来讲，主要有以下方面：

①技术的使用价值，即技术对提高产品质量、生产效率，节约消耗，改善劳动条件和社会环境等的贡献。贡献越大，则技术形成的利润和带来的效益越大，引进方愿意付出的费用也越高。这部分是主要的决定因素。

②技术的水平，即技术的发展阶段和先进程度。显然，能够提高竞争力的新技术、先进技术，引进费用较高；普遍使用的成熟技术、中间技术和过时的老技术、落后技术，引进费用较低甚至无须引进。

③技术的供需状况，包括技术的来源和市场需求两个方面。一方面，如为独家的垄断技术，往往需要高价引进，如某技术已为多家所掌握并面临未来的竞争威胁，则应低价引进；另一方面，如某技术的市场需求较大，其产品在竞争中有较大优势，且无替代产品，则引进费用就会较高，反之，则费用较低。

④科研开发能力、技术实力较强，具有开发技术潜在条件的公司，一般不轻易引进耗资过高的技术，或应降价引进。

⑤技术许可的类型。不同类型的技术许可，引进方获得的权益不同，独占和排他许可的价格较高，普遍许可的价格则较低。

⑥技术使用费的支付方式。采用一次总算的支付方式要比分期提成的支付方式费用低。

⑦一揽子交易条件。前已述及，商务谈判的特征中虽然价格是议题的核心，但其他交易条件也与价格有密切的关系。在技术贸易中，"硬件"价格的高低、是否需要转让方提供原材料和元器件、是否作为技术产品的独家代理、是否接受技术保密等其他交易条件，也会对技术引进费用产生一定影响。一般而言，技术价格约占引进方所获利润的20%~30%，引进方应全面估算预期利润总额，以便确定买入技术的价格上限。

还需说明，除以上影响技术价格的双方诸项因素外，技术贸易的最终成交价格究竟确定在哪一点，往往由双方的谈判实力（如有利的环境条件、相对较强的组织实力、素质优秀的谈判人员等）、谈判策略和谈判技巧决定。

（3）支付

在技术贸易中，计价的特殊性主要体现在它的支付方式上。技术贸易价格的支付方式主要有以下三种：

①一次总算，即签订合同时将技术转让的全部费用一次算定。具体支付时，可以一次付清，也可以按项目划分为若干阶段或每隔一段固定时间分期付清。一次总算是一种固定计价法，对转让方来说可以"旱涝保收"，对引进方来说可以避免对方查账。

②提成，即在合同签订时并不确定技术转让费的总额，而是从引进方技术投产后的经济效益中陆续提取一定比例作为技术转让的费用。提成是一种变动计价法，它的主要优点是风险共担。若采用提成支付方式，应当在谈判中确定提成基数、提成率、提成期限、最高提成和最低提成等项，其中，提成率还须确定是固定提成率还是滑动提成率，以保证合同期支付条款的顺利履行。

③入门费加提成，是以上两种支付方式的结合，即合同签订后先支付一定款额（称为"入门费"），以后再按合同规定支付提成费。这里，入门费有定金、先期费用、技术披露费的意义，一般在总价格中所占比重为10%~15%，而且有越来越少的趋势。

上述三种支付方式，采用第二种的较多，采用第三种的正在减少，采用第一种的最少。此外，还有实物支付方式，如补偿贸易等。

（4）保证、索赔和罚款

在技术贸易谈判中，保证、索赔和罚款条款，对于加强转让方的责任，防止转让方以次充好、以假乱真，维护引进方的利益，促使双方认真执行合同等有着十分重要的意义。在谈判中要求转让方承担的保证责任主要有对技术的先进性和实用性的保证、对技术资料按时完整交付的保证、对技术咨询和人员培训的保证等。如转让方未能履行即构成违约，引进方则有权要求赔偿。索赔的主要方式是罚款，罚款的目的主要是对违约损失予以赔偿，纯粹意义的惩罚则属次要。在谈判保证、索赔和罚款内容时，必须注意根据可能造成违约的各种情况，协商制定出具体的、切实可行的条款。

3）法律部分的主要谈判内容

技术贸易谈判中涉及的法律部分的内容，主要包括侵权和保密、不可抗力、仲裁与法律适用等项。其中，不可抗力、仲裁等与货物买卖谈判涉及的问题相似，而侵权和保密是技术贸易谈判中的特殊内容。

在技术贸易谈判中，侵权问题是针对专利技术的许可而言的，保密问题则是针对专有技术的许可而言的。

按照专利法的规定，专利技术的内容是公开的，但是它同时受到专利法的保护，任何人不经专利权人许可不得使用该技术。不过法律对于专利技术的保护有一定的地域性和时间性，即只有在一定国家或地区的一定期限内，专利权人才拥有该技术的所有权。如果在法律保护地域之外的某地，有第三方获得此项专利技术，但该专利技术的贸易双方在该地进行交易，或者其中一方在该地销售该专利技术的产品，就会构成对第三方的侵权问题。在法律保护地域内的期限以外，也会发生这类问题。为此，在技术贸易谈判中应当规定：转让方必须保证是所提供的专利技术的合法所有者并有权转让，同时保证在合同期内若发生第三方指控侵权，转让方承担全部法律责任，引进方不承担任何责任。

对于专有技术，其内容是不公开的，也没有法律的保护，拥有者只有通过保密手段，维持对该专有技术的独占权。因此，在专有技术贸易中，引进方应承担保密的义务和责任，只能在合同规定的范围内使用这一技术，不能扩散。在保密问题的谈判中，应当规定：保密的范围，即引进方只对转让的技术保密；保密的期限，即与合同期相一致；对等保密，即引进方在对转让的技术承担保密义务的同时，转让方也应对所了解的引进方的有关情况给予保密等内容。

3.3 工程承包、租赁、合资、合作谈判

3.3.1 工程承包谈判

工程承包是指承包人通过投标或接受委托等方式，与发包人签订合同或协议，完成所规定的工程任务，并按规定的价格向发包人收取费用。工程承包按承包关系，分为总包、分包、合包等；按承包内容，分为全部承包、部分承包、承包劳务等。工程承包是带动建筑材料、机电产品等货物买卖和带动技术、劳务等贸易的重要方式，在商务活动特别是国际商务活动中占有重要地位。

工程承包是一种综合性交易，其谈判内容主要涉及：①材料、设备的品种、规格、数量与价格；②技术、劳务价格；③工程条件；④工期；⑤工程质量与验收等。

3.3.2 租赁谈判

租赁是指出租方将财产交给承租方使用，由承租方交付租金，在租赁关系终止时承租方将原财产归还给出租方。租赁有融资性租赁、服务性租赁、出售与回租租赁、综合性租赁等类型。租赁将融资、融物合为一体，能满足某些急需使用设备而因资金

短缺无力购买或只是临时性、季节性使用而又无须自己购买的组织的需要，具有多方面的优越性，是发展速度与发展规模颇有前景的一项商务活动。

在租赁谈判前，首先应认真权衡租赁与购买决策。租赁与贷款购买设备有相似之处，要通过对这两种方式的支出的比较分析，确认租赁决策是否必要。租赁谈判主要涉及以下内容：①确定租赁的设备；②确定租赁的类型；③确定租金；④设备如何交付；⑤租赁期终止设备如何归还等。

3.3.3 合资谈判

合资指两个或两个以上的组织或个人，按一定资金比例联合投资。其主要特点是合资入股、共同经营、共负盈亏、共担风险。

合资谈判，其目的是建立长期的合作关系，而并非完成一次交易，因此它需要各方做出较多的投入和承诺，比其他商务谈判也更为复杂。合资谈判涉及的内容主要有：①投资总额和注册资本；②投资比例和董事会席位分配；③出资方式和资产评估；④组织机构与职责权限；⑤劳动管理；⑥中外合资经营中的外汇收支平衡；⑦合营的期限和清算等。

3.3.4 合作谈判

合作是指按照契约式（股权式即为合资）运作的各种类型、各种方式的商务协作，如合作生产、合作经营、合作开发、补偿贸易等。合作的主要特点是合作而不合资，即双方或各方的权利与义务完全由签订的合同加以规定，优势互补，灵活多样，各自经营，自负盈亏。这里，着重介绍"三来一补"的合作方式及其谈判内容。

"三来一补"即指来料加工、来样加工、来件装配和补偿贸易，它是国内特别是国际上商务合作的普遍形式。

来料加工、来样加工、来件装配的谈判内容主要涉及：①来料、来件的质量、数量及时间；②成品质量标准；③原材料、零部件的损耗率与成品合格率；④加工费及支付方式；⑤保证与索赔等。

补偿贸易指合作一方提供技术、设备、器材等兴建企业或改造老企业，待项目竣工投产后，合作的另一方以该项目的产品或双方商定的其他产品来偿还的合作方式。补偿贸易的谈判内容主要涉及：①供货商的选择；②技术设备的性能及价格；③补偿方式和补偿产品；④补偿产品的作价原则；⑤补偿期限与各期补偿产品的数量；⑥技术设备购买合同与补偿产品购买合同的联结；⑦违约责任等。

相关链接：掌握对方底牌的四种谈判技巧

本章小结 ✎

　　货物买卖谈判，是指针对有形商品即货物的买卖而进行的谈判。货物买卖谈判的特点是难度相对简单、条款比较全面。货物买卖谈判的主要内容包括：标的、品质、数量、包装、价格、交货、支付、检验、不可抗力、索赔和仲裁等。

　　技术贸易谈判，是以技术为对象的买卖交易活动。技术有多种形式，技术贸易的对象一般是技术软件，这种技术软件在实际技术贸易中通常以专利技术和专有技术的形式出现。此外，商标也是技术贸易的对象之一。技术贸易的基本方式是许可贸易。许可贸易按照许可权利的程度，可分为独占许可、排他许可、普通许可、可转售许可、互换许可五种类型。技术贸易的特点是，技术贸易实质是使用权的转让，技术价格具有不确定性，技术贸易的交易关系具有持续性，国际技术贸易受转让方政府干预较多。技术贸易谈判的内容，一般包括技术部分、商务部分、法律部分三个方面的谈判，每一部分都涉及一些特殊的交易条款。

　　商务谈判还有工程承包谈判、租赁谈判、合资谈判、合作谈判等，这些谈判又包括各自的条款内容。

主要概念和观念 🗐

□ **主要概念**

　　货物买卖谈判　标的　价格　不可抗力　索赔　仲裁　技术贸易　许可贸易　技术价格　工程承包　租赁　合资　"三来一补"

□ **主要观念**

　　货物买卖谈判的主要内容　技术贸易的方式　许可贸易的内容　许可贸易的类型　技术贸易的特点　技术贸易谈判的主要内容　技术贸易价格的支付方式　工程承包的类型　租赁的类型　工程承包谈判的主要内容　租赁谈判的主要内容　合资谈判的主要内容　"三来一补"谈判的主要内容

基本训练 👥

□ **知识题**

　　3.1　阅读理解

　　1）货物买卖谈判中对于货物的品质通常如何表示？

　　2）货物买卖谈判中对于货物的数量需要注意什么？

　　3）货物买卖谈判中的包装条款应就哪些方面进行磋商？

　　4）货物买卖谈判中的价格条款主要涉及哪些内容？

　　5）货物买卖谈判中的交货条款应就哪些方面进行磋商？

　　6）货物买卖谈判中的支付条款应注意哪些问题？

7）货物买卖谈判中关于检验的磋商主要包括哪些内容？

8）货物买卖谈判中不可抗力条款一般涉及哪些问题？

9）货物买卖谈判中的索赔问题应就哪些进行磋商？

10）货物买卖谈判中的仲裁条款应协商哪些问题？

11）技术贸易的内容主要包括什么？

12）说明许可贸易的主要类型。

13）技术贸易的特点主要是什么？

14）说明技术贸易谈判的主要内容。

15）技术贸易中技术价格的确定受哪些因素的影响？

16）技术贸易中技术价格的支付方式主要有哪几种？

17）为什么说侵权和保密是技术贸易谈判中的特殊内容？

18）技术贸易谈判中对于技术资料的交付有何要求？

19）技术贸易谈判中应就技术咨询和人员培训做出哪些具体规定？

20）简述工程承包谈判主要涉及的内容。

21）简述租赁谈判主要围绕哪些问题进行。

22）简述合资谈判涉及的主要内容。

23）简述"三来"谈判和补偿贸易谈判主要涉及的内容。

3.2　知识应用

3.2.1　选择题

1）货物买卖谈判的难度相对较为简单，是因为（　　）。

（1）大多数货物均有通行的技术标准

（2）大多数交易属于重复性交易

（3）谈判内容大多围绕与实物商品有关的权利和义务

（4）合同条款较为简单

2）货物买卖谈判的价格条款中，货物单价的确定应联系其他各项交易条件统筹考虑。这句话是（　　）。

（1）对的　　　　　　　　（2）不对的

3）货物买卖谈判的交货条款中，最重要的是应在合同中规定（　　）。

（1）货物运输方式　　　（2）装运时间　　　（3）装运地和目的地

4）在国际货物买卖谈判的支付条款中，出口谈判选用的支付货币一般应是（　　）。

（1）硬货币　　　　　　　（2）软货币

5）技术贸易的对象，一般是（　　）。

（1）技能化的技术　　（2）知识化的技术　　（3）物化的技术

（4）公开技术　　　　（5）半公开技术　　　（6）秘密技术

6）技术贸易的基本方式是（　　）。

（1）技术硬件所有权的买卖　　　　（2）技术硬件使用权的买卖

（3）技术软件所有权的买卖　　　　（4）技术软件使用权的买卖

7) 排他许可与独占许可的区别在于（　　）。

(1) 转让方有无技术使用权　　　　　(2) 第三方有无技术使用权

8) 普通许可与排他许可的区别在于（　　）。

(1) 转让方有无技术使用权　　　　　(2) 第三方有无技术使用权

9) 在技术贸易中，技术价格实质是（　　）。

(1) 技术的价值的货币表现　　　　　(2) 技术使用费的货币表现

10) 影响技术价格的因素，从转让方的角度来讲主要有（　　）。

(1) 技术开发费　　　　　　　　　　(2) 技术的使用价值

(3) 技术转让费　　　　　　　　　　(4) 技术的水平

(5) 利润损失补偿费　　　　　　　　(6) 技术的供需状况

3.2.2　判断题

1) 在货物买卖合同中，标的必须是规范化的商品名称。　　　　　（　　）

2) 货物买卖谈判议题的核心是货物的品质。　　　　　　　　　　（　　）

3) 技术贸易的对象一般是指单纯技术硬件的买卖。　　　　　　　（　　）

4) 技术贸易的基本方式是许可贸易，它的实质只是使用权的转让。（　　）

5) 工程承包的类型，按承包的内容分为全部承包、部分承包、承包劳务等。

（　　）

6) 合资的主要特点是合资入股、独立经营、自负盈亏。　　　　　（　　）

□ 技能题

3.1　规则复习

1) 货物买卖谈判的主要内容中，标的应为规范化的商品名称；品质的表示方法通常以样品、规格等级、品牌商标、产地名称、说明书和图样等为标准；数量应选用适当的计量单位；包装主要就包装材料、方式、标志、费用等进行磋商；价格条款则主要涉及价格水平、价格计算的方式、价格术语的运用等；交货主要应就货物运输方式、装运时间、装运地和目的地进行磋商；支付须注意支付手段、支付时间、支付货币、支付方式等问题；检验的磋商主要有检验内容和方法、检验时间和地点、检验机构等；不可抗力一般涉及不可抗力事件的范围、出具不可抗力事件证明的机构、事件发生后通知对方的期限、不可抗力事件后合同的履行和处理等；索赔问题通常应就索赔的依据、有效期限、损失的计算办法等达成一致；仲裁条款主要应协商仲裁地点、机构、程序、费用等。

2) 技术贸易谈判的内容一般包括三个方面：技术部分的谈判、商务部分的谈判和法律部分的谈判。其中，技术部分的主要谈判内容包括以下条款：标的、技术的性能、技术资料的交付、技术咨询和人员培训、技术考核与验收、技术的改进和交换等。商务部分的主要谈判内容包括以下条款：技术使用范围和许可的程度、技术贸易的价格、技术贸易价格的支付方式、保证和索赔等。法律部分的主要谈判内容包括以下条款：侵权和保密、不可抗力、仲裁与法律适用等。

3.2 操作练习

3.2.1 实务题

英国一家客商在中国进出口商品交易会（广交会）上看中江西景德镇瓷器，尤其喜爱景德镇东兴瓷器厂制造的富贵牡丹大瓶，提出订购60只，一个月后交货。谈判中，该厂谈判人员觉得一个月内只能烧制50只牡丹大瓶，可能影响交货，即与厂生产部门联系。厂生产部门提议可以库存新品孔雀牡丹大瓶或百合玫瑰大瓶补充。请问：是否可行？

3.2.2 综合题

天津达成粮油公司2017年10月与加拿大某谷物公司谈判，首次向加方购进一批小麦，通过海运交货。试问：谈判中在货物品质、价格、交货、支付四项上，我方须注意解决好哪些具体问题？

□ 能力题

案例分析

引进高压硅堆生产线的谈判

中国南通某工厂与日本京都某工厂就引进日方高压硅堆生产线进行谈判。该生产线生产能力为年产3 000万支合格品（两班制）。日方报价：设备费为12.5亿日元，含备件；技术费为2.4亿日元；技术服务费为0.09亿日元。在中方的要求下，日方给出明细报价：

设备费：清洗工序，1.9亿日元；烧结工序，3.5亿日元；切割分选工序，3.7亿日元；封装工序，2.1亿日元；打印包装工序，0.8亿日元；备件，0.5亿日元。

技术服务费：培训费12人/月，共250万日元；技术指导费10人/月，共650万日元。

之后，中方与日方就上述报价进行磋商，寻求成交方案。

资料来源 丁建忠.《商务谈判》教学指引［M］. 北京：中国人民大学出版社，2003.

问题：

1）对于上述设备费，双方应怎么谈？

2）对于上述技术费，双方应如何谈？

3）对于上述技术服务费，双方可通过什么方式来谈判？

第 **4** 章

商务谈判中的思维、心理和伦理

学习目标 ◎

通过本章学习，你应该达到以下目标：

知识目标：了解商务谈判中有关思维方式、心理素质要求和职业道德方面的知识。

技能目标：学习在商务谈判中运用正确的思维方法、心理战、伦理与法律等项技能。

能力目标：掌握在商务谈判中运用辩证思维、策略变换，提高心理素质，遵循伦理道德与法律规范等能力。

引例 @　　　　　　　　顺利成交后的烦恼

张先生为购一台笔记本电脑，近期走遍了全市各家电子商城。周日早上，张先生来到一家商店，店主人了解了张先生的意向和拟购价位后，便对该店的戴尔灵越7577-1745（Win10系统，第七代酷睿i7处理器，4G显卡）笔记本电脑详细地进行了介绍。

张先生虽使用电脑3年多，但对有关硬件知识了解得并不多，对店主人的介绍只是似懂非懂地点着头。最后，他询问价格。

店主人答道：您这个时候购买，正好赶上我们热卖3天的促销活动。这款电脑不仅可以让利300元，而且再送价值200元的大礼，现价仅为7 699元，这是最后一天了。张先生很喜欢这款电脑，感到价格也可以接受。心想：近来自己走了多家商城，这是最满意的。沉思片刻后，他决定购买。

张先生回到家很兴奋，然而，没过多久便陷入了患得患失的境地：是不是可以更便宜一些呢？之前，那台联想笔记本电脑是不是更好呢？我是不是被那个店主人忽悠了呢？

那位店主人送走了张先生后，当然为今天的顺利开张而高兴。可是，转而又想：刚才的卖价是不是低了点？说不定价格再高一二百元也会成交的……

张先生和店主人都只想到自己一方可能得到的利益，为此，都纠结不悦。

本章探讨商务谈判中一些非常重要的问题，即谈判思维、谈判心理和谈判伦理问题。没有正确的思维，没有正确的心态，不懂得谈判道德、规则，绝对无法取得谈判的成功。谈判思维涉及思维的预设和谋略，谈判心理大都属于心理素质，谈判伦理则多属于道德和规则。本质上是一个问题的三个方面，即都是思维问题。人类的思维艺术在这里得到了充分的展示。

社会中人参与谈判的前提条件是成熟、经验与知识。这就涉及人的心理和伦理道德。谈判学所研究的是人类文化中的实用理性，而实用理性在形态上的集中体现就是谋略，所以，商务谈判中的思维核心就是谋略艺术。本章将以谋略为中心，展开对谈判思维、心理、伦理的论述，以指导我们取得谈判的成功。

4.1 商务谈判中的思维

4.1.1 观念思维

思维是人类的精神活动，是社会实践和文化濡染的产物。它可分为思维成果、思维方法和思维运动三大形态。成果表现为意识和观念，方法表现为规律和模式，运动表现为谋略和心智。

所谓**观念思维**，就是已经形成的思维成果，或者是指导我们谈判的某种思维定式，或者是指某种观念储存，或者是指对客体的某种假定，或者是指一种行为倾向的预设，或者就是某种人生哲学，这一切都或重或轻地影响着我们的谈判走向，甚至成败。举例来说，《孟子·万章下》说，伯夷"思与乡人处，如以朝衣朝冠，坐于涂炭也"。用今天的话说，伯夷这个人每想到与乡里人相处，就像穿着朝服戴着朝冠坐在烂泥滩上或污煤灰中，令其无法忍受。又说，伊尹"思天下之民匹夫匹妇有不与被尧舜之泽者，若己推而内之沟中"。用今天的话说，伊尹这个人只要见到老百姓中有没能享受到尧舜圣君恩泽的，就像是被他推到沟里一样，他会寝食不安，他一定要负完全责任。很显然，伯夷和伊尹就代表了两种不同的思维定式，两种不同的对客体的假定，两种不同的行为倾向，两种不同的人生哲学，总之是两种不同的观念储存。如果把这两种人放到今天，我们不难推断出：伯夷大抵是个自命不凡、拒绝谈判论者；伊尹可能是个忧心天下、仁让谈判论者。

对于现代社会的公民就谈判这一特定的课题来说，我们至少应有以下这些观念：

1) 谈判的泛化理解

这是西方特别是美国人的谈判观，所谓"世界是张谈判桌，人人都是谈判者"。生活在社会中的人们，经常要为购物、度假、物品分配、工作安排以及诸种事情进行协商，以便消除分歧，取得一致，共同采取行动。这就是谈判的泛化理解，也就是广义谈判论，从本质上讲，是人类为满足各自的需要而进行的交往活动。

美国谈判学会会长、著名律师杰勒德·I.尼尔伦伯格在《谈判的艺术》一书中提出了"谈判需要理论"，人们之所以要谈判，都是为了需要的满足。

美国最著名的谈判高手和谈判理论家赫伯·柯汉，积30年的经验写成了一本书——《成功的交涉》。该书可以被视作一本成功学著作，即谈判的成功学或成功的谈判学。作者把"谈判""交涉"引进了"人生事业的成功之路"这样一个视野。作者写道："处理与他人关系的方法'不仅可以决定你能不能成功，更可以决定你是否能够拥有充实、愉快、满足的生活'。'交涉是一片知识的沃野，是竭其所能地去获取他人好感，从他人手中得到我们想要的：名誉、自由、金钱、正义、身份、爱情、保障以及被认知。'"作者告诫我们："过去人们认为，报酬往往为那些拥有天分、愿意奉献并且受过教育的人所获得，最后的制胜者是那些拥有勤奋工作美德的人。要知道，如今，获胜的人除了要具备竞争能力，更要具备谈判能力。"

由此，可以对泛化意义上的谈判做这样一个较为完整的理解：

①现实生活是个巨大的谈判桌，不论你喜欢不喜欢，你都是参与者。

②你可以交涉谈判任何事情。

③若想获得别人的承诺，必须用自己的方式进行多方面的交涉。

④最佳的思想都是从别人那儿吸取而来，所以人的成长、成熟、成功都离不开交涉，交涉就是谈判。

2）谈判的人性理解

这是左右人们谈判走向的又一个重要因素。上文谈到，谈判需要成熟、经验和知识，其中就含有对人性理解的问题。认为人性善者，世界一片光明，到处是友谊、真诚和承诺；认为人性恶者，世界一片暗淡，到处是欺诈、谎言和陷阱。以这样的理解指导谈判，前者可能因太多的真诚而误入陷阱，后者可能因太多的奸诈而落入法网。

一个富有成熟经验和知识的人，应该将人理解为一种可上可下"居间性"的动物。但是"可上"却有其限度，人虽可以向上，却永远不能变得如神那样完美无缺，人永远不能神化。然而，人的堕落却是无限的，随时可能的。所以，我们对人的认识就须从人的这种"可堕落性"出发，求其防堵，求其疏导，求其化弥。谈判就是一场真真假假、虚虚实实的人性游戏。人性的两面特征，潜含着社会学的互动原理。人们之间的相互影响、濡染、交流是人性生成、展示、陶冶、铸就的基本条件，因此可以说谈判不仅是展示人性，更是塑造人性的过程。

《哈佛谈判学》一书认为，我们处于一个潜藏着胜负观念的社会。相当多的人认为生命就是胜负之间的战役。冲突可以说是人类环境中的自然产物。我们必须学会把真正的感觉及挫折放到背后。我们认为作者判断的是一个基本的事实，提出的是一个基本的原则，我们是无法回避和拒绝的。

著名作家罗兰著文《有时输也是赢》，题虽不错，但立意却是对谈判学的挑战。她说，有时所谓的"输"并不见得是什么坏事，肯定自己有时并不一定要用"赢"去达成。这些论断显然是对社会通行的观念的超越，是对谈判理念的动摇，难于为谈判中人所接受。因为有些重要的谈判是绝对输不起的，一次重要的谈判几乎是对生命的赌注，所以对方可以赢，但我方不能输。

3）谈判的理性理解

大千世界，人们对谈判的理解是五花八门的。中国文字中有个"窮"字，"躬"身于洞"穴"之中就是"窮"。身陷洞穴中的人拒绝谈判，拒绝交际，拒绝在与他人的沟通联络中寻找出路。有些人敌视富人阶级，总在穷人链中周旋，常被一无所成的人左右，谈判成了失败的判决。有些人总是怀着诡诈心理企图一诈千金，再诈万金，以为财富都是诈出来的。这种思维预设造就了一批批的穷人、一批批的庸人、一批批的歹人，他们怨天尤人，骂遍古今，就是不反思自我，就是不学习新知，因此注定平庸。

这里我们不得不介绍一下美国的哈佛原则谈判法。由尼尔伦伯格提出的"谈判需要理论"是哈佛原则谈判法的思想基础。由费希尔等人创立的哈佛原则谈判法有四个基本要点：①把人与问题分开；②重利益而不重立场；③先构思各种选择方案再提出主张；④坚持客观标准。根据哈佛原则谈判法，我们提出关于谈判的三个本质特征：

①它是"施"与"受"兼而有之的一种互动过程，单方面的施舍或单方面的承受都不能算是真正的谈判，所以谈判的终极目的是寻求双方互惠互利的双赢成果。

②它同时含有"合作"与"冲突"两种成分。

③由于谈判各方所拥有的实力和智慧不同，因而其结果往往是"互惠而非均等"。

4）谈判的基本心智

谈判中的基本问题不是双方立场上的冲突，而是双方的"需求""欲望""关切"的冲突，这些欲望和关切都是利益。谈判的目的就是调和双方利益而达成某种协议。美国哈佛大学用了10年时间专题研究谈判，提出原则谈判法：明智的谈判是针对利益而不是针对立场；任何一种利益一般都有多种满足的方式；在对立立场的背后有可能找到满足双方利益的共同可接受的方式；人们必须明智地认识到"只有在共同性利益大于冲突性利益的情况下"谈判才能达成结果。

因此，共同性利益和可以互补的分歧性利益，都能成为产生一项明智协议的诱因。谈判不是瓜分剩余利益，更不是为了打倒对方。谈判是一种合作的利己主义事业，必须在追求共同的利益中才能追求到一己利益。

由此而引发出谈判的"妥协性原则"。没有妥协就没有谈判，妥协是谈判的生命准则，善于妥协是有智慧的表现（当然"善于"不是"一味"，更不是"无限"）。

5）谈判的策略标准

人们的思维往往容易集中到目标和方法上，常常忽略标准，而一种谈判策略是否可取，理性标准是十分重要的。张强主编的《现代谈判学》一书提出三项标准：①有助于达成明智的协议；②有助于提供较高的谈判效率；③有助于发展或维系（至少不伤害）各方的友好关系。

4.1.2 谋略思维

《孙子兵法》认为：兵者，诡道也。战争是斗智斗勇，商场如战场，其中充满"诡道""机关"，不讲求谋略是不成熟的表现。但是谈判始于常识，这应该是基本的谋略教育。

1）谈什么要懂什么

这几乎是最基本的谈判思维。成志明在其主编的《涉外商务谈判》一书中告诫读者要"注意概念的理解和把握"，讲的就是这个道理。商务谈判中充满概念，从某种角度看谈判几乎就是一场概念游戏。例如，纷繁复杂的数字图表、如天书般的技术标准、智力游戏似的支付方式、天方夜谭样的成本核算等都是概念，但对于谈判者来说，它们往往就是常识。例如，在技术贸易谈判中对技术转让费的支付有一种称为"提成支付"的方式。"提成支付"的准确概念是，在技术转让合同签订以后，不支付任何费用，而在生产出合同产品以后，每年按照合同产品的净销售额的一定比例，提取一定的金额支付给技术转让方。在这个概念中，最容易混淆的是提成的基数应该是什么。正确的提成基数应该是净销售额。所谓净销售额，是指从销售总额中扣除和引进技术无关的费用，如包装、运输、保险、税金等费用。而在某些技术转让谈判中，外商以销售额取代净销售额作为计算的基数，显然这是扩大了技术的收费。如果我们自己概念不清楚、理解不准确，无疑会吃亏上当。对概念的准确把握，是进行正确的判断和推理的前提和基础，可以说，没有相应的常识就没有谋略。

2）谈判始于情报的搜集

这也是一个常识性的谋略问题，遗憾的是常为众多的人所忽视。从经济生活所观察到的情况来看，"情报""信息""情况"是谈判领域的最大问题。不是说谈判者一点信息情报都不掌握，而是说掌握得十分不完备、不系统、不扎实、不确实、不准确、不辩证，总之是不够用，在充满智慧的谈判桌上经不住三拳两脚的踢打。谈判中的"判"必须以准确、充实、辩证的情报、信息、事实为依据，人有第六感觉，但绝不能只靠第六感觉，离开最低量的情报信息，人是无法判断也不能判断的，以手拍额去了断事情基本都是低智商的表现，或者是一种莽撞的潇洒。

有学者指出：谈判者对各种谈判信息的拥有量，特别是对信息的搜集、分析、识别和利用的能力，对谈判活动有着极大的影响。占有着谈判信息优势的一方几乎总是把握着谈判的主动权。因此，谈判大师们都极其重视对各种谈判信息的研究和运用。

当然，我们也必须承认占有信息与运用信息是两回事，信息在谈判的较量中会发生质变即效益的反比关系。这里就涉及传播技术和劝说技巧，还涉及信息解释。有人称信息在传播中的流失、曲解为"故障"，只要故障存在，信息的预想价值就可能贬损；反之，那些谈判大家却都是解释坏消息的高手。

4.1.3 辩证思维

我们认为学习商务谈判最重要的是学习辩证思维，以精通各种谈判因素之间的正确关系，然后才能驾驭谈判中的复杂情况。下面选择一些比较常见的关系因素，略做辩证分析：

1）要求和妥协

谈判既是要求也是妥协。A"要求"是为了要 B"妥协"，B"妥协"就是为了向 A"要求"。所以，在任何谈判启动之前必须要准备足够充分的"要求"和"妥协"的条件。如果只有要求而缺乏妥协，所得就小；如果只有妥协而缺乏要求，吃亏就大。总之，只准备一点就像车只有一个轮子。

2）一口价

只要双方同意谈判，就等于否定了一口价，只要坐在谈判桌边，也等于否定了"标准价"。无论是印刷的标准价格表，还是某年某月与某人签的合同都不能确定标准价。这些只能当作谈判的工具，价格的幌子，谁承认它们，就等于作茧自缚。只要你不承认，你就自由了，就可以放手谈判；只要放手谈判，就可以讨价还价，改变原价，争取谈判后的新价。

3）丑话

丑话就是申明规则和违规惩罚，讲明道理和要求"无理"时的赔偿，实际上也就是提前摆出那些与利害相关的话。不敢在谈判中讲丑话是谈判者的一大忌。尤其在熟人、朋友或特殊关系的对手之间谈合作类的项目，往往不敢设想或顾虑未来的危机、可能发生的纠纷，怕说出来"伤害感情""不留面子"等。殊不知讲丑话是谈判的重要内容。丑话不讲透，谈判就未完。隐患未除、尾巴未除，那就真的要"丑""露"了。

4）舌头和耳朵

美国人称美元、信息和舌头是现代社会三大原子弹。多数人认为谈判是群儒舌战，是口舌之争。其实在整个谈判过程中，耳朵的功能是更加重要的。因为说的前提是思考，而思考的基础是信息，特别是来自对方的陈述信息，所以在商务谈判中，认真听取对方的陈述是头等重要的大事。倾听是谈判中的"从容不迫"策略，学会倾听是学习谈判艺术的第一课。据说日本人就是以令人难以忍耐的沉默——只听不说甚至假寐不看——多次在谈判桌上战胜美国人的。

5）啰唆与重复

这二者之间虽能够区分，却容易混淆，啰唆绝不可取，重复却需强调。谈判本身就带有很强的重复性，甚至可以说谈判是最难进行语言沟通的交往活动，所以必须学习重复艺术。

重复虽然不涉及新信息，是多余信息的传递，但是传送多余信息可以避免误解，有助于对方理解，给对方一段轻松的舒展思维的时间，并加强其信息接收能力和信息记忆储存。重复有四种技巧：①相同语汇的重复；②同一种概念善于用不同词语和句子来表述；③相同的内容可以反复具体地举出新例加以解释；④善于从不同角度、不同层面，辐辏思维，概括综合本方的中心议题。在口才学上被称为"能动的、聪明的、智能的重复"。

6）让步中的互相与对等

在商务谈判中，有三种情况：不让步、互相让步、对等让步。好像不让步是不能成立的，其实，在十分不公正、十分不公平的前提下，处于劣势的一方是根本无步可让的。而互相让步又常常被曲解成"对等让步"，这种诡辩逻辑是谈判中的"诡道"，谈判者必须十分明晰这些分别，万不可落入陷阱。缜密地思考这一对概念是谈判中攻守必备的知识。

7）说理与挖理

在谈判中，如不会阐述道理，可以说就不会谈判。准备谈判就要准备说理。客观存在理由，要善于运用；客观理由不明显，要善于挖掘与发挥，并巧妙地用于进攻或防御。只有以理由开路，谈判才有可能顺利地抵达协议的彼岸。从谈判思维的角度看，说理的过程就是挖掘理由的过程，而"挖掘"的含义包括：搜寻、联想、分解、组合、编制、改造、借用、比附、置换、推想等，离开这些"挖掘"，思维说理也就基本不存在了。

8）谎言的是非功过

谈判中有一种现象，那就是"撒谎"。在开场之后、论战之中、讨价还价之时，谎言常常交替出现。谈判伦理要求"诚实""良好愿望""光明正大"，问题是谈判过程中出现的问题与达成协议时存在的问题性质是不同的。在谈判过程中，双方相互试探，相互调整，谎言其实也是一种策略，人们无法将实话、真话和盘托出，谈判的过程就是从虚话走向实话，从假话走向真话的漫长曲折的历程。

只要使用者将其控制于"非交易本质"的论述上，对成交的基础不发生根本的影响，也不构成对贸易惯例的实质性的触犯，就无可厚非。这些"谎言"只是在双方争夺的利润区间发挥作用，对交易的本质不产生负面影响。在谈判桌上绝不说假话的人，一不可能，二未成人；只说假话的人，一未成人，二不可能。

4.1.4　策略变换方法

商务谈判中的难题难就难在它不能通过常规程序、常规方法、常规路径、常规策略去解决，而必须使用变换的策略，即所谓斗智。斗智就是不断变换策略以应对各种复杂局面。

1）常用策略变换方法

仿照：对于常规性、规范性或程序性的谈判问题，可以仿照本方已使用过的策略方式或采用别人成功的经验方法。

组合：对于某些不太棘手但又有一定难度的复杂谈判问题，可以运用谈判基元进行新的组合，其中有仿照也有创新。

奇谋：对于某些十分棘手，或陷入僵局或久拖不决或多方干扰的谈判难题，应运用各种非常态思维方法，筹划奇谋良策，所谓"明修栈道，暗度陈仓"，所谓"山重水复疑无路，柳暗花明又一村"都是非常态思维的结果。

2）关于诡道思维

由奇谋的产生过程，我们不能不研究谈判"诡道思维"的问题。我们认为，诡道思维有两大方面的特征：一是对游戏规则的突破，用不道德、非正义的手段诈取利益；二是运用诡道逻辑。诡道就是诡诈的谋略手段，常见的表现形式有：

（1）制造错觉

制造错觉就是制造假象以造成谈判对手认识上的错误和判断上的失误。如"蒋干中计""苦肉计""故布疑阵""声东击西""故意犯错""假痴示癫"等都属于制造错觉以造成对方失误的诡道手段。

（2）攻心夺气

谈判就是心智的角斗，就是心理的抗衡。诡道则以攻心、夺气为伐谋之本，概言之，就是创造条件以使对手心理失衡。常见的诡道技巧有："卑辞厚礼"，如恭维、颂扬、戴高帽、巧吹捧、厚送礼等手段，意在让对手自我眩晕、失去正常心智，达到软化其立场的目的；"佯装可怜"，如扮演弱者、走投无路、生死攸关、满脸愁容、一病不起、放条生路、受您滴水之恩当涌泉相报等，都是这一诡道的表现。

（3）诡道逻辑

诡道逻辑本质上就是语言的诡辩，即用非逻辑的思维方式攻击真理、歪曲事实、维护荒谬、制造混乱、颠倒黑白、混淆是非、以假乱真，达到以邪取胜、以谬取利的目的。常使用的诡辩手段有"循环论证""机械类比""平行论证""以偏概全""泛用折中"等（详见各种逻辑读物，此不赘述）。

3）策略思维变换的三大原则

梁漱溟在《人心与人生》一书中提出人的心性有三大要素：一曰主动性；二曰灵活性；三曰计划性。策略思维变换的原则即本于此，换句话说，策略思维变换是对人的心性要素的最好配置和最大限度的发挥。我们提出的策略思维变换的三大原则包括：

（1）假设性原则

所谓知己知彼，是"知其过去而知其现在，知其过去和现在而知其未来"，总之是一种战略或战术预测。"凡事预则立，不预则废"，一切计划都在假设预测之中。《现代谈判学》提出的"模拟谈判"就是对假设性原则的高度发挥，但是作者遗憾地指出：这种非常有用的准备方式却一直为我国的谈判者们所忽视。

有学者指出，整个谈判除了现实外，就是假设。现实与假设构成了整个谈判的思维动力，而假设又是由"万一"和"如果"组成，它们反映了假设的两个不同的侧面。在谈判各种合同条文时，要考虑"万一"的可能性，在谈判交易条件时，要以"如果"去换"可能"。两者犹如"经纬"相互编织成谈判的逻辑网，疏而不漏，有效地争取一切可能的利益。

（2）对应性原则

谈判策略要对应不同的对象、不同的内容、不同的时间地点，但对应不完全是"以牙还牙""以眼还眼"，对应是"魔高一尺，道高一丈"，对应是"一切都在我们的掌握之中"。

（3）变换性原则

实践告诉我们"没有永恒的朋友，也没有永恒的敌人"，时间会改变一切，方法会改变一切，一切都会被我们改变。所以，我们要坚持"策略的变换性原则"，不能"以不变应万变"，不能"以目的代替方法"，不能"一条道跑到黑"。

【实例4-1】

两败俱伤

上海炒货行业协会"叫板"家乐福一事曾引起业界的极大关注。

家乐福大卖场对供货商收取高额附加费，一些炒货企业实在不堪忍受长期亏损的局面，试图和家乐福面对面进行谈判。上海炒货行业协会向家乐福先后两次发出邀请函，希望双方谈判。家乐福的回答是需重发一份英文邀请函，该协会照此办理。家乐福又要求改发中文函，协会又发了一份中文函。随后，家乐福方面派出了1名法方代表接待了该协会的5名"谈判小组"成员，但会面时这名法方代表表示他对此事不清楚，第一次谈判搁浅。

经过该协会几次和家乐福方面联系，双方约定在上海武宁路家乐福进行最终谈判。谈判中，上海炒货协会代表其下属的炒货企业阐述了他们的要求：新一年的费用应在原有基础上降低50%，不得借故单方面对会员企业供应商擅自扣款以及老店翻新不得收取费用等11条动议。但是该协会的要求没有得到满意答复，经过一段时间的谈判，由于双方的条件相距甚远，最终未能和解，谈判宣告破裂。

于是，上海炒货行业麾下的11家会员单位集体向全国的34家家乐福大卖场停止供货。

资料来源　吕壮. 家乐福向厂商高额收费上海炒货业愤然停止供货 [EB/OL]. [2018-01-25]. http://finance.sina.com.cn/b/20030616/0725352709.shtml.

4.2　商务谈判中的心理

如果说谈判思维是智力性因素，那么谈判心理则属于非智力因素，即所谓"情商"问题，一般是指情感、意志、性格等方面的构成。比如，谈判者的忍耐力、承受力、抗诱导力、掩饰力、独断力以及情绪的自控力等，都会对谈判产生不可估量的影响，是谈判学必须着力研讨的课题。比如，谈判中"少说多听"虽然是一种谋略智慧，更是一种性格的考验，许多人是根本做不到的，或者短时间尚可，时间一长就陷入"口若悬河"的误区。再比如，有些人经受不了别人的热情，在热情的关怀照料下就"找不着北"了。还比如，有些人经常陷入某种自尊心的"刚性"状态，经受不了任何"冒犯""失礼"，或"伤害""侮辱"，一旦面对则顿失常态。古人云：长袖善舞，多财善贾。其实，人生善舞在心态。下面仅就相关的问题略述一二。

4.2.1　谈判心理禁忌

谈判禁忌是多方面的，我们将从两大方面分述谈判的心理禁忌。

1）一般谈判心理禁忌

一戒急。例如，急于表明自己的最低要求，像家庭主妇一样一见到便宜货就急于抢购；急于显示自己的实力；急于表明自己对市场、对技术、对产品的熟稔；急于显示自己的口才、风度甚至酒量等。这些行为容易暴露自己的"薄""弱""露""洞"，即易陷于被动地位。

二戒轻。例如，轻易暴露所卖产品的真实价值，轻信对方的强硬态度，没有得到对方实实在在的交换条件就轻易做出让步，轻易放弃谈判等。"轻"的弊病：一是"授人以柄"；二是"示人以弱"；三是"假人以痴"；四是"小战即败"。这些都是自置窘境的心理弊病。

三戒狭。心理狭隘的人不适合介入谈判，因为心胸狭小容不下这张谈判桌。例如，把个人感情带进交易之中，或自己的喜怒哀乐受人感染，或脾气急躁、一触即跳，或太在乎对方的礼仪、礼貌、言语、态度。这种人一般地说大都是"成事不足，败事有余"。

四戒俗。所谓俗就是小市民作风，例如，因对方有求于我就态度傲慢，一派施主之面孔；因有求于对方就鞍前马后、卑躬屈膝，令人不堪其肉麻之状。须知俗态大凡都要"丧权辱国"，既失去谈判的利益，又失去谈判者的尊严。

五戒弱。俗话说"未被打死先被吓死"就是弱，例如，过高地估计对方的实力，不敢与对方的专家、老手正面交锋、据理力争；始终以低姿态面对对方，虚弱之态可掬，忠厚之状可欺。

六戒贪。贪酒、贪吃、贪色、贪财、贪玩、贪谀、贪功、贪权、贪虚荣等都是谈判之大忌，这些忌讳令多少精英功败垂成、毁于一旦、身败名裂。

2）专业谈判心理禁忌

一戒盲目谈判。一切尚未知己知彼的谈判，一切尚未充分准备的谈判都不能盲目进入。

二戒自我低估。毛泽东有一句伟大的名言：在战术上重视敌人，在战略上藐视敌人。天下没有打不败的敌人，天下没有不可取胜的谈判。"高度重视—充分准备—方法得当—坚持到底"，这是取得谈判胜利的普遍法则，我们没有理由自我贬低、自我弱估。《哈佛谈判学》指出：谈判是知识和努力的汇聚；谈判的目的在于得到我们需要的，并寻求对方的许可，就是这么简单。

三戒不能突破。此戒是指被对方抛出的一大堆数字、先例、原则或规定所唬住。须知没有不使用数字、原则的谈判，也没有不突破数字、原则的谈判，在双方的"谈"与"判"中，事情在发展，情况在变化，利益在延展。

四戒感情用事。任何时候在谈判桌上，理智都要战胜情感，不要感情用事，千万要控制自己，不可为了争执而影响自己的情绪。如果感情用事，谈判人员无法客观、准确地分析谈判的发展趋势，会使谈判策略的实施受到干扰，容易做出错误的判断，加速谈判失败。

五戒只顾自己。只顾自己的谈判大抵都是失败的谈判，双赢哲学是当今世界基本谈判哲学，当然，双赢不是利益的完全均衡。由"只顾自己"可能导致"拒不妥协"，这是一种误区，须知"没有妥协就没有谈判"，善于妥协是有智慧的表现。谈判的座右铭：理想的谈判就是对双方都有利益的谈判。

六戒假设自缚。哈佛商学院用了十年的时间研究出"原则谈判法则"，其核心就是打破立场的僵化，破除假设的自缚，寻求利益的合理分配。有哲人指出：主观臆断是一般人的通病。别让你的有限的经验成为永恒的事实，作为谈判者就是要冒风险，挣脱过去经历的束缚，对臆测提出疑问，从你现有的经验之中做些新的尝试。不要表现得仿佛你有限的经验代表了全球性的真理。尽量先去试验一下自己的猜测是否正确，迫使自己走出经验之外，别固守着落伍的方式做事情。

七戒掉以轻心。谈判永远是不可掉以轻心的，不仅获胜前不能掉以轻心，就是获胜后也不能掉以轻心；反之，则或功败垂成，或成而树敌。

八戒失去耐心。能耐能耐，能够忍耐才是有能耐。谈判也是一种耐力的竞赛，没有耐力素质的人，不易进入谈判。一路春光明媚的谈判，一般都含有某种危机在其中，所以，在充满波谲云诡的谈判桌上，忍耐性是一个不可忽视的制胜因素。

以上八戒是仅从谈判的心理因素上提出的，许多禁忌多属于谋略智慧性的，或属于谈判技术性的，读者可在其他章节中找到，此处不再赘述。

4.2.2 谈判中的心理战

在一切劝说人的工作中都存在运用心理战术的问题，推销术中称之为"头脑战争"或"心理操作"。比如，商业推销中有一种叫作"套牢箱"推销技法，其实就是广义谈判的心理战，套牢箱仅仅是心理战术的比喻。

套牢箱的六个面包括热心程度、可信性、诚实、耐心、关于产品的知识、共鸣（见图4-1）。

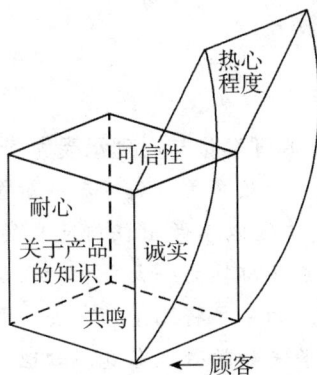

图4-1 "套牢箱"示意图

套牢箱的六个面就是心理战的技法和过程，是推销员在遇见顾客的一刹那就装配起来的心理网箱，意在将顾客套牢，以赢得生意。"热心"是开箱纳客的第一步，"热心程度"将决定门开大小；第二步，推销员要通过一系列的举止言谈、接人待物，表现出令人信服的人品——"诚实"；第三步，推销员要以令人不可置疑的"可信性"介绍"关于产品的知识"；第四步，要用无比的"耐心""热心""诚实"将套牢箱的门关紧关好，直至顾客产生了"共鸣"——掏钱买产品，方才放顾客出箱门。

心理战的技术性是很强的，尚未步入社会的人常常听起来很陌生，但它确实是存在的。可以这样说，人生就是处于某种心理战之中，具备起码的心智和度量是取得胜算的条件。

【实例4-2】

虚张声势

在美国，一位名叫亚的多家小商店的业主，正在同肯——一位多家大商店的拥有者，并有兴趣再兼并一些店铺的大老板——进行关于把自己的商店卖给他的谈判。经过长时间的唇枪舌剑之后，双方在价钱上发生了分歧。

肯：我出的价不能高于1 500万美元了。

亚：我一再跟您讲了，我们要价2 000万美元，少一分钱也不干。现在让我们把这一切都忘了算了。

肯：真遗憾，亚先生，我们实在谈不到一块儿。如果你改变了主意，请再通知我吧。

亚：您就当咱们没谈过得了，我真的无法再让价了。（说完礼貌地离开了）

两星期后，肯给亚打来电话，表示同意对方 2 000 万美元的要价。

这个实例在谈判学中被定义为"虚张声势"的心理战。这种心理战包含三个要素：一是敢于虚张声势，即敢于为自己商品的高价制造多方面的根据，制造氛围；二是敢于冒风险，即冒对方不买账、生意告吹的风险；三是敢于坚持，但这个"敢于"是在理智分析、胜算在胸的基础上的"敢于"，而"坚持"是心理战的核心，"坚持"是谈判取胜的最重要的心理因素。

【实例4-3】

心理容量与心理承受力

奥·亨利在他《酋长赎金》的故事里，叙述了一对酋长夫妇面对他们的儿子被绑匪绑架而向他们敲诈的时候，决定以不做出任何反应的策略去赢得谈判的胜利。结果，随着时间的推移，孩子却成了绑匪的一大负担，在实在熬不下去的时候，绑匪提出愿意赔偿一笔金钱，恳请孩子的父母将儿子领回去。酋长夫妇与绑匪打的就是一场心理战，从中我们可以看到酋长夫妇的心理容量、心理承受力是十分惊人的。

4.2.3 谈判者的心理素质要求

谈判无疑是人的一种社会活动，而一切社会活动都必须接受人际交往法则的制约，因此谈判对人的心理素质是有相当严格的要求的。所谓**心理素质**主要是指人的情感（包括情绪、态度等）、动机（包括需求、欲望等）和行为。

1）对谈判者情感心理的要求

（1）谈判中主要的情感表现

应该说在谈判实践活动中，人的情感表现是非常丰富的，但归纳起来主要有喜、怒、忧、惊、悲、惧等六种。

"喜"在谈判之初表现为"乐于合作"，在谈判中期表现为"进展满意"，在计谋得逞时表现为"沾沾自喜"，在各方满意时表现为"皆大欢喜"。

"怒"同样可以表现为"气恼于初""愈演愈烈""不欢而散"。

"忧"在谈判中表现为一种较为持久的心理状态，"忧"是忧愁和顾虑的综合情绪。"忧"的理由有很多：谈判胜算的虚弱无底，谈判对手的高压气势，本方的意见分歧，都会不断增加"自忧"的心理氛围。

"惊"是谈判中的惊讶与奇怪的感觉，这种感觉主要出现在始料不及的事情发生之时，而且这种事情多出在对手、助手、上司的言行所带来的后果上。

"悲"是愧悔、伤心、怅叹与委屈的混合情感流露，一般出现在两种情况下：一是"失算"；二是"被误解"。

"惧"是谈判中的一种畏缩、害怕的情绪。这种情绪主要出现在以下几种情况中：①讨价还价时；②使用"边缘政策"时；③做重大或陌生问题的决策时。

（2）心理状况对谈判的影响

谈判者在谈判过程中表现出来的情感肯定会影响谈判对手的心理和行为，但是这种影响我们也应从两个方面去理解。一是"个人情感的真实流露"，该喜则喜，该忧则忧，该愁则愁，该惧则惧，处于一种自然性的发泄，给人一种"诚实""实在"的感觉，从而使对手易于认可自己表述意见的真实性，收到某种积极的效果。但是它同样会带来消极的后果，也易使对方产生误会、误解，进一步扩大分歧，导致关系的紧张，甚至会转移谈判焦点，促使谈判流产。二是"劣质性格"的情感表露，即一言不合就拍案而起，不会讲理，只会蛮横，或者是人身攻击，意气用事，这些只会带来难于弥补的过失。

（3）明智的情感策略

明智的情感策略是指利用情感的发泄来影响对手的谈判立场，由于影响对手的情感发泄具有极强的目的性，所以它应该既是理性的、策略的个人情感行为，又是谈判人员常用来支持自己立场的有力手段，具体操作起来有以下两种方式：①以理智性的情感发泄影响对手。所谓"理智性"就是情感的自我控制性，所谓"控制"就是使情感能沿着谈判的功利目的、关系目的等去流泻。②以策略性的情感发泄影响对手。所谓"策略性"就是戏剧性，具有很强的导演性和演出性，即剧情需要什么情感，演员就表演什么情感。这里又有"软""硬"两种不同的表现形式：软性的情感发泄，包括"愁""悲""惧""亲善"等情感形式；硬性的情感发泄，包括"急躁""不满""气愤"等表现形式。一般的谈判都需"软硬兼施"，各得其所。

2）对谈判者的动机要求

许多谈判学著作对谈判人员参加谈判的动机给出了这样一些概括：为了完成任务，为了客户，为了企业，为了国家，为了出风头，为了晋升，为了发财……我们在此不想进行道德上的说教，但是必须明确地指出，不同的谈判动机会直接影响谈判的走向或成败。只代表个人利益的谈判可以允许各种动机的存在，而代表集体、国家利益的谈判则必须具有为国家、为集体的动机，否则一切谈判学理论都会坍塌。这是谈判人员必须具备的第一位的心理素质。

从具备上述心理素质出发我们来探讨另一个问题，即我们如何利用谈判对手的谈判动机。换句话说，就是在正确的谈判动机指引下，如何发现对手的动机，如何利用对手的动机。

3）对谈判者的行为要求

行为是情感、动机的外化，但又不完全是等同的，因此我们提出以下几点行为要则：

（1）要为谈判准备必要的物质条件

商务谈判是一项精神高度集中，体力和脑力消耗都比较大的活动，为了保证谈判人员能以充沛的精力和饱满的精神投入到谈判中去，应该为他们准备必要的物质条件。这里所说的物质条件不仅是指谈判人员在衣、食、住、行等方面的生活条件，还包括样品、合同文本、有关技术资料、谈判场地、通信设备等方面的条件，因为这些条件也是谈判得以顺利进行的物质基础。我们在进行这些方面的准备时，总的要求是既要与谈判人员的身份、地位相适应，又要能满足谈判人员在工作和生活上的需要。

（2）谈判人员之间要注意建立友好的人际关系

谈判人员并不是只讲物质利益的"经济动物"，而是一个有感情的人，他们也追求友情，希望在友好合作的气氛中共事。所以，无论是在双方谈判人员之间，还是在一方谈判小组内部，都要注意建立良好的人际关系。这就要求谈判人员一方面要注意在谈判过程中本着友好合作的态度，利用各种机会建立和发展双方的友情，如为对方举行宴会、邀请对方参加联欢活动、赠送礼品、回顾双方的愉快合作等。如果彼此之间建立起友情，相互信任感就会大大增强，让步和达成协议的可能性就会提高。另一方面，谈判小组内部也要建立起互谅互让、团结协作的关系。谈判小组内部各成员的年龄、性格、专长，甚至生活习惯都各有不同，在工作上存在不同意见，在生活习惯上有差异是很正常的事情，但如果我们不注意处理好，很容易导致小组内部的矛盾和分裂，严重影响谈判小组整体作用的发挥。因此，在日常生活中，谈判小组成员应互相谅解、互相忍让、互相帮助，使全体成员都能感受到集体的温暖，产生归属感。在讨论问题时，要让各成员充分发表意见，并吸取各种意见中科学合理的东西；对于不能被采纳的意见，也不要全盘否定，而应委婉地加以拒绝；当某个成员在谈判中有过失时，也不要横加指责，互相埋怨，而是应尽快想出补救办法，帮助他总结经验教训，鼓励他继续好好干，这样做，会大大强化其将功补过的心理，使他能尽快地振作起来，在以后的谈判中更加努力工作。

（3）要注意尊重谈判对手

在与谈判对手交往中，要处处注意对对方的地位、人格、学识、宗教信仰等表示尊重。例如，由身份对等的人出面接待，谈判中认真倾听对方的发言，不使用污辱性语言，尊重对方的风俗习惯和宗教信仰等，都可使对方感受到你对他的尊重，增加彼此的好感。

（4）适时地对对方所做的努力和工作成果表示赞赏

商务谈判人员和常人一样，都希望自己的工作富有成果，能得到别人的承认。在商务谈判中，适时地对对方的学识、见解表示佩服，对其主观上所做的努力和过人的能力表示赞赏，能使他心理上产生满足感和自豪感。

以上几点，对满足谈判者的需要是很有作用的。当然，在多数情况下，谈判者的各种需要，是很难得到全部满足的。此时我们就应该注意对谈判者的某些需要进行诱导，如多强调导致某种情况的客观因素，或改变其对某些需要的重要性的认识等，使之在心理上得到平衡。

4）谈判心理三要素

张强在《现代谈判学》一书中对谈判人员提出三项心理素质要求：

（1）深沉

谈判者应冷静沉着、掩而不露、从容不迫地应对他所面临的问题，尽量避免喜怒冲动于表、急躁心切于行。深沉可以为思路清晰创造良好的心理基础。惊恐、冲动、忙乱是谈判之大忌。须指出的是，谈判者并不是要让人"感觉到"或自己"做出深沉的样子"，而是将深沉体现于处理问题的每一个细微思维活动之中。这也说明在行为、表情、言语与内心思维活动之间是可以保持一段距离的。

（2）理智

谈判者对自己处理问题的能力必须非常清楚，对于无法处理、无法控制的问题切不可丧失理智。换句话说，能处理的问题一定要冷静地处理好，不能处理的问题必须寻求其他的途径解决。有的谈判者由于无节制性，结果本来清晰的思路也被对方设置的圈套扰乱了。

（3）调节

谈判者须注意根据实际情况的变化和需要及时调节自己的心绪。一个人的心理平衡往往会因外部条件的变化而受到干扰甚至被打破，因此谈判者要通过相应的调节保持或重新建立起新的心理平衡。比如，当对手的谈判条件发生变化时、更换谈判人员时、谈判环境改变时、原有协议被新建议代替时、双方谈判实力对比发生变化时等，都会对谈判者的心理状态和思维活动产生影响。这时，尽快调节自己的心理状态，是谈判者应付外界变化或实现自己企图的重要的心理基础。善于调节的谈判者，其思维方式虽然也会起伏变化，但他能见机行事，能抓住那些转瞬即逝的机会，"见风使舵"，获得主动。

4.3 商务谈判中的伦理

谈判的本质是交际，是处理人与人之间关系的方式之一，有了关系就有了伦理。**伦理**是处理人际关系的规范、规则、模式、礼仪、礼法。伦理属于风俗和道德范畴，德国学者弗里德里希·包尔生称之为"德行方面"，并称伦理学为"普遍的营养学"。当然，这种营养是道德的营养、规则的营养、情感的营养。谈判需要这种营养，从理性上说，谈判的基础是伦理。商务谈判中的伦理主要包括以下几个方面：

4.3.1 谈判的职业道德

职业道德是职业规则的引申物，犹如网的纲与目。其实道德也是规则，当然规则偏重于做事，道德偏重于做人。对于谈判领域的职业道德，比较通行的提法是礼、诚、信。

先说礼。礼分礼貌、礼仪。礼貌表现在举止言谈上；礼仪则用于接待仪式上。二者并重，不可偏废。但对于谈判人员来说，更重要的恐怕还是礼貌方面。礼貌不是演戏，更不是虚伪，礼貌是修养，是修身，是人品，是教育程度，是谈判人员必备的素养。而礼貌的灵魂是"度"，是接人待物的恰到好处，礼而无度如若无礼。在赞美、拥抱、礼让、客气、热情、好客之中，度是灵魂。

再说诚。上文已谈到过诚，再需补充的是，"诚"主要是谈判动机要诚。因此"诚"含有两点互相关联的内容：一是"光明正大"；二是"诚心诚意"。光明正大即不能怀着不可告人的目的，不能心怀鬼胎。这一点在各国及国际组织的有关商业的法律及守则中均有明确的条文予以强调，并且从两方面对非光明正大行为加以限制：动机与事实，即动机的真诚可信和事实的诚实叙述。

"信"是指谈判人员言而有信、出口有据、言必信、行必果，这是"信"的突出体现。信口开河，说了不算，算了不说；下午推翻上午的，明天改变今天的态度；老张推翻老王的话，上级否定主谈人的主张。凡此等等都是十分不可取的。在谈判对手看来，除非你不表态，只要表态的事即可信，而且他的谈判立场也会随你而进行调整——这可作为思考自己是否诚信的依据。对于失言，最好的挽救办法是"承认错误"。这种"承认错误"也是谈判技巧之一，要会运用，但不可多用。倘若一场谈判出现了两次以上的"承认错误"，同样也会让对手对你失去信心，从而影响自己的谈判效力。

4.3.2　谈判伦理观

1）商务谈判的伦理观

谈判人员在谈判中的行为同样受到伦理的约束。谈判伦理是理性的，是意识的产物，它既可以成为指导谈判的理论，也可以是谈判追求的结果。

（1）主动伦理标准和被动伦理标准

在谈判过程中谈判人员会受到主动伦理标准和被动伦理标准的影响。主动伦理标准，是谈判人员从本身的认识和修养出发，用以约束自己谈判言行的道德标准。在谈判初次交手时，约束谈判人员言行是主动伦理标准，如老者表现出的持重与分寸感，年轻人表现出的礼貌与谨慎，无不反映其主动伦理的一面。被动伦理标准，是指受谈判对手言行的影响而做出的相应反应的行为标准，或称"因果报应"行为准则。谈判人员是智慧的人，他们不应也不可能置对手言行于不顾，在谈判中自作多情或一意孤行。为了实现实实在在的谈判结果，必须研究对手，根据对手的表现采取相应的措施。谈判中采取的策略，就是针对对方谈判人员而实施的计谋，也是被动伦理的一种体现。比如，面对拂袖而去的谈判人员，不必因为"礼貌"而去请回他；面对"漫天要价"的人，以"坐地还盘"或"大杀价"应对。所以，一个谈判人员的伦理观念是兼顾主动伦理与被动伦理标准的，其动机和行为无不根据主动与被动的伦理因素进行调整，以求得最佳的谈判效果。

（2）谈判伦理的本质

提到伦理，有人可能觉得它是一种约束，是一种消极性的限制，其实不然。谈判伦理对谈判具有积极的促进作用，它能指引着谈判向正确和成功的方向进行，谈判人员应正确理解其存在的意义，并有效地利用伦理观念指导自己的谈判实践活动。

谈判伦理犹如体育比赛的竞赛规则，给谈判人员提供了谈判准则。正如运动员要研究和熟悉竞赛规则一样，谈判人员也应了解伦理观念给谈判提供的规则，一方面要遵守规则，另一方面要运用规则去进取。谈判人员在研究伦理规则时，应首先了解什么是"谈判伦理禁区"，尽量不在"禁区"内犯规，谈判高手还会利用"合理犯规"去追求自己的谈判目标。所谓"谈判伦理禁区"，是指一切使谈判无效、合同无效或造成合同撤销，甚至引起诉讼、追索、损害赔偿的犯规，这些均为禁区。

遵守谈判伦理，并不意味着限制谈判人员能力和智慧的发挥，而是明确了哪些行为是谈判人员不该有的行为，哪些事情不能做。"没有规矩，不成方圆"，有了这些规则，谈判人员在遵守这些规则的前提下积极、主动、进取性地开展工作就有了行为规范。

在谈判中，谈判人员的进取性主要表现在以下几个方面：

首先，要制定出进取性的谈判目标，积极争取实现该目标而又尽量不使谈判破裂。谈判目标是检验谈判效率和成果的依据和标准，也是谈判思想、方针、策略的具体化和数量化。"最优期待目标"是指对目标制定一方而言最为理想的谈判目标，被谈判专家称为"最乐于达成的目标"，一般带有较大"水分"，是在满足了目标制定者的基本利益之外，再加上一个增加值的谈判结果。在谈判实践中，这种目标实现的可能性很小，在很多情况下它被当作一种报价策略使用。"可接受目标"，是谈判某一方制定的基本利益目标，是在谈判中要坚守的主要防线，但还不是最后防线，它是可以更改的，具有一定的弹性和伸缩性。"最低限度目标"是制定目标一方的最后防线，是要实现的最低限度的要求，如果这个目标不能实现，那么就该放弃谈判。制定谈判目标是为了做好多种准备。在紧张激烈的讨价还价中，既有可能实现较为理想的谈判目标，也有可能是在最低限度目标内达成协议。这样，制定的谈判目标具有一定的伸缩性，既可避免由于僵化、死板而导致谈判破裂，又可保证己方的最基本利益，并在此基础上争取更好的利益。

其次，努力寻找双方的共同利益，增加合作的可能性。参与谈判的各方究竟是合作者，还是竞争者，这个问题首先要搞清楚。不论是何种类型的谈判，谈判双方都应是合作者，而非竞争者，更不是敌对者。如果双方都把对方看作自己的对手，双方的利益互不相容，或认为一方多得就意味着另一方少得，势必会导致双方的关系紧张和对立，那么达成协议的可能性就会很小。谈判人员应以客观、冷静的态度，积极寻找双方合作的共同途径，消除达成协议的各种障碍。当双方为各自的利益讨价还价、激烈争吵时，很可能就是忽略了双方的共同利益。在多数情况下，从表面上看，双方的利益是有冲突的，但是深入观察后，有可能找到比冲突利益更多的共同利益。如产品交易的谈判，双方的利益冲突是卖方要抬高售价而买方要降低买入价，卖方要延长交货期而买方要缩短交货期。而双方的共同利益是：都有成交的强烈愿望，都有长期合作的打算。以此为出发点双方各让一步，也许就能峰回路转。由此可见，双方的共同利益还是存在的，关键是有没有发现它的存在。在一般情况下，双方的共同利益是潜在的，需要谈判者去挖掘、发现。共同利益不是天赐的，需要明确地表达出来，并需要将它系统地阐述为共同目标，强调共同利益给双方带来的益处，从而实现双方的合作。

另外，双方在洽谈的过程中，对方可能不知道你的利益是什么，你也可能不知道他们的利益是什么，因此必须寻找机会让对方知道并充分考虑你的利益，使对方明白满足利益对你是多么重要。与此同时，你也要了解关心对方的利益，把他们的利益也纳入你要考虑的方案中，并为寻找妥善的解决办法积极努力，如果双方都这么做，谈判就会取得令人满意的结果。

2）商务谈判伦理与法律

毫无疑问，伦理的基础是法律。如果说伦理是谈判桌面，法律就是谈判桌"岸"。离了"岸"就没有谈判了。

《中华人民共和国合同法》第七条规定，当事人订立、履行合同，应当遵守法律、行政法规，尊重社会公德，不得扰乱社会经济秩序，损害社会公共利益。在实务中，人们确立了订立经济合同应遵循的几个原则：

其一，国家、集体、个人财产不得侵犯的原则。在我国全民所有制企业、集体所有制企业、私营企业和外资企业的财产均受国家的保护。

其二，具有独立活动能力和资格的原则，签约人必须有独立法人资格和诉讼能力。

其三，遵循法律规范要求的原则。即是说，当事人的"意思表示"（谈判时的谈判表述）一定要符合相关的法律、法令和政策的规定，这是法律行为的重要特征。只有当事人的意志与法律规定相符时，法律才保护当事人的行为所引起的法律后果。在我国，经济合同不合法律规范的主要表现有：订立假经济合同、倒卖经济合同、利用经济合同买空卖空、转包渔利、非法转让、行贿受贿等。很显然，这些法律规范也是谈判人员的谈判伦理规范。

其四，权利义务一致平等的原则。社会的一条公理是：没有无义务的权利，也没有无权利的义务。合同的当事各方尽了义务，就能享受权利，享受了权利，就一定要尽义务，二者不可分割。这里又反映了"权利和义务的平等性和一致性"。因此，在谈判中就不允许依仗权势或优越地位强迫对方服从自己无理的要求。坚决反对以大欺小，搞"不平等条约"和"霸王合同"。

其五，贯彻等价有偿的原则。该原则是坚持公平合理的另一侧面，是权利与义务平等的细化。它强调财产的流转原则，即在经济贸易活动中，如购销、承包工程、加工、租赁、借贷、运输、仓储、供用电、保险等业务中，必须坚持权利与义务的对等，即所得与所支等价。因为不是无偿赠予、继承或国家调拨，而是订立经济合同，就必须是有偿的，故在谈判中要坚持等价有偿。

其六，坚持正大光明，诚实的原则。不仅在交易本质上，而且在谈判过程中，我国的伦理观始终是坚持正大光明、诚实的原则，不允许坑蒙拐骗、虚夸宣传、虚构交易，并且法律规定：采取欺诈手法签订的合同无效并应赔偿所造成的损失。

3）商务谈判过程中的伦理特征

不同的谈判人员在不同的谈判阶段会呈现出千姿百态的伦理观，表现出百态千姿的伦理特征，现略举几例。

（1）争取尽可能利己的收益

这是几乎所有富于进取性的谈判者的座右铭。实现"尽可能利己的收益"，这是对自己的隶属部门负责，也是对自己个人名誉负责的伦理观念。例如，对既定目标，进取型的谈判者往往还要再加上几成利益作为最终目标；对既定的出让价格他还要打打折扣，这些都是进取型伦理的表现。

（2）努力达成使双方满意的条件

这是以此为"宣言"努力追求最大利益的谈判伦理特征，往往要经过"由表里不一，到表里趋近，再到表里如一"的艰难曲折历程，各方似乎都要经历一场磨难方才收获到正果。所以，平心而论，敢于争取使双方满意的条件是大智大勇者，要战胜来自自身和来自他方的心理干扰。

（3）维护谈判的伦理

谈判常常就是一场"无奈"：或许尽了最大的努力，谈判的条件仍然无法一致；或许谈判从一开始就陷入无法获得正果的状态；或许交易的性质就决定了谈判地位的不平等，谈判的条件几乎注定了不可能令双方满意。那么，谈判者以维护谈判的伦理为目标，亦不失其进取性。这种进取性在于谋求长远利益，谋求交往利益，谋求续谈利益，谋求社会影响利益，是追求一种无结果的结果，而且能收获到一种伦理的完满感觉。这种谈判人员一般具有很高的自控修养。

（4）敢争吵

商务谈判经常充满争吵是个不争的事实，敢争吵则反映了这种谈判氛围下的伦理特征。敢争吵在伦理评价上，是将争吵与争吵者加以区别。不能说条件无理，评论荒谬，就归罪谈判人"混账不讲理"，因为企业目标并非一定由谈判人做主。这就是为什么会出现"谈判桌上是对手，谈判桌下是朋友"的现象。

（5）敢挤压

这主要指在谈判桌上，进攻时，要得寸进尺；防守时，要步步为营。为达此目的，谈判者们创造了相应的"盾器"。这些"盾器"或为"乞语"，或为"苦相"，或为"影子"。这些盾器貌似防守，实则有"以守为攻"的效力。

①讲乞语，就是乞求帮助，乞求救我一命，乞求高抬贵手。

②讲苦相，就是用体态语言向对方暗示"我的倒霉处境""我的无助和无可奈何"。这种典型的体态语言常见的有"垂头丧气""揉眼捶腰""鞠躬作揖""语哀眼红""擤鼻抹泪"等。

③讲影子，就是虚拟障碍、虚拟不可克服的因素。典型的手法有："贵方已有许诺在先（实则查无实据）""上司不允许（实则上级并未阻拦）""我同情贵方说法及要求，但是我方计划、财务与法律部门的先生不同意（实则别人根本未参与）""贵方的为难也是我的为难，或许你我均能找到更合适的交易对象（其实不存在更合适的对象，此话是一种威胁）"等。

（6）威胁暗示

一些强硬派谈判者创造了"边缘""破裂""诉诸法律""诉诸行政""诉诸外交"等诸种"利器"乘胜追击，进行挤压，以求扩大谈判战果，或不惧其锐气而顶住追击，减少利益损失。

所谓"边缘"，就是声明最后条件、最后限期并以此相威胁。所谓"破裂"，就是用谈判破裂后果相威胁的手段。所谓"诉诸法律"，就是运用法律仲裁相威胁。

（7）敢回击

就是针锋相对，即针对谈判对手的所作所为给予相应的反击，大有"你不仁我也不义"的意味。

综上所述，谈判伦理是谈判的指导和约束，但它只具有弹性力量，并且带有浓厚的主观色彩，因此其表现特征极具随意性，它的正面效应常常产生在人们痛苦的历程之后，换言之，其真理价值非说教所能显示，这正如道德，无德之人遍天下，但道德始终是人类最大的维系力量。

相关链接：商务谈判的 5 条制胜法则

本章小结 ✐

　　本章"商务谈判中的思维、心理和伦理"，是从商务谈判的角度来研讨人生普遍存在的三大课题，换句话说，把人生课题变成难题的人，也就把谈判课题变成了难题。

　　从求学者的角度看，学习"商务谈判思维"，首先就要解决我们的"思维预设"，即解决我们在全部社会实践中所获得的"观念储存"，使之富有先进性、社会性、正义性和规范性。关于谋略思维，最重要的是懂得谋略的前提是情报，谋略的规律是辩证，谋略的核心是应变。所以，谈判谋略所形成的三大法则必然是：知己知彼，辩证思考，灵活机动。谈判中的伦理是研究谈判这种特殊的社会实践活动中的人际关系及伦理道德，说穿了就是以什么样的人格参与商务性谈判。

　　至于商务谈判中的心理，是研究人的性格、人的心理特征在谈判活动中的制约作用。一般说来，性格是文化与遗传、教化与环境交互作用的产物，具有稳定性与可塑性的双重性质，但一经基本定型，就极易产生"心理定式""思维惯性""性格偏向"。所以，第 4 章的全部内涵，是以人的全面改造为前提的，是以谈判学为契机的人文科学和进步价值观的综合"注入"。

主要概念和观念 ▢

　　▢主要概念

　　观念思维　心理素质　伦理

　　▢主要观念

　　原则谈判法　谈判的策略标准　谋略思维　辩证思维　策略变换方法　策略变换原则　谈判心理禁忌　谈判心理战　情感策略　谈判者的心理素质要求　谈判心理三要素　谈判职业道德

基本训练 ✿

▢ 知识题

　　4.1　阅读理解

　　1）参与谈判的前提条件是什么？

2）怎样理解"思维"概念？

3）你理解"世界是张谈判桌，人人都是谈判者"这句话的准确含义吗？

4）你如何理解"穷就是没有出路"？

5）人性善、人性恶、人性居间——哪一种观点更接近真理？

6）谈判的目标与谈判的标准，哪一个更重要？

7）谋略主要是一种知识，还是一种应变能力？

4.2　知识应用

1）你是如何理解"占有谈判信息优势的一方几乎总是把握着谈判的主动权"的？

2）在市场上有没有"一口价"的事实？你将如何对付一口价？

3）你能举出"制造错觉"这样的商业营销方式吗？

4）在六个"一般谈判心理禁忌"中，你最容易发生的问题是哪些？

5）你觉得"套牢箱"能将人套牢吗？请以推销某种商品为前提，演练"套牢箱"战术。

6）喜怒形于色与喜怒不形于色，哪一种方式更有利于谈判？

7）谈判心理三要素"深沉、理智、调节"，你具备哪些？（或分析你的心理优劣势）

8）你能理解"敢争吵""敢挤压"与"讲乞语""讲苦相"这样两种对立的表现，却能起到相同的作用吗？

□ 技能题

4.1　规则复习

1）商务谈判中的思维

谈判思维是建立在对人性、理性、心智、策略等一般观念的思维基础之上的。谈判思维的实质是谋略思维。而谋略的前提是情报，即信息的占有与运用；谋略的规律是辩证，即辩证思考与分析；谋略的核心是应变，即策略的灵活与变换。因此，谈判思维中的谋略思维可以概括为三大法则：知己知彼、辩证思考、灵活机动。

2）商务谈判中的心理

谈判的心理禁忌是多方面的。一般谈判的心理禁忌是：戒急、戒轻、戒狭、戒俗、戒弱、戒贪等"六戒"。专业谈判的心理禁忌是：戒盲目谈判、戒自我低俗、戒不能突破、戒感情用事、戒只顾自己、戒假设自缚、戒掉以轻心、戒失去耐心等"八戒"。因此，对谈判者的心理素质，即情感、动机、行为等三个方面均有诸多要求。

3）商务谈判中的伦理

谈判是处理人际关系的方式之一。谈判者应在遵守一般社会伦理道德的基础上，恪守礼、诚、信等职业道德。同时，应遵循有关法律、政策，如本章概括的六项原则要求等。

4.2　操作练习

1）"防克菜篮"

某厂家向一个公司经理推销自己生产的专利产品"防克菜篮"——一种可以防止短斤少两的菜篮，希望由该公司总经销。其他方面都没有问题，但是双方在价格问题上始终谈不拢，一次、两次、三次，都因价格问题而使谈判失败。第四次，厂家改变了策略，双方刚一见面，对方就说："价格不降，我们不能接受，即使再谈也没有用。"厂家马上回答说："经理先生，今天我不是来同您谈价格的，我是有一个问题要向您请教，您能花一点时间满足我的要求吗？"经理愉快地答应了。坐定后，厂家说："听说您是厂长出身，曾经挽救过两个濒临倒闭的企业。您能不能给我们一些点拨？"在对方一番愉快的谦逊之后，厂家接着说："我们的菜篮正如您所说，价格偏高，所以销售第一站在您这里就受阻了。再这样下去，工厂非倒闭不可。您有经营即将倒闭的企业的经验，您能不能告诉我，如何才能降低这菜篮子的成本，达到您所要求的价格而我们又略有盈余呢？"

然后，厂家与经理逐项算账，从原材料型号、价格、用量，到生产工艺、劳务开支等，进行了详细核算，并对生产工艺进行了多方改进，结果价格却只是微微降了一些。当然，对经理先生所付出的劳动，厂家报以真诚的感谢，送上一个礼品以示谢意，同时表示一定接受经理的意见，在工艺上进行改进，以减少生产成本。然后，当厂家再谈到总经销价格时，对方没有任何犹豫就接受了，并说："看来这个价格的确不能再降，你们做出了努力，我们试试吧。"

请你分析在这个案例中，"防克菜篮"制造厂家使用了哪一种谈判技巧。

2）亚力森与工程师

亚力森是美国西区电脑公司的著名推销员，他费了很大的劲，才卖了两台发动机给一家大工厂的工程师。他决心要再卖给工程师几百台发动机，因此几天后又去找他。没有想到那位工程师却说："亚力森，你们公司的发动机太不理想了，虽然我需要几百台，但是我不打算要你们的。"

亚力森大吃一惊，问道："为什么？"

"你们的发动机太热了，热得我们连手都不能放上去。"

亚力森知道，跟他争辩是不会有好处的，得采用另一种策略。他说："史密斯先生，我想您说得对。发动机太热了，谁都不愿意再买，您要的发动机的热度不应该超过有关标准，是吗？"

"是的。"亚力森得到了第一个肯定回答。

"电器制造工会规定：设计适当的发动机的温度可以比室内温度高出72°F（约为22℃），是吗？"

"是的。"亚力森得到了第二个肯定回答。

"那么，你们厂房有多热呢？"

"大约75°F（约为24℃）。"

"这么说来，72°F加75°F，一共是147°F（约为64℃），想必一定很烫手，是吗？"

"是的。"亚力森得到了第三个肯定回答。

紧接着，亚力森提议说："那么，不把手放在发动机上行吗？""嗯，我想你说得不错。"工程师赞赏地笑起来，他马上把秘书叫来，为下一个月开了一张价值35 000美元的订单。

亚力森为什么能说服工程师？请用"策略变换的三大原则"解释亚力森的谈判

技巧。

3）赞美推销

一个推销员走进一家银行的经理办公室推销伪钞识别器。女经理正在埋头写一份东西，从其表情可以看出女经理情绪很糟；从烟灰缸中满满的烟头和桌上的混乱程度，可以判定女经理一定忙了很久。推销员想：怎样才能使女经理放下手中的活计，高兴地接受我的推销呢？经过观察，推销员发现女经理有一头乌黑漂亮的长发。于是，推销员赞美道："好漂亮的长发啊，我做梦都想有这样一头长发，可惜我的头发又黄又少。"只见女经理疲惫的眼睛一亮，回答说："没有以前好看了。太忙，瞧，乱糟糟的。"推销员马上递过去一把梳子，说："我刚洗过的，梳一下头发更漂亮。您太累了，应当休息一下。"这时女经理才回过神来，问道："你是……"推销员马上说明来意，女经理很有兴趣地听完介绍，很快便决定买几台。

"赞美"是一种谈判策略吗？

4）休斯与飞机公司

美国大富翁霍华·休斯为了大量采购飞机，亲自与某飞机制造厂的代表谈判。霍华·休斯性情古怪，脾气暴躁，他提出了 34 项要求。谈判双方各不相让，充满火药味。后来，霍华·休斯派他的私人代表出面谈判。没有想到，私人代表满载而归，竟然得到了 34 项要求中的 30 项，其中包括 11 项非得到不可的。霍华·休斯很满意，问私人代表是如何取得这样大的收获的。私人代表说："那很简单，每当谈不拢时，我都问对方：'你到底希望与我解决这个问题？还是留待霍华·休斯跟你解决？'结果，对方无不接受我的要求。"

休斯与其助手共同使用了什么谈判策略？

5）慈善家与参议员

一位慈善家把他的大量时间和金钱都奉献给了心脏病研究，因而在这个圈子里享有一定的知名度。当时，美国参议院的一个委员会正在就建立全国心脏病基金会的可能性进行调查，要求这位慈善家到会做证。慈善家认为这是推进他最热心的事业的一个机会。他请教了一些最优秀的心脏病专家和民间的心脏病研究组织，准备了简明而又材料翔实的演说词。开听证会时，他发现自己被安排在第六个发言做证，前五人都是著名的专家——医生、科学家以及公共关系专家，这些人终生从事这方面的工作。委员会对他们每个人的资格都一一加以盘问，还会突然问："你的发言稿是谁写的？"

轮到他发言时，他走到参议员们的面前说："参议员先生们，我准备了一篇发言稿，但我决定不用它了，因为我怎么能同刚才已发表过高见的那几位杰出人物相提并论呢？他们已向你们提供了所有的事实和数据，而我在这里，则是要为你们的切身利益而向你们呼吁。像你们这样辛劳的人，正是心脏病的潜在受害者。你们正处在生命最旺盛的时期，处在一生事业的顶峰。但是，你们也正是最容易得心脏病的人。也就是说，在社会中享有杰出地位的人最有可能得心脏病……"他一口气说了 45 分钟，那些参议员似乎还没有听够。不久，全国心脏病基金会就由政府创办了，他被任命为首任会长。

慈善家的劝说艺术体现在什么方面？

□ 能力题

4.1 案例分析

S公司的诡辩

美国S公司向中国石家庄出口了一套电视显像管玻壳生产设备，安装后调试的结果一直不理想。一晃圣诞节到了，美方技术人员都要回国过节。于是，生产设备均要停下来，玻璃的熔炉也要保温维护。美方人员过节是法定的，中方生产停顿是有代价的，两者无法协调。

美方人员走后，中方技术人员自己着手解决问题。经过一周的日夜奋战，中方技术人员将问题最大的成型机调试好了，可以生产出合格玻壳了。当美方人员过完节，回到中方工厂，已是三周后的事。他们看到工厂仓库的玻壳，十分惊讶，问怎么回事。得知中方已调好设备后，美方人员转而大怒，认为中方人员不应动设备，并对代理石家庄玻壳厂对外签约的外贸公司提出了严正交涉：以后对该厂的生产设备将不再承担任何责任。

资料来源 丁建忠.《商务谈判》教学指引［M］.北京：中国人民大学出版社，2003.

问题：

1）如何看美方人员的态度？

2）如何看中方人员自己调试设备的做法？

3）中方代理公司如何面对美方的交涉？

4）最终谈判结果应如何？

4.2 单元实践

模拟谈判：

根据第一编商务谈判原理，自行设计、组织一次模拟谈判。

要求：事先，充分讨论、精心设计；事后，小结成功与不足之处。

第二编　商务谈判实务

　　本编论述商务谈判的实务运作，包括：第5章，商务谈判准备，主要涉及商务谈判的背景调查、组织准备、计划的制订等；第6章，商务谈判过程，着重阐述商务谈判开局阶段、磋商阶段和结束阶段；第7章，商务谈判中的价格谈判，分别研究报价的依据和策略、价格解释和价格评论及其运用、价格磋商中的讨价还价及其让步方式等；第8章，商务谈判签约，重点考查经济合同、涉外商务合同的内容要求以及合同签订的一般程序。这一部分构成了商务谈判实践操作的框架。

商务谈判准备

学习目标 ⊙

通过本章学习，你应该达到以下目标：

知识目标：了解商务谈判准备的主要环节，即有关背景调查、组织准备、计划制订等方面的知识。

技能目标：学会商务谈判背景调查的主要方法和谈判计划的制订。

能力目标：自觉增强"识""学""才"诸项能力，提高自己的综合素质。

引例 @   吉利为收购沃尔沃提前做准备

恐怕没有人能想到，李书福对沃尔沃的兴趣肇始于2002年——当时，年轻的吉利才刚刚拿到汽车生产许可证。

那一年在浙江临海召开的一次公司中层干部会议上，李书福忽然提出一个石破天惊的构想："我们要去买沃尔沃，现在起就应该做准备了！"当时在座的人全蒙了。

要知道，这家于1927年成立的瑞典汽车公司是瑞典人最引以为傲的汽车公司，是世界领先的卡车、客车、建筑设备、船舶和工业发动机制造商。在历史上，沃尔沃曾与ABB（奥迪、宝马、奔驰）在市场上分庭抗礼。

李书福为什么会看上沃尔沃呢？

原因只有一个：沃尔沃是"海外成熟技术、成熟零部件、成熟汽车公司"的最佳选择。它的原创能力很强，安全基因举世无双，还有车内空气质量技术控制及环保技术全球领先。

于是，2007年5月，李书福发出《宁波宣言》，以此为标志，吉利控股集团（以下简称吉利）开始实施战略转型。用李书福的话说，这次转型"就是为收购沃尔沃做准备的"。

那一年，福特遭遇百年历史上最大的亏损，正值阿兰·穆拉利担任福特汽车CEO，他提出"一个福特"战略，大刀阔斧削减非核心品牌。这让李书福看到了机会，他更加确信自己对全球汽车行业趋势的判断——全球汽车业将面临新的重组格局。根据他的研究，福特迟早会卖掉沃尔沃。

李书福迅速行动起来。

李书福向美国福特汽车总部表达吉利对收购沃尔沃的兴趣，很快收到了福特的正式回复：对不起，沃尔沃不卖。当时福特内部对于是否出售沃尔沃是有争议的。即使在考虑出售阿斯顿·马丁和捷豹、路虎，沃尔沃的出售并没有被提上日程。

李书福没有灰心，依然执着地通过各种方式联系福特汽车。但他得到的是同样的回复："对不起，沃尔沃不卖。"

2008年，金融危机在全球蔓延。这年上半年，美国汽车市场销量下滑了17%。相比之下，中国汽车市场则在逆势上扬，同期市场销量上涨了10%。

在这一大背景下，著名的投资银行法国洛希尔银行董事会在经历了几番争辩和讨论后，最终决定接受吉利的"沃尔沃项目"。

资料来源 王千马，梁冬梅. 首次揭秘！吉利收购沃尔沃全过程，"汽车疯子"李书福哭了…… [EB/OL]. [2018-01-25]. http://news.hexun.com/2017-08-10/190397240.html.

"知己知彼，百战不殆"；"凡事预则立，不预则废"。进行一场商务谈判，前期准备工作非常关键。谈判准备工作做得充分可靠，谈判者就会增强自信，从容应对谈判过程中的变化，处理好各种问题，在谈判中处于主动地位，为取得谈判成功奠定基础。商务谈判准备工作一般包括谈判背景调查、谈判组织准备、谈判计划的制订等。

5.1 商务谈判背景调查

5.1.1 商务谈判背景调查的内容

1）谈判环境调查

商务谈判是在特定的社会环境中进行的，社会环境各种因素，例如，政治环境、经济环境、社会文化环境、自然资源环境、基础设施条件、气候条件、地理位置等，都会直接或间接地影响谈判。谈判人员必须对上述各种环境因素进行全面系统正确的调查和分析，才能因地制宜地制定出正确的谈判方针和策略。

英国谈判专家P. D. V. 马什在其所著的《合同谈判手册》中对谈判环境因素做出了全面的归纳和分析，可以作为商务谈判特别是国际商务谈判调查内容的基础。具体地讲，谈判环境调查的内容包含：

（1）政治状况

①该国对企业的管理程度。这涉及参加谈判的企业自主权的大小问题。如果国家对企业管理程度较高，那么政府就会干预或限定谈判内容及谈判过程，关键性问题可能要由政府部门人员做出决定，企业人员没有太多的决定权；相反，如果国家对企业的管理程度较低，企业有较大的自主权，那么企业人员就可以自主决定谈判的内容、目标，以及关键性问题的敲定。

②该国对企业的领导形式。如果是中央集权制，那么中央政府权力较集中；如果是地方分治制，那么地方政府和企业权力较大。在计划经济体制下，企业只有争取到了计划指标，才可能在计划范围里实施谈判，灵活性较小；在市场经济条件下，企业建立起独立的管理机制，有较大的经营自主权，谈判的灵活性较强。

③对方对谈判项目是否有政治上的关注？如果有，程度如何？哪些领导人对此比

较关注？这些领导人各自的权力如何？

商务谈判通常是纯商业目的的，但有时可能会受到政治因素的影响，如将政府或政党的政治目的融入商务谈判中，政治因素将影响甚至决定谈判的结果，而商业因素或技术因素则要让步于政治因素。涉及关系国家大局的重要贸易项目，涉及影响两国外交的敏感性很强的贸易往来，都会受到政治因素的影响。尤其是集权程度较高的国家，领导人的权力将会制约谈判结果。

④谈判对手当局政府的稳定性如何？在谈判项目上马期间，政局是否会发生变动？总统大选的日子是否在谈判期间？总统大选是否与所谈项目有关？谈判国与邻国关系如何？是否处于敌对状态？有无战争风险？

国家政局的稳定性对谈判有重要的影响，一般情况下如果政局发生动乱，或者爆发战争，都将使谈判被迫中止，或者已达成的协议变成一张废纸，合同不能履行，造成极大的多方面的损失。这是必须事先搞清楚的问题。

⑤买卖双方政府之间的政治关系如何？如果两国政府关系友好，那么买卖双方的贸易是受欢迎的，谈判将是顺利的；如果两国政府之间存在敌对矛盾，那么买卖双方的贸易会受到政府的干预甚至被禁止，谈判中的障碍很多。

⑥该国有没有将一些间谍手段运用到商务谈判中的情况？在国内外市场竞争较为激烈的今天，有些国家和公司在商务谈判中采取一些间谍手段，如在客人房间安装窃听器，偷听电话，暗录谈话内容，或者用男女关系来诬陷某人等。谈判人员应该提高警惕，防止对方采用各种手段窃取信息，设置陷阱，造成己方谈判被动的局面。

（2）宗教信仰

①该国家占主导地位的宗教信仰是什么？世界上有多种宗教信仰，如佛教、伊斯兰教、基督教等。宗教信仰对人的道德观、价值观、行为方式都有直接影响。首先要搞清楚该国家或地区占主导地位的宗教信仰是什么；其次要研究这种占主导地位的宗教信仰对谈判人的思想行为会产生哪些影响。

②该宗教信仰是否对下列事物产生重大影响？

第一，政治事务。例如，该国政府的施政方针、政治形势、民主权利是否受该国宗教信仰的影响。

第二，法律制度。某些宗教色彩浓厚的国家或地区，其法律制度的制定不能违背宗教教义，甚至某些宗教教规就是至高无上的法律。

第三，国别政策。由于宗教信仰不同，一些国家在对外贸易上制定国别政策：对于宗教信仰相同的国家实施优惠政策，对于宗教信仰不同的国家，尤其是有宗教歧视和冲突的国家施加种种限制和刁难。

第四，社会交往与个人行为。宗教信仰对社会交往的规范、方式、范围都有一定的影响；对个人的社会工作、社交活动、言行举止都有这样那样的鼓励或限制。这些都会形成谈判者在思维模式、价值取向、行为选择上的宗教痕迹。

第五，节假日与工作时间。不同宗教信仰的国家都有自己的宗教节日和活动，谈判日期不应与该国的宗教节日、祷告日、礼拜日相冲突，应该尊重对方的宗教习惯。

（3）法律制度

①该国家的法律制度是什么？是依据何种法律体系制定的？是英美法还是大陆法？

②在现实生活中，法律的执行程度如何？法律执行情况不同将直接影响到谈判成果能否受到保护。有法可依，执法严格，违法必究，将有利于谈判按照法律原则和程序进行，也将保证谈判签订的协议不会受到任意的侵犯。

③该国法院受理案件的时间长短如何？法院受理案件时间的长短直接影响谈判双方的经济利益。当谈判双方在交易过程中以及合同履行过程中发生争议，经调解无效，递交法院时，法院受理案件的速度越快，对谈判双方争议的解决就越有利，损失就越小。

④该国对执行国外的法律仲裁判决有什么程序？要了解跨国商务谈判活动必然会涉及两国法律适用问题，必须清楚该国执行国外法律仲裁判决需要哪些条件和程序。

⑤该国当地是否有完全脱离于谈判对手的可靠的律师？如果必须要在当地聘请律师，一定要考虑能否聘请到公正可靠的律师，因为律师在商务谈判过程中始终起着重要的参谋和辩护作用。

（4）商业做法

①该国企业是如何经营的？是不是各公司主要的负责人经营或是公司中各级人员均可参与？有没有真正的权威代表？例如，阿拉伯国家公司大多数是由公司负责人说了算，而日本企业的决策必须经过各级人员互相沟通，共同参与，达成一致意见后再由高级主管拍板。

②是不是做任何事情都必须见诸文字？或是只有文字协议才具有约束力？合同具有何等重要意义？有些国家必须以合同文字为准，另一些国家有时也以个人信誉和口头承诺为准。

③在谈判和签约过程中，律师等专业顾问是不是始终出场，负责审核合同的合法性并签字，还是仅仅起到一种附属作用？

④正式的谈判会见场合是不是只是为双方的领导而安排的，其他出席作陪的成员是否只有当被问到具体问题时才能讲话？如果是这样的话，那么谈判成员的职权不是很大，领导人的意志对谈判会产生较大影响。

⑤该国有没有商业间谍活动？应该如何妥善保存机要文件以免谈判机密被对方窃取？

⑥在商务往来中是否有贿赂现象？如果有的话，方式如何？起码的条件如何？调查这些问题目的在于防止不正当的贿赂使己方人员陷入圈套，使公司利益蒙受损失。

⑦一个项目是否可以同时与几家公司谈判，以选择最优惠的条件达成交易？如果可以的话，那么保证交易成功的关键因素是什么？是否仅仅是价格问题？

如果一个项目可以同时与几家公司谈判，谈判的选择余地就大得多，如果能够抓住保证交易成功的关键因素，就可以为达成交易寻找最佳伙伴。

⑧商务谈判的常用语种是什么？如使用当地的语言，有没有可靠的翻译？合同文

件是否可用两种语言表示？两种语言是否具有同等的法律效力？

谈判语言是非常关键的交流表达手段，要争取使用双方都熟悉的语言进行谈判，翻译一定要可靠。合同文件如果使用双方两种语言文字，两种语言应该具有同等的法律效力，这对双方来讲都是公平的。

（5）社会习俗

谈判者必须了解和尊重该国、该地区的社会风俗习惯，并且善于利用这些社会习俗为己方服务。比如，该国家或地区人们在称呼和衣着方面的社会规范标准是什么？是不是只能在工作时间谈业务？在业余时间和娱乐活动中是否也能谈业务？社交场合是否携带妻子？社交款待和娱乐活动通常在哪里举行？赠送礼物有哪些习俗？当地人在大庭广众之下是否愿意接受别人的批评？人们如何看待荣誉、名声等问题？当地人民公开谈话不喜欢哪些话题？妇女是否参与经营业务？在社会活动中妇女是否与男子具有同样的权利？这些社会习俗都会对人们的行为产生影响和约束力，必须了解和适应。

（6）财政金融状况

①该国的外债情况如何？如果该国的外债过高，就有可能因为外债紧张而无能力支付交易的款项，必然使商务谈判成果不能顺利实现。

②该国的外汇储备情况如何？该国是主要依靠哪些产品赚取外汇的？如果该国外汇储备较多，则说明该国有较强的对外支付能力；如果外汇储备较少，则说明该国对外支付会出现困难。该国如果以具有较高附加价值的机械、电子产品、高科技产品为主赚取外汇，则说明该国换汇能力比较强，支付外汇能力也必然较强。

③该国货币是否可以自由兑换？有何限制？如果交易双方国家之间的货币不能自由兑换，就要涉及如何完成兑换，要受到哪些限制的问题。汇率变动也会对双方造成一定风险，这也是需要认真考虑和协商的。

④该国在国际支付方面信誉如何？是否有延期的情况？了解该国国际支付方面信誉情况也是必要的，如果对方信誉不佳，就要考虑用何种手段控制对方，以免延误支付。

⑤要取得外汇付款，需经过哪些手续和环节？这些问题会涉及商务交易中支付能否顺利实现，怎样避免不必要的障碍。

⑥该国适用的税法是什么？是根据什么法规进行征税的？该国是否签订过避免双重征税的协议？与哪些国家签订过？

⑦公司在当地赚取的利润是否可汇出境外？有什么规定？

搞清楚上面的问题可使交易双方资产形成跨国间顺利流动，保证双方经济利益不受损失或少受损失。

（7）该国基础设施与后勤供应系统

该国人力方面必要的熟练工人和非熟练工人、专业技术人员情况如何？该国物力方面建筑材料、建筑设备、维修设备情况如何？在财力方面有无资金雄厚、实力相当的分包商？在聘用外籍工人、进口原材料、引进设备等方面有无限制？当地的运输条件如何？对这些也都需要加以考虑。

（8）气候因素

气候因素对谈判也会产生多方面的影响。例如，该国雨季的长短，冬季的冰雪霜冻情况，夏季的高温情况、潮湿度情况，以及台风、风沙、地震等情况，都是气候状况因素。

以上几种环境因素，从各个方面制约和影响着谈判工作，是谈判前准备工作中重要的调查分析内容。

2）对谈判对手的调查

对谈判对手的调查是谈判准备工作最关键的一环，如果同一个事先毫无任何了解的对手谈判，会造成极大的困难，甚至会冒很大的风险。谈判对手的情况是复杂多样的，主要调查分析对方的客商身份、对方的资信情况及履约能力、参加谈判人员的权限和谈判目的等情况。

（1）客商身份调查

首先应该对谈判对手属于哪一类客商了解清楚，避免错误估计对方，使自己失误甚至受骗上当。目前，贸易界的客商基本上可以归纳为表5-1中列出的几种情况。

表5-1　　　　　　　　　　　　　　谈判客商类别

客商类别	特征
在世界上享有一定声望和信誉的跨国公司	资本雄厚，有财团做后台，机构健全，聘请法律顾问专门研究市场行情以及技术论证
享有一定知名度的客商	资本比较雄厚，产品在国内外有一定的销售量，靠引进技术，创新发展，在国际上有一定的竞争能力
没有任何知名度的客商	没有任何知名度但却可提供完备的法人证明，具备竞争条件
专门从事交易中介的客商	俗称中间商，无法人资格，无权签署合同，只是为了收取佣金而为交易双方牵线搭桥
知名母公司下属的子公司	资本比较薄弱，是独立的法人，实行独立核算，在未获授权许可前，无权代表母公司
知名母公司总部外的分公司	无法律和经济上的独立性，不具有独立法人资格，公司资产属于母公司
利用本人身份搞非其所在公司业务的客商	在某公司任职的个人，打着公司的招牌，从事个人买卖活动，谋求暴利或巨额佣金
骗子客商	无固定职业，专门靠欺骗从事交易，以拉关系、行贿赂等手段实施欺骗活动

①对待在世界上享有一定声望和信誉的跨国公司，要求我方提供准确、完整的各种数据和令人信服的信誉证明，谈判前要做好充分准备，谈判中要有较高超的谈判技巧，要有充足的自信心，不能一味为迎合对方条件而损害自己的根本利益。这类公司是很好的贸易伙伴。

②对待享有一定知名度的客商，要看到对方比较讲信誉，占领我国市场比较迫

切，技术服务和培训工作比较好，对我方在技术方面和合作生产方面的条件比较易于接受，是较好的贸易伙伴。

③对待没有任何知名度的客商，只要确认其身份地位，深入了解其资产、技术、产品、服务等方面的情况，其也会成为我们很好的合作伙伴。因为其知名度不高，谈判条件不会太苛刻，他们也希望多与中国合作，提高其知名度。

④对待专门从事交易中介的客商，要认清他们所介绍的客商的资信地位，防止他们打着中介的旗号行欺骗的手段。

⑤对待"借树乘凉"的客商，不要被其母公司的光环所迷惑，对其应持慎重态度。如果是子公司，要求其出示其母公司准予其以母公司的名义洽谈业务，并承担子公司一切风险的授权书。母公司拥有的资产、商誉并不意味着子公司也如此，要警惕子公司打着母公司招牌虚报资产的现象。如果是分公司，它不具备独立的法人资格，公司资产属于母公司，它无权独自签约。

⑥对待各种骗子型的客商，我们一定要调查清楚其真实面目，谨防上当，尤其不要被对方虚假的招牌、优惠的条件、给个人的好处所迷惑，使自己误入圈套。

（2）谈判对手资信调查

对谈判对手进行资信状况的调查研究，是谈判前准备工作极其重要的一步。缺少必要的资信状况分析，谈判对手主体资格不合格或不具备与合同要求基本相当的履约能力，那么所签订的协议就是无效协议或者是没有履行保障的协议，谈判者就前功尽弃，蒙受巨大损失。

对谈判对手资信情况的调查包括两方面的内容：一是对方主体的合法资格；二是对方的资本信用与履约能力。

①对客商合法资格的审查。商务谈判的结果是有一定的经济法律关系的，参加一定的经济法律关系而享受权利和义务关系的组织或个人，叫作经济法律关系主体。作为参加商务谈判的企业组织必须具有法人资格。

法人应具备三个条件：一是法人必须有自己的组织机构、名称与固定的营业场所，组织机构是决定和执行法人各项事务的主体。二是法人必须有自己的财产，这是法人参加经济活动的物质基础与保证。三是法人必须具有权利能力和行为能力。所谓权利能力是指法人可以享受权利和承担义务，而行为能力则是法人可以通过自己的行为享有权利和承担义务。满足了这三方面的条件后，在某个国家进行注册登记，即成为该国的法人。

对对方法人资格的审查，可以要求对方提供有关文件，如法人成立地注册登记证明、法人所属资格证明，验看营业执照，详细掌握对方企业名称、法定地址、成立时间、注册资本、经营范围等。还要弄清对方法人的组织性质，是有限责任公司还是无限责任公司，是母公司还是子公司或分公司。公司组织性质不同，其承担的责任是不一样的。还要确定其法人的国籍，即其应受哪一国家法律管辖。对于对方提供的证明文件首先要通过一定的手段和途径进行验证。

对客商合法资格的审查还应包括对前来谈判的客商的代表资格或签约资格进行审查；在对方当事人找到保证人时，还应对保证人进行调查，了解其是否具有担保资格和能力；在对方委托第三者谈判或签约时，应对代理人的情况加以了解，了解其是否有足够权力和资格代表委托人参加谈判。

②对谈判对手资本、信用及履约能力的审查。对谈判对手资本审查主要是审查对方的注册资本、资产负债表、收支状况、销售状况、资金状况等方面。对方具备了法律意义上的主体资格，并不一定具备很强的行为能力。因此，应该通过公共会计组织审计的年度报告，银行、资信征询机构出具的证明来核实。

通过对谈判对手商业信誉及履约能力的审查，主要调查该公司的经营历史、经营作风、产品的市场声誉与金融机构的财务状况，以及在以往的商务活动中是否具有良好的商业信誉。作为一家信息咨询公司，邓白氏公司在与若干中国公司的长期业务合作中，发现不少中国公司存在着某些对国际商务活动中风险和信用（资信）认识上的误区，如"外商是我们的老客户，信用应该没问题""客户是朋友的朋友，怎么能不信任""对方商号是大公司，跟他们做生意放心"等。针对这些误区，邓白氏提出了若干忠告，如"对老客户的资信状况也要定期调查，特别是当其突然下大订单或有异常举措时，千万不要掉以轻心""防人之心不可无。无论是何方来的大老板，打交道前先摸摸底细，资信好的大公司不能保证其属下的公司也有良好的资信"等。

③了解对方谈判人员的权限。谈判的一个重要法则是不与没有决策权的人谈判。要弄清对方谈判人员的权限有多大，对谈判获得多少实质性的结果有重要影响。不了解谈判对手的权力范围，将没有足够决策权的人作为谈判对象，不仅在浪费时间，甚至可能会错过更好的交易机会。一般来说，对方参加谈判人员的规格越高，权限也就越大；如果对方参加谈判的人员规格较低，我们就应该了解对方参加谈判人员是否得到授权？对方参谈人员在多大程度上能独立做出决定？有没有决定是否让步的权力？

④了解对方的谈判时限。谈判时限与谈判任务量、谈判策略、谈判结果都有重要关系。谈判者需要在一定的时间内完成特定的谈判任务，可供谈判的时间长短与谈判者的技能发挥状况成正比。时间越短，对谈判者而言，用以完成谈判任务的选择机会就越少，哪一方可供谈判的时间越长，他就拥有较大的主动权。了解对方谈判时限，就可以了解对方在谈判中会采取何种态度、何种策略，我方就可制定相应的策略。因此，要注意搜集对手的谈判时限信息，辨别表面现象和真实意图，做到心中有数，针对对方谈判时限制定谈判策略。

⑤了解对方谈判人员其他情况。要从多方面搜集对方信息，以便全面掌握谈判对手。比如，谈判对手谈判班子的组成情况，即主谈人背景、谈判班子内部的相互关系、谈判班子成员的个人情况，包括谈判成员的资历、能力、信念、性格、心理类型、个人作风、爱好与禁忌等；谈判对手的谈判目标，所追求的中心利益和特殊利益；谈判对手对己方的信任程度，包括对己方经营与财务状况、付款能力、谈判能力等多种因素的评价和信任程度等。

3）对谈判者自身的了解

在谈判前的准备工作中，不仅要调查分析客观环境和谈判对手的情况，还应该正确了解和评估谈判者自身的状况。古人云："欲胜人者，必先自胜；欲论人者，必先自论；欲知人者，必先自知。"没有对自身的客观评估，就不会客观地认定对方的实力。老子说过："知人者智，自知者明。"谈判者一定要有自知之明。但是自我评估很容易出现两种倾向：一是过高估计自身的实力，看不到自身的弱点；二是过低评估自身实力，看不到自身的优势。自我评估首先要看到自身所具备的实力和优势，同时要客观地分析自己的需要和实现需要所欠缺的优势条件。

（1）谈判信心的确立

谈判信心来自对自己实力和优势的了解，也来自谈判准备工作是否做得充分。谈判者应该了解自己是否准备好支持自己说服对方的足够的依据，是否对可能遇到的困难有充分的思想准备，一旦谈判破裂是否会找到新的途径实现自己的目标。如果对谈判成功缺乏足够的信心，是否需要寻找足够的信心确立条件，还是需要修正原有的谈判目标和方案。

（2）自我需要的认定

满足需要是谈判的目的，清楚自我需要的各方面情况，才能制定出切实可行的谈判目标和谈判策略。谈判者应该认定以下几个问题：

①希望借助谈判满足己方哪些需要。比如，谈判中的买方，应该仔细分析自己到底需要什么样的产品和服务、需要多少、要求达到怎样的质量标准、价格可以出多少、必须在什么时间内购买、供方必须满足买方哪些条件等；谈判中的卖方，应该仔细分析自己愿意向对方出售哪些产品、是配套产品还是拆零产品、卖出价格的底限是多少、买方的支付方式和时间如何等。

②各种需要的满足程度。己方的需要是多种多样的，各种需要重要程度并不一样。要搞清楚哪些需要必须得到全部满足；哪些需要可以降低要求；哪些需要在必要情况下可以不考虑，这样才能抓住谈判中的主要矛盾，保护己方的根本利益。

③需要满足的可替代性。需要满足的可替代性大，谈判中己方回旋余地就大；如果需要满足的可替代性很小，那么谈判中己方讨价还价的余地就很小，当然很难得到预期结果。需要满足的可替代性包含两方面内容：一是谈判对手的可选择性有多大。有些谈判者对谈判对手的依赖性很强，就会使己方陷入被动局面，常常被迫屈从于对方的条件。分析谈判对手可选择性要思考这样一些问题：如果不和他谈，是否还有其他的可选择的对象？是否可以在将来再与该对手谈判？如果与其他对手谈判可得到的收益和损失是什么？弄清这些问题，才有助于增强自己的谈判力。二是谈判内容可替代性的大小。例如，如果价格需要不能得到满足，可不可以用供货方式、提供服务等需要的满足来替代呢？眼前需要满足不了，是否可以用长期合作的需要满足来替代？这种替代的可能性大小，要通过认真权衡利弊的评价来确定。

④满足对方需要的能力鉴定。谈判者不仅要了解自己要从对方得到哪些需要的满足，还必须了解自己能满足对方哪些需要，满足对方需要的能力有多大，在众多的同时提供需要满足的竞争对手中，自己具有哪些优势，占据什么样的竞争地位。

满足自身的需要是参加谈判的目的，满足他人需要的能力是谈判者参与谈判，与对方合作交易的资本。谈判者应该分析自己的实力，认清自己到底能满足对方哪些需要，如出售商品的数量、期限、技术服务等。如果谈判者具有其他企业所没有的满足需要的能力，或是谈判者能够比其他企业更好地满足某种需要，那么谈判者就拥有更多的与对方讨价还价的优势。

5.1.2　商务谈判背景调查的手段

商务谈判背景调查工作应该坚持长期一贯性，企业应该不间断地搜集各种信息，为制定战略目标提供可靠依据；同时，面对某一具体谈判，又要有针对性地调查具体情况。调查要寻求多种信息渠道和调查方法，使调查的结果全面真实准确地反映现实情况。

1）背景调查的信息渠道

（1）印刷媒体

印刷媒体主要通过报纸、杂志、内部刊物和专业书籍中登载的消息、图表、数字、照片来获取信息。这个渠道可提供比较丰富的各种环境信息、竞争对手信息和市场行情信息。谈判者可以通过这些渠道获得比较详细而准确的综合信息。

（2）互联网

互联网是21世纪非常重要的获取资料的渠道。在网络上可以非常方便快捷地查阅国内外许多公司信息、产品信息、市场信息以及其他多种信息。

（3）电波媒介

电波媒介即通过广播、电视播发的有关新闻资料，如政治新闻、经济动态、市场行情、广告等。其优点是迅速、准确、现场感强，缺点是信息转瞬即逝，不易保存。

（4）统计资料

统计资料主要包括各国政府或国际组织的各类统计年鉴，也包括各银行组织、国际信息咨询公司、各大企业的统计数据和各类报表，其特点是材料详尽，可提供大量原始数据。

（5）各种会议

通过参加各种商品交易会、展览会、订货会、企业界联谊会、各种经济组织专题研讨会来获取资料。其特点是信息非常新鲜，要善于从中捕捉有价值的东西。

（6）各种专门机构

各种专门机构包括商务部、对外经济贸易促进会、各类银行、进出口公司、本公司在国外的办事处、分公司、驻各国的大使馆等。

（7）知情人士

例如，各类记者，公司的商务代理人，当地的华人、华侨、驻外使馆人员、留学生等都属于知情人士。

2）背景调查的方法

（1）访谈法

调查者直接面对访问对象进行问答，包括个别对象采访，也包括召集多人举行座谈。在访谈之前，应准备好一份调查提纲，有针对性地设计一些问题。访谈对象回答问题可录音或记录，以便事后整理分析。这种方法的特点是可以有针对性地抽样选择访谈对象，可以直接感受到对方的态度、心情和表述。

（2）问卷法

调查者事先印刷好问卷，发放给相关人士，填写好以后收集上来进行分析。问卷的设计要讲究科学性和针对性，既有封闭式问题又要有开放式问题。这种方法的特点是可以广泛收集相关信息，利于实现调查者的主导意向，易于整理分析，难点在于如何调动被调查者填写问卷的积极性以及保证填写内容的真实性。

（3）文献法

文献法是用于收集第二手资料的方法。可以从公开出版的报纸、杂志、书籍中收集，也可以从未公开的各种资料、文件、报告中收集。文献法的特点是可以收集到比较权威、比较准确的信息，但是要注意信息是否陈旧、过时。

（4）电子媒体收集法

电子媒体指电话、电脑、电视、广播等媒体。电子媒体收集信息的作用越来越重要，通过电子媒体收集信息有许多优点：它传播速度快，可以及时获取最新信息；它传播范围广，可以毫不费力地收集到各个国家的重要信息；它表现力生动，电脑、电视媒体可以提供声音、图像，提供真实的现场情景，尤其是电脑，储存的信息相当丰富，网上调研已成为最便捷的调研方法。

（5）观察法

观察法是指调查者亲临调查现场收集事物情景动态信息。这种方法可以补充以上几种方法的不足。通过亲自观察得到最为真实、可靠的信息。但是这种方法也有局限性，例如，受交通条件限制，有些现场不能亲自去观察；受观察者自身条件限制，观察难免不全面，也难免受主观意识的影响而带有偏见。

（6）实验法

实验法即对调研内容进行现场实验的方法。如通过商务活动的试举办，商品试销、试购，谈判模拟等方法来收集事物动态信息。这种方法比观察法又进一步，可以发现一些在静态时不易发觉的新信息。

3）背景调查的原则

（1）可靠性

收集的信息要力求真实可靠，要选用经过验证的结论、经过审准的数据和经过确认的事实。不要满足一种方法收集信息，可以采用几种方法，从不同角度来反映客观事实，不要凭主观判断片面做出结论。如果收集的信息不可靠甚至是错误的，就会给谈判工作埋下隐患，造成不可估量的损失。

（2）全面性

背景调查的资料力求全面系统，应该从整体上反映事物的本质，不能仅仅靠支离破碎的信息来评估某些事物。尤其对一些重要信息，如经济环境、市场状况、商品销售情况、谈判对手的实力和商誉情况，在时间上和空间上都会存在差异，只有将调查工作做得更全面一些，才能保证所获得信息的完整准确性。

（3）可比性

调查资料要具备可比性。一方面，可以横向比较，针对同一问题收集多个资料，就可以在比较中得出正确的结论；另一方面，可以纵向比较，如市场行情、产品销售状况、企业商誉情况等，有了不同时期的资料，就可以通过事物的过去分析其现在和未来的发展趋势，找出事物发展的规律。

（4）针对性

背景调查工作是一项内容繁杂的工作，需要耗费大量的精力和时间，短时间内不可能把所有背景都调查清楚。要将与谈判有最密切联系的资料作为重点调查内容，要将最急需了解的问题作为优先调查内容，这样才能提高调查工作效率，争取时间，占据主动。

（5）长期性

背景调查既是谈判前的一项准备工作，又是企业一项长期的任务。在企业经营管理工作中重视信息的重要作用，建立完善的信息收集网络，不间断地将各种重要信息随时进行收集存档，就可以为企业经营、商务谈判不失时机地提供各种决策依据。如果平时不重视信息收集工作，事到临头匆匆忙忙搞调查，就很难保证调查工作的周密和完善。从这个角度来看，背景调查工作不仅仅是谈判人员的临时任务，还应该是企业各方面都要承担的长期任务。

4）资料的加工整理

（1）要对收集的资料进行鉴别和分析，剔除某些不真实的信息、某些不能有足够证据证明的信息、某些带有较多主观臆断色彩的信息，保存那些可靠的、有可比性的信息，避免造成错误的判断和决策。

（2）要在已经证明资料可靠性的基础上对资料进行归纳和分类。将原始资料按时间顺序、问题性质、反映问题角度等要求分门别类地排列成序，以便于更明确地反映问题的各个侧面和整体面貌。

（3）对整理好的资料进行认真的研究分析，通过表面现象探求其内在本质，由此问题逻辑推理到彼问题，由感性认识上升到理性认识，然后提出有重要意义的问题。

（4）对提出的问题做出正确的判断和结论，并对谈判决策提出有指导意义的意见，供企业领导和谈判者参考。

（5）写出背景调查报告。调查报告是调查工作的最终成果，对谈判有直接的指导作用。调查报告要有充足的事实、准确的数据，还要有对谈判工作起指导作用的初步结论。

5.2 商务谈判的组织准备

5.2.1 谈判人员的遴选

谈判人员的遴选是谈判组织准备工作中最关键的一环。没有具备良好素质的谈判人员，就不可能胜任艰苦复杂的谈判工作。谈判人员在掌握专业技能知识的同时，还应具备良好的综合素质。谈判人员的素质结构大体分为三个层次（见图 5-1）：核心层——识；中间层——学；外围层——才。

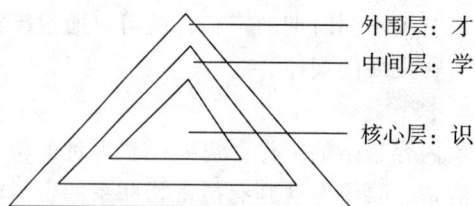

图 5-1　谈判人员素质结构

古人云，"学如弓弩，才如箭镞，识以领之，方能中鹄"，形象地说明了这三个层次之间的辩证关系。

1）谈判人员的"识"

"识"是谈判人员素质结构中最核心的内容，对谈判人员整体素质起着决定性的作用，主要包括气质性格、心理素质、思想意识等内容。

（1）气质性格

谈判人员应具备适应谈判需要的良好的气质性格。有些性格特征是不利于谈判的，如性格内向、孤僻多疑、不善表达、冷漠刻板、急躁粗暴、唯我独尊、嫉妒心强、心胸狭窄等。良好的气质性格应具备以下特征：大方而不轻佻，豪爽而不急躁，坚强而不固执，果断而不轻率，自重而不自傲，谦虚而不虚伪，活泼而不轻浮，严肃而不呆板，谨慎而不拘谨，老练而不世故，幽默而不庸俗，热情而不多情。

（2）心理素质

在谈判过程中会遇到各种阻力和对抗，也会发生许多突变，谈判人员只有具备良好的心理素质，才能承受住各种压力和挑战，取得最后的成功。谈判人员应具备的良好心理主要有以下几个方面：

①自信心。自信心是谈判者最重要的心理素质。所谓自信心是指谈判者相信自己企业的实力和优势，相信集体的智慧和力量，相信谈判双方的合作意愿和光明前景，具有说服对方的自信和把握谈判的自信。没有自信心，就不可能在极其困难的条件下坚持不懈地努力，为企业争取最佳的谈判成果。自信心的获得建立在充分调查研究的基础上，建立在对谈判双方实力的科学分析的基础上，而不是盲目的自信，更不是藐视对方、轻视困难、坚持自己错误的所谓自信。

②自制力。自制力是谈判者在谈判过程中遇到激烈的矛盾冲突而能保持冷静、克服心理障碍、控制情绪和行动的能力。谈判过程中难免会由于双方利益的冲突而形成紧张、对立、僵持、争执的局面。如果谈判者自制力差，出现过分的情绪波动，如发怒、争吵、沮丧、对抗，就会破坏良好的谈判气氛，造成自己举止失态、表达不当，使谈判不能进行下去，或者草草收场，败下阵来。谈判者具备良好的自制力，在谈判顺利时不会盲目乐观，喜形于色；在遇到困难时也不会灰心丧气，怨天尤人；在遇到不礼貌的言行时，也能够克制自己不发脾气。

③尊重。尊重是谈判者正确对待自己、正确对待谈判对手的良好心理。谈判者首先要有自尊心，维护民族尊严和人格尊严，面对强大的对手不妄自菲薄、奴颜献媚，更不会出卖尊严换取交易。但同时谈判者还要尊重对方，尊重对方的利益，尊重对方

的意见，尊重对方的习惯，尊重对方的文化观念，尊重对方的正当权利。在谈判中只有互相尊重，平等相待，才可能保证合作成功。

④坦诚。坦诚的谈判者善于坦率地表明自己的立场和观点，真诚地与对方合作，赢得对方的了解和信任。虽然谈判双方都有自己的机密和对策，但是谈判的前提是双方都有合作的愿望。谈判就是通过坦诚、合理的洽谈和协商使合作的愿望变成现实。开诚布公、真诚待人的态度是化解双方矛盾的重要因素。坦诚应该是一切谈判的前提，也是双方差异最终消除的必要条件，更是双方长期合作的重要保证。

【实例5-1】

真正的高手从不急于达成交易

许多年前，罗杰·道森曾在南加州一家房地产公司任职。

一天，一位推销员向道森推销他们杂志的广告空间。道森非常熟悉那家杂志，知道这是一个很好的机会，所以道森决定在这家杂志上刊登广告。对方提出的报价非常合理，只有2 000美元。

道森把价格一直压到800美元。道森当时心想：既然我能在几分钟内把价格从2 000美元压到800美元，如果继续谈下去，不知道我还能压到什么价位？于是道森告诉推销员："看起来不错，可我必须征求管理委员会的意见，然后再给你答复。"

几天以后，道森给那位推销员打电话，告诉他："这件事情确实让我太尴尬了。你知道，我本以为我完全可以让管理委员会接受800美元的价格，可结果我发现自己很难说服他们。公司最近的预算情况让人头痛，因此他们给了一个新的报价，可这个报价实在太低了，我都不好意思告诉你。"

电话那边沉默了好长一段时间，然后说："他们同意付多少钱？"

"500美元。"

"可以，我答应。"他说道。就在那一瞬间，道森突然有一种被骗的感觉。虽然道森已经把价格从2 000美元谈到了500美元，可他仍然相信自己完全可以把价格压得更低。这件事到此还没有结束。

几年之后，道森在圣迭戈举行的加利福尼亚不动产经纪人大会上做了一场演讲。道森在演讲当中提到了这件事情，可他做梦也没想到那位推销员居然就站在后排。演讲结束后，他来到道森面前，握着道森的手笑着说："我终于明白到底是怎么回事了。以前我急于达成交易，完全没想到我的这种做法会对客户产生什么影响。我以后再也不会那么着急了。"

资料来源　道森. 优势谈判［M］. 刘祥亚，译. 重庆：重庆出版社，2013.

（3）思想意识

①政治思想素质。忠于祖国，坚决维护国家主权，坚决维护民族尊严，分清内外，严守国家机密，严格执行保密规定，在经济活动中严格按照党的方针政策办事，正确处理好国家、企业和个人三者利益关系。

②信誉意识。把信誉看作商务活动的生命线，高度重视并维护企业良好形象，反

对背信弃义谋取企业利益的做法。

③合作意识。自觉地将真诚的合作看作一切谈判的基础，以互惠互利作为谈判原则，善于借助一切可借助的力量实现自身利益，善于将竞争与合作有机统一起来。

④团队意识。谈判者具备对本企业的认同感、归属感和荣誉感，谈判组织成员之间具备向心力、凝聚力，团结一致、齐心协力。

⑤效率意识。谈判者视时间为金钱、效益为生命，以只争朝夕的精神，力争花最少的时间和精力取得最好的谈判结果。

2）谈判人员的"学"

"学" 是指谈判人员应具备的良好的知识结构和谈判经验。

（1）知识结构

谈判人员要具备较高的知识水平和科学的知识结构，并且要积累丰富的谈判经验。

①商务知识。要系统掌握商务知识，如国际贸易、市场营销、国际金融、商检海关、国际商法等方面的知识。

②技术知识。要掌握与谈判密切相关的专业技术知识，如商品学、工程技术知识、各类工业材料学知识、计量标准、食品检验、环境保护知识等。

③人文知识。要掌握心理学、社会学、民俗学、语言学、行为学知识，要了解对方的风俗习惯、宗教信仰、商务传统和语言习惯。

（2）谈判经验

谈判没有千篇一律的，每一次谈判都有谈判的共性和特殊性。要尽量挑选有多次谈判经验的人作为主谈人，并且要大胆选拔青年骨干，在实践中积累谈判经验。

3）谈判人员的"才"

"才" 是指谈判人员所具备的适应谈判需要的各种才能。

（1）社交能力

谈判实质上是人与人之间思想观念、意愿感情的交流过程，是重要的社交活动。谈判人员应该善于与不同的人打交道，也要善于应对各种社交场合。这就要求谈判人员塑造良好的个人形象，掌握各种社交技巧，熟悉各种社交礼仪知识。

（2）表达能力

谈判人员应该有较强的文字表达和口语表达能力。要精通与谈判相关的各种公文、协议合同、报告书的写作，电脑技术的掌握，同时要善于言谈、口齿清晰、思维敏捷、措辞周全，善于驾驭语言，有理、有利、有节地表达己方观点。在涉外商务谈判中要熟练掌握外语的听、说、写、译能力。

（3）组织能力

谈判是一项需要密切配合的集体活动，每个成员都要在组织中发挥出自己的特殊作用。谈判组织要严格管理、协调一致、有机地凝聚在一起，才能发挥出最大的战斗力。

（4）应变能力

谈判中会发生各种突发事件和变化，谈判人员面对突变的形势，要有冷静的头脑、正确的分析、迅速的决断，善于将原则性和灵活性有机结合，机敏地处理好各种矛盾，变被动为主动，变不利为有利。

（5）创新能力

谈判人员要具备丰富的想象力和不懈的创造力，勇于开拓创新，拓展商务谈判的新思路、新模式，创造性地提高谈判工作水平。

5.2.2　谈判组织的构成

1）谈判组织的构成原则

（1）知识互补

知识互补包含两层意思：一是谈判人员各具备自己专长的知识，都是处理不同问题的专家，在知识方面相互补充，形成整体的优势。例如，谈判人员分别精通商业、外贸、金融、法律、专业技术等知识，就会组成一支知识全面而又各自精通一门专业的谈判队伍。二是谈判人员书本知识与工作经验的知识互补。谈判队伍中既有高学历的青年知识学者，也有身经百战具有丰富实践经验的谈判老手。高学历学者专家可以发挥理论知识和专业技术特长，有实践经验的人可以发挥见多识广、成熟老练的优势，这样知识与经验互补，才能提高谈判队伍整体战斗力。

（2）性格协调

谈判队伍中的谈判人员性格要互补协调，将不同性格的人的优势发挥出来，互相弥补其不足，才能发挥出整体队伍的最大优势。性格活泼开朗的人，善于表达、反应敏捷、处事果断，但是性情可能比较急躁，看待问题也可能不够深刻，甚至会疏忽大意；性格稳重沉静的人，办事认真细致，说话比较谨慎，原则性较强，看问题比较深刻，善于观察和思考，理性思维比较明显，但是他们不够热情，不善于表达，反应相对比较迟钝，处理问题不够果断，灵活性较差。如果这两类性格的人组合在一起，分别担任不同的角色，就可以发挥出各自的性格特长，优势互补，协调合作。

（3）分工明确

谈判班子里的每一个人都要有明确的分工，担任不同的角色。每个人都有自己特殊的任务，不能工作越位，角色混淆。遇到争论不能七嘴八舌争先恐后发言，该谁讲谁讲，要有主角和配角，要有中心和外围，要有台上和台下。谈判队伍要分工明确、纪律严明。当然，分工明确的同时要注意大家都要为一个共同的目标而通力合作，协同作战。

2）谈判组织的构成

（1）谈判人员配备

配备各类精通本专业的人员组成一个素质过硬、知识全面、配合默契的队伍。每一个谈判成员不仅要精通自己专业方面的知识，对其他领域的知识也要比较熟悉，这样才能彼此密切配合，如商务人员懂得一些法律、金融方面的知识，法律人员懂得一些技术方面的知识，技术人员懂得商务和贸易方面的知识等。

①谈判队伍领导人。负责整个谈判工作，领导谈判队伍，有领导权和决策权。有时谈判领导人也是主谈人。

②商务人员。由熟悉商业贸易、市场行情、价格形势的贸易专家担任，商务人员要负责合同条款和合同价格条件的谈判，帮助谈判方理出合同文本，负责经济贸易的对外联络工作。

③技术人员。由熟悉生产技术、产品标准和科技发展动态的工程师担任，在谈判中负责对有关生产技术、产品性能、质量标准、产品验收、技术服务等问题的谈判，也可为商务谈判中价格决策做技术顾问。

④财务人员。由熟悉财务会计业务和金融知识，具有较强的财务核算能力的财会人员担任，其主要职责是对谈判中的价格核算、支付条件、支付方式、结算货币等与财务相关的问题把关。

⑤法律人员。由精通经济贸易各种法律条款，以及法律执行事宜的专职律师、法律顾问或本企业熟悉法律的人员担任。职责是做好合同条款的合法性、完整性、严谨性的把关工作，也负责涉及法律方面的谈判。

⑥翻译。由精通外语、熟悉业务的专职或兼职翻译担任，主要负责口头与文字翻译工作，沟通双方意图，配合谈判运用语言策略，在涉外商务谈判中翻译的水平将直接影响到谈判双方的有效沟通和磋商。

除以上几类人员之外，还可配备其他一些辅助人员，但是人员数量要适当，要与谈判规模、谈判内容相适应，尽量避免不必要的人员设置。

（2）谈判人员的分工与配合

谈判人员的分工是指每一个谈判者都有明确的分工，都有自己适当的角色，各司其职。谈判人员的配合是指谈判人员之间思路、语言、策略的互相协调，步调一致，要确定各类人员之间的主从关系、呼应关系和配合关系。

①主谈与辅谈的分工与配合。

所谓**主谈**是指在谈判的某一阶段，或针对某些方面的议题时的主要发言人，或称谈判首席代表。除主谈以外的小组其他成员处于辅助配合的位置上，故称为辅谈或陪谈。

主谈是谈判工作能否达到预期目标的关键性人物，其主要职责是使已确定的谈判目标和谈判策略在谈判中得以实现。主谈的地位和作用对其提出了较高的要求：深刻理解各项方针政策和法律规范，深刻理解本企业的战略目标和商贸策略，具备熟练的专业技术知识和较广泛的相关知识，有较丰富的商务谈判经验，思维敏捷，善于分析和决断，有较强的表达能力和驾驭谈判进程的能力。有权威气度和大将胸怀，并能与谈判组织其他成员团结协作，默契配合，统领谈判队伍共同为实现谈判目标而努力。

主谈必须与辅谈密切配合才能真正发挥主谈的作用。在谈判中己方一切重要的观点和意见都应主要由主谈表达，尤其是一些关键的评价和结论更得由主谈表述，辅谈决不能随意谈个人观点或下与主谈不一致的结论。辅谈要配合主谈起到参谋和支持作用。例如，在主谈发言时，自始至终都应得到辅谈的支持。这可以通过口头语言或人体语言做出赞同的表示，并随时拿出相关证据证明主谈观点的正确性。当对方集中火力，多人、多角度刁难主谈时，辅谈要善于使主谈摆脱困境，从不同角度反驳对方的攻击，加强主谈的谈判实力。当主谈谈到辅谈所熟知的专业问题时，辅谈应给予主谈更详尽、更充足的证据支持。例如，在商务条款谈判时，商务人员为主谈，其他人员处于辅谈地位。但是进行合同条款谈判时，专业技术人员和法律人员应从技术的角度和法律的角度对谈判问题进行论证并提供依据，给予主谈有力的支持。当然，在谈判合同的商务条款时，有关商务条件的提出和对方条件的接受与否都应以商务主谈为主。主谈与辅谈的身份、地位、职能不能发生角色越位，否则谈判就会因为己方乱了阵脚而陷于被动。

②"台上"和"台下"的分工与配合。

在比较复杂的谈判中，为了提高谈判的效果，可组织"台上"和"台下"两套班子。台上人员是直接在谈判桌上谈判的人员，台下人员是不直接与对方面对面地谈判，而是为台上谈判人员出谋划策或准备各种必需的资料和证据的人员。一种台下人员可以是负责该项谈判业务的主管领导，可以指导和监督台上人员按既定目标和准则行事，维护企业利益；也可以是台上人员的幕后操纵者，台上人员在大的原则和总体目标上接受台下班子的指挥，敲定谈判成交时也必须征得台下人员认可，但是台上人员在谈判过程中仍然具有随机应变的战术权力。另一种台下人员是具有专业水平的各种参谋，如法律专家、贸易专家、技术专家等，他们主要起参谋职能，向台上人员提供专业方面的参谋建议，台上人员有权对其意见进行取舍或选择。当然台下人员不能过多、过滥，也不能过多地干预台上人员，要充分发挥台上人员的职责权力和主观能动性，及时地、创造性地处理好一些问题，争取实现谈判目标。

5.2.3　谈判组织的管理

要使谈判取得成功，不仅要组建一支优秀的谈判队伍，还要通过有效的管理，使谈判组织提高谈判力，使整个队伍朝着正确的方向有效地工作，实现谈判的最终目标。谈判组织的管理包括谈判组织负责人对谈判组织的直接管理和高层领导对谈判过程的指导管理。

1）谈判组织负责人对谈判组织的直接管理

（1）谈判组织负责人的挑选和要求

谈判组织负责人应当根据谈判的具体内容、参与谈判人员的数量和级别，从企业内部有关部门中挑选，可以是某一个部门的主管，也可以是企业最高领导。谈判组织负责人并不一定是己方主谈人员，但他是直接领导和管理谈判队伍的人。在选择组织负责人时要考虑以下几点：

①具备较全面的知识。谈判负责人本身除应具有较高的思想政治素质和业务素质之外，还必须掌握整个谈判涉及的多方面知识。只有这样才能针对谈判中出现的问题提出正确的见解，制定正确的策略，使谈判朝着正确的方向发展。

②具备果断的决策能力。当谈判遇到机遇或是遇到障碍时，能够敏锐地利用机遇，解决问题，做出果断的判断和正确的决策。

③具备较强的管理能力。谈判负责人必须具备授权能力、用人能力、协调能力、激励能力、总结能力，使谈判队伍成为具备高度凝聚力和战斗力的集体。

④具备一定的权威地位。谈判负责人要具备权威性，有较大的权力，如决策权、

用人权、否决权、签字权等；要有丰富的管理经验和领导威信，能胜任对谈判队伍的管理。谈判负责人一般由高层管理人员或某方面的专家担任，最好与对方谈判负责人具有相对应的地位。

（2）谈判组织负责人的管理职责

①负责挑选谈判人员，组建谈判班子，并就谈判过程中的人员变动与上层领导进行协调。

②管理谈判队伍，协调谈判队伍各成员的心理状态和精神状态，处理好成员间的人际关系，增强队伍凝聚力，团结一致，共同努力，实现谈判目标。

③领导制订谈判执行计划，确定谈判各阶段目标和战略策略，并根据谈判过程中的实际情况灵活调整。

④主管己方谈判策略的实施，对具体的让步时间、幅度，谈判节奏的掌握，决策的时机和方案做出决策安排。

⑤负责向上级或有关的利益各方汇报谈判进展情况，获得上级的指示，贯彻执行上级的决策方案，圆满完成谈判使命。

2）高层领导对谈判过程的指导管理

（1）确定谈判的基本方针和要求

在谈判开始前，高层领导人应向谈判负责人和其他人员指出明确的谈判方针和要求，使谈判人员有明确的方向和工作目标。必须使谈判人员明确这次谈判的使命和责任是什么、谈判的成功或失败将会给企业带来怎样的影响、谈判的必达目标是什么、满意目标是什么、谈判的期限是什么、谈判中哪些事可以由谈判班子根据实际情况自行裁决、权限范围有多大、哪些问题必须请示上级才可以决定。以上诸问题要做到每个谈判者心中有数、目标明确。

（2）在谈判过程中对谈判人员进行指导和调控

高层领导应与谈判者保持密切联系，随时给予谈判人员指导和调控。谈判内外的情况在不断发展变化，谈判桌上有些重要决策需要高层领导批准，有时谈判外部形势发生变化、企业决策有重大调整，高层领导要给予谈判者及时指导或建议，发挥出指挥谈判队伍的作用。一般来说，在遇到下述情况时，就有关问题与谈判人员进行联系是十分必要的。

①谈判桌上出现重大变化，与预料的情况差异很大，交易条件变化已超出授权界限时，需要高层领导做出策略调整，确定新的目标和策略。

②企业本部或谈判班子获得某些重要的新信息，需要对谈判目标、策略做重大调整时，高层领导应及时根据新信息做出决定，授权谈判班子执行。

③谈判队伍人员发生变动时，尤其是主谈发生变动时，要任命新的主谈，并明确调整后的分工职责。

（3）关键时刻适当干预谈判

当谈判陷入僵局时，高层领导可以主动出面干预，可以会见谈判对方高层领导或谈判班子，表达友好合作意愿，调解矛盾，创造条件使谈判走出僵局，顺利实现理想目标。

5.3 商务谈判计划的制订

5.3.1　商务谈判计划的要求

1）商务谈判计划的合理性

商务谈判计划要有一定的合理性，必须建立在周密细致的调查和准确科学的分析的基础之上，真正体现出企业的根本利益和发展战略，并能对谈判人员起到纲领性指导作用，但是，谈判计划的合理性要考虑以下几方面问题：

(1) 合理只能是相对合理，而不能做到绝对合理

现实中任何一个可行方案都难以达到绝对合理的要求。这是由于制订计划前所掌握的资料和各类信息不可能绝对准确和全面，对社会环境、经济环境、谈判对手的评价和预测不可能绝对正确没有失误，谈判过程中会发生偶然因素的影响，会出现意外的变化，谈判人员思想水平、认识能力都有一定的局限性，所以很难制订出一个绝对合理的谈判计划，所谓谈判计划的合理性只能是一个相对概念。

(2) "合理"是一个应从理性角度把握的概念

任何谈判都不可能追求十全十美，也不容易达到最满意的目标。幻想没有任何妥协和让步获得全盘胜利是不现实的。谈判不能以最理想的方案作为目标，而只能以比较令人满意的目标作为评估标准。如果符合国家大政方针，符合企业根本利益，有利企业长远合作和发展，满足谈判实践的要求，能够确保在可接受的最低限度的基础上，实现期待目标值，这就是一个合理的计划。

(3) 合理是谈判双方都能接受的合理

谈判计划虽然是己方人员制订给自己人看的计划，但是这个计划应该是和对方进行过多次接触和交流之后，双方在一些关键性问题达成共识之后制订的，因此它的合理性已经渗入对方的意愿，而且计划目标能否实现，谈判策略能否奏效，让步幅度是否合适等，这些必须受到对方态度的影响。如果只顾己方利益和条件而不考虑对方各种因素，那么这个计划的合理性是没有可靠保证的。

2）商务谈判计划的实用性

商务谈判计划内容力求简明、具体、清楚，要尽量使谈判人员很容易记住其主要内容和基本原则。涉及的概念、原则、方法、数字、目标一定要明确，不要因为概念含糊不清而导致理解上的混乱。计划内容还要做到具体，不能过于空泛和抽象，不要有过多的夸张、描绘、情感语言，内容具体才便于在谈判中操作运用。

3）商务谈判计划的灵活性

在谈判过程中各种情况都可能发生突然变化，要使谈判人员在复杂多变的形势中取得比较理想的结果，就必须使谈判计划具有一定的灵活性。谈判人员在不违背根本原则的情况下，根据情况的变化，在权限允许的范围内灵活处理有关问题，取得较为有利的谈判结果。谈判计划的灵活性表现在谈判目标有几个可供选择的目标；策略方案根据实际情况可选择某一种方案；指标有上下浮动的余地，还要把可能发生的情况考虑在计划中，如果情况变动较大，原计划不适合，可以实施备用计划。

5.3.2　商务谈判计划的内容

商务谈判计划主要包括谈判目标、谈判策略、谈判议程以及谈判人员的分工职责、谈判地点等内容。其中，比较重要的是谈判目标的确定、谈判策略的布置和谈判议程的安排等内容。

1）谈判目标的确定

谈判目标是指谈判要达到的具体目标，它指明谈判的方向和要达到的目的、企业对本次谈判的期望水平。商务谈判的目标主要是以满意的条件达成一笔交易，确定正确的谈判目标是保证谈判成功的基础。

谈判的目标可以分为三个层次：

（1）最低限度目标

最低限度目标是在谈判中对己方而言毫无退让余地，必须达到的最基本的目标。对己方而言，宁愿谈判破裂，放弃商贸合作项目，也不愿接受比最低限度目标更低的条件，因此，也可以说最低限度目标是谈判者必须坚守的最后一道防线。

（2）可以接受的目标

可以接受的目标是谈判人员根据各种主、客观因素，经过对谈判对手的全面估价，对企业利益的全面考虑、科学论证后所确定的目标。这个目标是一个区间或范围，己方可努力争取或做出让步的范围，谈判中的讨价还价就是在争取实现可接受的目标，所以可接受的目标的实现，往往意味着谈判取得成功。

（3）最高期望目标

最高期望目标是对谈判者最有利的一种理想目标，实现这个目标，将最大化地满足己方利益。当然己方的最高期望目标可能是对方最不愿接受的条件，因此很难得到实现，但是，确立最高期望目标是很有必要的，它激励谈判人员尽最大努力去实现高期望目标，也可以很清楚地评价出谈判最终结果与最高期望目标存在多大差距。在谈判开始时，以最高期望目标作为报价起点，有利于在讨价还价中使己方处于主动地位。

谈判目标的确定是一个非常关键的工作。首先，不能盲目乐观地将全部精力放在争取最高期望目标上，而很少考虑谈判过程中会出现的种种困难，造成束手无策的被动局面。谈判目标要有一点弹性，定出上、中、下限目标，根据谈判实际情况随机应变、调整目标。其次，所谓最高期望目标不仅有一个，可能同时有几个目标，在这种情况下就要将各个目标进行排队，抓住最重要的目标努力实现，而其他次要目标可让步或降低要求。最后，己方最低限度目标要严格保密，除参加谈判的己方人员之外，绝对不可透露给谈判对手，这是商业机密。一旦疏忽大意透露出己方最低限度目标，就会使对方主动出击，使己方陷于被动。

2）谈判策略的部署

谈判目标明确以后，就要拟定实现这些目标所采取的基本途径和策略。谈判策略包括多种策略，如开局策略、报价策略、磋商策略、成交策略、让步策略、打破僵局策略、进攻策略、防守策略、语言策略等，要根据谈判过程可能出现的情况，事先有所准备，心中有数，在谈判中灵活运用。

3）谈判议程的安排

谈判议程的安排对谈判双方非常重要，议程本身就是一种谈判策略，必须高度重视这项工作。谈判议程一般要说明谈判时间的安排和谈判议题的确定。谈判议程可由一方准备，也可由双方协商确定。议程包括通则议程和细则议程，前者由谈判双方共同使用，后者供己方使用。

（1）时间安排

时间安排即确定谈判在什么时间举行、多长时间、各个阶段时间如何分配、议题出现的时间顺序等。谈判时间的安排是议程中的重要环节。如果时间安排得很仓促，准备不充分，匆忙上阵，心浮气躁，很难沉着冷静地在谈判中实施各种策略；如果时间安排得很拖延，不仅会耗费大量的时间和精力，而且随着时间的推延，各种环境因素都会发生变化，还可能会错过一些重要的机遇。从"时间就是金钱，效益就是生命"观点来看，精心安排好谈判时间是很必要的。

①在确定何时开始谈判、谈判计划多长时间结束时要考虑以下几个因素：

A.谈判准备的程度。如果已经做好参加谈判的充分准备，谈判时间安排得越早越好，而且也不怕马拉松式的长时间谈判；如果没有做好充分准备，不宜匆匆忙忙开始谈判，俗话说："不打无准备之仗。"

B.谈判人员的身体和情绪状况。如果参加谈判的人员多为中年以上的人，要考虑他们身体状况能否适应较长时间的谈判。如果身体状况不太好，可以将一项长时间谈判分割成几个较短时间的阶段谈判。

C.市场形势的紧迫程度。如果所谈项目与市场形势密切相关，瞬息万变的市场形势不允许稳坐钓鱼台式的长时间谈判，谈判就要及早、及时，不要拖太长的时间。

D.谈判议题的需要。对于多项议题的大型谈判，不可能在短时间内解决问题，所需时间相对长一些；对于单项议题的小型谈判，没有必要耗费很长时间，力争在较短时间内达成一致。

②谈判过程中时间的安排要讲策略。

A.对于主要的议题或争执较大的焦点问题，最好安排在总谈判时间的 3/5 处提出来，这样既经过一定程度的交换意见，有一定基础，又不会拖得太晚而显得仓促。

B.合理安排好己方各谈判人员发言的顺序和时间，尤其是关键人物关键问题的提出应选择最成熟的时机，当然也要给对方人员足够的时间表达意向和提出问题。

C.对于不太重要的议题、容易达成一致的议题可以放在谈判的开始阶段或即将结束阶段，而应把大部分时间用在关键性问题的磋商上。

D.己方的具体谈判期限要在谈判开始前保密，如果对方摸清己方谈判期限，就会在时间上用各种方法拖延，待到谈判期限快要临近时才开始谈正题，迫使己方为急于结束谈判而匆忙接受不理想的结果。

（2）确定谈判议题

谈判议题就是谈判双方提出和讨论的各种问题。确定谈判议题首先要明确己方要提出哪些问题，要讨论哪些问题。要把所有问题全盘进行比较和分析：哪些问题是主要议题，列入重点讨论范围；哪些问题是非重点问题；哪些问题可以忽略；这些问题之间是什么关系，在逻辑上有什么联系。还要预测对方要提出哪些问题，哪些问题是需要己方必须认真对待、全力以赴去解决的，哪些问题是可以根据情况做出让步的，哪些问题是可以不予以讨论的。

（3）通则议程与细则议程的内容

①通则议程。**通则议程**是谈判双方共同遵照使用的日程安排，一般要经过双方协商同意后方能正式生效。在通则议程中，通常应确定以下一些内容：

A.谈判总体时间及各分阶段时间的安排；

B.双方谈判讨论的中心议题，尤其是第一阶段谈判的安排；

C.列入谈判范围的各种问题、问题讨论的顺序；

D.谈判中各种人员的安排；

E.谈判地点及招待事宜。

②细则议程。**细则议程**是对己方参加谈判的策略的具体安排，只供己方人员使用，具有保密性。其内容一般包括以下几个方面：

A.在谈判中统一口径，如发言的观点、文件资料的说明等；

B.对谈判过程中可能出现的各种情况的对策安排；

C.己方发言的策略，如何时提出问题，提什么问题，向何人提问，谁来提问，谁来补充，谁来回答对方问题，谁来反驳对方提问，在什么情况下要求暂时停止谈判等；

D.谈判人员更换的预先安排；

E.己方谈判时间的策略安排、谈判时间期限。

【实例5-2】

钾肥谈判，赢在哪里？

2015年4月，历经5个月的马拉松谈判，中国钾肥联合谈判小组最终与国际钾肥供应巨头就2015年钾肥进口合同达成一致，价格为CFR315美元/吨，较上年合同价格上涨10美元/吨，其他条款不变。一贯广受关注的钾肥谈判尘埃落定。

媒体以"世界最低价"报道钾肥谈判成果，业内人士认为钾肥谈判再次"赢在中国"。的确，近年来，中国钾肥大合同价一直是世界最低价，中国已经掌握国际钾肥价格谈判主动权，每一年度钾肥价格确定后，中国的进口价格成为国际钾肥进口基准价。其他国家和地区都是以此为参考，并有不同幅度的上涨。

为什么中国钾肥价格能成为世界洼地，钾肥谈判底气何来，钾肥谈判赢在哪里？

第一，中国市场吸引世界目光。我国是世界最大的钾肥进口国之一，自2011年以来，每年的进口量都在600万吨以上，2011年为640.19万吨、2012年为634.21万吨、2013年为602.97万吨、2014年更是高达803.12万吨，同比大幅增长33.19%。巨大的"钾肥蛋糕"为外商所看好，特别是在国际钾肥供大于求的困境之下，中国市场更成为外商眼中的关键所在。

第二，中国钾肥发展战略收获成效。为走出钾资源的长期困局，我国政府前些年就制定了钾肥发展的三个"三分之一"战略:三分之一国内生产,三分之一国外进口,三分之一"走出去"到国外办厂。这一战略的稳步推进,不仅让中国钾肥行业获得更多主动权,更是悄然改变世界钾肥格局。

近些年,我国钾肥产量得到了快速发展,钾肥自给率明显上升。随着国产钾肥产能的提高,进口钾肥所占比例由高峰的70%降到50%左右,对进口钾肥的依存度降低,这也增加了我国在钾肥进口谈判中的话语权。我国钾肥的"走出去"战略也正在落地开花。截止到2014年底,中国在10个国家运作了28个钾肥项目,一些项目在建设、招标中,一些项目已经投产。

第三,钾肥谈判显现"中国特色"。中国钾肥谈判已经建立联合谈判机制,政府主导、协会协调、企业参与,团结一致,在谈判中形成强大合力。中方联合谈判小组成员主要由中化集团、中农集团、中海化学等央企组成。参与谈判的专家表示,中国是铁矿砂最大进口国,但是我们的价格也是最高的,几乎没有话语权;而在钾肥进口方面不同,国内从上到下握成一个拳头,这样才能有效释放我们的力量。

从被动到主动,钾肥谈判中的"中国力量"正在逐渐呈现,从困局到顺境,中国钾肥产业正在以智慧与努力实现自我崛起,改变世界格局。

资料来源 阴剑锋. 钾肥谈判,赢在哪里?[J]. 中国农资,2015 (13).

5.3.3 商务谈判地点的选定

商务谈判地点的选定一般有三种情况:一是在己方国家或公司所在地谈判;二是在对方所在国或公司所在地谈判;三是在谈判双方之外的国家或地点谈判。不同地点均有其各自的优点和缺点,需要谈判者充分利用地点的优势,克服地点的劣势,变不利为有利,变有利为促使谈判成功的因素。

1) 在己方地点谈判

(1) 对己方的有利因素

①谈判者在家门口谈判,有较好的心理态势,自信心比较强。

②己方谈判者不需要耗费精力去适应新的地理环境、社会环境和人际关系,从而可以把精力更集中地用于谈判。

③可以选择己方较为熟悉的谈判场所进行谈判,按照自身的文化习惯和喜好布置谈判场所。

④作为东道主,可以通过安排谈判之余的活动来主动掌握谈判进程,并且从文化上、心理上对对方施加潜移默化的影响。

⑤"台上"人员与"台下"人员的沟通联系比较方便,谈判队伍可以非常便捷地随时与高层领导联络,获取所需资料和指示,谈判人员心理压力相对比较小。

⑥谈判人员免去车马劳顿,以逸待劳,可以以饱满的精神和充沛的体力去参加谈判。

⑦可以节省去外地谈判的差旅费用和旅途时间,提高经济效益。

(2) 对己方的不利因素

①由于身在公司所在地,不易与公司工作脱钩,经常会由于公司事务需要解决而

干扰谈判人员，分散谈判人员的注意力。

②由于离高层领导近，联系方便，会产生依赖心理，一些问题不能自主决断而频繁地请示领导，也会造成失误和被动。

③己方作为东道主要负责安排谈判会场以及谈判中的各种事宜，要负责对客方人员的接待工作，安排宴请、游览等活动，所以己方负担比较重。

2）在对方地点谈判

（1）对己方的有利因素

①己方谈判人员远离家乡，可以全身心投入谈判，避免主场谈判时来自工作单位和家庭事务等方面的干扰。

②在高层领导规定的范围，更有利于发挥谈判人员的主观能动性，减少谈判人员的依赖性和频繁地请示领导。

③可以实地考察一下对方公司的产品情况，获取直接信息资料。

④己方省却了作为东道主所必须承担的招待宾客、布置场所、安排活动等项事务。

（2）对己方的不利因素

①由于与公司本部相距遥远，某些信息的传递、资料的获取比较困难，某些重要问题也不易及时磋商。

②谈判人员对当地环境、气候、风俗、饮食等方面会出现不适应，再加上旅途劳累、时差不适应等因素，会使谈判人员身体状况受到不利影响。

③在谈判场所的安排、谈判日程的安排等方面处于被动地位，己方也要防止对方过多安排旅游景点等活动而消磨谈判人员的精力和时间。

3）在双方地点之外的第三地谈判

（1）对双方的有利因素

由于在双方所在地之外的地点谈判，对双方来讲是平等的，不存在偏向，双方均无东道主优势，也无作客他乡的劣势，策略运用的条件相当。

（2）对双方的不利因素

①双方首先要为谈判地点的确定而谈判，地点的确定要使双方都满意也不是一件容易的事，在这方面要花费不少时间和精力。

②第三地点谈判通常被相互关系不融洽、信任程度不高的谈判双方所选用。

4）在双方所在地交叉谈判

有些多轮谈判可以采用在双方所在地轮流交叉谈判的办法。这样的好处是对双方都是公平的，也可以各自考察对方实际情况，各自都担当东道主和客人的角色，对增进双方相互了解，融洽感情是有好处的。

5.3.4 商务谈判场景的布置

1）商务谈判场所的选择

商务谈判场所的选择应该满足以下几方面要求：

①谈判室所在地交通、通信方便，便于有关人员来往，便于满足双方通讯要求。

②环境优美安静，避免外界干扰。

③生活设施良好，使双方在谈判中不会感觉到不方便、不舒服。

④医疗卫生、保安条件良好，使双方能精力充沛、安心地参加谈判。

⑤作为东道主应当尽量征求客方人员的意见，达到客方的满意。

2）商务谈判场所的布置

较为正规的谈判场所有三类：一是主谈室；二是密谈室；三是休息室。

①主谈室布置：主谈室应当宽大舒适，光线充足，色调柔和，空气流通，温度适宜，使双方能心情愉快、精神饱满地参加谈判。谈判桌居于房间中间。主谈室一般不宜装设电话，以免干扰谈判进程，泄露有关的秘密。主谈室也不要安装录音设备，录音设备对谈判双方都会产生心理压力，难以畅所欲言，影响谈判的正常进行。如果双方协商需要录音，也可配备。

②密谈室布置：密谈室是供谈判双方内部协商机密问题单独使用的房间。它最好靠近主谈室，有较好的隔音性能，室内配备黑板、桌子、笔记本等物品，窗户上要有窗帘，光线不宜太亮。作为东道主，绝不允许在密谈室安装微型录音设施偷录对方密谈信息。作为客户在外地对方场所谈判，使用密谈室时一定要提高警惕。

③休息室布置：休息室是供谈判双方在紧张的谈判间隙休息用的，休息室应该布置得轻松、舒适，以便能使双方放松一下紧张的神经。室内最好布置一些鲜花，放一些轻柔的音乐，准备一些茶点，以便于调节心情，舒缓气氛。

3）谈判双方座位的安排

谈判双方座位的安排对谈判气氛、对内部人员之间的交流、对谈判双方便于工作都有重要的影响。谈判座位的安排也要遵循国际惯例，讲究礼节。通常可安排两种方式就座：

（1）双方各居谈判桌的一边，相对而坐

谈判桌一般采用长方形条桌。按照国际惯例，以正门为准，主人应坐背门一侧，客人则面向正门而坐；若谈判桌窄的一端面向正门，则以入门的方向为准，右边坐客方人员，左边坐主方人员。主谈人或负责人居中而坐，翻译安排在主谈人右侧紧靠的座位上，其他人员依职位或分工分两侧就座。

这种座位安排方法适用于比较正规、比较严肃的谈判。它的好处是双方相对而坐，中间有桌子相隔，有利于己方信息的保密，一方谈判人员相互接近，便于商谈和交流意见，也可形成心理上的安全感和凝聚力。它的不利之处在于人为地造成双方对立感，容易形成紧张、呆滞的谈判气氛，对融洽双方关系有不利的影响，需要运用语言、表情等手段缓和这种紧张对立气氛。

（2）双方人员混杂交叉就座

可用圆形桌或不用桌子，对方在围成一圈的沙发上混合就座。这种就座方式适合于双方比较了解、关系比较融洽的谈判。它的好处是双方不表现为对立的两个阵营，有利于融洽关系、活跃谈判气氛、减轻心理对立情绪。不利之处是双方人员被分开，每个成员有一种被分割、被孤立的感觉，同时也不利于己方谈判人员之间协商问题和资料保密。

总之，谈判场景的选择和布置要服从谈判的需要，要根据谈判的性质、特点，根据双方之间的关系、谈判策略的要求而决定。

相关链接：做好谈判准备

本章小结 ✎

为了更有效地进行商务谈判，必须做好充分的准备工作。从某种意义上讲，准备工作是否充分将直接决定谈判能否成功。商务谈判的准备工作很多，主要是谈判背景资料调查、谈判组织的构成和谈判计划的制订。

商务谈判背景调查是谈判前期的基础工作。虽然需要调查的内容繁杂，困难很多，但是却不能马虎大意，因为谈判问题的提起、目标的确定、策略的运用，大多数是在调查过程中就已经发现了。谈判背景调查简而言之就是求得把握"天时、地利、人和"。"天时、地利"就是谈判所处的政治环境、经济环境、文化环境、自然资源、基础设施和地理气候条件，必须充分认识到环境对人的思想观念、心理状态、情感行为的深刻影响。谈判人员要了解环境、适应环境，更要利用环境为谈判服务。"人和"就是既要了解谈判对手各方面情况，也要了解己方的各种情况，正所谓"知己知彼、百战不殆"。人们往往不能正确对待自己，导致犯错误。谈判人员要了解自己的目标、利益、策略方法是什么，自己的优势和劣势是什么，才能扬长避短，争取实现比较理想的目标。

商务谈判人员的遴选是谈判组织准备的关键环节。人是在谈判工作中起决定作用的因素。谈判人员应该具备良好的气质性格、心理素质、思想意识和道德情操；谈判人员应该熟练掌握与谈判有关的知识和经验；谈判人员应该是善于社交、表达、应变、组织、创新的具备多方面才能的人。谈判组织的构成要合理、精干，要选拔优秀的主谈人，要加强高层领导对整个谈判工作的指导和管理。

商务谈判计划是指导谈判工作的纲领性文件。谈判计划要确定科学的目标、灵活的策略战术，还要对谈判的时间、地点、场所以及谈判议程精心安排。谈判是一场双方实力、智慧、心理上的较量，虽然也会有针锋相对，但不是你死我活，而是双方共同向一个代表双方共同利益的双赢目标攀登。

主要概念和观念 ⬚

□ **主要概念**

　　法人　　"识"　　"学"　　"才"　　主谈　　谈判目标　　通则议程　　细则议程

□ **主要观念**

　　谈判背景调查的内容　　谈判背景调查的方法　　谈判人员素质结构　　谈判组织的构

成 谈判组织的管理 商务谈判计划的内容

基本训练 👬

□ **知识题**

5.1 阅读理解

1）社会环境各种因素对商务谈判会产生哪些影响？

2）谈判者面对各类客商应注意哪些问题？

3）背景调查有哪几种方法？

4）谈判人员怎样培养良好的心理素质？

5）谈判人员为什么要具备良好思想素质？

6）谈判人员应具备哪些能力？

7）谈判组织构成原则和人员配备方式是什么？

8）高层领导怎样对谈判过程进行指导管理？

9）谈判通则议程与细则议程有何异同点？

5.2 知识应用

1）什么样的客商具备合法谈判资格？请写出基本条件。

2）比较一下各种调查途径有哪些优缺点。

3）现有七人组成谈判班子，请你安排具体类型人员及各自职责。

4）请你设计一份商务谈判计划书的格式。

□ **技能题**

5.1 规则复习

1）商务谈判准备之一：背景调查

商务谈判背景调查的内容主要包括谈判环境调查、谈判对手调查、谈判者自身的了解等三个方面。商务谈判背景调查的方法主要有访谈法、问卷法、文献法、电子媒体收集法、观察法、实验法等。

2）商务谈判准备之二：组织准备

商务谈判组织准备的关键环节是谈判人员的遴选，应着重考查其"识""学""才"诸方面。在此基础上建立起人员构成互补协调，同时，领导人及商务、技术、法律等人员分工明确，主谈与辅谈、台上与台下人员密切配合的团队组织。

3）商务谈判准备之三：计划制订

商务谈判计划主要包括谈判目标、谈判策略、谈判议程及谈判人员分工、谈判地点等内容。要正确确定谈判目标（含低、中、高三个层次），灵活部署谈判过程的多种策略，精心安排好各项谈判议程。

5.2 操作练习

谈判能力测验

提示：每个问题有五个答案，请选择其中一个最符合自己情况的答案。

▲预测能力的测试

（1）是否掌握所谈项目的市场行情？

①已系统了解　②比较详细了解　③基本了解　④部分了解　⑤不很了解

（2）是否就市场行情做出明确判断？

①已做定量判断　②已做定性判断　③大致做出判断　④做出部分判断　⑤尚未做出判断

（3）是否在谈判前进行过详细的讨论？

①细致讨论　②全部讨论过　③基本讨论过　④部分讨论过　⑤未讨论

（4）是否做好谈判的一切准备工作？

①充分做好　②基本做好　③部分做好　④尚未做好　⑤无准备

（5）对谈判结局是否有信心？

①非常乐观　②比较有把握　③基本有数　④有些担心　⑤心中无数

▲组织能力的测试

（6）是否善于领导谈判小组？

①非常善于　②较善于　③一般　④不太会　⑤很糟糕

（7）是否善于动用手中的权力？

①尽量运用　②恰当运用　③不喜欢运用　④有时运用　⑤讨厌运用

（8）谈判经验是否丰富？

①很有经验　②较丰富　③一般　④有某方面的经验　⑤无经验

（9）是否善于使用专家？

①很会使用　②较会使用　③能够使用　④有时使用　⑤不使用

（10）是否善于处理难题？

①很善于　②较有办法　③能对付　④往往不能　⑤很不会

▲分析能力的测试

（11）是否善于认真仔细地思考？

①很善于　②比较善于　③能够善于　④不很善于　⑤不善于

（12）是否善于抓住问题的本质？

①常常能够　②大部分能够　③一般能够　④有时能够　⑤不善于

（13）是否常常轻信对方的谈话？

①不信　②基本不信　③听而有疑　④大致相信　⑤很相信

（14）是否善于详细调查对方所谈出的情况？

①详细调查　②基本调查　③做一定调查　④有时不调查　⑤不加调查

（15）是否能倾听对方的谈话？

①很善于　②能够　③有时能够　④一般不能　⑤完全不能

（16）是否能听取多方面的意见？

①很能听取　②能听取　③基本能够　④有时能够　⑤往往不能

（17）是否善于判断商情？

①非常善于　②较善于　③一般　④不太善于　⑤很不善于

（18）是否善于做价格比较？

①精于算账　②会算账　③一般　④有时能　⑤不会

（19）是否善于了解对方的权限？

①很善于　②能够　③有些方法　④不太善于　⑤不会

（20）如何看待商业中的竞争？

①积极竞争　②愿意参加竞争　③可以接受　④担心　⑤害怕

（21）如何看待买卖活动中的风险？

①能够接受较大风险　②不怕风险　③有也无妨　④怕受风险　⑤束手无策

▲表达能力的测试

（22）能否准确表达意思？

①相当准确　②比较准确　③一般可以　④有时不能　⑤往往不能

（23）能否简练地表达意思？

①很善于　②能够　③有时能够　④往往不能　⑤啰哩啰唆

（24）是否善于试探性地发言？

①很会　②能够　③有时能　④不善于　⑤根本不会

（25）谈话是否幽默？

①十分幽默　②有幽默感　③有时　④较拘谨　⑤很呆板

▲控制能力的测试

（26）是否容忍对方含糊其辞？

①一点不能　②常常不能　③基本不能　④有时能　⑤无所谓

（27）能否听取反对的意见？

①先听，再做分析　②能冷静地听　③一般不听取　④往往不听　⑤完全不听

（28）是否容易感情冲动？

①不冲动　②一般不易冲动　③能控制　④有时冲动　⑤很易冲动

（29）是否易于流露真情？

①不会　②基本不会　③时藏时露　④有时　⑤容易流露

（30）是否过分固执？

①比较灵活　②留有一定余地　③一般　④有些固执　⑤过于固执

（31）能否控制让步的速度？

①很能控制　②较能控制　③能够控制　④有时不能　⑤完全不能

（32）是否善于缓和僵局？

①很有办法　②较有办法　③一般　④不善于　⑤完全不会

▲气质的测试

（33）是否信心十足？

①十足　②有信心　③一般　④有时无　⑤无信心

（34）能否排除干扰？

①善于　②能够　③不怕　④容易被干扰　⑤为其左右

（35）是否勇于竞争？

①勇于　②接受竞争　③一般　④回避　⑤害怕

(36) 是否尊重自我?

①非常自尊　②能正确认识自己　③保持自尊　④不太自重　⑤无意识

(37) 是否受人尊敬?

①有威信　②被重视　③一般　④有时　⑤很少

(38) 是否讨人喜欢?

①非常　②比较　③一般会　④有时　⑤基本不会

(39) 对人是否有吸引力?

①非常有　②比较有　③一般　④不太有　⑤没有

(40) 是否不畏强者?

①丝毫不惧　②基本不怕　③有时不怕　④有些害怕　⑤常常屈服

(41) 是否有忍耐力?

①非常能够　②比较有忍耐力　③一般　④往往没有　⑤很缺乏

(42) 是否具有权威?

①很有　②有　③一般　④很少　⑤完全没有

▲敏感的测试

(43) 对别人的动机是否敏感?

①十分敏感　②比较敏感　③一般敏感　④不太敏感　⑤很不敏感

(44) 对别人的暗示是否敏感?

①十分敏感　②比较敏感　③一般　④不太敏感　⑤很不敏感

(45) 对别人的行为是否敏感?

①十分敏感　②比较敏感　③一般　④不太敏感　⑤很不敏感

▲进取的测试

(46) 喜欢什么样的目标?

①很难达到的　②较难达到的　③可以达到的　④容易达到的　⑤很容易达到的

(47) 是否坚持目标?

①坚定不移　②比较坚定　③能坚持　④有时动摇　⑤左右摇摆

(48) 是否满足?

①永不满足现状　②常常不满足　③有时不满足　④容易满足　⑤很容易满足

(49) 是否不守旧?

①完全不守旧　②不守旧　③一般　④有些守旧　⑤很守旧

(50) 是否有创见?

①很有创见　②比较有　③一般　④基本没有　⑤完全没有

▲道德的测试

(51) 是否使用威胁等不正当手段?

①完全不用　②不使用　③一般不会用　④有时用　⑤惯用

(52) 是否正直?

①十分正直　②比较正直　③一般　④无所谓　⑤不正直

（53）是否能容忍欺诈？

①绝对不容忍　②不容忍　③一般不容忍　④容忍　⑤使用欺诈

▲情绪的测试

（54）精神状况如何？

①良好　②比较好　③可以　④较差　⑤很差

（55）希望什么结局？

①对自己有利的成交　②对双方都有利的成交　③即使不成也不撕破面子　④仅对对方有利的也成交　⑤无所谓

（56）是否同情对手？

①完全不　②有时同情　③有理智　④同情　⑤无原则同情

（57）是否愿意和对手做正当的私人交往？

①很愿意　②愿意　③可有可无　④一般不　⑤完全不

（58）能否拉下情面？

①能　②有时能　③一般　④往往不能　⑤完全不能

（59）在可能的限度内要价是否狠心？

①十分狠心　②比较狠心　③一般　④并不狠心　⑤一点不狠

（60）是否有安全感？

①非常安全　②比较安全　③一般　④不太安全　⑤很不安全

□ **能力题**

案例分析

中国F公司的谈判准备

中国F公司与法国G公司商谈一条计算机生产线的技术转让交易。G公司将其报价如期交给了F公司，报价包括装配线设备、检测试验室、软件、工程设计、技术指导、培训等。双方约定接到报价后两周在中国北京开始谈判。F公司接到报价后即着手准备。

F公司首先将有关技术部分交专家组去分析，并提出了相关要求，而商务部分则由主谈负责分析，随后约定时间开会讨论。

专家组对技术资料反映的技术先进性、适用性、完整性进行了分析，将不清楚的部分列出清单，对国际市场的状况进行了对比，对G公司产品系列及特点给出了说明，形成了书面意见。

主谈则将装配线设备、检测试验室设备等列出清单，标上报价，并列出对照分析价、交易目标价、分步实现的阶段价，形成了一份设备价格方案表，又照此法，将技术内容列出清单，分出各项价格并形成了一份技术价格方案表，将技术指导和人员培训费分列出人员专业、人数、时间、单价、比较价、目标价等并制订出一份技术服务价格方案表，将工程设计列出分工内容、工作量估算、单项价、比较价、目标价等并制出工程设计价格方案表。在所有价格方案表中，均以对应形式列出：G公司报价及可能的降价空间，F公司的还价及可能的还价幅度，并附上理由。

开会讨论时，专家组与主谈交换了各自的准备情况，同时分析了双方在企业面临的政治经济状况、市场竞争、各自需求及参加谈判的人员等各方面的有利与不利因素。经过讨论，主谈与专家组意见略有分歧：主谈认为这是我方第一次采购且G公司第一次进入中国市场，应有利于压价，谈判目标可以高些。专家组认为G公司技术较好，我方又急需，少压价能成交也可接受。这个分歧可能直接影响谈判条件以及谈判策略，于是，主谈决定请示领导。

主谈、专家组一齐向项目委托谈判单位的领导汇报了情况及分歧。在领导的指导下，大家进一步分析利弊后达成了共识，形成了谈判预案。

资料来源　丁建忠.《商务谈判》教学指引［M］. 北京：中国人民大学出版社，2003.

问题：

1）F公司接到对方报价后如何着手准备？

2）F公司准备工作中"知己知彼、知头知尾、通过预审"12字，体现在何处？

3）如何评价F公司的谈判准备工作？

第 **6** 章

商务谈判过程

学习目标 ◎

通过本章学习，你应该达到以下目标：

知识目标：了解商务谈判过程中开局、磋商、结束等各主要阶段的相关知识。

技能目标：学会商务谈判过程中开局、磋商、结束等各主要阶段相应策略的实施技能、技巧。

能力目标：掌握商务谈判过程中开局、磋商、结束等各主要阶段的主要策略。

引例 @   用寒暄打开局面

东南亚某个国家的一家华人企业想成为日本一家著名电子公司的地区销售代理商。双方几次磋商均未达成协议。在最后一次谈判刚开始时，华人企业的谈判代表突然发现日方代表喝茶及取放茶杯的姿势十分特别，于是他说："从××君喝茶的姿势看来，您十分精通茶道，能否为我们介绍一下呢？"这句话正好点中了日方代表的兴趣点，于是他滔滔不绝地讲了起来。结果后面的正式谈判进行得十分顺利，那家华人企业终于如愿以偿取得了销售代理权。

资料来源 范红. 商务谈判开局气氛的营造［J］. 科教导刊：电子版，2015（15）.

谈判双方在做了各种准备工作之后，就要开始面对面地进行谈判。谈判过程可能是多轮次的，也可能要经过多次的反复。一般来说，不论谈判过程时间长短，谈判双方都要各自提出自己的交易条件和意愿，然后就各自希望实现的目标和相互间的分歧进行磋商，最后消除分歧达成一致。这个过程依次是谈判开局阶段、谈判磋商阶段、谈判结束阶段。掌握各个阶段的策略，完成每一个环节的任务，顺利得到双方满意的结果，是谈判过程的重要任务。

6.1 商务谈判开局阶段

6.1.1 开局阶段的基本任务

谈判开局对整个谈判过程起着至关重要的作用，它往往显示双方谈判的诚意和积极性，关系到谈判的格调和发展趋势，一个良好的开局将为谈判成功奠定基础。这一阶段的目标主要是对谈判程序和相关问题达成共识；双方人员互相交流，创造友好合作的谈判气氛；分别表明己方的意愿和交易条件，摸清对方的情况和态度，为实质性磋商阶段打下基础。为达到以上目标，开局阶段主要有三项基本任务：

1）谈判通则的协商

所谓谈判通则的协商主要包括"4P"，即成员（personalities）、目的（purpose）、计划（plan）及进度（pace）四个方面的内容。

谈判双方初次见面，要互相介绍参加谈判的人员，包括姓名、职务、谈判角色等情况。然后，双方进一步明确谈判要达到的目标，这个目标应该是双方共同追求的合作目标。同时，双方还要磋商确定谈判的大体议程和进度，以及需要共同遵守的纪律和共同履行的义务等问题。谈判通则协商的目的就是谈判双方友好接触，统一共识，明确规则，安排议程，掌握进度，争取成功。

2）营造适当的谈判气氛

谈判气氛会影响谈判者的情绪和行为方式，进而影响到谈判的发展。谈判气氛受多种因素的影响。谈判的客观环境对谈判的气氛有重要影响，例如，双方面临的政治形势、经济形势、市场变化、文化氛围、实力差距，以及谈判时的场所、天气、时间、突发事件等。对于客观环境对气氛的影响，需要在谈判准备阶段做好充分准备，尽可能营造有利于谈判的环境气氛。谈判人员主观因素对谈判气氛的影响是直接的，在谈判开局阶段一项重要任务就是发挥谈判人员的主观能动性，营造良好的谈判气氛。谈判气氛一般是通过双方相互介绍、寒暄，以及双方接触时的表情、姿态、动作和说话的语气等形成的。对谈判气氛的营造既表达出双方谈判者对谈判的期望，也表达出谈判的策略特点，因此也是双方互相摸底的重要时机。

【实例6-1】
精心安排营造融洽气氛

1972年2月，美国总统尼克松访华，中美将展开一场具有重大历史意义的国际谈判。中方在周恩来总理的亲自领导下，对谈判过程中的各种环境做了精心、周密的准备和安排，甚至对宴会上演奏的中美两国的民间乐曲都进行了精心挑选。在欢迎尼克松的国宴上，军乐队熟练地演奏起由周总理亲自挑选的《美丽的亚美利加》时，尼克松总统听呆了，他没有想到在中国能听到他如此熟悉的乐曲，那是他平生最喜爱的并指定在他就职典礼上演奏的家乡乐曲。敬酒时他还特地到乐队前表示感谢。一个小小的精心安排，营造了和谐融洽的谈判气氛。

周总理准确把握了对方的喜好，选择了合适的音乐搭配，令对方心情大悦，对谈判起了促进的作用。

3）开场陈述和报价

（1）双方各自陈述己方的观点和愿望，并提出倡议

陈述己方对问题的理解，即己方认为谈判应涉及的问题及问题的性质、地位；己方希望取得的利益和谈判的立场。陈述的目的是使对方理解己方的意愿，既要体现一

定的原则性，又要体现合作性和灵活性。然后，双方各自提出各种设想和解决问题的方案，并观察双方合作的可靠程度，设想在符合商业准则的基础上寻求实现双方共同利益的最佳途径。

（2）在陈述的基础上进行报价

报价就是双方各自提出自己的交易条件，是各自立场和利益需求的具体体现。报价分为狭义报价和广义报价。狭义报价是指一方向另一方提出己方希望成交的具体价格；广义报价是指一方向另一方提出包括具体价格的一揽子要求。报价既要考虑对己方最为有利，又要考虑成功的可能性；报价要准确清楚；双方不必受对方报价的影响，可以按自己的意图进行报价。报价的目的是使双方了解对方的具体立场和条件，了解双方存在的分歧和差距，为进行磋商准备条件。

6.1.2　谈判开局气氛的营造

谈判气氛的营造应该服务于谈判的方针和策略，服务于谈判各阶段的任务，应该有利于谈判目标的实现。谈判气氛在不同特点的谈判中是不一样的，即使在同一场谈判中，影响谈判气氛的因素发生变化，也会使谈判气氛发生微妙的变化。谈判气氛多种多样，有热烈的、积极的、友好的，也有冷淡的、对立的、紧张的；有平静的、严肃的，也有松懈的、懒散的；还有介于以上几种谈判气氛之间的自然气氛。而谈判开局阶段气氛的营造更为关键，因为这一阶段的气氛会直接影响到双方是否有一个良好的开端。一般来说，开局气氛如果是冷淡的、对立的、紧张的，或者是松懈的，都不利于谈判的成功。谈判开局气氛也不大可能一下子就变成热烈的、积极的、友好的。什么样的开局气氛是比较合理的呢？根据开局阶段的性质、地位，以及进一步磋商的需要，开局气氛应该有以下几个特点：

1）礼貌尊重的气氛

谈判双方在开局阶段要营造出一种尊重对方、彬彬有礼的气氛。在开局阶段的谈判可以请高层领导参加，以示对对方的尊重。谈判人员服饰仪表要整洁大方，无论是表情、动作还是说话语气都应该表现出尊重、礼貌。不能流露出轻视对方、以势压人的态度，不能以武断、蔑视、指责的语气讲话，要使双方能够在文明礼貌、相互尊重的气氛中开始谈判。

2）自然轻松的气氛

开局初期常被称为"破冰"期。谈判双方抱着各自的立场和目标坐到一起谈判，极易出现冲突和僵持。如果一开局气氛就非常紧张、僵硬，可能会过早地造成情绪激动和对立，使谈判陷入僵局。过分的紧张和僵硬还会使谈判者的思维偏激、固执和僵化，不利于细心分析对方的观点，不利于灵活地运用谈判策略。所以，谈判人员在开局阶段首先要营造一种平和、自然、轻松的气氛。例如，随意谈一些题外的轻松话题，松弛一下紧绷着的神经，不要过早与对方发生争论。语气要自然平和，表情要轻松亲切，尽量谈论中性话题，不要过早刺激对方。

3）友好合作的气氛

开局阶段要使双方有一种"有缘相知"的感觉，双方都愿意友好合作，都愿意在合作中共同受益。因此，谈判双方实质上不是"对手"，而是"伙伴"。基于这一点，营造友好合作的气氛并不仅仅是出于谈判策略的需要，更重要的是双方长期合作的需要。尽管随着谈判的进行会出现激烈的争辩或者矛盾冲突，但是双方是在友好合作的气氛中去辩论，不是越辩越远，而是越辩越近。因此，要求谈判者真诚地表达对对方的友好愿望和对合作成功的期望，此外，热情的握手、热烈的掌声、信任的目光、自然的微笑都是营造友好合作气氛的手段。

4）积极进取的气氛

谈判毕竟不是社交沙龙，谈判者都肩负着重要的使命，要付出巨大的努力去完成各项重要任务，双方都应该在积极进取的气氛中认真工作。谈判者要准时到达谈判场所，仪表要端庄整洁，精力要充沛，充满自信，坐姿要端正，发言要响亮有力，要表现出追求进取、追求效率、追求成功的决心，不论有多大分歧、多少困难，相信一定会获得双方都满意的结果。谈判就在这样一种积极进取、紧张有序、追求效率的气氛中开始。

6.1.3　商务谈判开局策略

谈判开局策略是谈判者谋求谈判开局有利形势和实现对谈判开局的控制而采取的行动方式或手段。营造适当的谈判气氛实质上就是为实施谈判开局策略打下基础。商务谈判开局策略一般包括以下几个方面：

1）协商式开局策略

协商式开局策略是指以协商、肯定的语言进行陈述，使对方对己方产生好感，创造双方对谈判的理解充满"一致性"的感觉，从而使谈判双方在友好、愉快的气氛中展开谈判工作。

协商式开局策略适用于谈判双方实力比较接近，双方过去没有商务往来经历的情况。第一次接触，双方都希望有一个好的开端。要多用外交礼节性语言，谈论中性话题，使双方在平等、合作的气氛中开局。比如，谈判一方以协商的口吻来征求谈判对手的意见，然后对对方意见表示赞同或认可，双方达成共识。要表明充分尊重对方意见的态度，语言要友好礼貌，但又不刻意奉承对方。姿态上应该是不卑不亢，沉稳中不失热情，自信但不自傲，把握住适当的分寸，顺利打开局面。

2）坦诚式开局策略

坦诚式开局策略是指以开诚布公的方式向谈判对手陈述自己的观点或意愿，尽快打开谈判局面。

坦诚式开局策略比较适合双方过去有过商务往来，而且关系很好，互相比较了解的情况，双方将这种友好关系作为谈判的基础。在陈述中可以真诚、热情地畅谈双方过去的友好合作关系，适当地称赞对方在商务往来中的良好信誉。由于双方关系比较密切，可以省去一些礼节性的外交辞令，坦率地陈述己方的观点以及对对方的期望，使对方产生信任感。

坦诚式开局策略有时也可用于实力不如对方的谈判者。本方实力弱于对方，这是双方都了解的事实，因此没有必要掩盖，不如坦率地表明己方存在的弱点，使对方理智地考虑谈判目标。这种坦诚也表达出实力较弱一方不惧怕对手的压力，充满自信和实事求是的精神，这比"打肿脸充胖子"大唱高调掩饰自己的弱点要好得多。

3）慎重式开局策略

慎重式开局策略是指以严谨、凝重的语言进行陈述，表达出对谈判的高度重视和鲜明的态度，目的在于使对方放弃某些不适当的意图，以把握谈判的主动权。

慎重式开局策略适用于谈判双方过去有过商务往来，但对方曾有过令人不满的表现的情况，己方要通过严谨、慎重的态度，引起对方对某些问题的重视。例如，可以对过去双方业务关系中对方的不妥之处表示遗憾，并希望通过本次合作能够改变这种状况。可以提一些礼貌性的问题来考察对方的态度、想法，不急于拉近关系，注意与对方保持一定的距离。这种策略也适用于己方对谈判对手的某些情况存在疑问，需要经过短暂的接触摸底的情况。当然慎重并不等于没有谈判诚意，也不等于冷漠和猜疑，这种策略正是为了寻求更有效的谈判成果而使用的。

4）进攻式开局策略

进攻式开局策略是指通过语言或行为来表达己方强硬的姿态，从而获得谈判对手必要的尊重，并借以制造心理优势，使谈判顺利进行下去。这种进攻式开局策略只在特殊情况下使用。例如，发现谈判对手居高临下，以某种气势压人，有某种不尊重己方的倾向，如果任其发展下去，对己方是不利的，因此要变被动为主动，不能被对方气势压倒，采取以攻为守的策略，捍卫己方的尊严和正当权益，使双方站在平等的地位上进行谈判。进攻式策略要运用得好，必须注意有理、有利、有节，不能使谈判一开始就陷入僵局。要切中问题要害，对事不对人，既表现出己方的自尊、自信和认真的态度，又不过于咄咄逼人，使谈判气氛过于紧张，一旦问题表达清楚，对方也有所改观，就应及时调节气氛，使双方重新营造起一种友好、轻松的谈判气氛。

6.2 商务谈判磋商阶段

6.2.1 商务谈判磋商准则

1）把握气氛准则

进入磋商阶段之后，谈判双方要针对对方的报价讨价还价。双方之间难免要出现提问和解释、质疑和表白、指责和反击、请求和拒绝、建议和反对、进攻和防守，甚至会发生激烈的辩论和无声的冷场。因此，在磋商阶段仍然要把握好谈判气氛。开局阶段可能已经营造出友好、合作的气氛，进入磋商阶段后仍然要保持这种气氛。如果双方突然收起微笑，面部表情紧张冷峻，语言生硬激烈，使谈判气氛一下子变得紧张对立起来，就会令人怀疑开局阶段友好真诚的态度是装出来的，使双方产生不信任感。所以，双方在磋商阶段尽管争论激烈，矛盾尖锐，但仍然要保持已经营造出来的良好的合作气氛，只有在这种良好的合作气氛中，才能使磋商顺利进行。

2）次序逻辑准则

次序逻辑准则是指把握磋商议题内含的客观次序逻辑，确定谈判目标启动的先后次序与谈判进展的层次。

在磋商阶段双方都面临着许多要谈的议题，如果不分先后次序，不讲究磋商进展层次，想起什么就争论什么，就会毫无头绪，造成混乱，毫无效率可言。因此，双方要通过磋商确定几个重要的谈判议题，按照其内在逻辑关系排列先后次序，然后逐题磋商。可以先磋商对后面议题有决定性影响的议题，此议题达成共识后再讨论后面的问题；也可以先对双方容易达成共识的议题进行磋商，将双方认识差距较大、比较复杂的议题放到后面去磋商。次序逻辑准则也适用于对某一议题的磋商。某一议题也存在内在逻辑次序，比如价格问题就涉及成本、回收率、市场供求、比价等多方面内容。在选择一项内容作为切入点时，要考虑最容易讲清楚、最有说服力的内容，避免一开始就在一些不容易说清楚的话题上争论不休，影响重要问题的磋商。

3）掌握节奏准则

磋商阶段的谈判节奏要稳健，不可过于急促，因为这个阶段是解决分歧的关键时期，双方对各自观点要进行充分的论证，对许多认识有分歧的地方要经过多次交流和争辩。而且，某些关键问题只经过一轮谈判不一定能达成共识，要多次重复谈判才能完全解决。一般来说，双方开始磋商时节奏要相对慢一些，双方都需要时间和耐心倾听对方的观点，了解对方，分析研究分歧的性质和解决分歧的途径。关键性问题涉及双方根本利益，各方必然会坚持自己的观点，不肯轻易让步，还有可能使谈判陷入僵局，所以磋商是需要花费较多的时间的。谈判者要善于掌握节奏，不可急躁，稳扎稳打，步步为营。一旦出现转机，要抓住有利时机不放，加快谈判节奏，不失时机地消除分歧，争取达成一致意见。

4）沟通说服准则

磋商阶段实质上是谈判双方相互沟通、相互说服、自我说服的过程。没有充分的沟通，没有令人满意的说服，就不会产生积极的效果。首先，双方要善于沟通，这种沟通应该是双向的和多方面的。一方既要善于传播己方信息，又要善于倾听对方信息，并且积极向对方反馈信息。没有充分的交流沟通，就会在偏见和疑虑中产生对立情绪。沟通内容应该是多方面的，既要沟通交易条件，又要沟通相关的理由、信念、期望，还要交流情感。其次，双方要善于说服，要充满信心去说服对方，让对方感觉到你非常感谢他的协作，而且你也非常乐意努力帮助对方解决困难。让对方了解你并不是"取"，而是"给"，要让对方真正感觉到赞成你是最好的决定。说服的准则是从"求同"开始，解决分歧，达到最后的"求同"。"求同"既是起点，又是终点。

6.2.2　商务谈判让步策略

在商务谈判磋商阶段，对己方条件做出一定的让步是双方必然的行为。如果谈判双方都坚持自己的阵线不后退半步的话，谈判永远也达不成协议，谈判追求的目标也就无法实现。谈判者要明确他们要求的最终目标，同时还必须明确为达到这个目标可以或愿意做出哪些让步、做出多大的让步。让步本身就是一种策略，它体现谈判者用主动满足对方需要的方式来换取己方需要的精神实质。如何运用让步策略，是磋商阶段最为重要的事情。

1）让步的原则和要求

（1）维护整体利益

让步的一个基本原则是：整体利益不会因为局部利益的损失而遭受损害；相反，局部利益的损失是为了更好地维护整体利益。谈判者必须十分清楚什么是局部利益，什么是整体利益；什么是枝节，什么是根本。让步只能是局部利益的退让和牺牲，而整体利益必须得到维护。因此，让步前一定要清楚什么问题可以让步，什么问题不能让步，让步的最大限度是什么，让步对全局的影响是什么等。以最小让步换取谈判的成功、以局部利益换取整体利益是让步的出发点。

（2）明确让步条件

让步必须是有条件的，绝对没有无缘无故的让步。谈判者心中要清楚，让步必须建立在对方创造条件的基础上，而且对方创造的条件必须是有利于己方整体利益的。当然，有时让步是根据己方策略或是根据各种因素的变化而做出的。这个让步可能是为了己方全局利益，为了今后长远的目标，或是为了尽快成交而不至于错过有利的市场形势等。无论如何，让步的代价一定要小于让步所得到的利益。要避免无谓的让步，要用我方的让步换取对方在某些方面的相应让步或优惠，体现出得大于失的原则。

（3）选择好让步时机

让步时机要恰到好处，不到需要让步的时候绝对不要做出让步的许诺。让步之前必须经过充分的磋商，时机要成熟，使让步成为画龙点睛之笔，而不要变成画蛇添足。一般来说，在对方没有表示出任何退让的可能，让步不会给己方带来相应的利益，也不会增强己方讨价还价的力量，更不会使己方占据主动的时候，不能做出让步。

（4）确定适当的让步幅度

让步可能是分几次进行的，每次让步都要让出己方一部分利益。让步的幅度要适当，一次让步的幅度不宜过大，让步的节奏也不宜过快。如果一次让步过大，会把对方的期望值迅速提高，对方会提出更高的让步要求，使己方在谈判中陷入被动局面。如果让步节奏过快，对方觉得轻而易举就可以使需求得到满足，就会认为己方无须负担压力和损失就可让步，也就不会对让步给予足够重视。

（5）不要承诺做出与对方同等幅度的让步

即使双方让步幅度相当，双方由此得到的利益也不一定相同。不能单纯从数字上追求相同的幅度，可以让对方感到己方也做出了相应的努力，以同样的诚意做出了让步，但是这并不等于幅度是对等的。

（6）不要轻易向对方让步

商务谈判中双方做出让步是为了达成协议而必须承担的义务，但是必须让对方懂得，己方每次做出的让步都是重大的让步，使对方感到必须付出重大努力之后才能得到一次让步，这样才会提高让步的价值，也才能为获得对方的更大让步打下心理基础。

（7）在让步中讲究策略

在关键性问题上力争使对方先做出让步，而在一些不重要的问题上己方可以考虑主动做出让步姿态，促使对方态度发生变化，争取对方的让步。

（8）每次让步后要检验效果

己方做出让步之后要观察对方的反应：对方相应表现出的态度和行动是否与己方的让步有直接关系，己方的让步对对方产生多大的影响和说服力，对方是否也做出相应的让步。如果己方先做出了让步，那么在对方做出相应的让步之前，就不能再让步了。

2）让步实施策略

（1）于己无损让步策略

于己无损让步策略是指己方所做出的让步不会给己方造成任何损失，同时还能满足对方一些要求或形成一种心理影响，产生诱导力。当谈判对手就其一个交易条件要求我方做出让步时，在己方看来其要求确实有一定的道理，但是己方又不愿意在这个问题上做出实质性的让步，可以采用一些无损让步方式。

假如你是一个卖主，又不愿意在价格上做出让步，你可以在以下几方面做出无损让步：

①向对方表示本公司将提供质量可靠的一级产品；

②将向对方提供比给予别家公司更加周到的售后服务；

③向对方保证给其待遇将是所有客户中最优惠的；

④在交货时间上充分满足对方要求。

这种无损让步的目的是在保证己方实际利益不受损害的前提下使对方得到一种心理平衡和情感愉悦，避免对方纠缠某个问题迫使我方做出有损实际利益的让步。

（2）以攻对攻让步策略

以攻对攻让步策略是指己方让步之前向对方提出某些让步要求，将让步作为进攻手段，变被动为主动。当对方就某一个问题逼迫己方让步时，己方可以将这个问题与其他问题联系在一起加以考虑，在相关问题上要求对方做出让步，作为己方让步的条件，从而达到以攻对攻的效果。例如，在货物买卖谈判中，当买方向卖方提出再一次降低价格的要求时，卖方可以要求买方增加购买数量，或是承担部分运输费用，或是改变支付方式，或是延长交货期限等。这样一来，如果买方接受卖方条件，卖方的让步也会得到相应补偿；如果买方不接受卖方提出的相应条件，卖方也可以有理由不做让步，使买方不好再逼迫卖方让步。

（3）强硬式让步策略

强硬式让步策略是指一开始态度强硬，坚持寸步不让的态度，到了最后时刻一次让步到位，促成交易。这种策略的优点是，起始阶段坚持不让步，向对方传递己方坚定立场，如果谈判对手缺乏毅力和耐心，就可能被征服，使己方在谈判中获得较大的利益；在坚持一段时间后，一次让出己方的全部可让利益，对方会有"来之不易"的获胜感，会特别珍惜这种收获，不失时机地握手成交。其缺点是，由于在开始阶段一再坚持寸步不让的策略，可能会失去伙伴，具有较大的风险，也会给对方造成没有诚意的印象。因此，这种策略适用于在谈判中占有优势的一方。

（4）坦率式让步策略

坦率式让步策略是指以诚恳、务实、坦率的态度，在谈判进入让步阶段后一开始就亮出底牌，让出全部可让利益，以达到以诚制胜的目的。这种策略的优点是：由于谈判者一开始就向对方亮出底牌，让出自己的全部可让利益，率先做出让步榜样，给对方一种信任感，比较容易打动对方采取回报行为；同时，这种率先让步具有强大的说服力，能促使对方尽快采取相应让步行动，提高谈判效率，争取时间，争取主动。这种策略的缺点是：由于让步比较坦率，可能给对方传递一种尚有利可图的信息，从而提高其期望值，继续讨价还价；一次性大幅度让价，可能会失去本来能够全力争取到的利益。这种策略适用于在谈判中处于劣势的一方或是谈判双方之间的关系比较友好，一方以一开始做出较大让步的方法感染对方，促使对方以同样友好、坦率的态度做出让步。使用这一策略要根据实际情况，充分把握信息和机遇，保证主动让步之后己方能得到关系全局的重大利益。

（5）稳健式让步策略

稳健式让步策略是指以稳健的姿态和缓慢的让步速度，根据谈判进展情况分段做出让步，争取较为理想的结果。谈判者既不坚持强硬的态度寸利不让，也不过于坦率，一下子让出全部可让利益，既有坚定的原则立场，又给对方一定的希望，每次都做出一定程度的让步，但是让步的幅度根据对方的态度和形势的发展灵活掌握。有可能每次让步幅度都是一样的，有可能让步的幅度越来越小，也有可能幅度起伏变化，甚至最后关头又反弹回去。这种让步策略的优点是：稳扎稳打，不会冒太大的风险，也不会一下子使谈判陷入僵局，可以灵活机动地根据谈判形势调整自己的让步幅度；双方要经过多次讨价还价、反复的磋商和论证，可以把事情说得更清楚，考虑得更周全。运用这种策略需要较强的技术性和灵活性，要随时观察对方的反应来调整己方让步策略。这种策略的缺点是，需要耗费大量的时间和精力才能达到最后成交的目标，而且容易过于讲究技巧，而缺乏坦率的精神和提高效率的意识。当然，在商务谈判中谈判者在多数情况下习惯运用这种策略。

6.2.3　商务谈判僵局的处理

谈判僵局是指在商务谈判过程中出现难以再顺利进行下去的僵持局面。在谈判中谈判双方各自对利益的期望或对某一问题的立场和观点存在分歧，很难达成共识，而又都不愿向对方让步时，谈判进程就会出现停顿，谈判即进入僵持状态。

谈判僵局出现后对谈判双方的利益和情绪都会产生不良影响。谈判僵局会有两种后果：打破僵局继续谈判或谈判破裂。当然后一种结果是双方都不愿看到的。因此，了解谈判僵局出现的原因，避免僵局出现，以及一旦出现僵局也能够运用科学有效的策略和技巧打破僵局，重新使谈判顺利进行下去，就成为谈判者必须掌握的重要技能。

1）谈判僵局产生的原因

（1）立场观点的争执

双方各自坚持自己的立场观点而排斥对方的立场观点，就会形成僵持不下的局面。在谈判过程中如果双方对各自立场观点产生主观偏见，认为己方是正确合理的，而对方是错误的，并且谁也不肯放弃自己的立场观点，往往会出现争执，陷入僵局。双方真正的利益需求被这种立场观点的争论所搅乱，而双方又为了维护自己的面子，不但不愿做出让步，反而用否定的语气指责对方，迫使对方改变立场观点，谈判就变成了互不相容的立场对立。谈判者出于对己方立场观点的维护心理往往会产生偏见，不能冷静尊重对方观点和客观事实。双方都固执己见排斥对方，而把利益忘在脑后，甚至为了"捍卫"自己的立场观点而以退出谈判相要挟。这种僵局处理不好就会破坏谈判的合作气氛，浪费谈判时间，甚至伤害双方的感情，最终使谈判走向破裂的结局。立场观点争执所导致的僵局是比较常见的，因为人们很容易在谈判时陷入这种争执不能自拔而使谈判陷入僵局。

（2）面对强迫的反抗

一方向另一方施加强迫条件，被强迫一方越是受到逼迫，就越不退让，从而形成僵局。一方占有一定的优势，他们以优势者自居向对方提出不合理的交易条件，强迫对方接受，否则就威胁对方。被强迫一方出于维护自身利益或是维护尊严的需要，拒绝接受对方强加于己方的不合理条件，反抗对方强迫。这样，双方僵持不下，使谈判陷入僵局。

（3）信息沟通的障碍

谈判过程是一个信息沟通的过程，只有双方信息实现正确、全面、顺畅的沟通，才能互相深入了解，才能正确把握和理解对方的利益和条件。但是，实际上双方的信息沟通会遇到种种障碍，造成信息沟通受阻或失真，使双方产生对立情绪，从而使谈判陷入僵局。

信息沟通障碍指双方在交流信息过程中由于主客观原因所造成的理解障碍。其主要表现为：由于双方文化背景差异所造成的观念障碍、习俗障碍、语言障碍；由于知识结构、教育程度的差异所造成的问题理解障碍；由于心理、性格差异所造成的情感障碍；由于表达能力、表达方式的差异所造成的传播障碍等。信息沟通障碍使谈判双方不能准确、真实、全面地进行信息、观念、情感的沟通，甚至会产生误解和对立情绪，使谈判不能顺利进行下去。

（4）谈判者行为的失误

谈判者行为的失误常常会引起对方的不满，使其产生抵触情绪和强烈的对抗，使谈判陷入僵局。例如，个别谈判人员在工作作风、礼节礼貌、言谈举止、谈判方法等方面出现严重失误，触犯了对方的尊严或利益，就会产生对立情绪，使谈判很难顺利进行下去，造成很难堪的局面。

（5）偶发因素的干扰

在商务谈判所经历的一段时间内有可能出现一些偶然发生的情况。当这些情况涉及谈判某一方的利益得失时，谈判就会由于这些偶发因素的干扰而陷入僵局。例如，在谈判期间外部环境发生突变，某一谈判方如果按原有条件谈判就会蒙受利益损失，于是他便推翻己方做出的让步，从而引起对方的不满，使谈判陷入僵局。由于谈判不可能处于真空地带，谈判者随时都要根据外部环境的变化调整自己的谈判策略和交易条件，因此这种僵局的出现也就不可避免了。

以上是造成谈判僵局的几种因素。谈判中出现僵局是很自然的事情，虽然人人都不希望出现僵局，但是出现僵局也并不可怕。面对僵局不要惊慌失措或情绪沮丧，更不要一味指责对方没有诚意，要弄清楚僵局产生的真实原因是什么，分歧点究竟是什么，谈判的形势怎样，然后运用有效的策略技巧打破僵局，使谈判顺利进行下去。

2）打破谈判僵局的策略与技巧

（1）回避分歧，转移议题

当双方对某一议题产生严重分歧都不愿意让步而陷入僵局时，一味地争辩解决不了问题，可以先回避有分歧的议题，换一个新的议题与对方谈判。这样做有两点好处：一是可以争取时间先进行其他问题的谈判，避免长时间的争辩耽误宝贵的时间；二是当其他议题经过谈判达成一致之后，会对有分歧的问题产生正面影响，再回过头来谈陷入僵局的议题时，气氛会有所好转，思路会变得开阔，问题的解决便会比以前容易得多。

（2）尊重客观，关注利益

谈判双方各自坚持己方的立场观点，由于主观认识的差异而使谈判陷入僵局，这时候处于激烈争辩中的谈判者容易脱离客观实际，忘掉大家的共同利益是什么。所以，当谈判陷入僵局时，谈判者首先要克服主观偏见，从尊重客观的角度看问题，关注企业的整体利益和长远目标，而不要一味追求论辩的胜负。如果是由于某些枝节问题争辩不休而导致僵局，那么这种争辩就没有多大意义。即使争辩的是关键性问题，也要客观地评价双方的立场和条件，充分考虑对方的利益要求和实际情况，认真冷静地思索己方如何才能实现比较理想的目标，理智地克服一味地希望通过坚守自己的阵地来"赢"得谈判的想法。这样才能静下心来面对客观实际，为实现双方共同利益而设法打破僵局。

（3）多种方案，选择替代

如果双方仅仅采用一种方案进行谈判，当这种方案不能为双方同时接受时，就会形成僵局。实际上谈判中往往存在多种满足双方利益的方案。在谈判准备期间各方就应该准备多种可供选择的方案。一旦一种方案遇到障碍，就可以提供其他的备用方案供对方选择，使"山重水复疑无路"的局面转变成"柳暗花明又一村"的好形势。谁能够创造性地提供可选择的方案，谁就能掌握谈判的主动权。当然这种替代方案要既能维护己方切身利益，又能兼顾对方的需求，这样才能使对方对替代方案感兴趣，进而从新的方案中寻找双方的共识。

（4）尊重对方，有效退让

当谈判双方各持己见互不相让而陷入僵局时，谈判人员应该明白，坐到谈判桌上的目的是达成协议实现双方共同利益，如果促使合作成功所带来的利益要大于固守己方立场导致谈判破裂的收获，那么退让就是聪明有效的做法。

采取有效退让的方法打破僵局基于三点认识：第一，己方用辩证的思考方法，明智地认识到在某些问题上稍做让步，而在其他问题上争取更好的条件；在眼前利益上做出一点牺牲，而换取长远利益；在局部利益上稍做让步，而保证整体利益。第二，己方多站在对方的角度看问题，消除偏见和误解，对己方一些要求过高的条件做出一些让步。第三，这种主动退让姿态向对方传递了己方的合作诚意和尊重对方的态度，促使对方在某些条件上做出相应的让步。如果对方仍然坚持原有的条件寸步不让，证明对方没有诚意，己方就可以变换新的策略，调整谈判方针。

【实例6-2】

舍小利，得大利

广东一家空调生产企业的代表到韩国订购商品，他们找到 LG 厂商询价。韩方开价每台650美元，这一报价基本符合国际市场价格。我方提出能否再优惠一些，韩方思考片刻，答复：最低降价到645美元。当我方再次提出降到640美元时，韩方表示不同意，于是谈判陷入僵局。我方权衡利弊后首先做出让步，同意按每台645美元成交，但在后续的租船、投保、运输、付款方式等具体问题上，我方提出了改动意见：一是由我方负责租船订舱和办理投保业务；二是运输费、保险费另行计算；三是把原来的即期信用证改为见票后90天付款的远期信用证。韩方开始面露难色，表示无法再做让步。对此，我方又积极表明合作的诚意并分析了面临的困难，为使此交易能够顺利成交，韩方再次做出了让步，同意了我方提出的条件。成交后，我方核算下来，该商品的实际订购价格尚不足635美元。

在第一回合中，由于双方存在价格分歧，谈判陷入了僵局。为避免谈判破裂，我方"舍小利"——先做出让步，在随后具体问题的处理上向对方提出更多的要求，换来了韩方在小问题上的更多让步。

资料来源　陈文静. 国际商务谈判中促使对方让步的策略［J］. 对外经贸实务，2015（3）.

（5）冷调处理，暂时休会

当谈判出现僵局而一时无法用其他方法打破僵局时，可以采用冷调处理的方法，即暂时休会。由于双方争执不下，情绪对立，很难冷静下来进行周密的思考。休会以后，双方情绪平稳下来，可以静静地思考一下双方的分歧究竟是什么性质，对前一阶段谈判进行总结，考虑一下僵局会给己方带来什么利益损害，环境因素有哪些发展变化，谈判的紧迫性如何等。另外，也可以在休会期间向上级领导汇报，请示一下高层领导对处理僵局的指导意见，并将某些让步策略的实施授权给谈判者，以便谈判者采取下一步的行动。再有，可以在休会期间让双方高层领导进行接触，融洽一下双方僵持对立的关系；或者组织双方谈判人员参观游览，参加宴会、舞会和其他娱乐活动。在活动中，双方可以在轻松愉快的气氛中进行无拘无束的交流，进一步交换意见，重新营造友好合作、积极进取的谈判气氛。经过一段时间的休会，当大家再一次坐到谈判桌上的时候，原来僵持对立的问题会比较容易沟通和解决，僵局也就随之被打破了。

（6）以硬碰硬，据理力争

当对方提出不合理条件，制造僵局，给己方施加压力时，特别是在一些原则问题上表现得蛮横无理时，要以坚决的态度据理力争。这时如果做出不讲原则的退让和妥协，不仅会损害己方利益和尊严，而且会助长对方的气焰。所以，己方要明确表示拒绝接受对方的不合理要求，揭露对方故意制造僵局的不友好的行为，使对方收敛起蛮横无理的态度，自动放弃不合理的要求。这种方法首先要体现出己方的自信和尊严，以及不惧怕任何压力、追求平等合作的原则；其次要注意表达的技巧性，用绵里藏针、软中有硬的方法回击对方，使其自知没趣，主动退让。

（7）孤注一掷，背水一战

当谈判陷入僵局时，己方认为自己的条件是合理的，无法再做让步，而且又没有其他可以选择的方案，可以采用孤注一掷、背水一战的策略：将己方条件摆在谈判桌上，明确表示自己已无退路，希望对方能做出让步，否则情愿接受谈判破裂的结局。在谈判陷入僵局而又没有其他方法解决的情况下，这个策略往往是最后一个可供选择的策略。在做出这一选择时，己方必须做好最坏的打算，做好承受谈判破裂的心理准备，因为一旦对方不能接受己方条件，就有可能导致谈判破裂。在己方没有做好充分的准备时，在己方没有多次努力尝试其他方法打破僵局时，不能贸然采用这一方法。这种策略使用的前提条件是己方的要求是合理的，而且也没有退让的余地，因为再退让就会损害己方根本利益。另一前提条件是己方不怕谈判破裂，不会用牺牲企业利益的手段去防止谈判破裂。对方如果珍惜这次谈判和合作机会，在己方做出最后摊牌之后，有可能选择退让的方案，使僵局被打破，从而达成一致的协议。

6.3 商务谈判结束阶段

6.3.1　商务谈判终结的判定

商务谈判何时终结？是否已到终结的时机？这是商务谈判结束阶段极为重要的问题。谈判者必须正确判定谈判终结的时机，才能运用好结束阶段的策略。错误的判定可能会使谈判变成一锅夹生饭，使已付出的大量劳动付之东流。错误的判定也可能毫无意义地拖延谈判，丧失成交机遇。谈判终结可以从以下三个方面判定：

1）从谈判涉及的交易条件来判定

这个方法是指从谈判所涉及的交易条件的解决状况来分析判定整个谈判是否进入终结阶段。谈判的中心任务是交易条件的洽谈，在磋商阶段双方进行多轮的讨价还价，临近终结阶段要考察交易条件经过多轮谈判之后是否达到以下三条标准，如果已经达到，那么就可判定谈判终结。

（1）考察交易条件中尚余留的分歧

首先，从数量上看，如果双方已达成一致的交易条件占据绝大多数，所剩的分歧数量仅占极小部分，就可以判定谈判已进入终结阶段。量变会导致质变，当达到共识的问题数量已经大大超过分歧数量时，谈判性质已经从磋商阶段转变为终结阶段，或者说成交阶段。其次，从质量上看，如果交易条件中最关键最重要的问题都已经达成一致，仅余留一些非实质性的无关大局的分歧点，就可以判定谈判已进入终结阶段。谈判中关键性问题常常会起决定性作用，也常常需要耗费大量的时间和精力。谈判是否即将成功，主要看关键问题是否达成共识。如果仅仅在一些次要问题上达成共识，而关键性问题还存在很大差距，是不能判定谈判进入终结阶段的。

（2）考察谈判对手交易条件是否进入己方成交线

成交线是指己方可以接受的最低交易条件，是达成协议的下限。如果对方认同的交易条件已经进入己方成交线范围之内，谈判自然进入终结阶段，因为双方已经出现在最低限度达成交易的可能性，只有紧紧抓住这个时机，继续努力维护或改善这种状态，才能实现谈判的成功。当然己方还想争取到更好的交易条件，但是己方已经看到可以接受的成果，这无疑是值得珍惜的宝贵成果，是不能轻易放弃的。如果能争取到更优惠的条件当然更好，但是考虑到各方面因素，此时不可强求最佳成果而重新形成双方对立的局面，使有利的时机丧失。因此，谈判交易条件已进入己方成交线时，就意味着终结阶段的开始。

（3）考察双方在交易条件上的一致性

谈判双方在交易条件上全部或基本达成一致，而且对个别问题如何做技术处理也达成共识，就可以判定终结阶段已到来。首先，双方在交易条件上达成一致，不仅指价格，而且包括对其他相关的问题所持的观点、态度、做法、原则都有了共识。其次，个别问题的技术处理也应使双方认可。个别问题的技术处理如果不恰当、不严密、有缺陷、有分歧，就会使谈判者在协议达成后提出异议，使谈判重燃战火，甚至使达成的协议被推翻，使前面的劳动成果付之东流。因此，在交易条件基本达成一致的基础上，个别问题的技术处理也达成一致意见，才能判定终结阶段的到来。

2）从谈判时间来判定

谈判的过程必须在一定时间内终结，谈判时间即将结束，自然就进入终结阶段。受时间的影响，谈判者调整各自的战术方针，抓紧最后的时间做出有效的决策。时间判定有以下三种标准：

（1）双方约定的谈判时间

在谈判之初，双方一起确定整个谈判所需要的时间，谈判进程完全按约定的时间安排，当谈判已接近规定的时间时，自然进入谈判终结阶段。双方约定多长时间要看谈判规模大小、谈判内容多少、谈判所处的环境和形势，以及双方政治、经济、市场的需要和本企业利益。如果双方实力差距不是很大，有较好的合作意愿，紧密配合，利益差异不是很悬殊，就容易在约定时间内达成协议，否则就比较困难。按约定时间终结谈判会给双方带来时间上的紧迫感，促使双方提高工作效率，避免长时间地为一些问题而争辩不休。如果在约定时间内不能达成协议，一般也应该遵守约定的时间将谈判告一段落，或者另约时间继续谈判，或者宣布谈判破裂，双方再重新寻找新的合作伙伴。

（2）单方限定的谈判时间

由谈判一方限定谈判时间，随着时间的终结，谈判随之终结。在谈判中占有优势的一方，或是出于对本方利益的考虑需要在一定时间内结束谈判，或是还有其他可选择的合作者，因此请求或通告对方在己方希望的时限内终结谈判。单方限定谈判时间无疑会对被限定方施加某种压力，被限定方可以随从，也可以不随从，关键要看交易条件是否符合己方谈判目标，如果认为条件合适，又不希望失去这次交易机会，可以随从，但要防止对方以时间限定向己方提出不合理要求。另外，也可利用对手对时间限定的重视性，向对方争取更优惠的条件，以对方优惠条件来换取己方在时间限定上的配合。如果以限定谈判时间为手段向对方施加不合理要求，会引起对方的抵触情绪，破坏平等合作的谈判气氛，从而造成谈判破裂。

（3）形势突变的谈判时间

本来双方已经约定好谈判时间，但是在谈判进行过程中形势突然发生变化，如市场行情突变、外汇行情大起大落、公司内部发生重大事件等，谈判者要求改变原有计划，比如要求提前终结谈判。谈判的外部环境是在不断发展变化的，谈判进程不可能不受这些变化的影响。

3）从谈判策略来判定

谈判过程中有多种多样的策略，如果谈判策略实施后决定谈判必然进入终结，这种策略就叫终结策略。终结策略对谈判终结有特殊的导向作用和影响力，它表现出一种最终的冲击力量，具有终结的信号作用。常见的终结策略有以下几种：

（1）最后立场策略

谈判者经过多次磋商之后仍无结果，一方阐明己方最后的立场，讲清只能让步到某种条件，如果对方不接受，谈判即宣布破裂，如果对方接受该条件，那么谈判成交。这种最后立场策略可以作为谈判终结的判定。一方阐明自己最后立场，成败在此一举，如果对方不想使谈判破裂，只能让步接受该条件。如果双方并没有经过充分的磋商，还不具备进入终结阶段的条件，一方提出最后立场就含有恫吓的意味，让对方俯首听从，这样并不能达到预期目标，反而过早地暴露己方最低限度条件，使己方陷入被动局面，这是不可取的。

（2）折中进退策略

折中进退策略是指将双方条件差距之和取中间条件作为双方共同前进或妥协的策略。例如，谈判双方经过多次磋商互有让步，但还存在残余问题，而谈判时间已消耗很多，为了尽快达成一致实现合作，一方提出一个比较简单易行的方案，即双方都以同样的幅度妥协退让，如果对方接受此建议，即可判定谈判终结。折中进退策略虽然不够科学，但是在双方很难说服对方，各自坚持己方条件的情况下，也是寻求尽快解决分歧的一种方法。其目的就是化解双方矛盾，比较公平地让双方分别承担相同的义务，避免在残余问题上过多地耗费时间和精力。

（3）总体条件交换策略

双方谈判临近预定谈判结束时间或阶段时，以各自的条件做整体一揽子的进退交换以求达成协议。双方谈判内容涉及许多项目，在每一个项目上已经进行了多次磋商和讨价还价，经过多个回合谈判后，双方可以将全部条件通盘考虑，做"一揽子交易"。例如，涉及多个内容的成套项目交易谈判、多种技术服务谈判、多种货物买卖谈判，可以统筹全局，总体一次性进行条件交换。这种策略从总体上展开一场全局性磋商,使谈判进入终结阶段。

6.3.2　商务谈判结果的各种可能

商务谈判结果可以从两个方面看:一是双方是否达成交易;二是经过谈判双方关系发生何种变化。这两个方面是密切相关的,我们根据这两个方面的结果联系起来分析,可以得出六种谈判结果:

1)达成交易,并改善了关系

双方谈判目标顺利完成,并且实现交易,双方关系在原有基础上得到改善,有利于今后进一步的合作。这是最理想的谈判结果,既实现了眼前利益,又为双方长远利益发展奠定了良好基础。要想实现这种结果,双方首先要抱着真诚合作的态度进行谈判,同时谈判中双方都能为对方着想并做出一定的让步。

2)达成交易,但关系没有变化

双方谈判结果是达成交易,但是双方关系并没有改善也没有恶化。这也是不错的谈判结果。双方力求此次交易能实现各自利益,并且没有刻意去追求建立长期合作关系,也没有太大的矛盾造成不良后果,双方平等相待,互有让步,促成交易成功。

3)达成交易,但关系恶化

虽然达成交易,但是双方付出了一定的代价,双方关系遭到一定的破坏或是产生阴影。这种结果从眼前利益来看是不错的,但是对今后长期合作是不利的,或者说是牺牲双方关系换取交易成果。这是一种短期行为,即"一锤子买卖",对双方长远发展没有好处,但为了眼前的切实利益而孤注一掷也可能出于无奈。

4)没有成交,但改善了关系

谈判没有达成协议,但是双方关系得到良好发展。虽然由于种种原因双方没有达成交易,但是在谈判中双方经过充分的交流和了解,实现相互之间的理解和信任,都产生今后要继续合作的愿望。"买卖不成仁义在",此次谈判为将来双方成功合作奠定了良好的基础。

5)没有成交,关系也没有变化

这是一种毫无结果的谈判,双方既没有达成交易,也没有改善或恶化双方关系。这种近乎平淡无味的谈判没有取得任何成果,也没有造成任何不良后果。双方都彬彬有礼地坚持己方的交易条件,没有做出有效的让步,也没有激烈的相互攻击,在今后的合作中可能进一步发展双方关系。

6)没有成交,且关系恶化

这是最差的结果,谈判双方在对立的情绪中宣布谈判破裂。双方既没有达成交易,又使原有关系遭到破坏;既没有实现眼前的实际利益,又对长远合作关系造成不良的影响。这种结果是谈判者不愿意看到的,所以应该避免这种结果出现。当然在某种特殊环境中的特殊情况下,出于对己方利益的保护,对己方尊严的维护,坚持己方条件不退让,并且反击对方的高压政策和不合理要求,虽然使双方关系恶化,也是一种迫不得已的做法。

6.3.3　商务谈判结束的方式

商务谈判结束的方式不外乎三种：成交、中止、破裂。

1）成交

成交即谈判双方达成协议，交易得到实现。成交的前提是双方对交易条件经过多次磋商达成共识，对全部或绝大部分问题没有实质上的分歧。成交方式是双方签订具有高度约束力和可操作性的协议书，为双方的商务交易活动提供操作原则和方式。由于商务谈判内容、形式、地点的不同，成交的具体做法也是有区别的。

2）中止

中止谈判是谈判双方因为某种原因未能达成全部或部分成交协议而由双方约定或单方要求暂时终结谈判的方式。中止如果发生在整个谈判的最后阶段，发生在解决最后分歧时，就是终局性中止，并作为一种谈判结束的方式被采用。中止可分为有约期中止与无约期中止。

（1）有约期中止谈判

有约期中止谈判是指双方在中止谈判时对恢复谈判的时间予以约定的中止方式。如果双方认为成交价格超过了原规定计划或让步幅度超过了预定的权限，或者尚须等上级部门的批准，使谈判难以达成协议，而双方均有成交的意愿和可能，于是经过协商，一致同意中止谈判。这种中止是一种积极姿态的中止，它的目的是促使双方创造条件最后达成协议。

（2）无约期中止谈判

无约期中止谈判是指双方在中止谈判时对恢复谈判的时间无具体约定的中止方式。无约期中止的典型是冷冻政策。在谈判中，或者由于交易条件差距太大，或者由于特殊困难存在，而双方又有成交的需要而不愿使谈判破裂，双方于是采用冷冻政策暂时中止谈判。此外，如果双方对造成谈判中止的原因无法控制，也会采取无约期中止的做法。例如，涉及国家政策突然变化、经济形势发生重大变化等超越谈判者意志的重大事件时，谈判双方难以约定具体的恢复谈判的时间，只能表述为"一旦形势许可""一旦政策允许"，然后择机恢复谈判。选择这种中止，双方均出于无奈，并对谈判最终达成协议造成一定的干扰和拖延，是被动式中止方式。

3）破裂

谈判**破裂**是指双方经过最后的努力仍然不能达成共识和签订协议，交易不成，或友好而别，或愤然而去，从而结束谈判。谈判破裂的前提是双方经过多次努力之后，没有任何磋商的余地，至少在谈判范围内的交易已无任何希望，谈判再进行下去已无任何意义。谈判破裂依据双方的态度可分为友好破裂结束谈判和对立破裂结束谈判。

（1）友好破裂结束谈判

友好破裂结束谈判是指双方互相体谅对方面临的困难，讲明难以逾越的实际障碍而友好地结束谈判的做法。在友好破裂方式中，双方没有过分的敌意态度，只是各自坚持自己的交易条件和利益，在多次努力之后最终仍然达不成协议。双方态度始终是友好的，能充分理解对方的立场和原则，能理智地承认双方在客观利益上的分歧，对谈判破裂抱着遗憾的态度。谈判破裂并没有使双方关系破裂，反而通过充分的了解和沟通，产生了进一步合作的愿望，为今后双方再度合作留下可能的机会。我们应该提倡这种友好的破裂方式。

（2）对立破裂结束谈判

对立破裂结束谈判是指双方或单方在对立的情绪中愤然结束未达成任何协议的谈判。造成对立破裂的原因有很多，如对对方的态度强烈不满，情绪激愤；在对待对方时不注意交易实质性利益，较多责备对方的语言、态度和行为；一方以高压方式强迫对方接受己方条件，一旦对方拒绝，便不容商量断然破裂；双方条件差距很大，互相指责对方没有诚意，难以沟通和理解，造成破裂。不论何种原因，双方在对立情绪中使谈判破裂毕竟不是好事，这种破裂不仅没有达成任何协议，而且使双方关系恶化，今后很难再次合作。所以，在破裂不可避免的情况下，首先，要尽力使双方情绪冷静下来，不要使用过激的语言，尽量使双方能以友好态度结束谈判，至少不要使双方关系恶化；其次，要摆事实讲道理，不要攻击对方，要以理服人、以情感人、以礼待人，这样才能体现出谈判者良好的修养和风度。

相关链接：如何在谈判中拖延

本章小结

商务谈判过程好比一篇文章的写作，要写好开头、正文和结尾，这三个部分环环相扣，互相连接。谈判与写文章又有不同之处，写文章是依据作者自身的设想、构思和习惯进行的，而谈判是谈判双方互相交流、磋商、辩论的过程，不能单凭一方的意愿行事，必须研究对手，认真听取对手的观点和条件，只有双方达成共识，谈判才能成功，它是双方共同谱写的篇章。谈判比写文章更加复杂和艰巨，更具有挑战性、对抗性和协调性。

谈判开局阶段要为整个谈判过程奠定良好的基础，创造各种条件，从某种意义上说，良好的开局将促进谈判顺利达到双方期望的目标。要实现良好的开局必须做好三项工作：第一，谈判双方互相接触、互相了解，并对谈判目标、谈判内容、谈判程序、时间进度以及双方人员情况进行沟通，使谈判双方在共同认可的目标、原则、程序、时间内展开谈判，这体现了谈判的规范性、严肃性和平等性。第二，谈判双方要营造适合的谈判气氛，谈判气氛对人的心理、思维和行为都有重要影响。轻松愉快、热情友好、平等和谐、积极进取无疑是比较理想的谈判气氛。第三，谈判双方要分别进行开局陈述，表明己方的利益原则、对谈判对手的理解和期望，双方进行摸底，确定下一步谈判的策略和方式。

　　谈判磋商阶段又称实质性谈判阶段。在这个阶段双方要针对谈判所涉及的各方面议题进行多次的磋商和辩论，最后经过一定的妥协，确定一个双方都能接受的交易条件。磋商阶段首先是一个论证己方交易条件合理性的过程，双方都站在己方立场上为获取己方所需要的利益而努力说服对方接受自己的条件；磋商阶段又是一个双方认真听取对方的意愿、方针和条件，努力为对方着想，主动做出让步的过程，没有让步就不会有成功。采取哪一种让步方法是在知己知彼的基础上依据策略慎重选择的。磋商阶段最困难的事情是处理谈判僵局。谈判僵局处理不好很容易导致谈判破裂，所以双方要创造条件尽量避免出现僵局，面对僵局要冷静下来采取多种策略手段使矛盾得到解决，使气氛缓和下来，打破僵局重新向成功的目标前进。

　　谈判结束阶段是谈判者最容易忽视而又最容易出问题的阶段。一方面，双方认为谈判已大功告成，紧张的情绪松弛下来，此时的精力已不充沛，注意力很容易分散，很容易出现差错和漏洞，给谈判留下隐患。另一方面，如果盲目悲观或盲目乐观，看不到终结谈判的时机，不能抓住机遇顺利终结，谈判目标将很难实现。所以，在谈判结束阶段谈判者务必集中精力，正确判断谈判终结的时机，确定谈判结束的方式。谈判的结果有三种：成交、中止、破裂。谈判双方的关系经过谈判之后也会发生变化，当然最理想的结果是双方谈判成功，双方关系良好。谈判中止甚至破裂也是很自然的结果，因为谈判者要维护己方的利益。

　　达成协议意味着谈判获得成功和基本结束，同时也标志着双方新的合作和交易工作的开始。因此，在结束阶段双方仍然要努力营造良好的气氛，表达对对方真诚合作的谢意，使谈判的履约阶段及后续合作顺利进行。

主要概念和观念 🗁

□ 主要概念

　　报价　成交　中止　破裂

□ 主要观念

　　谈判通则的协商　谈判开局气氛的营造　协商式开局策略　坦诚式开局策略　慎重式开局策略　进攻式开局策略　商务谈判磋商准则　商务谈判让步原则　于己无损让步策略　以攻对攻让步策略　强硬式让步策略　坦率式让步策略　稳健式让步策略　打破谈判僵局的策略与技巧　商务谈判终结的判定　商务谈判结果的各种可能

基本训练 👥

□ 知识题

　　6.1　阅读理解

　　1）谈判开局阶段的基本任务和目标是什么？

　　2）为什么说磋商阶段实质上是双方相互沟通和说服的过程？

3）谈判为什么会有让步？在什么情况下选择让步？

4）各种让步策略的特点是什么？

5）从哪些方面可以判定谈判终结？

6）谈判结果有哪几种？哪一种是最可取的？为什么？

6.2 知识应用

选择题

1）商务谈判开局策略，一般包括（   ）。

(1) 协商式开局策略　　　　　　　　(2) 坦诚式开局策略

(3) 慎重式开局策略　　　　　　　　(4) 进攻式开局策略

(5) 强硬式开局策略

2）在商务谈判磋商阶段，应把握以下准则（   ）。

(1) 良好的合作气氛　　　　　　　　(2) 议题的次序逻辑

(3) 交锋的适当节奏　　　　　　　　(4) 充分的沟通说服

(5) 在陈述的基础上报价

3）商务谈判中让步的原则和要求是（   ）。

(1) 只能是局部利益的退让　　　　　(2) 让步所得大于让步代价

(3) 须经充分磋商，时机成熟　　　　(4) 承诺让步幅度与对方同等

(5) 在关键问题上先让步

4）商务谈判中让步的实施策略一般包括（   ）。

(1) 于己无损让步策略　　　　　　　(2) 以攻对攻让步策略

(3) 强硬式让步策略　　　　　　　　(4) 坦率式让步策略

(5) 稳健式让步策略

5）商务谈判中打破僵局的技巧有（   ）。

(1) 搁置分歧议题　　　　　　　　　(2) 克服主观偏见

(3) 提出替代方案　　　　　　　　　(4) 局部稍做让步

(5) 坚决据理力争

6）商务谈判终结，可从以下方面判定：（   ）。

(1) 从涉及的交易条件来判定　　　　(2) 从谈判进行的时间来判定

(3) 从谈判实施的策略来判定　　　　(4) 从对方的谈判态度来判定

(5) 从双方的谈判态度来判定

□ 技能题

6.1 规则复习

1）商务谈判开局阶段。基本任务是：协商谈判通则，营造适当的谈判气氛，开场陈述和报价；营造开局气氛应为礼貌尊重、自然轻松、友好合作、积极进取；开局策略一般包括协商式策略、坦诚式策略、慎重式策略、进攻式策略等。

2）商务谈判磋商阶段。准则是：保持良好气氛，议题有次序逻辑，交锋节奏适当，充分沟通善于说服。让步的原则和要求为：维护整体利益，明确让步条件，选择好让步时机，确定适当的让步幅度，不承诺做出与对方同等幅度的让步，不要轻易向

对方让步，让步讲究策略，每次让步后要检验效果。让步的策略一般有于己无损策略、以攻对攻策略、强硬式策略、坦率式策略、稳健式策略。打破僵局的策略与技巧包括回避分歧、转移议题，尊重客观、关注利益，多种方案、选择替代，尊重对方、有效退让、冷调处理、暂时休会，以硬碰硬、据理力争，孤注一掷、背水一战等。

3）商务谈判结束阶段。谈判终结可从以下方面判定：从涉及的交易条件来判定，从谈判进行的时间来判定，从谈判实施的策略来判定。谈判结果一般有六种可能：达成交易，并改善了关系（这是最理想的谈判结果）；达成交易，关系没有变化；达成交易，但关系恶化；没有成交，但改善了关系；没有成交，关系没有变化；没有成交，且关系恶化（这是最应避免的谈判结果）。

6.2　操作练习

1）请判断以下表述是否正确，并说明理由："对一切谈判对手都应该开诚布公地讲实情，目的是换取对方的同情以利于达成协议。"

2）当对方采取强硬态度时，己方是以硬碰硬好，还是以柔克刚好？

3）说明磋商阶段议题的次序。

4）商务谈判的各种终结方式一般都应遵循以下规则：（1）彻底性；（2）不二性；（3）条法性；（4）合理合法。你能运用所学知识具体说明这些规则吗？

□ 能力题

案例分析

中日两公司的谈判终结

中国广深公司向日本松田公司购买某设备的谈判已进行一周，双方仍有分歧。

谈判继续进行。广深公司决定减少部分设备的购买，改由国内供应，以调整总价。为此，广深公司提出了从购买的138台设备中减少16台设备的意见，但没有对日本松田公司原不合理的价格进行调整，建议双方磋商。松田公司看到了希望，做了些价格调整，但广深公司表示不满意。下午谈判结束时，双方还没达成协议，商定晚上继续谈。

晚饭后，广深公司的谈判人员来到了松田公司谈判代表下榻的酒店。双方围绕设备型号的调整、备品和备件的增减，以及价格等进行了逐项细致的谈判，至半夜两点多钟最终达成协议。当双方就最后一个分歧取得一致时，松田公司的谈判代表们如释重负，全部瘫倒在沙发上。广深公司的谈判人员在主谈的组织下，认真清点了全部谈判资料后才离开松田公司谈判代表的住地。

双方按照约定，1个月后正式举行签字仪式。2个月后，双方向各自主管部门报审了合同并获批准。3个月后，松田公司开始提供第一批设备。但这时，松田公司向广深公司发来传真称："设备清单中有16台设备应减去。"同时附上了具体设备的名称。广深公司接到传真后即回复："合同已正式生效并执行，此时提出这个问题似不妥！"

之后，松田公司又来电解释："减去的设备系贵方的要求，由于谈判结束时我方人员确实很累，没有检查，因而遗漏了。"广深公司随即再复电指出："贵方当时累可以理解，但1个月后才签合同，且又有2个月报审期，贵方完全有足够的时间纠正问题。况且，我方已报备主管部门，合同正式生效了。"

此后，松田公司又多次来电，还派人进行交涉，因为16台设备的价格毕竟20多万美元。广深公司仔细核查了谈判过程的资料，发现这16台设备确已被剔除，同时，从维护双方合作关系出发，他们在各次复电与接待对方人员的过程中始终表现出耐心与热情。最终，问题圆满解决。

问题：

1）上述谈判以何种方式结束？

2）松田公司在谈判结束时组织得如何？

3）广深公司在谈判结束时组织得如何？

4）如何看待广深公司最后对问题的处理？

第 7 章

商务谈判中的价格谈判

学习目标 ⊙

通过本章学习，你应该达到以下目标：

知识目标：了解商务谈判中价格谈判的有关基本知识，如影响价格的因素、价格谈判中的价格关系、价格谈判的合理范围以及报价、价格解评、价格目标、讨价还价等。

技能目标：学会价格谈判中报价、解评、讨价、还价、让步等方面的技能技巧。

能力目标：掌握价格谈判中的有关策略，如报价策略、讨价策略、还价策略、让步策略等，提高驾驭价格谈判的能力。

引例 @　　　　　　　　　价格谈判——商务谈判中的核心

我国某冶金公司要向美国购买一套先进的组合炉，派高级工程师俞存安与美商谈判。为了不辱使命，俞存安做了充分的准备工作。他找了大量有关冶金组合炉的资料，投入很多精力将国际市场上组合炉的行情及美国这家公司的发展历史和经营现状等调查得一清二楚。

谈判开始，美商一开口要价150万美元。俞存安列举各国成交价格，使美商目瞪口呆，最后终于以80万美元达成协议。

在谈判购买冶炼自动设备时，美商报价230万美元，经过讨价还价压到130万美元，俞存安仍然不同意，坚持出价100万美元。美商表示不愿继续谈下去，把合同往俞存安面前一扔，说："我们已经做了这么大的让步，贵公司仍不能合作，看来你们没有诚意。这笔生意就算了，明天我们回国了。"俞存安闻言轻轻一笑，把手一伸，做了一个优雅的请的动作。美商真的走了，冶金公司的其他人有点着急，甚至埋怨老俞不该抠得这么紧。俞存安说："放心吧，他们会回来的。同样的设备，去年他们卖给法国是95万美元，国际市场上这种设备报价100万美元是正常的。"

果然不出所料，一个星期后美商又回来继续谈判了。俞存安向美商点明了他们与法国的成交价格，美商又愣住了，没有想到眼前这位中国人如此精明，于是不敢再报虚价，只得说："现在物价上涨得厉害，比不得去年。"俞存安说："每年物价上涨指数没有超过6%的，一年时间，你们算算，该涨多少？"美商被问得哑口无言，在事实面前，不得不让步，最后以101万美元达成了这笔交易。

资料来源　佚名. 商务谈判题库［EB/OL］.［2018-01-27］. https://www.ppkao.com/tiku/shiti/640793.html.

商务谈判过程中的价格谈判事关交易双方的切身利益，是商务谈判中的核心。考察商务谈判过程，不能不进一步研究这一过程中的价格谈判。

商务谈判中的价格谈判，实际上是交易利益的分割过程。其中包括：初始报价，即提出开盘价格，接着是多回合的讨价与还价，即再询盘与还盘，以及双方的让步与交换，直至互相靠拢，达成成交价格等一系列环节。同时，它也涉及各环节的策略和技巧。可以说，商务谈判是一种包括各种复杂力量关系在内的沟通和交换过程。

7.1　报价的依据和策略

7.1.1　影响价格的因素

商品价格是商品价值的货币表现。影响价格形成的直接因素主要有：商品本身的价值、货币的价值以及市场供求状况。上述每一因素，又是由许多子因素决定的，并处于相互联系、不断变化之中。这说明，在市场经济的条件下，价格是一个复杂的、动态的机制。

商务谈判中的价格谈判，应当首先了解影响价格的具体因素。这些具体因素主要是：

1）市场行情

市场行情是指该谈判标的物在市场上的一般价格及波动范围。市场行情是市场供求状况的反映，是价格磋商的主要依据。如果谈判的价格偏离市场行情太远，谈判成功的可能性就很小。这也说明谈判者必须掌握市场信息，了解市场的供求状况及趋势，从而了解商品的价格水平和走向。只有这样，才能取得价格谈判的主动权。

2）利益需求

由于谈判者的利益需求不同，他们对价格的理解也就各不相同。日常生活中，一件款式新颖的时装，即使价格较高，年轻人也可以接受，而老年人可能偏重考虑面料质地，并据此评判价格。商务谈判中，如某公司从国外一厂商进口一批货物，由于利益需求不同，谈判结果可能有三种：一是国外厂商追求的是盈利的最大化，某公司追求的是填补国内空白，谈判结果可能是高价；二是国外厂商追求的是打入我国市场，某公司追求的是盈利的最大化，谈判结果可能是低价；三是双方都追求盈利的最大化，谈判结果可能是妥协后的折中价，或者谈判失败。

3）交货期要求

商务谈判中，如果对方迫切需要某原材料、设备、技术，即"等米下锅"，谈判中对方可能比较忽略价格的高低。另外，某方只注重价格的高低，而不考虑交货期，也可能反而吃亏。例如，某远洋运输公司向外商购买一条旧船，外商开价1 000万美元，该公司要求降低到 800 万美元。谈判结果，外商同意了 800 万美元的价格，但提出推迟交船 3 个月。该公司认为价格合适，便答应了对方的要求。哪知外商又利用这 3 个月跑了运输，营运收入 360 万美元，大大超过了降低船价少获得的 200 万美元。显然，该远洋运输公司并没有在这场谈判中赢得价格优势。

4）产品的复杂程度

产品结构、性能越复杂，制造技术和工艺要求越高和越精细，成本、价值及价格就会越高，而且该产品核计成本和估算价值就较困难，可以参照的同类产品也较少，价格标准的伸缩性也就较大。

5）货物的新旧程度

货物当然是新的比旧的好，但新的自然价格比较高。其实，一些"二手货"，如发达国家的"二手"设备、工具、车辆等，只要折旧年限不很长，经过检修，技术性能仍相当良好，售价也相当低廉。这说明货物的新旧程度对价格有很大影响。

6）附带条件和服务

谈判标的物的附带条件和服务，例如，质量保证、安装调试、免费维修、供应配件等，能为客户带来安全感和许多实际利益，往往具有相当的吸引力。人们往往宁愿"多花钱，买放心""多花钱，买便利"，因此这些附带条件和服务能降低标的物价格水平在人们心目中的地位和缓冲价格谈判的阻力。而且，从现代产品的观念来看，许多附带条件和服务也是产品的组成部分，交易者对此自然重视。

7）产品和企业的声誉

产品和企业的良好声誉是宝贵的无形资产，对价格有重要影响。人们对优质名牌产品的价格或对信誉卓著的企业的报价往往有信任感。因此，人们宁肯出高价买名品，也愿意与重合同、守信誉的企业打交道。

8）交易性质

大宗交易或一揽子交易，比那些小笔生意或单一买卖，更能减少价格在谈判中的阻力。在大宗交易中，几千元的价格差额可能算不了什么，而在小笔生意中，蝇头小利也会斤斤计较。在一揽子交易中，货物质量不等，价格高低不同，交易者往往忽略价格核算的精确性或不便提出异议。

9）销售时机

旺季畅销，淡季滞销。畅销，供不应求，则价格上扬；滞销，供过于求，为减少积压和加速资金周转，只能降价促销。

10）支付方式

商务谈判中，货款的支付方式是现金结算，还是使用支票、信用卡结算，或以产品抵偿，是一次性付款，还是分期付款或延期付款等，都对价格有重要影响。谈判中，如能提出易于被对方接受的支付方式，将会使己方在价格上占据优势。

7.1.2　价格谈判中的价格关系

商务谈判中的价格谈判，除应了解影响价格的诸多因素外，还要善于正确认识和处理各种价格关系。

1）主观价格与客观价格

价格谈判中，人们往往追求"物美价廉"，总希望货物越优越好，而价格越低越好，或者同等的货物，低廉的价格，似乎这样才占了便宜，才赢得了价格谈判的胜利。其实，这种主观价格往往是买者的一厢情愿。如果真的"物美"，势必"价高"，否则，卖者就要亏本，连简单再生产也无法维持。所以，通常情况下，"物美价廉"是没有的，或者是少有的。现实交易的结果往往是：买方一味追求"物美价廉"，必然要与卖方的"物美价高"发生冲突，于是卖方为表面迎合买方的"价廉"心理，便演出了偷梁换柱的戏法，暗地里偷工减料或以次充好，把"物美"变成了与"价廉"对应的"物劣"。这种"物劣价廉"的粉墨登场，正是价值规律使然。可见，一味追求主观价格常常是"精明不高明"。

与主观价格相对立的是客观价格，即能够客观反映商品价值的价格。谈判者应当懂得，价值规律是不能违背的。在现代市场经济的条件下，商品交易的正常规则应当是：遵循客观价格，确保货真价实。只有这样，才能实现公平交易和互惠互利。

2）绝对价格与相对价格

商品具有二因素：价值与使用价值。这里，我们把反映商品价值的价格称为绝对价格，而把反映商品使用价值的价格称为相对价格。

商务谈判中，人们往往比较强调反映商品价值的绝对价格，忽视反映商品使用价值的相对价格。其实，商品的价格既要反映价值，又要反映供求关系。而反映使用价值的相对价格，实质上反映着一种对有用性的需求，因此相对价格在谈判中应当受到重视。在价格谈判中，卖方应注重启发买方关注交易商品的有用性和能为其带来的实际利益，从而把买方的注意力吸引到相对价格上来，这容易使谈判取得成功；而买方在尽量争取降低绝对价格的同时，也要善于运用相对价格的原理，通过谈判设法增加一系列附带条件，来增加自己一方的实际利益。可见，运用相对价格进行谈判，对于卖方和买方都有重要意义。而价格谈判成功的关键往往在于：正确运用绝对价格与相对价格的原理及谈判技巧。

3）消极价格与积极价格

在日常生活中可以发现，一位老教授不肯花100元买件新衬衣，但愿意花200元买两本书；一位年轻人不肯花200元买两本书，但请朋友吃饭花了500元却不以为然。这两个例子中，前面的"不肯"，说明对价格的反应及行为消极，属于消极价格，而后面的"愿意"，表明对价格的反应及行为积极，便是积极价格。其实，价格的高低很难一概而论，同一价格，不同的人由于需求不同，会有不同的态度。这里，心理转变、观念转变有时起决定作用。对于那位老教授，如果商店的营业员向他宣传，穿上挺括的新衬衣会改善他的形象，有利于社会交往，从而获得许多书本上没有的东西，那位老教授可能会改变观点，决定买原来不想买的衬衣。对于那位年轻人，如果他的师长给他忠告，知识是不可缺少的精神食粮，只有不断学习新知识，充实自己、提高自己，才利于成长和发展，才能更好地适应社会的需要，那位年轻人就可能转变认识，培养起买书和学习的兴趣。上例中，营业员和师长都是在做消极价格向积极价格的转化工作。

运用积极价格进行商务谈判，是一种十分有效的谈判技巧。谈判中常常会有这种情形，如果对方迫切需要某种货物，他就会把价格因素放在次要地位，而着重考虑交货期、数量、品质等。因此，商务谈判中尽管价格是核心，但绝不能只盯住价格，就价格谈价格，要善于针对对方的利益需求，开展消极价格向积极价格的转化工作，从而赢得谈判。

我国一个经贸代表团曾经访问某发展中国家。该国连年战乱之后百废待兴，需要建设一个大型化肥厂来支持农业复兴。我们提出成套设备转让的一揽子方案后，该国谈判代表认为报价较高，希望降低20%。我们经过认真分析，认为我们的报价是合理的，主要是该国在支付能力上有实际困难。于是，我们详细介绍了所提供的设备与技术的情况，强调了项目投产后对发展该国农业生产的意义，同时，我们又提出了从设计、制造、安装、调试、人员培训到技术咨询等方面的一揽子服务和有利于该国的支付方式。对方经反复比较，终于高兴地确认我们的报价是合理的。这样，消极价格转化为积极价格，实现了双方的合作。

4）固定价格与浮动价格

商务谈判中的价格谈判多数是按照固定价格计算的。其实，并不是所有的价格谈判都应当采用固定价格，尤其是大型项目的价格确定采用固定价格与浮动价格相结合的方式很有必要。大型项目工程的工期一般持续较长，短则一两年，长则五六年甚至十年以上，有些原材料、设备到工程接近尾声才需要用，如果在项目谈判时就预先确定所有价格，显然是不合理的。一般而言，许多原材料的价格是随时间而变化的，工资通常也是一项不断增长的费用，而且这些费用有时还要受到汇率变动的影响等。因此，在项目投资比较大、建设周期比较长的情况下，需要分清哪些按照固定价格计算，哪些采用浮动价格，这样交易双方都可以避免由于不确定因素带来的风险，也可以避免由于单纯采用固定价格，交易一方将风险因素全部转移到价格中去，而致使整个价格上扬。

采用浮动价格，其涉及的有关参数不是任意的，而多由有关权威机构确定，因而可以成为谈判各方都能接受的客观依据。这样虽不能完全避免某些风险因素，但比单纯采用固定价格公平、合理得多。就浮动价格进行谈判，主要是讨论有关权威机构及有关公式的选用。

5）综合价格与单项价格

商务谈判中，特别是综合性交易的谈判，双方往往比较注重综合价格，即进行整体性的讨价还价，有时常常出现互不相让的僵局，甚至导致谈判失败。其实，此时可以改变一下谈判方式：将整个交易进行分解，对各单项交易进行逐一分析，并在此基础上进行单项价格的磋商。这样不仅可以通过对某些单项交易的调整，使综合交易更加符合实际需要，而且可以通过单项价格的进一步磋商，达到综合价格的合理化。例如，一个综合性的技术引进项目，其综合价格较高，采用单项价格谈判后，通过项目分解发现，其中先进技术应予引进，但有些则不必一味追求先进，某些适用的中间技术引进效果反而更好，其价格也低得多，同时关键设备应予引进，但一些附属设备可自行配套，其单项费用又可节省。这样，一个综合性的技术引进项目，通过单项价格谈判，不仅使综合项目得到优化，而且使综合价格大幅度降低。实践表明，当谈判在综合价格上出现僵局时，采用单项价格谈判常常会取得意想不到的效果。

6）主要商品价格与辅助商品价格

某些商品不仅要考虑主要商品的价格，还要考虑其配件等辅助商品的价格。许多厂商采用组合定价策略，对主要商品定价低，但对辅助商品定价高，由此增加盈利。例如，某些机器、车辆，整机、新车价格相对较低，但零部件的价格较高。使用这种机器或车辆，几年之后当维修和更换配件时，就要支付昂贵的费用。20世纪70年代初，美国柯达公司生产的彩色胶卷价格较高，因此销售量较低。此时，柯达公司研制出一种低成本的"傻瓜相机"，使摄影变得"你只管按快门"这样简单。而柯达公司的经营战略正是：给你一盏灯，让你去用油。结果，人们真的纷纷购买这种廉价相机，于是大大促进了高价格彩色胶卷的销售。这都说明，对于价格，包括价格谈判，不仅要关注主要商品价格，也要关注辅助商品价格，包括配件、相关商品的价格，切不可盲目乐观，落入"价格陷阱"。

7.1.3 价格谈判的合理范围

在商务谈判中，尽管影响价格的因素很多，尽管各种价格关系的运用为谈判者提供了余地，但是价格谈判毕竟有它的限度，即有它的合理范围。假设谈判为买卖双方，我们用图7-1予以说明。

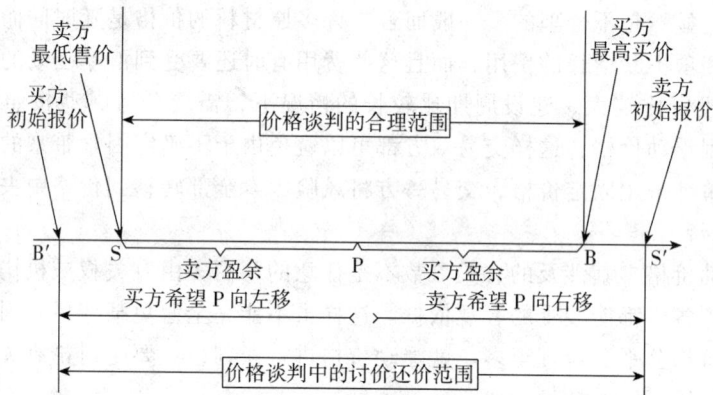

图7-1　价格谈判的合理范围

在图7-1中，S为卖方的最低售价，这是卖方在谈判中的保留价格或临界点。这是因为卖方出售其商品，受其成本和其他因素的影响，不可能多低的价格都出售，不可能没有一个价格下限。当然，对卖方而言，售价越高越好，不过，这会受到买方最高买价的限制。图7-1中，B为买方的最高买价，这是买方在谈判中的保留价格或临界点。显然，买方购买卖方的商品，受其价值和其他因素的影响，不可能多高的价格都购买，不可能没有一个价格上限。当然，买方总希望买价越低越好，而这又会受到卖方最低售价的限制。在图7-1中有一个前提，即B>S，买方的最高买价必须高于卖方的最低售价，只有在这种情况下，价格谈判才有可能进行；否则，如果B<S，即买方的最高买价低于卖方的最低售价，价格谈判就无法进行。因此，在B>S的条件下，我们把 S、B 这两个临界点所形成的区间，称为价格谈判的合理范围。这是交易双方价格谈判策略运用的客观依据和基础。

然而，在价格谈判中，双方的保留价格是不会向对方宣告的。交易双方只能根据各种因素和信息，自行确定自己的价格临界点 S 或 B，同时估算对方的价格临界点 B 或 S。而价格谈判的现实依据，只能是双方的初始报价。所谓初始报价，是指交易双方向对方第一次报出的最高售价或最低买价。一般来说，卖方的初始报价总是较高，不但肯定要高于其最低售价，往往也高于买方的最高买价；同样，买方的初始报价总是较低，不但肯定会低于其最高买价，往往也低于卖方的最低售价。于是，交易双方相继报出初始价格即提出开盘价格后，便在此基础上展开了价格谈判的讨价还价。在图 7-1 中，S′ 表示卖方的初始报价，B′ 表示买方的初始报价，B′ 和 S′ 形成的区间，我们称为价格谈判中的讨价还价范围。

在图 7-1 中，P 表示买卖双方达成协议的成交价格。由于 P 处在 S-B 区间，亦即 S<P<B，所以能够为买卖双方共同接受；否则，如果 P<S 或 P>B，卖方或买方就不会接受，并会退出谈判。因此，交易双方能够达成协议的成交价格，必须处在价格谈判的合理范围之内。

还要强调指出，尽管交易双方共同接受的成交价格必须处在价格谈判的合理范围内，但这并不意味着双方的利益分割是均等的，成交价格 P 往往不会在 S-B 区间的中点上，我们把这种情况称为价格谈判中盈余分割的非对称性。造成这种非对称性的因素是很多的，其中主要有：双方需求的不同，双方地位和实力的不同，尤其是双方价格谈判策略运用的不同等。所有影响因素将导致双方在价格谈判中让步的不平衡性，从而最终形成谈判中盈余分割的非对称性。现实表明，价格谈判的合理范围，不仅是交易双方价格谈判的策略依据，而且也是谈判的艺术舞台。

7.1.4　报价策略

报价指报出价格或报出的价格（广义的报价，除价格这一核心外，也包括向对方提出的所有要求）。报价标志着价格谈判的正式开始，也标志着谈判者的利益要求的"亮相"。报价是价格谈判中一个十分关键的步骤，它不仅给谈判对手以利益信号，从而成为能否引发对方交易欲望的前奏，而且在实质上对影响交易的盈余分割和实现谈判目标具有举足轻重的意义。

报价绝不是报价一方随心所欲的行为。报价应以影响价格的各种因素、所涉及的各种价格关系、价格谈判的合理范围等为基础。同时，由于交易双方处于对立统一之中，报价一方在报价时，不仅要以己方可能获得的利益为出发点，更要考虑对方可能的反应和能否被对方接受。因此，报价的一般原则应当是：通过反复分析与权衡，力求把握己方可能获得的利益与被对方接受的概率之间的最佳结合点。可以说，如果报价的分寸把握得当，就会把对方的期望值限制在一个特定的范围内，并有效控制交易双方的盈余分割，从而在之后的价格磋商中占据主动地位；反之，报价不当，就会增加对方的期望值，甚至使对方有机可乘，从而陷入被动境地。可见，报价策略的运用，直接影响价格谈判的开局、走势和结果。

　　在价格谈判中，报价策略主要涉及以下方面：

　　1）报价起点策略

　　价格谈判的报价起点策略通常是：卖方的报价起点要高，即"开最高的价"；买方的报价起点要低，即"出最低的价"。商务谈判中这种"开价要高，出价要低"的报价起点策略，由于足以震慑对方，被谈判专家称为"空城计"，对此，人们也形象地称之为"狮子大开口"。

　　显然，谈判双方报价起点的这种"一高一低"的策略是合乎常理的，它不可能是"一低一高"，因为那是背理的，也不可能是"一中一中"，因为那只可能是经过数轮讨价还价后的结果，而不可能是开盘的局面。从对策论的角度看，谈判双方在提出各自的利益要求时，一般都含有策略性虚报的部分。这种做法，其实已成为商务谈判中的惯例。同时，从心理学的角度看，谈判者都有一种要求得到比他们预期得到的还要多的心理倾向，并且研究结果表明，若卖方开价较高，则双方往往能在较高的价位成交；若买方出价较低，则双方可能在较低的价位成交。

　　"开价要高，出价要低"的报价起点策略有以下作用：

　　①这种报价策略可以有效地改变对方的盈余要求。当卖方报价较高并振振有词时，买方往往会重新估算卖方的保留价格，从而价格谈判的合理范围会发生有利于卖方的变化。同样，当买方报价较低并有理有据时，卖方往往也会重新估算买方的保留价格，从而价格谈判的合理范围便会发生有利于买方的变化。

　　②卖方的高开价往往为买方提供了一个评价卖方商品的价值尺度。因为在一般情况下，价格总是能够基本上反映商品的价值，人们通常信奉"一分钱一分货"，所以高价总是与高档货相联系，低价自然与低档货相联系。这无疑有利于实现卖方更大的利益。

　　③这种报价策略中包含的策略性虚报部分，能为下一步双方的价格磋商提供充分的回旋余地。在讨价还价阶段，谈判双方经常会出现相持不下的局面。为了打破僵局，往往需要谈判双方或其中一方根据情况适当做出让步，以满足对方的某些要求和换取己方的利益。所以，开盘的"高开价"和"低出价"中的策略性虚报部分，就为讨价还价过程提供了充分的回旋余地和准备了必要的交易筹码，这可以有效地造成做出让步的假象。

　　④这种报价策略对最终议定成交价格和双方最终获得的利益具有不可忽视的影响。这种"一高一低"的报价起点策略，倘若双方能够有理、有利、有节地坚持到底，那么在谈判不致破裂的情况下，往往会达成双方满意的成交价格，从而使双方都能获得预期的物质利益。

　　当然，价格谈判中这种报价起点策略的运用，必须基于价格谈判的合理范围，必须审时度势，切不可漫天要价和胡乱杀价，否则，就会失去交易机会和导致谈判失败。

　　2）报价时机策略

　　在价格谈判中，报价时机也是一个策略性很强的问题。有时，卖方的报价比较合理，但并没有使买方产生交易欲望，原因往往是此时买方正在关注商品的使用价值。

所以，在价格谈判中，应当首先让对方充分了解商品的使用价值和为对方带来的实际利益，待对方对此产生兴趣后再来谈价格问题。经验表明，提出报价的最佳时机，一般是对方询问价格时，因为这说明对方已对商品产生了交易欲望，此时报价往往水到渠成。

有时，在谈判开始的时候对方就询问价格，这时最好的策略应当是听而不闻，因为此时对方对商品或项目尚缺乏真正的兴趣，过早报价会徒增谈判的阻力。这时应当首先谈该商品或项目能为对方带来的好处和利益，待对方的交易欲望被调动起来再报价为宜。当然，对方坚持即时报价，也不能故意拖延，否则，就会使对方感到不被尊重甚至产生反感，此时应采取建设性的态度，把价格同对方可获得的好处和利益联系起来。

总之，报价时机策略往往体现着价格谈判中相对价格原理的运用，体现着促进积极价格的转化工作。

3）报价表达策略

报价无论采取口头还是书面方式，表达都必须十分肯定、干脆，让人觉得不能再有任何变动和没有任何可以商量的余地。在报价时使用"大概""大约""估计"一类的含糊语言，都是不适宜的，因为这会使对方感到报价不实。另外，当买方以第三方的出价低为由胁迫时，应明确告诉他"一分钱一分货"，并对第三方的低价毫不介意。只有在对方表现出真实的交易意图时，为表明以诚相待，才可在价格上开始让步。

4）报价差别策略

同一商品，因客户性质、购买数量、需求急缓、交易时间、交货地点、支付方式等方面的不同，会形成不同的购销价格。这种价格差别体现了商品交易中的市场需求导向，在报价策略中应重视运用。例如，对老客户或大批量需求的客户，为巩固良好的客户关系或建立起稳定的交易联系，可适当实行价格折扣；对新客户，有时为开拓新市场，亦可给予适当让价；对某些需求弹性较小的商品，可适当实行高价策略；若对方"等米下锅"，价格则不宜下降；旺季较淡季或反季时，价格自然较高；交货地点远程较近程或区位优越者，应有适当加价；对一次付款者较分期付款或延期付款者，在价格上须给予优惠等。

5）报价对比策略

在价格谈判中，使用报价对比策略，往往可以增强报价的可信度和说服力，一般有很好的效果。报价对比可以从多方面进行。例如，将本商品的价格与另一可比商品的价格进行对比，以突出相同使用价值的不同价格；将本商品及其附加各种利益后的价格与可比商品不附加各种利益的价格进行对比，以突出不同使用价值的不同价格；将本商品的价格与竞争者同一商品的价格进行对比，以突出相同商品的不同价格等。

6）报价分割策略

这种报价策略主要是为了迎合买方的求廉心理，将商品的计量单位细分化，然后按照最小的计量单位报价。采用这种报价策略，能使买方对商品价格产生心理上的便宜感，容易接受。

7.2 价格解评

价格解评包括价格解释和价格评论。价格解释是报价之后的必要补充；价格评论则是讨价之前的必要铺垫。因此，价格解评是价格谈判过程中承前启后的重要环节，也是价格谈判技巧的用武之地。

7.2.1 价格解释

1）价格解释的意义

价格解释是指卖方就其商品特点及报价的价值基础、行情依据、计算方式等所做的介绍、说明或解答。

价格解释对于卖方和买方，都有重要作用。从卖方来看，可以利用价格解释，充分表白所报价格的真实性、合理性，增强其说服力，软化买方的要求，以迫使买方接受报价或缩小买方讨价的期望值；从买方来看，可以通过价格解释，了解卖方报价的实质和可信程度，掌握卖方的薄弱之处，估量讨价还价的余地，进而确定价格评论应针对的要害。

价格解释的内容应根据具体交易项目确定。例如，对货物买卖价格的解释，对技术许可基本费、技术资料费、技术服务费等的解释，对工程承包中的料价和工价的解释，对"三来"加工中加工费的解释等。同时，价格解释的内容应层次清楚，最好按照报价内容的次序逐一进行解释。

2）价格解释的技巧

价格解释的原则是有理、有利、有节。其具体技巧主要有：

（1）有问必答

报价后，对买方提出的疑点和问题，须有问必答，并坦诚、肯定，不可躲躲闪闪、吞吞吐吐；否则，会给人以不实之感，授人以压价的把柄。为此，卖方应在报价前充分掌握各种相关资料、信息，并对买方可能提出的问题进行周密的分析、研究和准备，以通过价格解释表明报价的真实、可信。

（2）不问不答

不问不答指买方未问到的问题，一般不必回答，以免言多语失、"此地无银"，让买方看轻自己，削弱自己在价格谈判中的地位。

（3）避实就虚

在价格解释中，应多强调自己货物、技术、服务等的特点，多谈一些好讲的问题、不成问题的问题。若买方提出某些不好讲的问题，应尽量避其要害或转移视线，对有的问题也可采取"拖"的办法：先诚恳记下买方的问题，承诺过几天给予答复，过几天人家不找就算了，找来再变通解答。

（4）能言勿书

价格解释能用口头解释的，不用文字写；实在要写的，写在黑板上；非要落到纸上的，宜粗不宜细。这样，会有再解释、修改、否定的退路，从而总可处于主动地位；否则，白纸黑字，具体详尽，想再解释、更改就很被动。

在价格解释中，买方的应对策略应当是善于提问，即不论卖方怎样闪烁其词，也要善于提出各种问题，或单刀直入，或迂回侧击，设法把问题引导到卖方有意躲避或买方最为关心之处，迫使卖方解答，以达到买方的目的。

7.2.2　价格评论

1）价格评论的意义

价格评论是指买方对卖方所报价格及其解释的评析和论述。

价格评论的作用，从买方来看，在于可针对卖方价格解释中的不实之词指出其报价的不合理之处，从而在讨价还价之前先压一压"虚头"、挤一挤"水分"，为之后的价格谈判创造有利条件；从卖方来看，其实是对报价及其解释的反馈，便于了解买方的需求、交易欲望以及最为关切的问题，有利于进一步的价格解释和对讨价有所准备。

价格评论的内容，与价格解释的内容应基本一致，同时，也应注意根据价格解释的内容逐一予以评论。

2）价格评论的技巧

价格评论的原则是：针锋相对，以理服人。其具体技巧主要有：

（1）既要猛烈，又要掌握节奏

猛烈指准中求狠，即切中要害、猛烈攻击、着力渲染，卖方不承诺降价，买方就不松口。掌握节奏就是评论时不要像"竹筒倒豆子"一下子把所有问题都摆出来，而是要一个问题一个问题地发问、评论，把卖方一步一步地逼向被动，使其不降价就下不了台。

（2）重在说理，以理服人

对于买方的价格评论，卖方往往会以种种理由辩解，而不会轻易就范认输。因为认输就意味着必须降价，并有损自己的声誉，所以买方若要卖方俯首称臣，必须充分说理、以理服人。而买方手中的"价格分析材料""卖方解释中的漏洞"等就是手上的理，同时，既然是说理，评论中虽攻击猛烈，但态度、语气切忌粗暴，而应心平气和，只有在卖方死不认账、"无理搅三分"时，方可以严厉的口吻对其施加压力。一般来说，卖方也要维护自己的形象，谋求长期的交易利益，不会拉开架式蛮不讲理，只要你抓住其破绽，他就会借此台阶修改价格，以示诚意。而此时买方也应适可而止，不必"穷追猛打"，过早把谈判气氛搞僵，只要有理在手，待评论后讨价还价时再逐步达到目的不迟。

（3）既要自由发言，又要严密组织

在价格谈判中，买方参加谈判的人员虽然都可以针对卖方的报价及解释发表意见、加以评论，但是，鉴于卖方也在窥测买方的意图，摸买方的"底牌"，所以绝不能每个人想怎么评论就怎么评论，而是要事先精心谋划、"分配台词"，然后在主谈人的暗示下，其他人员适时、适度发言。这样，表面上看大家是自由发言，但实际上则是经过严密组织的。"自由发言"是为了显示买方内部立场的一致，以加强对卖方的心理压力；严密组织则是为了巩固买方自己的防线，不给卖方以可乘之机。

（4）评论中再侦察，侦察后再评论

买方进行价格评论时，卖方以进一步的解释予以辩解，这是正常的现象。对此，不仅应当允许并注意倾听，还应善于引导，以便侦察反应。实际上，谈判需要舌头，也需要耳朵。买方通过卖方的辩解，可以了解更多的情况，便于调整进一步评论的方向和策略，若又抓到了新的问题，则可使评论增加新意，逐步向纵深发展，从而有利于赢得价格谈判的最终胜利。否则，不耐心听取卖方的辩解，往往之后的进一步评论就会缺乏针对性，搞不好还会转来转去就是那么几句话，反而使谈判陷入了"烂泥潭"。

在价格评论中，卖方的应对策略应当是：沉着解答，即不论买方如何评论、怎样提问，甚至发难，也要保持沉着，始终以有理、有利、有节为原则，并注意运用答问技巧，不乱方寸。"智者千虑，必有一失"，对于买方抓住的明显矛盾之处，也不能"死要面子"，应适当表现出"高姿态"，显示交易诚意和保持价格谈判中的主动地位。

7.3 价格磋商

7.3.1 卖方与买方的价格目标

价格磋商开始之前，卖方与买方都会或者都应准备好几种价格的选择方案，从而确定谈判的价格目标，以便为讨价还价和最终达成成交价格提供方向。

一般来说，卖方与买方的**价格目标**都各有三个层次，这就是临界目标、理想目标和最高目标。其中：第一个层次的价格目标是双方的临界目标，即由双方各自的临界价格规定的目标。如前所述，临界价格即卖方的最低售价或买方的最高买价，这是双方的保留价格，也是价格谈判各自坚守的最后一道防线和被迫接受的底价，一般不能突破。由此，确定了价格谈判的合理范围。第二个层次的价格目标是双方的理想目标，即由双方各自的理想价格所规定的目标。这一目标有重要意义。它不仅是谈判双方根据各种因素所确定的最佳价格备选方案和双方谈判所期望达到的目标，而且通常也是双方通过价格磋商达成的成交价格的实际接近目标，并决定了双方的盈余分割。第三个层次的价格目标是双方的最高目标，即双方初始报价的价格目标。这一目标实际上是在双方理想价格及理想目标的基础上，加上策略性虚报部分形成的。它一般不会为对方所接受，因而不能实现，但是，由此可展开双方的讨价还价，成为价格谈判中的讨价还价范围。

卖方与买方的价格目标如图7-2、图7-3所示。

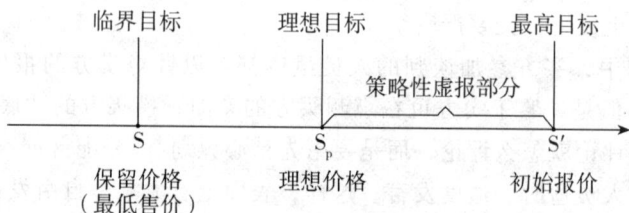

图 7-2 卖方价格目标

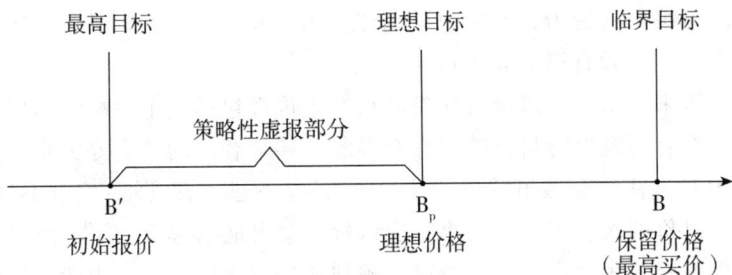

图 7-3 买方价格目标

7.3.2 讨价策略

讨价指要求报价方改善报价的行为。谈判中，一般卖方在首先报价并进行价格解释之后，买方如认为离自己的期望目标太远，或不符合自己的期望目标，必然在价格评论的基础上要求对方改善报价，这也称为"再询盘"。这种讨价要求，既是实质性的，即可迫使报价降低，又是策略性的，即可误导对方对己方的判断，改变对方的期望值，并为己方的还价做准备。如果说，报价后的价格解释和价格评论是价格磋商的序幕，那么讨价便是价格磋商的正式开始。

讨价策略的运用，包括讨价方式、讨价次数、讨价技巧等方面。

1）讨价方式

讨价方式可以分为全面讨价、分别讨价和针对性讨价三种。

（1）全面讨价

这种方式常用于价格评论之后对于较复杂的交易的首次讨价。

（2）分别讨价

这种方式常用于较复杂交易对方第一次改善报价之后，或不便采用全面讨价方式的讨价。例如，全面讨价后，将交易内容的不同部分，按照价格中所含水分的大小分为水分大的、水分中等的、水分小的三类，再分别讨价；或者不便全面讨价的，如技术贸易价格，按具体项目分为技术许可基本费、技术资料费、技术咨询费、人员培训费和设备费等，再分别讨价。

（3）针对性讨价

这种方式常用于在全面讨价和分别讨价的基础上，针对价格仍明显不合理和水分较大的个别部分的进一步讨价。

从讨价的步骤来看，一般第一阶段采用全面讨价，因为正面交锋的战幕刚刚拉开，买方总喜欢从宏观的角度先笼统压价。第二阶段再按价格水分的大小分别讨价。第三阶段进行针对性讨价。另外，不便采用全面讨价的，第一步可以按照交易内容的具体项目分别讨价，第二步再按各项价格水分的大小分别讨价，第三步进行针对性讨价。需要说明，在按价格水分分别讨价时，一般成功的讨价规律是：先从水分最大的那一类讨价，再讨水分中等的价，最后讨水分最小的价；否则，任意起手，往往事倍功半。

2）讨价次数

讨价次数是指要求报价方改善报价的有效次数，亦即讨价后对方降价的次数。讨价作为要求改善报价的行为，不能说只允许一次。究竟讨价可以进行几次，依据讨价方式及心理因素，一般有以下规律：

从全面讨价来分析，一般价格谈判的初始报价都包括一个策略性的虚报部分，同时，报价方又都有愿意保持自己的"良好形象"和与客户的"良好关系"的心理，因此，在讨价中对方往往会做出"姿态性的改善"。不过，常言道："事不过三。"讨价一次，当然；讨价两次，可以；若第三次讨价，就可能引起反感了。所以，对于全面讨价，从心理因素的角度来看，一般可以顺利地进行两次讨价。当然，经两次改善后的报价，如果还存在明显的不合理之处，继续讨价仍完全必要。

从分别讨价来分析，当交易内容按照价格中所含水分分为三类时，就意味着至少可以讨价三次，其中，水分大的、水分中等的又至少攻击两次，这样算来，按三类分别讨价，实际上可能讨价五次以上。若按照交易的具体项目分为五项，就意味着至少可以讨价五次，其中有的项目肯定不可能只讨一次价，而是要攻击两次以上，这样算来，按五项分别讨价，实际上可能共讨八次以上。

从针对性讨价来分析，因为这种讨价一般是在全面讨价和分别讨价的基础上有针对性地进行的，所以无论从实际出发还是从心理因素考虑，讨价次数基本"事不过三"，即通常一两次而已。

3）讨价技巧

（1）以理服人

讨价是伴随着价格评论进行的，所以应本着尊重对方和说理的方式进行，同时，讨价不是买方的还价，而是启发、诱导卖方自己降价，以便为买方还价做准备，所以此时"硬压"对方降价，可能过早地陷入僵局，对买方也不利。因此，特别是初期、中期的讨价，务必保持信赖平和的气氛，充分说理，以理服人，以求最大的收益。即使对"漫天要价"者，也应如此。

一般来说，在卖方报价太离谱的情况下，其价格解释总会有这样那样的矛盾，只要留心，不难察觉，所以当以适当方式指出报价的不合理之处时，报价者大都有所松动。如会以"我们再核算一下""我们与生产厂商再研究研究""这项费用可以考虑适当降低"等为遁词，对报价做出改善。此时，即使价格调整的幅度不是很大，或者理由也不甚合乎逻辑，买方也应表示欢迎，而且可以通过对方调整价格的幅度及其解释，估算对方的保留价格，确定进一步讨价的策略和技巧。

（2）相机行事

买方做出讨价表示并得到卖方回应后，必须对此进行策略性分析。若首次讨价，就能得到对方改善报价的迅速反应，这可能说明报价中策略性虚报部分较大，价格中所含虚头、水分较多，或者也可能表明对方急于促成交易的心理，同时，还要分析其降价是否具有实质性内容等。这样，通过对讨价后对方反应的认真分析，判定或改变己方的讨价策略。

不过，一般有经验的报价方，开始都会固守其价格立场，不会轻易降价，并且往往会不厌其烦地引证那些比他报价还要高的竞争者的价格，用以解释其报价的合理性和表示这一报价的不可改变。对此，只要善于通过分析抓住报价及其解释的矛盾和漏洞，就应盯住不放。而对于那些首次讨价即许诺降价者，也应根据其实际情况或可能，继续采取相应的讨价对策。

（3）投石问路

在价格谈判中，当遇到对方固守立场、毫不松动，己方似无计可施时，为了取得讨价的主动权和了解对方的情况，此时不妨"投石问路"，即通过假设己方采取某一步骤，询问对方做何反应，来进行试探。下面都是可供"投石问路"的方式，例如：如果我们与贵方签订为期一年的合同，你们的价格能优惠多少？如果我们对原产品做如此改动，价格上有何变化？如果我们买下你们的全部存货，报价又是多少？如果我方为贵方提供生产产品所需的原材料，那么成品价又是多少呢？如果我方有意购买贵方其他系列的产品，价格上能否再优惠些？如果货物运输由我们解决，价格多少？一般来说，任何一块"石头"都能使讨价者进一步了解对方，而且对方难以拒绝。

7.3.3　还价策略

还价也称"还盘"，一般是指买方针对卖方的报价做出的反应性报价。还价以讨价为基础。卖方首先报价后，买方通常不会全盘接受，也不至完全推翻，而是伴随价格评论向卖方讨价；卖方对买方的讨价，通常也不会轻易允诺，但也不会断然拒绝，为了促成交易，往往伴随进一步的价格解释并对报价做出改善。这样，在经过一次或几次讨价之后，为了达成交易，买方就要根据估算的卖方保留价格和己方的理想价格及策略性虚报部分，按照既定策略与技巧，提出自己的反应性报价，即做出还价。如果说卖方的报价规定了价格谈判中讨价还价范围的一个边界的话，那么买方的还价将规定与其对立的另一个边界。如此，双方即在这两条边界所规定的界区内展开激烈的讨价还价。

还价策略的运用包括还价前的筹划、还价方式、还价起点的确定、还价技巧等方面。

1）还价前的筹划

还价策略的精髓在于"后发制人"。为此，买方就必须针对卖方的报价，并结合讨价过程，对己方准备做出的还价进行周密的筹划。首先，应根据卖方的报价和对讨价做出的反应，运用自己所掌握的各种信息、资料，对报价内容进行全面的分析，从中找出报价中的薄弱环节和突破口，以作为己方还价的筹码。其次，在此基础上认真估算卖方的保留价格和对己方的期望值，制定出己方还价方案的起点、理想价格和底线等重要的目标。最后，根据己方的谈判目标，从还价方式、还价技法等各方面设计出几种不同的备选方案，以保证己方在谈判中的主动性和灵活性。

还价的目的绝不是仅仅提供与对方报价的差异，而应力求给对方造成较大的压力并影响或改变对方的期望，同时，又应着眼于使对方有接受的可能，并愿意向双方互利性的协议靠拢。因此，还价前的筹划，就是要通过对报价内容的分析、计算，设计出各种相应的方案、对策，以使谈判者在还价过程中得以贯彻，发挥"后发制人"的威力。

2）还价方式

在还价中，谈判者要确保自己的利益要求和主动地位，首先应善于根据交易内容、所报价格以及讨价方式，采用不同的和对应的还价方式。

按照谈判中还价的依据，还价方式有按可比价还价和按成本还价两种：

①按可比价还价。这是指己方无法准确掌握所谈商品本身的价值，而只能以相近的同类商品的价格或竞争者商品的价格作为参照进行还价。这种还价方式的关键，是所选择的用以参照的商品的可比性及价格的合理性，只有可比价格合理，还价才能使对方信服。

②按成本还价。这是指己方能计算出所谈商品的成本，然后以此为基础再加上一定比率的利润作为依据进行还价。这种还价方式的关键是所计算成本的准确性，成本计算得比较准确，还价的说服力就比较强。

按照谈判中还价的项目，还价方式又有总体还价、分别还价和单项还价三种：

①总体还价。总体还价即一揽子还价，它是与全面讨价对应的还价方式。

②分别还价。分别还价是指把交易内容划分成若干类别或部分，然后按各类价格中的含水量或按各部分的具体情况逐一还价。分别还价是分别讨价后的还价方式。

③单项还价。这是指按所报价格的最小单位还价，或者对个别项目进行还价。单项还价一般是针对性讨价的相应还价方式。

3）还价起点的确定

还价方式确定后，关键的问题是要确定还价的起点。还价起点即买方的初始报价。它是买方第一次公开报出的打算成交的条件，其高低直接关系到自己的经济利益，也影响着价格谈判的进程和成败。

还价起点的确定，从原则上讲有两条：

①起点要低。还价起点低，能给对方造成压力并影响和改变对方的判断及盈余要求，能利用其策略性虚报部分为价格磋商提供充分的回旋余地和准备必要的交易筹码，对最终达成成交价格和实现既定的利益目标具有不可忽视的作用。

②不能太低。还价起点要低，但也不是越低越好。还价起点要接近成交目标，至少要接近对方的保留价格，以使对方有接受的可能性；否则，对方会失去交易兴趣而退出谈判，或者己方不得不重新还价而陷于被动。

还价起点的确定，从量上来讲有三个参照因素：

①报价中的含水量。在价格磋商中，虽然经过讨价，报价方对其报价做出了改善，但改善的程度各不相同，因此重新报价中的含水量是确定还价起点的第一项因素。对于所含水分较少的报价，还价起点应当较高，以使对方同样感到交易诚意；对于所含水分较多的报价，或者对方报价只做出很小的改善便千方百计地要求己方立即还价者，还价起点就应较低，以使还价与成交价格的差距同报价中的含水量相适应。同时，在对方的报价中，会存在不同部分含水量的差异，因而还价起点的高低也应有所不同，以此可增强还价的针对性并为己方争取更大的利益。

②成交差距。对方报价与己方准备成交的价格目标的差距，是确定还价起点的第二项因素。对方报价与己方准备成交的价格目标的差距越小，其还价起点应当越高；

对方报价与己方准备成交的价格目标的差距越大，其还价起点就应越低。当然，不论还价起点高低，都要低于己方准备成交的价格，以便为以后的讨价还价留下余地。

③还价次数。这是确定还价起点的第三项因素。同讨价一样，还价也不能只允许一次。在每次还价的增幅已定的情况下，当己方准备还价的次数较少时，还价起点应当较高，当己方准备还价的次数较多时，还价起点就应较低。总之，通盘考虑上述各项因素，确定好还价起点，才能为价格谈判中的讨价还价范围划出有利于己方的这条边界。

4）还价技巧

（1）吹毛求疵

在价格磋商中，还价者为了给自己制造理由，也为了向对方表明自己是不会轻易被人蒙骗的精明的内行，常常采用"吹毛求疵"的技巧。其做法通常是：

①百般挑剔。买方针对卖方的商品，想方设法寻找缺点，"横挑鼻子竖挑眼""鸡蛋里挑骨头"，并夸大其词、虚张声势，以此为自己还价提供依据。

②言不由衷。本来满意之处，也非要说成不满意，并故意提出令对方无法满足的要求，表明自己"委曲求全"，以此为自己的还价制造借口。

商务交易中的大量事实证明，"吹毛求疵"不仅是可行的，而且是富有成效的，它可以动摇卖方的自信心，迫使卖方接受买方的还价，从而使买方获得较大的利益。需要注意的是："吹毛求疵"不能过于苛刻，应合乎情理和取得卖方的理解；否则，卖方会觉得买主缺乏诚意，甚至会识破买方的"伎俩"。

（2）积少成多

积少成多作为还价的一种技法，是指为了实现自己的利益，通过耐心地一项一项地谈、一点一点地取，达到聚沙成塔、集腋成裘的效果。积少成多的可行性在于：

①人们通常对微不足道的事情不太计较，比如对区区蝇头小利不太在乎，也不愿为了一点儿利益的分歧而影响交易关系，这样，买方便可以利用这种心态将总体交易内容进行分解，然后逐项分别还价，通过各项获得的似乎微薄的利益，最终实现自己的利益目标。

②细分后的交易项目因其具体、容易寻找还价理由，使自己的还价具有针对性和有根有据，从而易于被卖方接受。

（3）最大预算

运用"最大预算"的技巧，通常是在还价中一方面对卖方的商品及报价表示出兴趣，另一方面又以自己的"最大预算"为由来迫使卖方最后让步和接受自己的出价。例如，经过讨价，卖方已将某货物的报价由10万元降至8.5万元，买方便说："贵方这批货物我们很想购买，但是目前我公司总共只有7.8万元的购货款了，如果能按这个价格成交，我们今后愿与贵方保持合作关系。"这样，买方采用"最大预算"的技巧做出了7.8万元的还价，实现了交易。

运用这种技巧应注意：

①掌握还价时机。经过多次价格交锋，卖方报价中的水分已经不多，此时以"最大预算"的技法还价，乃最后一次迫使卖方做出让步。

②判断卖方意愿。卖方如果成交心切，则易于接受己方"最大预算"的还价；否则，卖方会待价而沽，"少一分钱也不卖"。

③准备变通办法。万一卖方不管你"最大预算"真假如何，仍坚持原有立场，买方须有变通办法：一是固守"最大预算"，对方不让步，己方也不能让步，只好以无奈为由中断交易；二是维护"最大预算"，对方不让步，己方做适当让步，可以酌减某项交易内容或者后补价款，便于以此为台阶实现交易。

【实例7-1】

为还价"造势"

某移动通信公司亚太区主管选定了一家做手机托架的公司，希望合作。其中国区采购致电手机托架公司谈判。"我希望你们能再降价5%。""这是我们的最低价，不能再降价了。""那你能赶上我交货的期限吗？""我们工厂模也开了，料也进了，20万元人民币都投进去了，拿到你们的订单马上生产，一定能按时交货。"采购经理说："你们不降价，对不起，我不要了。"手机托架公司马上急了："你们亚太区主管已经选定了，怎么能不要呢？"采购经理轻松地说："亚太区主管选定的是规格，我谈的是价格。你的产品价格如果在我接受的范围之内，我当然买你的产品了，但你们的要价超过了我的预算限制，我可以不买。"啪！电话挂断了。过了10分钟，手机托架公司打电话过来："好了，就按照您刚才说的价格吧。"这位采购经理算准对方会打电话来，因为他已经套出了对方的筹码。对方已经将20万元人民币投进去了，只有让步。

资料来源　程广见. 价格谈判如何造势［J］. 销售与市场：管理版，2008（12）.

（4）最后通牒

最后通牒原指一国对另一国提出的必须接受其要求，否则将使用武力或采取其他强制措施的外交文书。这是一种一方向另一方施加强大压力的手段。还价中采用"最后通牒"，即指买方最后给卖方一个出价或期限，卖方如不接受，买方就毅然退出谈判。这种技法经常为还价者所施行，但要取得成功须注意以下各点：

①"最后通牒"的出价应使卖方有接受的可能性，一般不能低于卖方的保留价格。

②给卖方"最后通牒"的时机要恰当，一般是在买主处于有利地位或买方已将价格提高到接近理想价格时发出"最后通牒"。

③发出"最后通牒"前，应设法让卖方已有所投入。例如，先就与主要问题有联系的次要问题达成协议；让卖方先在时间、精力、选择余地各方面有所耗费等。这样，待卖方的投入已达到一定程度时，再抛出"最后通牒"，可使其欲罢不忍。

④"最后通牒"的依据要过硬，要有较强的客观性和不可违抗性。例如，可以援引有关的法律规定、政策条文、商务惯例、通行的价目表或本公司的财务制度等来支持己方的立场，使卖方不好反驳。

⑤"最后通牒"的言辞不要过硬。言辞太锋利容易伤害卖方的自尊心，而言辞比较委婉易于为卖方所考虑和接受。

⑥ "最后通牒"也要留有弹性。还价中的"最后通牒"并不是非要把卖方"逼上梁山"，即要么接受条件，要么谈判破裂，而是压迫卖方再做让步的一种手段。此时，如果卖方迫于压力做出较大让步并接近已方条件，应考虑适可而止；若经最后较量，卖方仍坚守立场，为实现交易买方也可自找台阶，如可以说："这个价格贵方还不能接受的话，最多再加2%的手续费，否则，就很难再谈下去了。"

【实例7-2】

阿里巴巴与港交所针对上市谈判破裂

2014年3月12日，阿里巴巴执行副主席蔡崇信在接受路透社专访时表示，绝不会为了在香港IPO而改变合伙人制度。2014年3月13日，《金融时报》引述一位接近阿里巴巴的人士称，阿里已聘请瑞信和大摩两家投行做上市顾问，IPO很可能在2014年三季度完成。这种"最终通牒"式喊话可以看出，阿里巴巴正在对港交所做最后的争取，否则将前往美国上市。

最终结果显而易见，"最后通牒"式的谈判喊话无效，阿里巴巴与港交所谈判破裂，阿里巴巴最终选择在美国上市，创造最牛IPO神话。阿里巴巴在谈判的最后使用了"最后通牒"策略，给予港交所压力，亮出自己的底牌，说明自己上市的地点是纽交所或港交所二选一，港交所却没有为之所动，最终谈判破裂。

资料来源　高若天. 商务谈判中"最后通牒"谈判策略的应用分析［J］. 中国经贸，2015（3）.

（5）感情投资

在讨价还价中，双方的磋商和论辩似乎只是实力和意志的较量，谈不上感情因素的作用。其实不然，许多谈判的顺利推进，以至于一些棘手问题的最终解决，往往凭借了当事双方业已存在的感情基础和良好的关系。事实上，谈判中的人际关系因素至为重要。你想要影响对方，那么你首先就应该为对方所认可、所欢迎；你想使自己在谈判中提出的各种理由、各项意见被对方认真倾听和充分接受，那么最有效的方法是首先和自己的谈判对手建立起信任、建立起友情。从还价的角度来说，感情投资能够为对方接受还价铺平道路。在还价中，感情投资的运用一般有以下要求：

①要正确对待谈判，正确对待对手。整个谈判过程，要遵循平等、互利原则，从大局出发，互谅互让。要把谈判中的各种分歧视为合作的机缘，善于寻求共同利益，求同存异。同时，对于谈判对手，必须充分尊重，而绝不应敌视。要做到台上是对手，台下是朋友。要注重展示自己的修养和人格魅力。

②在价格谈判中，对于一些较为次要的问题，可不过分计较并主动迎合对方，使对方觉得你能站在他的角度考虑问题，从而赢得好感。

③注意利用谈判中的间隙机会，谈论业务范围以外对方感兴趣的话题，如体育比赛，文艺节目，时事新闻，当地的土特产、名小吃、名胜古迹等，借以增加交流、增进友情。

④如果彼此之间有过交往，要常叙旧，回顾以往合作的经历和取得的成功，增强此次合作的信心。

7.3.4 讨价还价中的让步策略

如果说讨价和还价只是为价格磋商的范围设置了边界，那么接下来双方要进行的就是美国当代谈判学家霍华德·雷法所称的"谈判舞蹈"，即一系列的让步与交换。让步与交换将使讨价还价的界区不断缩小，直至在价格谈判的合理范围之内确定一点，即最终的成交价格，"谈判舞蹈"的舞步方告停止。

在讨价还价中，让步是一种必然的、普遍的现象。如果谈判双方都坚守各自的边界，互不让步，那么协议将永远无法达成，双方追求的经济利益也就无从实现。只有在价格磋商中，伴随着双方的让步，进行多轮的讨价和还价，直至互相靠拢，才能最终实现交易目标。因此，从这个意义上讲，不断讨价还价的过程，就是双方不断让步的过程，也可以说，谈判就是相互让步。没有让步，谈判就会失去意义和存在的可能。

从价格谈判来看，谈判各方不仅要明确各自追求的目标，同时，应当明确为了达到这一目标必须做出的让步。可见，让步本身就是一种策略，它体现了谈判者以满足对方需要的方式来换取自身需要的满足这一实质。然而，价格谈判中的具体让步方式是多种多样的，下面，我们通过一个卖方让步的实例来加以说明。

某卖方，初始报价160元，理想价格为100元，该卖方为达到预期目标需做出的让步即为60元（160-100）。假定双方共经历四轮让步，常见的让步方式可归结为八种（见表7-1）：

表7-1　　　　　　　　　　　　　　　　**常见的让步方式**

序号	第一轮让步	第二轮让步	第三轮让步	第四轮让步	让步方式
1	0	0	0	60	冒险型
2	15	15	15	15	刺激型
3	8	13	17	22	诱发型
4	22	17	13	8	希望型
5	40	12	6	2	妥协型
6	59	0	0	1	危险型
7	50	10	-1	1	虚伪型
8	60	0	0	0	低劣型

第一种让步方式：这是一种较坚定的让步方式。它的特点是在价格谈判的前期和中期，无论买方做何表示，卖方始终坚持初始报价，不愿做出丝毫的退让，而到了谈判后期才迫不得已做出大的退让。这种让步方式容易使谈判形成僵局，甚至可能导致谈判的中断。我们把这种让步方式称为"冒险型"。

第二种让步方式：这是一种以相等或近似相等的幅度逐轮让步的方式。这种方式的特点是使买方每次的要求和努力都能得到满意的结果，但也会因此刺激买方坚持不懈的努力，以取得卖方的继续让步。而卖方一旦停止让步，就很难说服买方，并有可能造成谈判的中止或破裂。我们把这种让步方式称为"刺激型"。

第三种让步方式：这是一种让步幅度逐轮增大的方式。在实际价格谈判中，应尽量避免采取这种让步方式，因为这样会使买方的期望值越来越大，并会认为卖方软弱可欺，从而助长买方的谈判气势，很可能使卖方遭受重大损失。这种让步方式可以称为"诱发型"。

第四种让步方式：这是一种让步幅度逐轮递减的方式。这种让步方式的特点在于，一方面卖方的立场表现得越来越强硬；另一方面又使买方感到卖方仍留有余地，从而始终抱有继续讨价还价的希望。因此，我们把这种让步方式称为"希望型"。

第五种让步方式：这是一种开始先做出一次大的退让，然后让步幅度逐轮急剧减少的方式。这种让步方式的特点是，它既向买方显示出卖方的谈判诚意和妥协意愿，同时又巧妙地暗示卖方已做出巨大的牺牲和尽了最大的努力，进一步的退让已近乎不可能。这种让步方式可以称为"妥协型"。

第六种让步方式：这是一种开始让步幅度极大，接下来则坚守立场、毫不退让，最后一轮又做小小的让步的方式。这种让步方式充分表明了卖方的成交愿望，也表明进一步的讨价还价是徒劳的。但开始的巨大让步也会大幅度地提高买方的期望，虽然之后卖方态度转为强硬会很快消除这一期望，可是买方很高的期望一旦立即化为泡影往往又会难以承受，从而将影响谈判的顺利进行。另外，开始就做出巨大让步，可能会使卖方丧失在较高价位成交的机会。我们把这种让步方式称为"危险型"。

第七种让步方式：这是一种开始做出大的让步，接下来又做出让步，之后安排小小的回升，最后又被迫做一点让步的方式。这是一种较为奇特和巧妙的让步技法，往往能操纵买方心理。它既可表明卖方的交易诚意和让步已达到极限，又可通过"一升一降"使买方得到一种心理上的满足。我们把这种让步方式称为"虚伪型"。

第八种让步方式：这是一种开始便把自己所能做出的全部让步和盘托出的方式。首先，这种让步方式不仅会在谈判初期大大提高买方的期望值，而且也没有给卖方留出丝毫的余地，而后几轮完全拒绝让步，既缺乏灵活性，又容易使谈判陷入僵局。其次，开始即做出全部让步，也会使卖方可能损失不该损失的利益。这种让步方式可以称为"低劣型"。

【实例7-3】

给对手留下砍价空间

马玉是一家出版集团公司的广告总监。他代表整个集团前往德国与某豪华汽车W集团谈未来一年的广告投放业务。

马玉的谈判期望值：

①W集团在出版集团的数本月刊与周刊上投放价值共达1亿元的年单。

②对于投放广告的品牌，杂志可以在内容上提供一定数量的免费软文宣传，但每期不能超过内容部分的1%。

③刊物的封面不卖。

交锋双方：马玉 VS W集团高层马尔库斯·包恩

地点：德国著名已故设计师DIDI女士故居的顶层餐厅

马玉刚刚坐定，包恩就主动向他介绍起这家餐厅：DIDI可以说是位最优雅的设计大家，她曾为我们的多个汽车系列做出杰出设计。她的故居现在已经成为我们集团的精神象征之一：精致、优雅、充满设计感，并拥有它背后的故事、历史和文化。

马玉：确实如此。

最后一道甜点上完，真正的谈判开始了。

"马先生，正如我们在北京已经谈到的，我们打包投放贵集团的广告年单总数可以达到1亿元。但我想知道，除了广告我们还能得到什么？"

"对于投放广告的贵集团汽车品牌，杂志可以在内容上提供占刊物内容总量达2%的软性宣传，而且是免费的。"马玉先给了包恩一个甜头。

包恩微微笑了："坦白地说，我们希望能购买贵刊的封面，希望您能给出一个价格。"

马玉知道真正的麻烦来了。包恩抛出1亿元的诱饵，就是用这笔大单迫使他妥协。封面作为非卖品，既是本着刊物为读者服务的负责态度，同时也恰恰是马玉制订的销售战略方案。目前看来，非常有效。

"封面是无价的，因为它是非卖品，我很抱歉。"马玉既坚决又真诚。

"我们希望它是有价的，因为这将直接影响我们整年的投放量。我们非常看中封面所能带来的市场价值。"

"正如DIDI女士故居是贵集团的精神象征，封面同样是刊物的'面子'，这个区域，是它的非卖区。"

"然而许多其他刊物都接受我们的封面投放。"

马玉微微一笑："这恰是我们的刊物与贵集团的定位与精神气质相吻合的地方。开个玩笑，我们都是'大家闺秀'——有些东西是坚决不出卖的，所以她才高贵优雅，才值得人们追随，不是吗？"

"是这样。"包恩笑了，"我个人倒是同意的，只是如果你们的封面不出售，我们的投放也许只能在8千万元以下。"

"购买封面，您真正需要的是什么？"

"全年6期杂志封面刊登我们集团的新款车型，并以我们的品牌代言人做封面车女郎。"

马玉："如果我答应您的第一个要求——车型由我们刊物自主选择，但是不收费，您觉得如何？"马玉知道，刊物封面其实卖不卖都要大量使用W集团的产品，因为它就是品质和潮流走向的代言词。

"而且，只要贵集团的代言人是一线女星、模特或名流，我们可以优先考虑将其作为封面车女郎。"

"那么，条件呢？"包恩问道。

"没有其他条件，只要保证1亿元的年单。"

"成交。"

签约之后，包恩问了马玉一个问题："马，这是为什么？为什么出钱不行，却可以白送？"

"因为它是非卖品。"马玉笑着说。

资料来源　程广见. 价格谈判如何造势［J］. 销售与市场：管理版，2008（12）.

从表7-1所示的八种让步方式可以看出，不同的让步方式传递着不同的信息，对对方形成不同的心理作用，也对谈判进程和结果具有不同的影响。在实际的价格谈判中，较为普遍采用的让步方式是上面第四种"希望型"和第五种"妥协型"的让步方式。它们的特点是，让步的幅度是逐轮递减的，以此向对方暗示正在逼近让步的极限值，同时，为顺利达到或接近双方的成交价格铺平了道路。

最后需要说明，由于交易的内容和性质不同、双方的利益需求和谈判实力不同，以及其他各方面因素的差异，价格谈判中的让步方式不存在固定的模式，而通常表现为几种让步方式的组合，并且，这种组合还要在谈判中根据具体的实际情况不断地调整。然而，无论具体情况如何，让步策略的运用都要注意遵循一些基本的原则。这些原则大体是：①注意选择让步的时机。②在重要的关键性问题上要力争使对方先做出让步。③不要让对方轻易从你手中获得让步的许诺。④不要承诺做出与对方同等幅度的让步。⑤让步要有明确的导向性和暗示性。⑥要注意使己方的让步同步于对方的让步。⑦一次让步的幅度不宜过大，让步的节奏也不宜过快。⑧让步之后如觉得不妥，可以寻找合理的借口推倒重来。

相关链接：如何让高价显得不高

本章小结

价格谈判直接关系当事方经济利益目标的实现，因此是商务谈判的核心。价格谈判，首先应当了解影响价格的各种因素，同时要正确认识和善于处理各种价格关系，并且必须把握价格谈判的合理范围。在此基础上，价格谈判一般从卖方报价开始。报价策略直接影响价格谈判的开局、走势和结果。报价策略的运用主要涉及报价起点策略、报价时机策略、报价表达策略、报价差别策略、报价对比策略、报价分割策略等。

价格解释和价格评论是价格谈判过程中承前启后的环节。价格解释是卖方报价过程及之后的行为，对卖方和买方都有重要作用，为此，应当掌握正确的原则及必要的技巧。价格评论是买方讨价之前和讨价过程的行为，对买方和卖方也具有重要的作用，为此，同样应掌握正确的原则及必要的技巧。

　　价格磋商是价格谈判具体的交锋阶段。首先，双方都应明确各自不同层次的价格目标，以便在此基础上展开讨价和还价。讨价是买方要求卖方改善报价的行为，也是价格磋商的正式开始。讨价策略的运用包括讨价方式、讨价次数、讨价技巧等。还价则是买方做出的反应性报价。还价策略的运用包括还价前的筹划、还价方式、还价起点的确定、还价技巧等。在讨价还价中，让步是一种必然的、普遍的现象。让步有各种不同的方式，对讨价还价过程及结果也有不同的影响。价格谈判实践中的让步方式多为几种方式的组合，应根据具体情况不断调整和优化，并应注意遵循一些基本的让步原则。

主要概念和观念 □

□ 主要概念

　　市场行情　初始报价　报价　价格解释　价格评论　价格目标　讨价　还价

□ 主要观念

　　主观价格　客观价格　绝对价格　相对价格　消极价格　积极价格　保留价格报价起点策略　报价时机策略　报价表达策略　报价差别策略　报价对比策略　报价分割策略　价格解释的技巧　价格评论的技巧　讨价方式　讨价次数　讨价技巧　还价前的筹划　还价方式　还价起点的确定　还价技巧　让步方式

基本训练 ⚭

□ 知识题

　　7.1　阅读理解

　　1）价格谈判中影响价格的具体因素是什么？

　　2）价格谈判中应当注意研究哪些价格关系？

　　3）怎样理解价格谈判的合理范围？

　　4）报价策略主要涉及哪些方面？

　　5）价格解释有何意义？主要技巧是什么？

　　6）价格评论有何意义？主要技巧是什么？

　　7）如何理解价格磋商中卖方与买方的价格目标？

　　8）讨价策略的运用包括哪些方面？

　　9）还价策略的运用包括哪些方面？

　　10）说明讨价还价中的让步策略。

　　7.2　知识应用

　　判断题

　　1）价格谈判的合理范围为卖方与买方初始报价之间。　　　　　　　　　　　（　　）

　　2）价格谈判中卖方报价起点越高越好。　　　　　　　　　　　　　　　　　（　　）

3）价格解评分别是卖方报价后的必要补充和买方讨价之前的必要铺垫。（　　）

4）价格谈判中卖方与买方的理想价格目标一般在双方的初始报价与保留价格之间。（　　）

5）讨价还价实质上就是价格磋商过程中买卖双方在初始报价基础上的相互让步。（　　）

6）价格谈判中最终的成交价格一般在卖方最低卖价与买方最低买价之间。

（　　）

□ **技能题**

7.1　规则复习

1）商务谈判中的价格谈判，应善于正确认识和处理各种价格关系。这些价格关系主要有：主观价格与客观价格、绝对价格与相对价格、消极价格与积极价格、固定价格与浮动价格、综合价格与单项价格、主要商品价格与辅助商品价格等。

2）价格谈判有它的合理范围。在买方最高买价高于卖方最低售价的前提下，买卖双方这两个临界点所形成的区间，即为价格谈判的合理范围；然而，在价格谈判中，双方价格的临界点（保留价格）是秘而不宣的，价格谈判的现实依据只能是双方的初始报价，由此形成的区间，即为价格谈判中的讨价还价范围。

3）价格谈判中报价策略涉及以下方面：报价起点策略、报价时机策略、报价表达策略、报价差别策略、报价对比策略、报价分割策略等，这些策略及技巧的运用，直接影响价格谈判的开局、走势和结果。

4）价格解评是价格谈判过程中承前启后的重要环节。价格解释和价格评论，都有其技巧要求，掌握这些具体技巧是价格谈判技能的重要内容。

5）价格谈判的过程，在一定意义上讲就是讨价还价的过程。讨价策略包括讨价方式、讨价次数、讨价技巧等方面；还价策略包括还价前的筹划、还价方式、还价起点的确定、还价技巧等方面。正确运用讨价策略和还价策略，无疑是价格谈判中的制胜手段。

6）价格谈判中讨价还价的过程，又是双方相互让步的过程。让步本身就是一种策略。让步方式的运用主要应为"希望型"和"妥协型"，而其他的让步方式则可能带来不利的影响。

7.2　操作练习

选择题

1）反映商品使用价值的价格，称为（　　）。

（1）主观价格　　　　（2）客观价格　　　（3）绝对价格　　　（4）相对价格

2）价格谈判中讨价还价范围的两端分别是（　　）。

（1）卖方最低售价　　　　（2）买方最低买价　　　（3）卖方最高售价

（4）买方最高买价　　　　（5）卖方初始报价　　　（6）买方初始报价

3）在报价策略的运用上，最佳报价时机一般为（　　）。

（1）开始进行价格谈判时　　　　（2）对方询问商品效用时

（3）对方产生交易欲望时　　　　（4）对方询问商品价格时

4）价格解释的技巧，具体有（　　　）。

（1）有问必答　　　　　（2）务求详尽　　　　　（3）不问不答

（4）主动回答　　　　　（5）避实就虚　　　　　（6）避虚就实

（7）能言勿书

5）价格评论的技巧，具体有（　　　）。

（1）猛烈攻击　　　　　（2）掌握节奏　　　　　（3）重在说理

（4）穷追猛打　　　　　（5）畅所欲言　　　　　（6）分配台词

（7）需要舌头　　　　　（8）需要耳朵

6）价格磋商时卖方与买方的价格目标中，临界目标的价格依据是（　　　）。

（1）卖方最低售价　　　（2）买方最高买价　　　（3）卖方理想价格

（4）买方理想价格　　　（5）卖方初始报价　　　（6）买方初始报价

7）在分别讨价中，如交易内容按价格所含水分分为三类，则实际讨价次数一般为（　　　）。

（1）至少三次　　　（2）至少四次　　　（3）至少五次　　　（4）至少六次

8）还价起点的确定，从原则上讲（　　　）。

（1）起点要低　　　（2）不要太低　　　（3）起点要高　　　（4）不要太高

9）在价格谈判中，较为普遍采用的让步方式是（　　　）。

（1）刺激型　　　（2）诱发型　　　（3）希望型　　　（4）妥协型

□ 能力题

案例分析

王小姐和售货员及其经理的价格谈判

王小姐为买外衣，去了伊势丹商厦。售货员很热情，主动上前询问。得知王小姐欲购外衣，售货员即介绍了货架上展示的一款："这是日本进口面料，棉涤混纺，手感柔软，色调纯正，样式优雅，既实用又大方。"

王小姐："式样还不错，是哪儿产的？价格能不能有优惠？"

售货员："这是大连产的，是出口转内销的，现在已经是特价了。"

王小姐："那个柜台的外衣是北京生产的，面料手感也很好，可价格低了差不多200元。"

售货员："我们是进口面料。"

王小姐："进口面料应当便宜。国产面料品质也不差。不便宜，进口岂不增加了成本。这件外衣，如价格还能优惠，我就试一下。"

售货员："您若真心想买，那就试一下，价格好商量。"

王小姐经过一番挑选，总算挑到颜色号码都合适的一件，随即问："价格怎么优惠？"

售货员："再按九七折。"

王小姐："这才减了十几块钱，不行！"

售货员："我就这么点权限。"

王小姐："谁有权决定价格？"

售货员："我们经理。"

王小姐："能不能把经理请来?"

售货员把经理请来。经理过来后问:"您有什么事?"王小姐表示了购买的诚意,说道:"我喜欢手上的这件外衣,您的售货员态度很好,我决定不去别地儿了,就在您这儿买,但就是价格贵了些,希望您再优惠优惠。"经理:"我们是代厂家卖,手中的余地也有限,您要真心买就再降2%,打九五折,这在我们这样的商厦已很不容易了。"

王小姐:"不能打九折吗?"经理:"实在困难,请见谅。"王小姐:"那好,让我检查一下衣服。"于是,王小姐仔细检查外衣,看走针走线是否平整,面料是否有瑕疵。结果发现衣服下摆附近有结头,而且在面上,马上对经理说:"这件有结头,不行,请给换一件。"经理帮助售货员找同色同号的,可是柜台上没有了,只有别的颜色、同号的外衣。王小姐便说:"你们就这么一件,没有挑选的余地,这不是断码吗?"经理即答:"这不是断码,一时没有同色同号的,可以从工厂调。"王小姐反问:"你们说这是出口转内销产品,还会有同色同码的吗?"经理也哑然了。王小姐接着说:"我看你们服务态度好,我也想买,但这个疵点让人不舒服。"经理:"这么着,我们再降点价,行不行?""降多少?""再降2%。""那太少了,5%,我就买了。"经理与售货员耳语了几句,说:"好吧,让售货员给您开票,我在上面签个字。"

王小姐买了外衣,与经理和售货员微笑道别。

资料来源　丁建忠.《商务谈判》教学指引［M］.北京:中国人民大学出版社,2003.

问题:

1)如何看案例中的价格谈判步骤?

2)售货员是怎样给出价格解释的?有什么问题?

3)王小姐是如何进行价格评论和讨价的?

4)经理是怎样做出让步的?

第 8 章

商务谈判签约

学习目标 ◎

通过本章学习，你应该达到以下目标：

知识目标：了解经济法规及合同文本和合同签订等有关知识。

技能目标：学会按照规范合同文本的原则规定撰写合同文本的技能。

能力目标：在熟知、理解的基础上，掌握鉴别相关合同文本中的真伪、正误的能力。

引例 @ 　　　　　　合同标的不明引发的争议

　　钢管公司与蔬菜公司订立了一份合同，约定由蔬菜公司在国庆"黄金周"7天向钢管公司提供新鲜蔬菜3 500千克，每千克蔬菜售价1元。蔬菜公司在约定的期间向钢管公司送去了小白菜3 500千克，但钢管公司拒绝接受小白菜，认为自己职工食堂的炊事员有限，不可能有那么多人力去洗小白菜，小白菜不是合同所要的蔬菜。为此，双方发生争议。争议的焦点不在价格，而是对合同标的双方各执一词。钢管公司认为，自己的食堂与蔬菜公司是长期合作关系，经常向其购买各种蔬菜，每次买的不是土豆、圆白菜就是萝卜、茄子等容易清洗的蔬菜，从来没有买过这么多单一品种的小白菜。蔬菜公司则认为，合同说的是新鲜蔬菜，而小白菜最新鲜，所以送去了小白菜，并反驳钢管公司：小白菜不是蔬菜，既没有合同依据，也无法律依据。

　　谈判一般都要经过"一致协商"（即一致希望通过协商解决问题）——"协商不一致"（即双方的利益、立场、观点存在分歧）——"协商一致"（即双方经过协商达成了若干一致的认识）这样三个阶段，签约就是最后阶段的任务。

　　签约是当事人用文字形式把双方或多方的权利、义务加以肯定和明确的依法行为，是一项十分复杂、烦琐的工作，涉及的内容相当广泛，但我们认为最重要的工作、最重要的知识是：①通晓与合同相关的法律；②通晓与标的相关的专业技术知识；③通晓签约惯例。本章内容就将从这三方面展开。

8.1 合同法与经济合同

　　合同法是关于合同的订立、履行、变更与解除的法律。我国的合同法见诸《中华人民共和国民法通则》（以下简称《民法通则》）、《中华人民共和国合同法》（以下简称《合同法》）以及其他有关合同的单行法规。《民法通则》规定了合同法的一般原则；《合同法》主要规范合同的订立，合同的效力，合同的履行、变更、转让、终止，违反合同的责任及各类有名合同等问题。我国《合同法》第七条规定，当事人订立、履行合同，应当遵守法律、行政法规，尊重社会公德，不得扰乱社会经济秩序，损害社会公共利益。该条规定集中表明两层含义：一是遵守法律（包括行政法规）；二是不得损害社会公共利益。

8.1.1 法人

《民法通则》第三章第一节第三十六至四十条规定：法人是具有民事权利能力和民事行为能力，依法独立享有民事权利和承担民事义务的组织。法人应当具有下列条件：依法成立；有必要的财产或者经费；有自己的名称、组织机构和场所；能够独立承担民事责任。

（1）一切"挂名组织"都不能成为法人。

（2）必须有独立支配的财产或者独立预算，这是作为法人的社会组织能够独立参与经济活动的物质基础。全民所有制企业法人，以国家授予它经营管理的财产承担民事责任；集体所有制企业法人，以企业所有的财产承担民事责任；中外合资经营企业法人、中外合作经营企业法人和外商独资企业法人，以其企业所有的财产承担民事责任（法律另有规定的除外）。凡是没有独立支配的财产或独立预算的社会组织，各机关的科室、工厂的车间、村民承包小组等，都不是法人。

（3）一切未经法人或法人委托（必须有合法委托书）所签订的合同都不受法律保护。

（4）法人必须依法享有民事权利和责任，否则将依法追究法律责任或民事责任。

8.1.2 经济合同的订立

1）要约与承诺

订立经济合同一般要经过要约和承诺两个重要步骤。所谓**要约**，是指一方当事人向另一方提出签订经济合同的建议和要求。提出的一方称为要约人，另一方称为受要约人。要约的内容包括：希望与对方订立经济合同的意思表示；按法定要求明确提出该合同的各项条款，特别是主要条款，以供对方考虑；一般还可规定对方做出答复的期限，这一方面可给对方提供必要的考虑时间，另一方面也可以防止无限期等待，影响经济流转。

要约是一种法律行为，在要约规定的有效期限内，要约人受到要约的约束：一是受要约人如接受要约，要约人有与之签订经济合同的义务；二是出售特定物的要约，要约人不能再向第三人提出同样的要约，也就是说，不得一物多约。如果要约人违背上述行为规定，就要承担由此而造成对方损失的法律责任。对于超过要约有效期的承诺，可视作对方提出的新要约，原要约人有权重新考虑是否按原条件签约，而不受原要约的约束。

所谓**承诺**，即接受订立合同的提议，是指一方当事人对另一方提出的合同建议或要求表示完全同意。承诺的生效有两个条件：一是受要约人必须无条件地全部赞同要约中的各项条款；二是必须在要约规定的有效期限内做出答复。所以，受要约人对于要约人提出的合同建议不能单方修改任何一项条款，否则不能认为是承诺，只能看作提出的新要约。新要约提出后，原提议人和接受人互换法律地位，原要约人则变成新的受要约人，而原受要约人则变成新的要约人。实际上多数合同都是由签约双方反复协商签订的。要约与承诺也是在一定时间内由双方反复多次的互换法律位置来进行的。承诺也是一种法律行为，承诺人一旦对要约人表示承诺后，经济合同即成立，就不能反悔。承诺一旦送达要约人，合同即告成立，对双方当事人均产生法律约束力。

要约与承诺，是订立经济合同的两个主要程序，但不是全部程序。有的经济合同须报上级机关审核的，待审核批准后才能成立。有的经济合同经当事人协商实行鉴证或公证的，须待鉴证或公证后才能成立。还有一些经济合同，如涉及土地征用、房屋转让的经济合同，尚须经过有关主管机关核准才能成立。

2）经济合同的主要条款

经济合同的主要条款分为基本条款和普通条款两类。所谓基本条款，是指判定合同有效成立的必备条款。基本条款以外的其他条款，均属普通条款。基本条款分为标的、价金和期限。经济合同的标的，决定着经济合同的性质和类别，反映了双方当事人签约的经济目的和要求，是确立相互之间权利和义务的基础。没有标的或标的不明的经济合同，既无法履行，也不能成交。价金是取得标的的一方向给付标的的一方所应支付的代价，如产品的价款、劳务的费用等。期限是指合同的履行期限，它直接关系到经济合同在什么限期内履行的问题。

经济合同的普通条款分为两种：一种是根据法律、行政法规规定应该具备的条款；另一种是当事人要求规定的条款，如双方约定合同必须经过合同鉴证机关的鉴证或公证机关的公证方才有效，那么在未鉴证或公证前就不具有法律约束力。

把经济合同的主要条款分为基本条款和普通条款的意义在于，标的、价金和期限作为合同的基本条款，是合同有效成立的必要条件。经济合同缺乏基本条款之一，就没有约束力，也不能有效成立。但是，普通条款规定不明确，或者不够完备，或者有遗漏的，并不影响合同的有效成立，双方也应根据有关法律、行政法规的规定履行。一旦发生纠纷，有关法律、行政法规的规定也是处理纠纷的依据，但是，如果基本条款缺一条，就难以判断是非，处理纠纷就没有法律依据。

3）合法有效合同的若干特征

（1）有效合同成立的条件

有效合同成立的条件有六项：①当事人必须具有订立合同的能力；②当事人之间必须达成协议，这种协议是通过要约与承诺达成的；③当事人的意思表示必须真实、明确、具体；④合同的标的和内容必须合法；⑤合同必须有对价金合法的约言；⑥合同必须符合法律规定的形式要求。

（2）合同的法律约束力

合同的法律约束力主要表现在四个方面：①合同一旦依法成立即受国家强制力的保障，当事人各方必须恪守，认真履行，任何一方不得擅自修改或终止合同；②如果遇到特殊的情况需要变更或解除合同时，必须按照法律规定的条件和程序，经过当事人各方协商达成新的协议；③任何一方不履行或不按约定履行自己的合同义务，或者未经协商即擅自修改或终止合同，给对方实现其合同权利造成影响或使之遭受其他损害时，受害的一方可以申请仲裁机关或人民法院给予保护，强制对方履行合同义务或赔偿所受损失；④仲裁机关或人民法院在受理合同纠纷案件后，应以合同条款作为调解、裁决或判决的依据。

4）经济合同的标的

"标的"一词，按其字义，可以解释为合法行为所要达到的目的。**经济合同的标的**，指的就是双方当事人订立经济合同所要达到的特定经济目的，或者说，是双方当事人为实现一定的经济目的而确立的权利和义务所共同指向的对象。它可以是某种实物或货币，如购销合同的标的是某种产品，借款合同的标的是某种货币；也可以是某项工程或劳务，如建设工程承包合同的标的是某项勘察、设计、建筑、安装工程；还可以是某项智力成果，如科技协作合同的标的是某项科研成果。

经济合同的标的，反映了双方当事人订约的经济目的和要求，没有标的或标的不明确的合同，双方当事人的权利、义务就不能落实，合同也就无法履行。所以，签约双方必须首先对合同标的达成一致协议，并在合同中明确具体地加以规定，如产品的名称，应该注明牌号或商标及品种、型号、规格、等级、花色、产地、是否为成套产品等。经济合同的产品数量是衡量标的的尺度。签订合同必须有准确的数量规定，不管标的是物或劳务还是工作成果，都必须以相应的计量方法来做出标的数量的规定。根据《合同法》的规定，产品数量由合同当事人约定。产品数量的计量方法，按国家的规定执行，没有国家规定的按供需双方商定的方法执行。

合同数量规定要准确、可靠，计量单位要明确、规范，不能用含糊不清的计算概念，如重量、长度一律用公制。对某些产品，必要时还应在合同中写明交货数量的正负尾差、合理磅差和交货途中的自然减（增）量规定及计算方法；对机电设备必要时还应在合同中明确规定随主机的辅机、附件、配套产品、易耗备品、配件和安装修理工具等。如为成套供应的产品，应明确成套供应范围并提供成套供应清单。

5）经济合同中的质量标准

质量是检验标的内在素质和外观形态优劣的标志。合同标的的质量标准，是经济合同中必须明确规定的又一个主要内容，但在实际工作中，经济合同由于质量问题而发生纠纷的，占相当大的比重。所以，对于经济合同标的质量的技术要求和标准等，应力求规定明确具体。这不仅可以明确责任，防止纠纷，而且有利于贯彻质量第一、适销对路的方针，从而提高经济效益。

供方必须对产品质量和包装质量负责，提供据以验收的必要的技术资料或实样。产品质量的验收、检疫方法，根据国务院批准的有关规定执行，没有规定的由当事人双方协商确定。在签订具体质量条款时应注意：对质量技术要求的内容，一般有物理性能、化学性能、电磁性能、使用特性、稳定性、质量等级、表面质量和内在质量、工艺要求、质量保证以及有关的防护、卫生、安全要求等。在合同中要明确规定供方对产品质量负责的条件及期限。实行抽样检验质量的产品，合同中应该注明采用抽样的标准或抽样方法及抽样比例。有些产品在商定技术条件后需要封存样品的，应由当事人双方共同封存，分别保管，作为检验依据。值得注意的是，不少单位由于在合同订立时没有明确规定质量要求和技术标准，因而导致合同纠纷，造成了经济损失。我们应该认真吸取这些教训，在签订经济合同时牢牢把握质量条款关。

6）经济合同中常见的错误

（1）意义不明、条款不全

例如，缺少质量要求与标准，缺少价款的规定，交货期不明确，验收方法、地点不清楚或不确切，结算办法不明确，用词含糊、模棱两可，遗漏签约地等。

（2）主体不明确或不合法

例如，《合同法》规定，法人能成为合同法律关系的主体，但是有些合同上盖有"销售科""生产组"的图章，"销售科"或"生产组"不是法人，没有签订经济合同的资格，以它们的名义签订的合同是无效的。另外，那些揣着合同图章漫跑天下，却没有本单位合法委托书的供销人员，也应予以警惕，因为他们签订的合同是不规范的，也是不合法的。

（3）没有违约责任或违约责任表述不正确

（4）草签合同，任意中止

（5）条款互不衔接，互相矛盾

8.1.3　合同管理与违约责任

1）经济合同的管理

经济合同的管理，在我国是指具有合同管理职能的国家机关，对于合同的订立和履行进行监督检查，以及在发生纠纷时进行调解、仲裁等活动的总称。从目前情况看，经济合同的监督检查有三种：行政监督、银行监督、司法监督。

（1）行政监督

国家行政管理机关（各级工商行政管理局和合同双方的业务主管部门）根据法律、法规的规定审查合同的内容，监督合同的履行，叫作合同的行政监督。它或是对合同事先进行审查，或是监督谈判双方订立合同是否符合法律规定；或是督促双方全面履行经济合同所规定的义务，或是对是否有违约行为进行监督。

此外，工商行政管理机关等业务主管部门对合同进行鉴证，即对经济合同的合法性、真实性和可行性进行审查和确认，也是一种行政监督措施。目前，我国对鉴证采取自愿原则，谈判一方要求对经济合同进行鉴证的，可以进行鉴证，不要求的也不勉强，任其自愿，但是某些经济合同按规定必须鉴证才能生效。

（2）银行监督

银行对经济合同的监督检查主要通过以下途径和方式：通过信贷管理监督；通过结算管理监督；银行协助"违法合同处理决定书"的执行。

（3）司法监督

司法监督是指司法机关对合同的公证或对违法合同的处理。合同的公证，就是国家公证机关根据谈判一方的申请，依照法定程序证明合同的真实性和合法性，赋予它法律上的证据的效力。

合同公证不同于鉴证，它是一种法律监督，是用法律办法管理经济的一种手段。经过公证证明的经济合同，如一方违约并未按时交付应交违约金时，另一方可以要求公证机关做出准许强制执行的证明，向有管辖权的基层人民法院申请执行而不经诉讼程序。公证也是本着自愿原则。此外，管理机关和人民法院有对无效合同的确认权。无效合同确认的依据是：因当事人不合格而无效；因意思表示不真实而无效，如一方代理人与对方恶意通谋而订立的经济合同无效；因合同内容违法而无效，如不公平的经济合同无效。

2）违约责任

违反经济合同就要负法律责任，本着谁有错谁承担的原则，过错者要负责经济赔偿，情节严重的还要受行政的或刑事的制裁。承担违约责任主要有以下四种方式：

（1）支付违约金

违约金是预先规定的，对不履行或不适当履行经济合同的违约方的一种经济制裁。违约金的偿付不以违约是否造成损失而判定，按照《合同法》的规定，不论是否给对方造成损失，只要当事人一方有过错而不履行合同，都要按规定向对方支付违约金。

（2）偿付赔偿金

赔偿金是一方违约造成另一方损失，违约金不足以弥补损失时的一种补偿费用。赔偿金的偿付，除要有违约事实和过错外，还要有两个条件：一是违约已造成实际损失；二是损失超过了违约金，或是没有违约金。索赔不仅要依法办事，也需要就造成损失的责任、程度、赔偿办法等进行谈判、协商，所以索赔是经济谈判中值得研究的问题。

赔偿金的数量按直接损失扣除违约金来计算。赔偿金和违约金应在明确责任后10天内偿付，否则要按逾期付款处理。如果违约方不自觉承担，另一方可以请求合同管理机关仲裁或向人民法院起诉。

索赔必须按照合同规定，具备足以证明责任在对方而确应赔偿的证明文件，并在索赔期限内办理；否则，对方有权拒赔。一般来说，索赔时首先应做的工作包括：查明造成损失的实际情况，分清责任；备妥必要的索赔单证；恰当提出索赔的项目和金额，认真研究、制订索赔方案，及时提出索赔。

赔偿方式主要包括赔款、罚款收货、退货还款、拒付货款、补交、修复、替换等。以上方式可以单项或混合使用。

（3）继续履行合同义务

违约方支付违约金和赔偿损失，不能用来代替合同的实际履行，因此违约方有责任继续履行合同，当然双方同意终止也可终止。

（4）其他经济责任的承担

除上述违约金、赔偿金和继续履行合同外，根据实际情况还可继续追究违约责任，如逾期提货、提前交货等，均应支付对方所需的保管费、保养费；又如，错发到货地点或接货单位，除按合同规定负责运到规定的到货地点或接货单位外，还要承担因此多支付的运杂费，需方错填或临时变更到货地点，也要承担多支出的费用等。

【实例 8-1】

合同订立不清　致利益受损

烟台北王庄地处渤海之滨，遍地黄沙，资源丰富。为配合海滨开发，经批准，该庄开办了经营建筑材料的采沙场。起初，采沙场经营者与韩国商人签订合同：每运出一车沙子，付 5 美元。韩商开始用载重 5 吨的货车运沙，后改用载重 7 吨的货车运沙，也付 5 美元，后来又改用载重 10 吨的货车运沙，仍付 5 美元。

如果订立合同时，经营者考虑周密，说明运沙限定使用载重 5 吨的货车，那么采沙场后来就不至于吃此哑巴亏而使利益受损了。

8.2　涉外商务合同

8.2.1　涉外商务合同的特殊性

涉外商务合同是我国的企业或其他经济组织同外国的企业、其他经济组织或者个人之间，在进行经济合作和贸易往来中为实现一定的经济目的、明确相互之间的权利义务关系、通过协商一致而共同订立的协议。涉外商务合同是一种经济法律行为，一方面它规定了当事人可以依法享有合同中的权利，另一方面也规定了当事人应该履行的义务和责任，因此任何一方不履行或不全面履行合同，都要承担法律上的经济责任。涉外商务合同因其"涉外"而有其特殊性，具体表现在：

（1）它涉及合同双方当事人所属国家的经济法规和对外经济贸易政策

两国企业之间的经济交往是受两国对外经济贸易政策的影响与制约的，任何企业都不能违背本国政府制定的对外经济贸易政策，同样，任何企业或经济组织都必须遵守所在地国家的法律制度。

（2）它引起当事人双方所属国家的经济权益关系

两国企业之间的经济往来关系是两国之间经济关系乃至外交关系的一部分，它使得资源在两国之间发生流动，从而影响两国的经济利益。

（3）它导致司法管辖权以及法律适用选择的问题

在涉外商务活动中，当事人国家的法律对商务活动都有一定的管辖权，它们之间往往需要分清各自的范围，以及确定在冲突情况下如何调整解决。

8.2.2　涉外商务合同的结构

涉外商务合同与其他商务合同一样，由合同的首部、正文和尾部三个部分组成：

1）首部

首部，即合同的开始部分。首部主要包括合同的详细名称、签订合同当事人的名称或姓名、订立合同的目的和性质、签订合同的日期和地点、合同的成立以及合同中有关词语的定义与解释等内容。这些内容虽然不是合同的实质性问题，但有法律意义，即一旦发生争议，这些内容将成为处理争议的法律依据。

2）正文

正文亦称本文。它是表述合同的重要条件和实质性内容的部分，是合同的核心部分。它包括合同的标的与范围、数量与质量规范、价格条款与支付方式、违约责任、不可抗力等内容。因为这部分是合同的核心部分，所以在订立时往往在内容上比较明确、具体、准确。

3）尾部

尾部包括合同使用的文字及其效力、合同文本的份数、合同的有效期限、通信地址、合同的签署与批准等。

除以上三个部分以外，有些合同还带有某些附件，是对合同中的有关条款做进一步的解释与规定，因此也是合同不可分割的部分，其与合同正文具有同等的法律效力。

8.2.3　涉外商务合同的订立与履行

1）涉外商务合同订立的基本原则

我国的企业在从事任何涉外商务活动、订立任何涉外商务合同的过程中，都必须遵守以下三个原则，即主权原则，平等互利、协商一致原则，遵守国际惯例原则。主权是指一个国家独立自主地处理国内事务而不受外来因素干涉或限制的最高权力。主权原则在涉外商务活动中体现为：

①国土权。在签订涉外商务合同时，任何企业或经济组织都无权向外方出售、出租国土。

②司法管辖权，即涉外商务合同必须严格遵守我国的有关法律、法令和政策，不得违反。

③涉外税收权，即我国政府有权根据我国税法的规定，对涉外商务活动中的双方当事人的有关收入征税，任何企业或个人无权对外减免税收。

④外汇管理权。

⑤签订的涉外商务合同不得违反我国的公共道德和侵害公众利益。

2）涉外商务合同的成立

一项涉外商务合同要能够成立，从而具备法律效力，必须具备以下几项条件：

（1）订立合同的当事人必须具有完全的缔约能力和合法的资格

订立涉外商务合同的当事人或是自然人，或是法人，他们都必须在具备完全的缔约能力和合法资格的情况下订立法律合同才是有效的。就自然人而言，除法律专门限制或禁止的以外，神智正常的符合法定年龄的人都可以缔结合同。就法人而言，其缔约能力就是法人的行为能力，而法人的行为能力是由法人注册登记的国家的公司法所规定的。法人行为能力的行使必须由其法定代表或授权代表行使，比如公司的董事长、总经理或其他代表。非法定代表人或非授权代表人是没有签约资格的。

（2）涉外商务合同必须是当事人真实意思的一致表示

只有当合同是双方当事人真实意愿的一致表达，而不是在胁迫欺诈下达成的，合同才为有效。所谓"胁迫",就是以使对方产生心理恐惧为目的的一种故意行为。在国际商务活动中,胁迫常常产生于一方当事人利用自己雄厚的财力、物力、技术和管理经验,对另一方施加精神上、心理上的压力和威胁,以达到自己的目的。所谓"欺诈"是指以使他人发生错误为目的的故意行为。如合同一方当事人在订立合同之前为了吸引对方,达到订立合同的目的,而对重要事实进行隐瞒、夸大、歪曲,这些都属于欺诈。世界各国法律都一致认为,因胁迫、欺诈而订立的合同是无效的,被胁迫、欺诈的一方可撤销合同,要求赔偿。

（3）涉外商务合同必须合法

所谓合法即涉外商务合同必须符合当事人所在国家的有关法律规定,必须符合订立涉外经济合同所应遵守的基本原则。

（4）涉外商务合同成立的形式必须符合法定的要求

涉外商务合同必须采用书面形式签订,并要求双方当事人在合同上签字才能生效;合同的附件是合同的组成部分,具有同等的法律效力;必须由国家或国家授权的主管部门批准的涉外经济合同,一定要获得批准后才能成立;对于内容简单、履行手续简便的合同,不一定要完备的条款和双方签字,如国际货物买卖中的函电成交的合同;涉外商务合同一方当事人要求签订确认书的,签订确认书后,合同方能成立。

3）无效的涉外商务合同

当涉外商务合同在标的内容、条款等方面有违反法律的情况时,该合同就成为不受法律保护的无效合同。无效的涉外商务合同主要存在于以下几种情况:

①合同内容违反国家法律和进出口管理规定。

②合同内容违反社会公共利益和道德。比如,某公司与港商签订合同,从香港买进旧家具、旧服装在内地销售,很显然这会将病菌带到内地,危害公共健康,故该合同是无效的。

③采取欺诈或者胁迫的手段订立。例如,以美色来诬陷、要挟签约当事人,由此而签订的合同是无效的。

当一项涉外商务合同被确认为无效时,一般的处理办法有三种:

①合同内容全部无效的,宣布该合同作废;

②合同中的条款违反中华人民共和国法律或者社会公共利益的,经当事人协商同意予以取消或改正后,不影响合同的效力;

③合同内容部分有效时,经双方同意,部分条款可以发生效力。

凡因合同无效或部分无效而导致的有关损失与责任,由有关各方承担。

4）涉外商务合同的履行与担保

（1）涉外商务合同的履行

履行涉外商务合同必须遵循以下原则:

①实际履行原则,是指按照合同规定的标的履行,而不以货币和其他财物代替履行;

②全面履行原则,是指按照合同规定的标的的数量、质量、规格、技术条件、价格条件,以及履行的地点、时间、方法等全面完成自己所应承担的义务;

③适当履行原则，是对全面履行所规定的内容与范围以妥当的方法完成自己所承担的义务；

④中止履行原则，是指对合同暂时停止履行，它是当事人一方有另一方不能履行合同的确切证据时所采用的履行合同原则。

在一般情况下，合同履行均应该按实际履行和全面履行原则办理。订立涉外商务合同的目的，是确保双方的权利义务能得到真正的保证。为了强化合同的这一作用，我们在履行涉外商务合同时，应该在合同中订立有关担保条款，这样一方面可以促使双方履行合同，另一方面又能减少或避免经济损失。

（2）涉外商务合同的担保

在涉外商务合同中，通常采用以下几种担保形式：

①违约金，也称预定赔偿金，是指为了防止合同的一方不能履行或不适当履行合同，给另一方造成损失，双方商定由一方当事人预先付给另一方当事人一定数额的货币，作为预定的赔偿。如果一方真的违约，那么这部分资金即作为对另一方损失的补偿。

②定金，是涉外商务合同的一方当事人为了证明和肯定自己有订立和履行合同的诚意，而预先向另一方支付一定数额的货币。如果定金的支付方实现了自己的诺言，订立并履行了合同，那么定金就作为其支付款项中的一部分；如果该方未能履行合同，那么定金即归对方所有。如果接收定金的一方违约，那么除了退还定金外，还必须支付与定金相等金额的货币给对方，以作赔偿。

③留置权，即如果合同一方当事人未履行合同规定的义务，另一方有权扣押其财物，并经法定程序可将其变卖，以清偿债务。

④抵押，即合同的一方当事人为了促使对方履行合同，要求对方提供不动产作为履约的保证，一旦其违约，有抵押权的一方即可将抵押物依法变卖，以清偿债务。需要注意的是，作为抵押物的财产必须是合法的、为其所有的。

⑤银行担保，即银行以其信用给合同的一方当事人提供履约保证，一旦该方违约，就由银行连带承担赔偿损失的责任。由于在一般情况下银行的信用是比较坚实可靠的，因此银行担保是一种最常用的、最有力的担保形式。当然，在约定采用银行担保形式时，必须审查担保银行本身的资信情况如何。

⑥企业担保，即由一家企业给另一家企业提供履约担保，与银行担保一样，如果被担保的企业没有履约，担保的企业要承担连带赔偿损失的责任。由于企业的信用一般要比银行低，因此合同的另一方必须认真审查担保的企业是否具有足够的资信能力作保。

8.2.4　涉外商务合同的转让、变更、解除与终止

1）涉外商务合同的转让

它是指当事人一方将合同中的权利和义务全部或者部分地转让给第三者。转让的当事人一方称让与人，接受转让的第三者称受让人。合同的转让形式有以下几种情况：

（1）权利和义务的部分转让

合同的权利和义务的部分转让即合同的部分转让，是指合同当事人一方将合同中的部分权利和部分义务转让给第三方。这样，原合同的主体由双方经合同部分转让后而变成三方，即合同经部分转让由原双方构成的主体转变为三方构成的新主体。原来的双方当事人之间的单一关系也分解为三方当事人之间的相互关联的两组合同关系。

（2）权利和义务的全部转让

合同的权利和义务的全部转让即合同的全部转让，是指合同的当事人一方将合同的权利和义务全部转让给第三方。这样，经转让后的合同主体就由原合同未转让的一方与新的受让方二者构成，即由受让方履行让与方转让的全部权利和义务。

综上所述，合同的转让，无论是部分转让还是全部转让，都是主体的变更，所不同的是变更的性质有区别。谈判人员要区分合同转让中产生的转让部分的权利和义务与未转让部分的权利和义务之间的关系，这对解决合同在转让中的争议有着重要的作用和影响。

2）涉外商务合同的变更与解除

变更涉外商务合同是一种法律行为。它是指签约双方当事人在符合法律规定的条件下，就修改、补充原订商务合同的内容所达成的协议。变更的范围可以是标的的任何内容，也可以是合同的主体，如法人的合并与分立，以及由此引起的合同债务转让等。

解除涉外商务合同也同样是一种法律行为。它是指合同双方当事人在法律规定的条件下，在原订合同的有效期内，就提前终止合同所达成的协议。

变更和解除合同的条件：

①由于一方违约使合同履行成为不必要，受害的一方可依法律程序变更或解除合同。如有些季节性较强的商品，因为供货方延期交货而错过销售季节，若仍继续履行合同，将使需求方产品积压，无法销售。因此，受害的一方可以要求变更或解除合同。

②发生不可抗力事件，致使合同的全部义务不能履行。不可抗力是指人力所无法抗拒的强制力量，如地震、台风、火灾、旱灾、战争等。因为这类现象无法预料，也无法抗拒，所以应该允许变更或解除合同。

③合同的某一方在约定的期限内没有履行合同，并在被允许推迟履行的期限内仍未履行。如甲方向乙方购买复印机100台，乙方未能在约定的时间内交货，甲方允许乙方延长一段时间交货，但乙方仍未能及时交货，使甲方受到损失。这时应允许甲方变更或解除合同。

④合同约定的解除合同的条件已经出现，当事人一方有权通知另一方解除合同。如香港某公司与内地某市东方宾馆曾签订合办"外宾俱乐部"合同。合同规定由该香港公司筹款和经营，并规定一年内完成筹建任务，如建不成，东方宾馆即可提出解除合同，由该香港公司负责一切经济损失。合同签订一年后，因为该香港公司无法完成筹款与筹建任务，在这种情况下，按合同规定的解除条件已经出现，所以东方宾馆提出解除合同是允许的。

变更和解除合同的赔偿责任：根据法定条件和程序变更或解除合同，属于合法行为而不是违约行为，所以就不能免除负有责任一方的经济责任，即负有责任一方应承担赔偿遭受损失一方的责任：

①双方当事人自行提出和同意变更或解除合同的，其责任方一般是指要求变更或解除合同的一方。

②因合同一方违约，使继续履行合同成为不必要时，责任方无权提出变更或解除合同，而应负违约责任，并支付遭受损失一方的违约金和赔偿金。

③当事人由于不可抗力而变更或解除合同的，可根据实际情况，部分或全部免除赔偿责任。

④损失事实是责任方赔偿的客观依据。索赔方在要求赔偿的同时应负有举证的责任，即提供因变更或解除合同而受损失情况的证明材料。

3）涉外商务合同的终止

经济合同是基于一定的法律事实而发生的，也应基于一定的法律事实而终止，合同的终止是指合同所规定的当事人双方的权利和义务在客观上已不存在。合同的终止是有条件的，具体体现在：

（1）合同因履行而终止

这是正常的终止，即当事人双方按合同履行全部义务后，合同即告终止。如甲乙双方的购销合同，甲方按期、按质、按量交付了货物，乙方按照合同的规定付款，双方行使、履行了合同规定的权利和义务，合同即告结束。

（2）合同因双方协议而终止

这是当事人双方在履行前或履行过程中，由于某些原因不能继续履行合同（如违背了社会公共利益等），经过双方当事人互相协商一致同意终止合同，并签订终止合同的书面文件。

（3）强制性的终止

这种情况往往是由于当事人一方因对方不履行合同，提请仲裁机构仲裁或法院审理而裁决或判决使合同强制终止。需要指出的是，合同终止与合同解除不是一个概念，即合同终止不等于合同的解除，如合同已履行完毕并不是解除合同，而合同的解除就意味着合同的终止。

8.2.5　涉外商务合同纠纷的处理

1）违反合同责任的情况

①由于当事人一方的过错而造成违约，由有过错的一方承担违约责任。如甲乙双方签订购销合同，在合同中规定了乙方的交货日期与甲方的付款日期，但乙方在交货前突然以无货可交为由单方拒绝履行合同，这种情况属乙方的过错而造成违约，乙方应承担违约责任。

②如属双方的过错而违约，则应由双方分别承担各自应负的违约责任。

③当事人一方由于不可抗力的原因不能履行合同时，可根据情况，部分或全部免除承担违约责任。

2）承担违反合同的责任形式

追究违约责任的四个条件：要有不履行合同的行为；要有主观上的过错；要有损害的事实存在；要有不履行合同的行为和损害事实之间的因果关系。如果只有义务人不履行合同的行为和主观上的过错两个责任条件，违约方就负有交付违约金的责任；如果以上四个条件都具备，则违约方可能要负交付赔偿金的责任。

违约金是合同当事人一方因不履行合同而向对方支付一定数量的货币金额。违约金带有经济制裁的性质，也称罚金，只要违反合同义务，不论是否给对方造成损失，都应按规定支付。这种形式常见于货物买卖、补偿贸易等合同之中。

赔偿金是违约方对对方所受实际损失给予补偿的一种法律手段，用以保护权利人的合法权益免受侵犯。这里要注意，支付了违约金并不能免除赔偿损失的责任，还要注意支付赔偿金只限于违约金不足以赔偿的那部分损失。

3）涉外商务合同纠纷的处理方法

涉外商务合同纠纷是指当事人不履行或不完全履行合同而发生的权益纠纷。我国涉外经济法对纠纷的解决做出了规定，即可通过协商、调解、仲裁和诉讼四种方式解决，现分别叙述如下：

（1）协商

协商是指合同当事人双方共同商量以便取得一致意见，达成和解协议，从而解决经济争议的一种方法。协商也称和解。协商解决争议可在协商的地点、时间和方法上体现出灵活性。如允诺在下次交货中，在货物的数量和价格上给予优惠，以弥补这次交货的损失，彼此做出让步。通过协商解决争议，能使双方当事人消除误解，加深双方的相互信任和合作。事实上，涉外商务合同的争议大都是通过协商途径解决的。

（2）调解

所谓调解，是指在第三者主持下，在查明事实、分清是非的基础上，用说服的办法，使双方当事人经过协商达成调解协议，从而解决纠纷的一种方法。用调解来解决合同纠纷已被各国仲裁机构所重视，成为一种有效解决纠纷的途径。

（3）仲裁

仲裁是指涉外商务合同的当事人双方在履行合同时产生争议，在通过协商或调解不能解决的情况下，自愿将有关争议提交给双方同意的第三者进行裁决，裁决的结果对双方都有约束力，必须依照执行。用仲裁方式解决争议，有利于保持双方的交易关系，并且手续和程序比较简便，可节省费用，时间也比较短。如第3章所述，仲裁有以下两个特点：第一，它必须是当事双方一致同意的，并通过订立仲裁协议做出确定的表示，没有仲裁协议的争议是不能仲裁的。第二，仲裁结果是终局的。一旦双方当事人将争议递交仲裁，就排除了法院对该争议案的管辖权，任何一方都不得再向法院起诉。在涉外商务合同中，仲裁条款就是双方事先就可能产生的争议所达成的仲裁协议。在仲裁条款中，必须规定仲裁地点、仲裁机构、仲裁程序和仲裁费用等问题。仲裁地点与仲裁所选用的仲裁规则直接相关。一般来说，规定在哪一国仲裁，往往就要适用该国的有关仲裁规则和程序。

就我国企业而言，在仲裁地点的选择上只有以下三种形式：①规定在中国国际经济贸易仲裁委员会仲裁；②规定在被告所在国家进行仲裁；③规定在第三国进行仲裁。在上述三种形式中，能选择在我国仲裁对中方是最有利的，但外方不一定同意。其他两种形式都是比较公平的。需要注意的是，规定在第三国仲裁时，应选择对我国比较友好，而我方对其仲裁规则与程序又比较了解的国家。

（4）诉讼

在涉外商务活动中，合同的双方当事人在发生纠纷以后，通过协商或调解不能解决，其中一方向有管辖权的法院起诉，要求通过经济司法程序来解决双方之间的争议，就称为诉讼。诉讼必须经过严格的司法程序，因而耗时较长，但它能强制性地解决争议，使问题得到最终解决。不过这样容易导致双方关系的彻底破裂，所以除非万不得已，一般都不选用诉讼的方式来解决争议。

4）涉外商务合同的法律适用

涉外商务合同争议的解决涉及选择什么样的法律来调整的问题，即法律适用的问题。这会直接影响争议解决的结果，从而影响双方当事人的权益。我国的企业在订立涉外商务合同时，在法律适用问题上应把握这么几点：

①合同的当事人可以选择处理合同争议的法律，它可以是中国的法律，也可以是外国的法律，但是，当事人的选择必须是经双方协商一致和明示的，并且必须与合同内容有实质的联系。

②在中国境内履行的中外合资经营企业合同、中外合作经营企业合同、中外合作勘探开发自然资源合同，必须适用中国法律，当事人协议选择外国的法律无效。

③在应适用的法律为外国法律时，如果该外国法律与我国的法律和社会公共利益相悖则不予适用，而应适用我国相应的法律。

④在适用我国法律的情况下，如果我国法律没有相应的规定，可以适用国际惯例。目前，国内在涉外商务合同方面已有一些标准格式或参考格式，我们在签订涉外商务合同时可以借鉴利用，但是，要注意根据交易的具体情况进行选择、调整和补充，不能简单地照搬照抄。

8.3 合同的签订

应当说本章上述两节都谈的是有关合同或协议的签订问题，但是，那些是对谈判法理的说明，本节则着重从技术性和仪式性两大方面来说明合同签订的操作问题。

所谓合同签订的技术性工作主要是指合同文本的撰写或审核及合同签字人的确认；所谓合同签订的仪式性工作主要是指签字仪式的合理安排及最后阶段的交际交往。

8.3.1 合同文本撰写前的准备工作

一场复杂多变、艰难曲折的谈判，它的合同文本无疑也是很难撰写的，犹如不能顺产的婴儿，"诞生"就是他的生死关口。有经验的谈判高手告诉我们，从始至终的谈判记录（特别是本方人员表述的意见）是撰写合同文本的最重要的准备工作之一，所以整理、核对出一份准确的谈判记录是合同撰写前必做的工作。

第二项准备工作则是在撰写合同文本前召开一次"双方确认共识"的总结会议。通过这样的会议，你会发现还有很多尚未明确的问题，而且这些问题不仅来自对方，还常来自本方，因为那些"事后诸葛亮"总要显示一下他们的智慧。这样的会议是必须开的，因为它可以暴露问题、消除分歧、达成共识，为撰写合同文本奠定基础。

8.3.2　合同文本的撰写和审核

1）合同文本的撰写

有的谈判学者提出，合同文本应尽量争取由本方来写，因为这样做可以有力地控制合同内容的形成。那么，如果由本方来撰写合同文本，要注意具备以下十一项内容：

①关于执行双方所达成协议的特殊要求，其中包括详细技术条件及待完成工作的描述。

②详细的付款办法。比如，在何种条件下，付款可以推迟或停止；不能按时交货或某些项目不符合协议时该怎么办。

③关于交货的一些条款。它们应能反映双方的意愿，包括执行合同过程中如何对交货期进行调整等问题。

④在何种条件下协议可以修改。

⑤双方发生纠纷时应如何解决。

⑥可选的附加规定以及用何种办法来执行这一规定。

⑦关于未写入协议文本的内容，在何种条件下对该内容未予说明将被合理地视为因疏忽而造成的遗漏。

⑧执行协议所需的行政步骤。

⑨本方法律顾问认为必须写进去的法律上的规定。

⑩虽然对方坚持认为不需要，但本方顾问认为必须包括在合同之内的条款，一定想办法把这些条件都写进去，因为它们正是那些可引起争端的内容。

⑪除非合同内容本身要求有某种灵活性，关于合同执行的起止日期必须明确规定。

需要注明的是，这十一项内容只是在前两节已经说明的规范性合同撰写基础上的特别提示，换句话说，合同文本的撰写最基本的要求是符合国家合同法的规定，符合规范合同的模式。

同时我们还要特别提醒，在合同文本中要特别注意防止出现以下一些问题：协议中遗漏了某些条款；条文语义不清，可导致不同的解释；条件写得过于宽松、不严密，以致在达到要求方面有许多空子可钻；协议中有许多与协议内容无关的陈词滥调；协议中夹了许多参考性文件，而这些文件又未经事先审查；条款之间有相互抵触之处，而又没规定发生争议时应以哪一条为准。

2）合同文本的审核

对合同文本的审核应从两个方面考虑：如果文本使用两种文字撰写，则要严格审核两种不同文字的一致性；如果使用同种文字，则要严格审核合同文本与协议条件的一致性。

再就是核对各种批件，包括项目批文、许可证、用汇证明、订货卡等是否完备以及合同内容与各种批件内容是否一致。这种签约前的审核工作相当重要，因为常常发生两种文本与所谈条件不一致的情况。审查文本务必对照原稿，不要只凭记忆阅读审核。

同时，要注意合同文本不能太简约。啰唆固然不好，但过于简约弊端更多。散文的简约可以给读者造成想象的空间，合同的简约往往只会造成漏洞。前者是文学的美，后者则是经济的亏了。

在审核中发现问题，应及时相互通告，并调整签约时间，使双方互相谅解，不致因此而造成误会。对于合同文本中的问题，一般指出即可解决，有的复杂问题须经过双方主持人再谈判。对此，思想上要有准备，同时要注意礼貌和态度。

3）签字人的确认

在商务谈判中，有时主谈人不是合同的签字人，因此应该注意确定比较合适的签字人。在国际商务谈判中，合同一般应由企业法人签字，政府代表一般不签，若合同一定需要由企业所在国政府承诺时，可与外贸合同同时拟一"协议"或"协定书"、"备忘录"，由双方政府代表签字，该文件为合同不可分割的一部分。在国内商务谈判中，如有涉及政府部门的担保或其他关系，也可参照上述办法。

另外，在国际商务谈判中，有些国家、地区的厂商习惯在签约前让签约人出示授权书，授权书由所属企业最高领导人签发，若签字人就是公司或企业的最高领导，可以不要授权书，但要以某种形式证实其身份。

总之，在合同签订之时最重要的是防止草率从事，因为谈判是一种人与人之间近距离的"交锋"，恰恰就因为是近距离、面对面，更容易忽视那些极其简单的圈套、陷阱或花招。要知道，什么事情都可能在最后阶段发生，草率者必败！

8.3.3　签字仪式的安排和交际交往

为了表示合同的不同分量和影响，合同的签字仪式也不同，一般的合同只需主谈人与对方签字即可，在谈判地点或举行宴会的饭店签字都行，仪式可从简。对于重大合同，由领导出面签字时，要安排好签字仪式，仪式繁简取决于双方的态度，有时需专设签字桌，安排高级领导会见对方代表团成员，请新闻界人士参加等。国际商务谈判的合同签字活动，若有使领馆的代表参加，联系工作最好由外事部门经办，如果自己与有关使领馆人员熟悉，也可以直接联系，但亦应向外事部门汇报请求指导，这样做既不失礼，又便于顺利做工作。

在签字前后的整个过程中，都存在交际交往问题，这里必须注意两点：一是切忌一派吃亏上当的景象，满腹的委屈、满脸的冤枉、满身的不舒服。我们必须明白，谈判是一种双赢的社会活动，双方互有盈亏，不能狂想非让对方走投无路才是我们的胜利，而且"愿赌服输"是一切谈判的游戏规则，在对手面前摆出一派输不起的景象，只会令人小觑和鄙视，为今后的谈判埋下失败的种子。二是切忌摆出一派得意忘形、沾沾自喜、玩人于股掌之上的小人景象，这样做会激起对方的疑心、猜忌和不满，容易把本来皆大欢喜的事情搞糟、搞毁或搞得节外生枝。有关签约礼仪的内容，另见本书第11章商务谈判礼仪。

相关链接：签订商务合同的注意事项

本章小结

本章商务谈判签约，讲授的重点内容有三点：①国家颁布的经济法规及相关知识；②撰写规范合同文本的原则规定和技能、技巧；③相关的交际礼仪与签约仪式的常识。

对于①，重在熟知、理解、记忆与运用；对于②，要确知规范，动笔演练与善于鉴别真伪、正误；对于③，要从有关"礼仪规范"的读物中去理解掌握，要从社会实践中去模仿消化，要从大量经验中去创造升华。

主要概念和观念

□ 主要概念

法人　要约　承诺　经济合同的标的

□ 主要观念

合同法　经济合同质量标准　违约责任　有效合同与无效合同　涉外商务合同特殊性　涉外商务合同结构　合同担保　合同的转让、变更、解除与终止　合同文本的审核

基本训练

□ 知识题

8.1　阅读理解

1）什么是法人？法人应具备的条件是什么？

2）有效合同应该具备哪些条件？

3）要约主要包括哪几项内容？承诺包括哪几项内容？

4）撰写合同文本前应做好哪些准备工作？

5）如何审查合同文本？

8.2　知识应用

判断题

1）要约与承诺分别指当事人一方向另一方提出签订经济合同的建议与要求。
　　　　　　　　　　　　　　　　　　　　　　　　　　　　　　　（　　）

2）经济合同的标的即经济合同的质量标准。　　　　　　　　　　　（　　）

3）违约责任是指违反经济合同所要负的法律责任。承担违约责任的方式，主要有支付违约金、偿付赔偿金、继续履行合同义务、承担其他经济责任等。　（　　）

4）涉外商务合同与其他经济合同一样，其结构主要由合同的首部、正文、尾部三个部分组成。　　　　　　　　　　　　　　　　　　　　　　　　　　（　　）

5）有效的涉外商务合同必须具备以下条件：（1）当事人具有完全的缔约能力和合法的资格；（2）必须是当事人真实意思的一致表示；（3）必须符合当事人国家的相关法律；（4）必须采用书面形式且双方签字。　　　　　　　　　　（　　）

6）合同一经签订就不能变更。　　　　　　　　　　　　　　　　　（　　）

7）商务谈判中主谈人即为合同的签字人。　　　　　　　　　　　　（　　）

8）商务谈判合同签订前后的整个过程，都存在交际礼仪问题。　　　（　　）

□ 技能题

8.1　规则复习

1）法人是依法独立享有民事权利和承担民事义务的组织，一切未经法人或法人委托所签订的合同，都不受法律保护。

2）订立经济合同，当事人双方应就主要条款充分协商，达成一致。经济合同的主要条款分为基本条款和普通条款，其意义在于：基本条款是合同有效成立的必要条件，而普通条款不够完备并不影响合同的有效成立及依法履行。

3）经济合同的标的，反映了当事人双方的经济目的和要求，必须明确、规范，确保经济合同标的质量的技术要求和标准。

4）经济合同履行过程中，一方违约就要负法律责任。承担违约责任的方式是：支付违约金、偿付赔偿金、继续履行合同义务、承担其他经济责任等。

5）涉外商务合同因其涉外而有其特殊性。涉外商务合同的订立，须遵循主权原则，平等互利、协商一致原则和遵守国际惯例原则。涉外商务合同在标的内容、条款等方面有违反法律的情况时，该合同即成为不受法律保护的无效合同。当一项涉外商务合同被确认为无效时，一般的处理办法有：（1）内容全部无效的，宣布合同作废；（2）部分内容违反我国法律或公共利益的，经当事人协商同意予以取消或改正；（3）部分内容有效的，经双方同意仍可发生效力。涉外商务合同可依照法律转让、变更、解除与终止。涉外商务合同发生权益纠纷，可通过协商、调解、仲裁、诉讼方式解决。

6）经济合同和涉外商务合同的结构，都由合同的首部、正文、尾部三个部分组成，有些合同可有某些附件。合同的签订，一般包括技术性工作和仪式性工作两个方面。合同签订的技术性工作，是指合同文本的撰写、审核及签字人的确认；合同签订的仪式性工作，是指签约礼仪安排等交际活动。

8.2 操作练习

1) 2017年6月，原告某汽车制造厂（供方）与某木材公司所属的木材厂（需方，为非独立核算单位）签订了一份购销一辆汽车的合同（木材厂用的是木材公司的合同专用章），价款200 000元，分期付款。合同签订后，木材厂提走汽车，由木材公司付款150 000元给汽车制造厂，后木材厂以不使用这种汽车为由要求退货，汽车制造厂不同意。2017年7月，木材厂因欠胶合板厂货款，将汽车给胶合板厂作抵押，胶合板厂提货后，闲置未用，向木材厂提出退货，汽车制造厂供销科长李某出面介绍，将汽车卖给某木器厂，木器厂随即付款150 000元给木材厂，抵偿木材厂对胶合板厂的欠款。2017年11月，该木材厂与另一木材厂合并为木材总厂，汽车制造厂与木材总厂为50 000元的欠款发生纠纷，提起诉讼。

问题：谁应偿还这笔欠款？

2) 个体运输户郭某于2017年间与黄庄机砖厂达成口头协议，订购该厂机砖100万块。郭某拉走80万块砖并付清货款后，又预付了货款12万元，准备以后陆续提货。黄庄机砖厂系该村农民孙某承包，承包期限为2017年一年。2018年1月待郭某派车去取货时，孙某承包期限已满。黄庄村委会按与孙某所签承包合同的规定期限，派人接替了孙某管理该厂，不准郭某再从该厂拉砖。郭某多次找孙某索要预付货款，孙某表示个人无力偿还，郭某无奈，提起诉讼。

问题：如果孙某无力偿还债务，黄庄村委会是否应当承担连带责任？

3) 2017年1月3日，某汽车制动器厂与某汽车配件经销部签订了联营生产汽车制动器合同，合同规定：经销部投资50万元，期限半年，至同年7月3日制动器厂返还经销部的全部投资及利润20万元。制动器厂收款后，因经营管理不善，亏损严重，直到2018年1月尚无力返还投资和利润。经销部多次催要未成，为此，到法院提起诉讼。

问题：此合同是联营合同，还是非法借贷合同？

4) 原告，江某，男，52岁，某汽车运输公司工程师。被告，某县技校。2017年2月，原告因故申请离职，组织虽已同意，但未办理离职手续。原告回到原籍与被告协商签订了联合开办技术培训中心的合同，合同规定：双方投资比例各占50%，利润也按各50%的比例分配；合同期限从2017年2月15日至2018年2月14日；违约的一方罚款50万元。双方签字盖章。2017年3月1日，双方又签订了补充合同，具体规定：原告投资现金30万元、汽车3辆；被告投资学员用床、炊具锅炉、教学设备、租用场地等。

合同签订后，原告提出，他与某木器厂签订了30张床的购货合同，要求被告认购，被告同意接受，并把购货款50 000元通过支票转到该木器厂。不久，发现该款项的绝大部分被原告借支。

在履行合同过程中，原告只投资了10万元。此时，被告意识到原告没有履约能力，为了稳住原告，追回购床款，被告于2017年4月15日和原告签订了贷款60万元、由原告承担贷款利息60 000元的协议。之后，被告宣布终止合同。学员报到后，原告为偿还到期贷款，提出借支学费，被告不允，让原告撤回投资还账。2017年8月，被告将原告的10万元投资和汽车交回，之后，培训中心由被告单方经营管理。原告于2017年9月提起诉讼，要求追究被告方的违约责任。

问题：此案例是一方违约还是无效合同？

5）2017年3月，天津市某农药厂王某与黑龙江省某供销公司李某在沈阳一宾馆相遇，俩人签订一份农药购销合同。合同规定：农药厂供给供销公司农药100吨，由厂方负责于5月10日前送交供销公司（运费由农药厂承担），供销公司给付农药厂定金10 000元。合同订立后，农药厂所在地政府发出通知，农药厂生产的农药应满足本地需要，不得外流。这样农药厂与供销公司所订合同不能履行。供销公司不同意终止合同，遂向当地人民法院起诉。农药厂接到应诉通知后提出管辖权争议，认为供销公司所在地法院对此案无管辖权。

问题：这一案件应由哪个法院受理？

6）2017年3月，某机械厂委托该厂业务员外出为厂里采购钢材，但该业务员和某商场签订了一份10台彩电购销合同。该商场将10台彩电发给厂方，厂方拒收并拒付货款。该商场以厂方不履行合同为由起诉到法院，要求厂方给付货款并支付违约金。被告辩称：代理人（业务员）不按厂长授权委托办事，擅自订购彩电，属于超越权限代理，厂方未予追认，其代理行为是无效的，应由行为人自己承担法律后果。

问题：业务员超越权限代理，法律责任由谁来承担？

□ 能力题

8.1　案例分析

合同文本的谈判

中国天津F公司与印度尼西亚雅加达M公司，就两条110米长的载客与载货两用轮船的交易达成协议。双方首先对船的技术条件——船型，船舱结构，载客与载货能力，总吃水吨位，航速，船舶发动机的型号、马力、产地，船舶配置的附属设备、通信器材，建造时间等，进行了详细谈判并逐条予以规定。对交易条件——价格、支付货币、支付方式及时间，接货方式，验收办法，对接船人员的培训，技术指导的人数、专业、时间，均进行了约定，对船舶的维护和保养的条件、资料、时间以及索赔也做了明确规定。

为了解决资金问题，在讨论支付方式时，双方讨论拟用远期5年的信用证，F公司又与有关银行讨论接受M公司开出的5年信用证的可能性。银行提出了开证行的资格问题、担保问题和保险问题。M公司表示可以考虑中方银行提出的条件，并就资格、担保、保险等细节达成了协议。

资料来源　丁建忠.《商务谈判》教学指引［M］.北京：中国人民大学出版社，2003.

问题：

1）F公司与M公司对上述交易的合同文本结构应如何设计？

2）分析合同文本结构中条款或附件各属于什么种类？

3）应如何组织谈判以保证上述结构？

8.2　单元实践

A公司（买方）拟购买B公司（卖方）的一套设备。B公司提出的卖价为50万元，但保留价格为 35 万元，即只要高于 35 万元（含 35 万元）就愿卖出，且不愿失去此次卖出机会。A 公司给出的买价为 30 万元，但实际上认为 B 公司的设备可值 40 万元，只要低于 40 万元（含 40 万元）即愿购买，且也不愿失去此次购买机会。

谈判中，双方对彼此的价格临界点当然并不知晓。

要求：

1）画图表示双方价格谈判的讨价还价范围。

2）分析双方需求、地位和实力、价格谈判策略等因素可能导致的各种谈判结果。

3）根据上述图示和各种谈判结果的可能性，撰写一份分析报告。

第三编　商务谈判艺术

　　本编论述商务谈判的艺术技巧，包括：第9章，商务谈判策略，主要介绍依据商务谈判进程，谈判对手的地位、作风、性格等选取的应对策略；第10章，商务谈判沟通，着重探讨商务谈判中的语言沟通、行为语言沟通以及文字处理；第11章，商务谈判礼仪与礼节，分别说明商务谈判人员的基础礼仪、商务谈判中的礼仪；第12章，国际商务谈判，重点考察中西方主要国家的商务谈判风格。这一部分表明掌握商务谈判艺术是增强谈判者能力之必需。

第 9 章

商务谈判策略

学习目标 ◐

通过本章学习，你应该达到以下目标：

知识目标：了解商务谈判策略和商务谈判风险的含义；理解商务谈判策略构成要素和特征，熟悉商务谈判风险的类型；认识商务谈判策略的作用。

技能目标：学会识别商务谈判策略的类型；学会根据商务谈判进程，谈判对手的地位、作风和性格类型选择相应策略进行谈判；学会规避谈判中的重大风险。

能力目标：具有熟练选择商务谈判策略，并根据对谈判具体情况的分析与判断，准确选择和运用相应谈判策略的能力；具有分析谈判风险和规避风险的能力。

引例 @　　　　　　　　大华公司袁副总的谈判策略

大型商业综合体——天乐城——招商顺利，正在进行全面装修，拟采购大宗家具。经业内人士介绍，初步确定购买大华公司尚典板材系列产品。星期一，天乐城总经理助理方先生告知大华公司，两日后前往洽谈。

星期四上午9时许，方先生等3人到达，大华公司袁副总经理率有关人员热情迎接。寒暄后，袁副总引导方先生等参观了公司产业园区及板材系列产品生产线，详细介绍了板材品质、工艺、特点、服务等，并来到公司产品陈列厅参观了尚典系列产品的各式样品以及获得的各种荣誉证书，还向客人介绍了公司建立10年来有关产品开拓、用户反馈及公司发展等方面的情况。随后，大家步入会议室小憩、座谈。

午休后，洽谈正式开始。不到两个小时，谈判顺利结束，双方合影留念后，方先生带着草签的合同及各种产品订单信心满满地与袁副总握手告辞。

前几章分别探讨了商务谈判的准备、过程、价格谈判以及签约问题，目的在于对商务谈判实务有比较全面的认识和把握，做到商务谈判工作的有序性，以此有效地实现自己的谈判目标。

谈判目标的实现绝不是刻板的、机械式的。作为谈判者个体的人是有情感的，在工作中应讲求艺术。而艺术化的策略是谈判双方或多方聪明智慧的无声竞赛，许多策略也是实现商务谈判目标的润滑剂。本章所要探讨的不同类型的谈判策略就是为实现谈判目标服务的。

9.1 商务谈判中的策略

9.1.1 商务谈判策略与商务谈判战略

1）商务谈判策略的含义

商务谈判是"合作的利己主义"的过程。在这个过程中，参与谈判的双方或多方都要为自己获得尽可能多的利益而绞尽脑汁。谈判人员可能会根据有关情况，或显示自己的智慧，或摆出自己的实力，或借助天时、地利以及经过思考选择的方法、措施来开展谈判。谈判是一种复杂的智力竞争活动，谈判高手无不借助谈判策略的运用来显示其才华。因此，谈判策略选用是否得当、能否成功，是衡量谈判者能力高低、经验丰富与否的主要标志。

什么是商务谈判策略呢？

尽管这是一个很常用的名词，但迄今为止，学术界对这个词还没有形成统一的被大家都公认的表述。我们认为，**商务谈判策略**是对谈判人员在商务谈判过程中为实现特定的谈判目标而采取的各种方式、措施、技巧、战术、手段及其反向与组合运用的总称。在具体的谈判过程中，商务谈判策略包含两层含义：参加商务谈判人员的行为方针和他们的行为方式。

商务谈判策略是一个集合概念和混合概念。一方面，它表明，商务谈判中所运用的单一方式、技巧、措施、战术、手段等都只是商务谈判策略的一部分。对于策略，谈判人员可以从正向来运用，也可以从反向来运用；既可以运用策略的一部分，也可以组合运用多个部分。另一方面，它还表明，商务谈判中所运用的方式、战术、手段、措施、技巧等是交叉联系的，难以再深入分割与分类。

多数商务谈判策略是事前决策的结果，是科学制定策略本身指导思想的反映，也是谈判实践的经验概括，它规定谈判者在一种能预见和可能发生的情况下应该做什么，不能做什么。谈判中所采取的许多策略，都要经历酝酿和运筹的过程。酝酿和运筹的过程，也是集思广益的互动过程。只有经历这一过程，才能选择准确、恰当的商务谈判策略。

2）商务谈判战略与策略

有时，我们还会用"商务谈判战略"一词。那么，商务谈判战略和策略究竟是怎么回事呢？

商务谈判战略是相对于商务谈判策略而言的。一般说来，商务谈判战略又称为商务谈判宏观策略。它是指实现谈判总目标的原则性方案与途径。其目的主要是获取谈判的全局利益，实现谈判的长远利益。商务谈判战略具有完整性、层次性、阶段性、相对稳定性等特点。

商务谈判策略又称为商务谈判微观策略，是完成或实现商务谈判战略的具体方案、手段、战术的总称。实施商务谈判策略旨在赢得局部的或阶段性的利益。有时，实施商务谈判策略，可能会暂时失去某些局部的利益，以服从整体利益和总体目标的需要。它具有派生性、单一性、应变性和针对性等特点。

商务谈判战略和商务谈判策略仅仅是一种理论上的区别。在谈判实践中，它们既对应存在又相互转化。应该注意的是，无论商务谈判战略还是策略，都不是谈判的最终目标。从一定意义上讲，它们都是解决问题的方式、方法。

9.1.2 商务谈判策略的构成要素

任何事物都有其特定性。这种特定性正是由诸要素所构成的特有的质的规定性。商务谈判策略的质的规定性包括其内容、目标、方式和要点等四大方面。

1）策略的内容

商务谈判策略的内容是指策略本身所要解决的问题，是策略运筹的核心。在商务谈判中，价格谈判策略本身所要解决的问题就是产品或服务的价值及其表现的认定。

2）策略的目标

商务谈判策略的目标是指策略要完成的特定任务，表现为谈判本身追求什么、避免什么。在商务谈判中，价格谈判的目标表现为特定数量的多收益、少支出。

3）策略的方式

商务谈判策略的方式是指策略表现的形式和方法。比如，商务谈判中的价格让步策略，其采取的"挤牙膏"战术，就是一种典型的达到自己谈判目标的方式、方法。

4）策略的要点

商务谈判策略的要点是指实现策略目标的关键点之所在。例如，谈判中的价格让步策略，运筹它的关键在于"让步"的学问和技巧。把握和运用好让步的"度"是运用好这一策略的关键点。

需要注意的是，有的策略的要点不止一个。比如，"出其不意"这一策略的要点就有两个：一个是"快速"，以速制胜；另一个是"新奇"，以奇夺人。

除上述四个主要的构成因素外，商务谈判策略的构成因素还包括策略运用的具体条件和时机。

9.1.3 商务谈判策略的特征

商务谈判策略不仅有其质的规定性，还有其独有的特征。这些特征是在长期的商务谈判实践经验和教训的基础上总结、概括出来的。其主要有：

1）针对性

商务谈判是一种针对性很强的活动。只有谈判双方或多方为了满足某种需求才会坐到一起来交流、沟通和磋商。在商务谈判中，任何策略的出台都有其明显的针对性。它必然是针对谈判桌上的具体情形而采取的谋略和一系列举措。

在商务谈判中，谈判人员一般主要针对商务谈判的标的或内容、目标、手段、人员风格以及对方可能采取的策略等来制定己方的策略。有效的商务谈判策略必须对症下药，有的放矢。在商务谈判中，卖方为了卖个好价钱，一般会采取"筑高台"的策略，实施"喊价要高"的战术。针对这种情况，买方往往采取"吹毛求疵"的策略，实施"还价要低"的战术予以应对。策略与反策略的运用是商务谈判策略针对性最明显的体现。

2）预谋性

商务谈判策略集中体现了谈判者的智慧和谋略。从一定意义上讲，商务谈判策略是谈判人员集体智慧的体现。在谈判中，策略的运用绝不是盲目的。无论遇到什么样的情况，出现何种复杂的局面，选择和使用什么样的应对策略，谈判人员事先已经进行了商讨与筹划。策略的产生过程就是策略的预谋过程。

商务谈判策略的预谋性，既反映了谈判人员对主客观情势的分析、评估和判断，又在一定程度上检验了商务谈判调查情况的真实性和准确性。通常，谈判实战之前的模拟谈判，会修正商务谈判策略预谋的准确程度。在商务谈判中，如果没有事先筹划的应对策略，一定会处处被动，措手不及，只有招架之功，没有还手之力。

3）时效性

几乎所有的商务谈判策略都有时间性和效用性的特点。一定的策略只能在一定的时间内产生效用或使效用最大化，超过这一特定的时间，商务谈判策略的针对性就会发生变化。

商务谈判策略的时效性表现在：

①某种策略适合在商务谈判过程中的某个阶段使用。通常，疲劳战术比较适合对远距离出差的谈判者使用，或大多在谈判进程的初期或签约阶段使用。

②在特定的时间之前使用。例如，最后通牒策略规定了具体的日期和时刻。在商务谈判中，对报盘之类的时间规定，也属于这种情况。

③在特定的环境中使用才有预期的效果。这与商务谈判策略的针对性是一致的。

4）随机性

在商务谈判中，无论考虑得多么周密，方案计划得多么详细，都会因时因地因环境而使一些事先谋划的策略不产生任何意义，即不会产生预期的效果。在这种情况下，商务谈判人员必须根据谈判的实际情况、过去的经验和现时的创新随机应变，采取适当的策略来解决实际的问题。在这里，策略的随机性是从应用的角度来说的。

策略的产生与应用，是一个动态的依赖时空变化的随机过程，需随时吸收信息，及时做出反馈，调整谈判策略。当谈判无法深入时，可以采取"制造僵局"的策略。

随机性是指根据谈判过程的具体情况，改变策略表达的方式或做法。它丝毫不表示要彻底改变商务谈判事先确定的谈判目标。谈判策略必须服从于谈判的目标，策略是实现目标的手段。谈判人员应牢记"敌变我变，以不变应万变"。

5）隐匿性

在具体的商务谈判实践中，谈判策略一般只为己方知晓，而且要尽可能有意识地保密。这就是商务谈判策略使用的隐匿性特征。

隐匿己方策略的目的在于预防对方运用反策略。在商务谈判中，如果对方对己方的策略或谈判套路了如指掌，对方就会在谈判中运用反策略应对自如，处于主动的地位，反而对己方不利。

6）艺术性

艺术性特征是从隐匿性特征衍化而来的。商务谈判策略的运用及其效果必须具有艺术性。一方面，策略的运用要为自己服务，为实现己方的最终目标服务；另一方面，为了使签订的协议能保证履行，还必须保持良好的人际关系。人际关系好坏是判断商务谈判成功与否的标准之一。

尽管许多商务谈判策略有相对稳定的要点或关键点，但是艺术地运用这些策略确实能体现出谈判人员水平的高低、技巧的熟练程度，以及运用是否得当等。

7）综合性

前面已经论述，商务谈判策略是一种集合和混合的概念，它包括了在商务谈判过程中对谈判方式、战术、手段、措施、技巧等的综合运用。迄今为止，还没有发现单一性很突出的商务谈判策略，因为商务谈判是一种复杂的心理过程，是一种纷繁的经济现象和社会交往现象，需要我们从客观实际出发，从不同的角度用不同的眼光去看待和思考策略、运用策略。

9.1.4 商务谈判策略的作用

充分认识和把握商务谈判策略的特征，有助于谈判人员在实践中灵活有效地谋划策略、运用策略。迄今为止，我们还没有见到或听到有谁否认商务谈判策略在实践中的积极作用，但有相当一部分参加过商务谈判的人，难以条分缕析地说清楚、道明白商务谈判策略具体有哪些作用。

1）得当的商务谈判策略是实现谈判目标的桥梁

谈判双方或多方都有明显的需求，彼此都很乐意坐在同一张谈判桌上，但是，他们之间的利益要求是有差别的。如何来弥补这种差别，缩短与目标的距离呢？需要谈判策略来起桥梁和基础作用。在商务谈判中，不运用策略的情况是没有的，也是不可想象的。策略本身可以促进或阻碍谈判的进程，即运用得当的策略可以促进交易尽快达成，运用不当的策略在很大的程度上起副作用或反作用，延缓或阻碍目标的实现。

2）商务谈判策略是实现谈判目标的有力工具和利器

我们把商务谈判策略看作一种"工具"和一种"利器"，是为了让谈判人员认识它、磨炼它、灵活地运用它。工具各式各样，各有不同的用途。如果商务谈判人员拥有的工具多、选择性大，则容易出精活、细活。俗语说："手艺妙须家什好。"在商务谈判中，如果谈判人员拥有的策略仅仅只有几招，就容易被竞争对手识破，也就难以顺利地实现自己的目标。一般说来，谈判高手能够在众多的谈判策略中选用适合的策略来实现己方的目标，因此商务谈判人员掌握的策略应该是"韩信点兵，多多益善"，多注重平时积累。

谈判各方的关系并不是敌对关系，彼此之间的冲突多为经济冲突和利益冲突，各方都会竭尽全力来维护自己的利益。因此，了解并正确选择适当的谈判策略，借助这种有利的工具和利器，可以维护自己的权益。这是正常的、光明的"取胜之道"。

3）商务谈判策略是谈判中的"筹码"和"资本"

在商务谈判中，参与谈判的各方都希望建立己方的谈判实力，强化己方在谈判中的地位，突出己方的优势，而要建立自己的谈判实力，必须有谈判的"筹码"和"资本"，要拥有谈判的"筹码"和"资本"，必须既做好己方充分的准备，又对对方有足够的了解，做到知己知彼。掌握了较多的"筹码"和"资本"之后，就会成竹在胸，灵活自如地运用各种策略。

4）商务谈判策略具有调节、调整和稳舵的作用

在商务谈判过程中，为了缓和紧张的气氛，增进彼此的了解，有经验的谈判者会选用一些策略来充当"润滑剂"。比如，在谈判开局阶段通过彼此的问候、谈论一些中性的话题来调节气氛。在大家比较累的时候，采取场外娱乐性策略来增进了解。当谈判出现僵局的时候，运用化解僵局的策略来使谈判继续进行等。当谈判偏离主题的时候，会借用适当的策略回到正题，避免局部问题偏离大的方向，避免走弯路。在商务谈判中，如果方向掌握不好，误入歧途，谈判将达不到目的，既耽误时间又浪费精力。因此，商务谈判策略能起"稳舵"的作用。

5）商务谈判策略具有引导功能

商务谈判的各方都是为了己方的利益，初一看，谈判各方彼此是对立的，其实，仔细分析会发现彼此在一条船上。既然在一条船上，如果破釜沉舟，对谁都没有好处，大家都会被淹。与其如此，不如齐心协力，增强船的抗风险能力，同舟共济，利益共享。把蛋糕做大了，分蛋糕的人得到的实惠就更多。高明老练的谈判人员在商务谈判过程中经常会借助各种策略，引导并提醒对方"现实一点，顾大局、识大体"，大家同是"一条船上的人"，彼此应该在各自坚持己方目标利益的前提下，共同努力，把船划向成功的彼岸。所以，商务谈判策略被理解为引导谈判顺利发展的航标和渡船。

虽然商务谈判策略是制约谈判成败得失的一个重要砝码，但并非所有的商务谈判策略都同时具备上述作用和功能。而且，同一策略在不同的环境下运用，其作用也有差异。不过，从所有的商务谈判策略显示的作用看，上述作用是主要的。

9.1.5　商务谈判策略的类型

不同的商务谈判策略具有不同的特点和作用，为此，更深入地了解商务谈判策略类型的知识，将有助于商务谈判人员较为准确、合理地选用针对性更强的策略。

据不完全统计，全世界不同民族运用的商务谈判策略有上千种之多，策略与策略之间又交叉运用，谈判实例丰富至极。专家、学者往往从自己研究的视角出发，概括和总结出许许多多的商务谈判策略类型。在此，我们介绍几种主要的和常见的分类策略。

1）个人策略和小组策略

根据谈判人员组成规模的不同，谈判策略分为个人策略和小组策略。这种划分方法是由美国学者拉塞尔·B.萨闪教授提出来的。

个人策略是指单个谈判者面对面进行谈判时所运用的策略。拉塞尔·B.萨闪认为谈判归根结底是一项涉及交换意见、说服对方和解决问题的个人活动。为了在谈判中更好地为自己效力的机构工作，必须首先提高个人的谈判能力。个人在与对方进行谈判时，自己感觉到身份地位、实力或许与对方是平等的，或许自己处于一种劣势或优势时，怎么办？尊重对方，细致分析，并选用意见交流沟通策略、情绪策略、僵局策略、提防卑鄙手段策略等。

小组策略是指进行集体谈判时所选用的策略。小组代表的是一个集体。每个成员代表的是集体的利益。无论大型谈判还是小型谈判都是如此。与单个谈判者相比，小组谈判需要调动更多的专业人员，需要将许多谈判任务和职责分配给谈判小组成员。小组策略包含了全部个人策略。除此之外，必须注意人员组合与规模策略、文化策略、意见交换渠道策略。

这种把策略分为个人策略和小组策略的方法，指明了个体谈判者和集体谈判者选用策略的差异性，为谈判的准备和组织提供了非常重要的参考依据。

2）时间策略、权威策略和信息策略

根据影响谈判结果的主要因素来筹划谈判策略并进而划分其类别，自然而然就把谈判策略分为时间策略、权威策略和信息策略。最早提出影响谈判结果主要因素的人是美国谈判学家荷伯·科恩。他在《人生与谈判》一书中认为，影响谈判结果的因素主要有时间（time）、权威（power）、信息（information）。在荷伯·科恩的著作中，他建议谈判策略的制定、分析和选择都要围绕时间、权威和信息三大因素来进行。

3）姿态策略和情景策略

根据谈判人员在谈判过程中的态度与应对姿态，将谈判策略分为姿态策略和情景策略。这种划分是由英国谈判学家P.D.V.马什在其1971年出版的《合同谈判手册》（Contract Negotiation Handbook）一书中提出来的。

（1）姿态策略

所谓姿态策略，是指在谈判过程中，谈判各方采取的旨在应对对方姿态的一种主观性策略。其作用在于创造有利于己方的谈判气氛，借助主观姿态来影响谈判的进程或结果。姿态策略有两个特征：一是针对性。它必定针对对方在谈判中的某种姿态采取一定的策略。二是传递性，即借助于这一策略向对方传递己方的主观姿态信息。诸如情绪爆发、制裁措施、微笑路线等，均是典型的姿态策略之运用。

姿态策略又分为积极姿态策略和消极姿态策略两种。旨在影响对方做出有利于己方，或向对方强调如其行为能与己方合作定会获利的策略，属于积极姿态策略。积极姿态策略的特点是正面鼓励或引导。为了防止对方做出不利于己方的行动和表现而采取的策略，属于消极姿态策略。消极姿态策略的特点是否定姿态，行为报复。这两种策略所包含的内容是完全对立的，但在谈判实践中，它们又往往被结合起来使用。如软硬兼施、刚柔相济、红脸白脸等，均属此类策略之运用。

（2）情景策略

马什认为，"就像打桥牌时使用一套叫牌规则一样"，情景策略是指在某些特定情况下为取得某些利益所使用的特定手法。在价格谈判中的"筑高台"和"扒高台"的套路，均属此类策略。

情景策略具有相对固定性和明确性两大特点。相对固定性是指在特定情况下应对对方或处理问题的特定手法形成了一种带有规律性的套路，这些套路犹如下棋用的棋谱和武术的路数，是人们在长期的智力角逐和实践中总结出来的规律性经验。明确性是指情景策略的固有性。正因为它的固有性，所以谈判各方心照不宣，应对一方早已有所准备，犹如中国象棋的"当顶炮""把马跳"。

情景策略又分为攻势策略和防御策略两种。前者旨在强化己方优势，保持己方的主动性。后者旨在维护既有地位和利益，应付对手进攻。马什认为，这两种策略都与主动性有关。防御性策略还是发动反击的跳板。他不主张纯粹的防御性策略，认为这种策略不可取。这是因为防御性策略会拱手让对方不断地将攻势从一点转移到另一点，以搜寻防御中的弱点，而任何防御都不是完美无缺的，最后总会有一个弱点被发现，使对方可以集中力量进行攻击。"提问"策略既可能是进攻性的，又可能是防御性的，关键在于谈判人员的把握。

4）速决策略和稳健策略

从实现目标的速度和风格来分，商务谈判策略可分为速决策略和稳健策略。这种分类方法最早见于山东青岛牟传珩先生所著的《再赢一次》。

速决策略是指在谈判中能够促进快速达成协议，完成谈判任务的一些策略。速决策略的特点是：时间较短，目标设置不高，在让步方法上果断诚实，一步到位，谈判效果较好。

稳健策略是指在谈判中用来与对方持久磋商，在相对满意的情况下达成协议的策略。稳健策略的特点在于，时间较长，目标设置较高，做出让步时富有耐性、稳健，但有一定的风险。

速决策略和稳健策略是相辅相成的一对策略，但反映了两种完全不同的谈判思想。通常，谈判人员在谈判的最初阶段就会表现出他们将采用速决策略还是稳健策略。例如，在贸易谈判的发盘与还盘问题上，如果卖方提出了无须与对方讨价还价就会被接受的发盘，或者买方未经否定就接受了对方的发盘，他们在谈判指导思想上采用的就是速决策略。相反，如果卖方提出了具有很大伸缩性、需长时间讨价还价才能达成协议的发盘，或者买方不轻易接受卖方的发盘，那么他们采用的就是稳健策略。

在谈判实践中，采用速决策略好还是稳健策略好呢？各有利弊！这种利弊主要表现在谈判的让步方法上。速决策略可以节省时间，提高谈判效率，但谈判的目标不高；稳健策略有可能在谈判中赢得更多的利益，但要付出较多的时间和投资，增大直接成本和机会成本，而且可能失败。"切香肠"就是这样的一种策略。

亨利·基辛格在总结"色拉米香肠"式的谈判策略时指出："像切香肠一样，把他们的香肠切成小片，切得越薄越好。这种方法给人以虚假的印象，好像很强硬。由于双方都不知道哪个是最后的一片香肠，因而双方都等着瞧，这样就进一步拖长了谈判时间。由于双方消磨了过多的时间、精力，都志在必得，压力也就不可避免地越来越大，这样也就容易使谈判者发火，超出了慎重的界限。"

5）进攻性策略和防御性策略

根据攻击的主动性程度，可以将商务谈判策略分为进攻性策略和防御性策略。

进攻性策略是指谈判人员在谈判中采取的具有较强攻击性，取得谈判优势和主导地位的策略。这类策略的特点是主动进攻，态度强硬，难以让步。先声夺人、出其不意、车轮战术以及比尔·斯科特的"以战取胜"等都属于典型的进攻性策略。

防御性策略是指谈判人员在谈判中不主动进攻，采取防守或以守为攻的策略。这类策略的特点是以逸待劳，态度软弱或软中带硬。如"权力有限"策略就是比较典型的以防为进的策略。

这种划分看上去是比较绝对的，但在具体的谈判过程中，谈判策略会呈现出亦攻亦守或亦守亦攻的特征。在多数情况下，谈判策略都有攻守的成分，比如试探性的"问题"策略，到底发问的人是攻还是守，或者攻守兼有，只能根据具体的谈判情景来判断。

6）回避策略、换位策略和竞争策略

根据谈判过程中冲突的情形来划分，可以把谈判策略划分为回避策略、换位策略和竞争策略。

回避策略是指以避免正面交锋或冲突的方式来缓解谈判难题，赢得谈判目标为特色的策略。谈判的真谛是求同存异，必要的、恰当的妥协或回避正是赢得利益的手段。回避就是为了实现谈判目的而以退为进。常用的回避策略主要有以柔克刚、以退获利、模棱两可等。

换位策略是指谈判人员从对方的角度来考虑彼此的利益与需要而采用的有关策略。谈判的实质是谈判人员之间进行价值评价与价值交换。换位策略就是谈判人员通过分析，来满足谈判各方彼此需要与利益的技巧与措施。常用的谈判策略有偷梁换柱、循环法则、记分法、换位法和"稻草人"策略等。换位策略也是避免正面冲突的策略。

竞争策略是指在多角谈判或面对潜在对手威胁的情况下，通过运用竞争机制或破坏竞争机制的方式进行谈判的策略。采用竞争策略的谈判各方，其冲突不可避免，但他们冲突的激烈程度及表现方式是不同的。通常采用的竞争策略主要有货比三家、联合取胜、制造竞争、抛放低球、渔翁得利等。

7）喊价策略和还价策略

根据在价格谈判中讨价和还价所运用的策略，可以把谈判划分为喊价策略和还价策略。

在价格谈判阶段或谈判的实质性阶段，讨价还价不可避免，一方肯定会报价，另一方必然会对报价做出反应（还价）。顾名思义，**喊价策略**是指谈判人员报价的策略；**还价策略**是指谈判人员针对先前对方的报价而采取的谈判策略。在实际谈判中，报价和还价要反复出现多次才能取得一致，所以报价和还价会在谈判中形成一个连续的过程。讨价还价常用的策略有筑高台、吹毛求疵、欲纵先横、抬价策略等。

讨价还价与谈判不是一个等同的概念。讨价还价只是谈判过程中的一个环节或一个重要组成部分。不少人错误地把这两个概念等同起来。比如，技术细节商谈属于技术谈判，它并不是商务谈判中价格上的讨价还价。即使技术谈判中使用了讨价还价的说法，其真正的含义是分清彼此承担的责任和义务，为后续的真正意义上的讨价还价奠定基础。

8）单一策略和综合策略

根据谈判策略使用的数量或类型，可以把商务谈判策略划分为单一策略和综合策略。

单一策略是指谈判人员在谈判过程中使用一个策略或一类策略。特别是在推销数量很少的日用消费品时，单一策略的运用是比较常见的。通常，在自己比较占优势、占主动的情况下，选用一个策略或全为"以战取胜"这类的策略就属于这种情况。

综合策略是指谈判人员在谈判过程中使用多种或多类策略。在时间较长、谈判议题较复杂的谈判中，往往会选用多种策略或不同类型的策略。比如，为了达到目的，既可能选用进攻策略，也可能选用防御策略；既可能选用速决策略，也可能选用稳健策略。

在谈判实践中，绝大多数的情况是采用综合策略。在复杂多变的当今社会，单一策略很难达到既定目标，不过，综合策略是由单一策略构成的。在学习和实践中，必须对单一策略的原理、方法、关键点给予足够的重视。

9）传统策略和现代策略

根据策略产生的时间，谈判策略可以分为传统策略与现代策略。

我国谈判学界以20世纪80年代为分界线，把在此之前产生的谈判理论和策略称为传统谈判策略，在此以后产生的谈判理论和策略称为现代谈判策略。

20世纪80年代，美国哈佛大学出版了一套谈判学丛书。该丛书系统介绍了谈判学的基本内容。这套书的主编罗杰·费希尔和副主编威廉·尤里合著的《谈判技巧》（Getting To Yes）是丛书中的一本。该书以通俗的语言、生动的事例分析评述了传统谈判策略的弊端，指出了谈判的基本要素，提出了简明实用、有效易行的谈判理论和策略，即后来获得社会各界一致好评的哈佛原则谈判（Principled Negotiation）。有关传统谈判策略和原则谈判策略的主要内容、特征及区别，在下节再详细阐述。

上述谈判策略的划分都是理论性的。在谈判实践中，同一谈判策略可以被归入不同的类。不同类型的谈判策略有可能是在同一理论基础上产生的。有些谈判策略彼此还可能是矛盾的或冲突的。当然，除上述归类外，还有些策略比较难归类，比如，方位策略、诱惑策略、数字策略、语言运用策略等。

我们认为，世界上没有一套适合各种复杂情况的万能策略模式。只有把这种或那种策略恰当地置于某种特定的情况之下，才能在商务谈判中占据主动，取得积极的效果。应该相信：谈判人员永远没有现成的、固定的、成竹在胸的策略与方法去应付所有的谈判！

9.2 商务谈判进程应对策略

如第5章所述，商务谈判过程可以划分为不同的阶段，比如开局阶段、磋商阶段、结束阶段。在不同的商务谈判阶段，谈判人员总会选择一些略带明显的、主导性的策略，制定不同的谈判策略。当然，由于商务谈判涉及的问题复杂多变，在谈判过程中，谈判人员往往把多种策略同时综合运用。

在这里，我们依据开局阶段、磋商阶段和结束阶段的划分，介绍一些谈判进程的应对策略。需要说明的是，在现实的谈判过程中，相同名称的策略可以运用在不同的阶段，需要谈判人员灵活运用。

9.2.1 开局阶段策略

谈判开局是商务谈判过程的起点。开局的好坏在很大程度上决定着整个谈判进一步发展的状况与前途，谈判人员应给予充分的高度重视。

任何谈判都是在一定的氛围中进行的。谈判人员的首要任务就是积极创造和谐的谈判气氛，其次是运用自然的话题转入实质性的谈判阶段，最后是向对方陈述自己的观点、立场，同时注意观察和推测对方的意图。

开局阶段策略的选择需要考虑多方面的因素。首先，应考虑谈判双方的关系。如果彼此过去有往来，关系较好，那么这种友好关系应该作为双方谈判的基础。在这种情况下，开局阶段的气氛应该是友好的、热烈的、真诚的、轻松愉快的。开局内容的选择可以回顾过去的友好交往，寒暄之后转入谈判正题。如果没有交往，或曾经有交往但没有成功业绩，也需要根据具体情况创造良好的谈判氛围。其次，考虑双方谈判人员个人之间的关系。谈判虽然多为群体行为，但它需要通过个体之间的相互交流来进行。如果双方人员有交往接触，并结下友谊，可以选择在开局阶段畅谈友谊。一旦彼此建立和发展了私人感情，那么提出要求、做出让步、达成协议就不是一件太困难的事。最后，考虑双方的谈判实力。实力不同，可以考虑不同的策略。本章的后面将做专门介绍。

开局阶段常见的策略举例：

1）留有余地策略

这种策略实际上是"留一手"的做法。它要求谈判人员对所要陈述的内容留有余地，以备讨价还价之用。

从表面来看，这种策略与开诚布公相抵触，但也并不是绝对的。两者的目标是一致的，都是为了达成协议，只是实现目的的途径不同而已。不可忽视的是，留有余地的策略如何运用要因人而异。一般来说，在不了解对手的情况下或开诚布公失效之际适用。其他情况下切忌使用，以免造成失信。

2）开局陈述策略

在任何商务谈判中，开始的陈述都非常重要，它往往决定谈判的整个基调。

开局陈述主要包括向对方叙述自己的观点和立场。它要求陈述的内容应言简意赅、诚挚友好，因为诚挚陈述的开局一般会得到良好的反应，言简意赅的陈述容易让对方把握要领，尽快切入主题，避免在枝节问题上纠缠。在听清对方基本观点后，另一方就可以谈自己的观点了。在发言中应保持其意图原貌，不受对方适才发言的影响。

对于开局陈述自己的意见，有两种不同的看法：

一种看法认为应抓住机会抢先发言，以争取谈判中的主动，并为未来谈判定方向。抢先发言有很多优点，例如可占先入为主之利，宣扬自己的观点和论据，并对谈判过程进行必要的暗示，还可以对对方的目标进行影响，告诉对方我方已摸清"敌"情。此外，抢先发言在心理上占有优势。

另一种看法是，谈判开始应保持沉默，迫使对方先发言。沉默是谈判中的一个重要技巧。从国际商务谈判的实践看，大部分美国人较难对付这种技巧，美国人难以忍受沉默寡言，在死一般的沉静之中，他们会不安、忙乱，最后开始唠叨起来，这种策略主要是给对方造成心理压力，使之失去冷静，发言就可能言不由衷，泄露许多对方急于获得的信息，同时还会干扰他们的谈判计划。

开局陈述的时机应根据不同的对手、自己的实力和市场需求情况相机而定。如果谈判双方都不肯先发言，致使开局出现冷场，在这种情况下，谈判的东道主应有主人的风度，以热情友好的态度先讲话。

3）察言观色策略

谈判对手的性格、态度、风格以及经验等情况，是借助他的言谈举止来体现的。通过对对方的目光、手势的观察，可以判断谈判人员的态度和意向，进而确定其他谈判策略。例如，在开局之初谈判对手就瞻前顾后、优柔寡断，显然他是位犹豫型的谈判代表。又如，如果对方一开始就从容自若、侃侃而谈，设法调动起对方的谈判兴趣，或是巧妙地谈些中性话题，或是旁敲侧击、想方设法探测对方的实力和谈判人员的兴趣、爱好，那么很显然，他肯定是位行家里手。

除上述策略外，在谈判开局阶段还可以选择掌握议程、未雨绸缪、投石问路等策略。

9.2.2　磋商阶段策略

磋商阶段是商务谈判的实质性阶段，是谈判双方竞智斗脑比实力的阶段。谈判策略的复杂性在这个阶段体现得最充分。

1）报价策略

这里所说的报价是指向对方提出自己的所有要求。在谈判中，报价和还价是整个谈判过程的核心和最重要的环节。在报价与还价的关系中，报价又是还价的基础。谈判人员必须遵守一定的原则。比如，报价态度要坚定；报价的表述要清楚；对报价不解释、不说明；供方的报价策略是"喊价要高"，需方的报价策略是"出价要低"。

（1）"喊价要高"的含义及作用

①高报价给己方的要价规定了一个最高标准。报价一经抛出，一般来讲，己方就不能再提出更高的要价了。对方也不会接受比此更高的价格。

②高报价为对方提供衡量和评价己方条件的尺度。

③高报价为磋商留有余地。在商务谈判过程的还价阶段，高报价是很有用的交易筹码。

④一般情况下，高报价会获得较多的回报。

⑤采用这个策略，谈判人员一开始就能削弱对方的信心，同时还能乘机摸清对方的实力和立场。

（2）"出价要低"的含义及作用

与"喊价要高"的道理是相同的，但立场是相反的。商务谈判的实践表明：倘若供方喊价较高，就容易以较高的价格成交；倘若需方出价较低，就易以较低的价格成交。需要指出的是，无论是供方还是需方报价不能信口开河，漫天要价，盲目杀价。

任何一个报价要能讲出道理，否则会阻碍谈判的顺利进行。

（3）报价策略的制定

在商务谈判中，价格谈判占有突出重要的位置。制定报价策略的基本原则是不仅要考虑按报价所能获得的利益，还要考虑该报价能被对方接受的可能性。

①价值在先，价格随后。谈判报价时应先谈项目的价值，等对方对项目的使用价值有所了解以后，再谈项目价格问题。提出价格问题的最恰当的时间是对方询问价格的时候。这说明对方已对所提供的项目发生了兴趣，这时提出价格是水到渠成，可以减少谈判的阻力。

②价格分割策略。利用对方的求廉心理，将价格进行分割。它包括两种形式：用较小单位的价格报价和用较小单位的价格进行比较。

③价格比较策略。比较可以从两个方面来进行：一是将所谈项目的价格与另一种可比项目的价格进行比较，突出相同使用价值的不同价格；二是拿己方所谈项目的各种附加服务与其他可比项目进行比较，突出相同的价格的不同使用价值。

④价格差异策略。同类、同质产品因它的流向、客户需求急缓程度、购买数量、购买时间、付款方式不同会形成不同的购销价格。一般地说，对于老客户或大批量需求的客户，价格可适当打折扣，以建立稳定的需求。对于新谈判对手，有时为了扩大市场面或挖掘潜在需求，亦可给予适当优惠。

2）还价策略

这里的还价泛指谈判双方针对对方的报价和策略而使用的反提议和相应对策。还价策略很多，举例如下：

（1）摸清价格虚实策略

在还价阶段弄清对方报价的虚实，是谈判人员在还价过程中首先要解决的问题。

摸清对方报价虚实需要遵循一些基本的原则，包括：不要将任何事情视为理所当然，对报价内容都要进行调查；对缺少报价依据的提议要持怀疑态度；在询问调查中应主次分明，认清关键问题，不要被对方所迷惑。

在谈判一方拒绝提供与报价相关的资料的情况下，应采取摸清报价真相的策略。具体做法如下：强调按谈判的议事日程办事。在第一个程序未完之前，阻止进入下个程序；运用竞争的力量挤出真相；称赞对方的信誉和经营思想，以此迫使对方为我方的询问调查提供方便；动用国家的法律、政策向对方施加压力，了解真相；在没了解真相前延期成交。如果无法了解真相，谈判只好告吹。

（2）穷追不舍策略

穷追不舍策略用在还价中，常常是借助"假如……那么……"或是"如果……那么……"的问话来实现。这样的问话在谈判中往往很有效。例如，"假如我与你签订长期合同，那么你怎样让步呢？""假如我方让你在淡季或产品的衰退期接下订单，那么你会怎样？""假如我方向你提供技术咨询，那么你会给我方什么优惠？"对方对这些问题的回答往往会暴露他的底线或留下口实。

如何对付"穷追不舍"策略呢？有经验的谈判者在接到对方报过来的"假如……那么……"的问话时，总是仔细考虑后再给予答复。通常的做法是：不对"假如……

那么……"的要求马上估价；要求对方以承诺一些提议作为条件，才给予回答；反问对方是否马上签订合同；转移对方的注意力；用"我们都可以考虑一下"的回答拖延时间，以便充分考虑再做回答。谈判的实践表明，有效地运用"假如……那么……"的问话和破解，可以使谈判双方达成公平协议。

（3）吹毛求疵策略

在谈判的还价中，谈判一方为了实现自己的利益，专门对对方的提议或产品再三挑剔，提出一堆问题和要求，迫使对方在他身上先做一笔时间和精力的投资，最终争取到讨价还价的机会。如何对付"吹毛求疵"的策略呢？通常的做法如下：必须沉住气，因为对方的挑剔和要求，有的是真的，有的是虚的；遇到了真实的问题，要能直攻腹地，开门见山地和对方商谈；要学会运用大事化小、小事化了的技巧；对于无谓的挑剔或无理的要求要给予理智的回击；己方也可以提出某些问题来加强自己的议价力量。

（4）不开先例策略

当需方所提的要求使供方感到为难，供方可以运用这一策略来对付。不开先例策略的内容是：供方主谈人向需方解释清楚，如果答应了你的要求，对我来说就等于开了一个先例，这样就会迫使我今后对其他客户也提供同样的优惠，这是我方所负担不起的。谈判的实践表明，这种不开先例的策略，对于供方来说，是一个可用来搪塞和应付需方所提的不可接受要求的简便办法。

（5）最后通牒策略

当一方在谈判中处于有利地位，而双方的谈判又因某些问题纠缠不休时，一方可运用最后通牒策略。运用最后通牒策略必须慎重，因为它容易引起对方的敌意。人们运用最后通牒策略，总希望能够成功，那么具备什么条件才会使最后通牒成功呢？第一，送给对方的最后通牒的方式、时机要恰当。第二，送给对方的最后通牒的言辞不要太锋利。立场太"硬"的最后通牒容易伤害对方的自尊。第三，送给对方最后通牒的根据要强硬。第四，如果你能为自己的立场提出什么文件或道理来支持，那就是最聪明的最后通牒了。第五，送给对方的最后通牒的内容要有弹性。第六，最后通牒不要将对方逼上梁山，别无他路可走，应该设法让对方在你的最后通牒中选择出一条路。

（6）得寸进尺策略

这种策略是指在向对方索取东西时一次取一点，最后聚沙成塔。这一策略抓住了人们对"一点"不在乎的心理，所以在还价中很奏效。利用这一策略时，不要引起对方的注意。此外，运用这一策略的主谈人应具有小利也是利的思想。纵使是对方小的让步，也值得你争取。在整个谈判的过程中，小小的让步就对方而言或许算不了什么，但对你却是不同的，说不定对方的举手之劳能为你节省资金和时间。

【实例9-1】

玫瑰部落：商务谈判中的"超级女生"

组织：加拿大注册会计师协会、经理人杂志社

地点：广州绿茵阁

时间：1月7日14：00—16：00

嘉宾：梁慧枝，英皇卫浴有限公司总经理；庄飞，信诚人寿保险有限公司资深协理；方静辉，广东正源会计师事务所有限公司高级合伙人；刘颖，广州颐和集团有限公司副财务总监。

在风云变幻的谈判桌上，双方唇枪舌剑，犹如刀光剑影。谁都想尽快探知对方底牌，争取最大利益，掌握谈判主动权。在这场据理力争、高智商的商务谈判中，女性经理人究竟该如何"四两拨千斤"，以柔克刚，以软化硬，用智慧和柔术进退自如，攻守得当？在比拼企业实力的背后，女性经理人如何发挥商务谈判中的"超级女生"优势，把握时局，赢得主动？

柔术一：冷静处理问题

梁慧枝：我和老外谈判的情况会比较多，因为客户来自世界各地。总体而言，我认为老外对中国的卫浴产品是有一定歧视的，认为只要把订单给我们就已经非常恩惠了。遇到这样的谈判，我通常是自始至终保持冷静的态度。曾经有一个客户，给我下了100多万美元的单子，但价格已经低于我们所能接受的底线。关键不在于价格，而是对方的态度和气势。面对高高在上的对方，我采取的态度反而是委婉："不好意思，这个价格我还要考虑一下，但估计情况不会太乐观，因为我们卖的是品质。"最后这个客户一拍桌子站起身来就走了。两天后，他从欧洲飞回来，说一定要马上见我，我给他的回复是："抱歉，两三天后我才有时间。"后来，这笔生意以双赢的结果成交。在这场谈判中，虽然他想在气势上压倒我，但我并没有受到对方的影响，而是始终比较冷静，以从容委婉的态度去应对。

做生意，价格可以慢慢谈，但态度一定要诚恳，不要给对方太大的压力。在与客户谈判中，一开始，我往往会和客户先做朋友。其实第一次谈判是不太可能做成生意的，因为我们之间并不了解。所以，我比较注重的是一开始先不要谈价格，而是先了解对方的需求、当地行业的情况，他们产品的市场定位，然后才谈自己的公司和目前的客户。如果是三个小时的谈判，我可能会花两个小时来了解对方，然后再用最后一个小时介绍我们的产品和可以提供的服务与价格。我有一个客户，第一次来中国时，我们是他参观的第一家工厂。看完后，他马上要去下一家工厂，于是，我把手机借给他让他跟国外总部联系，并在非常忙碌的展销会期间，用自己的司机、自己的车把他送到竞争对手那里去。现在他跟我合作了三年，一直很愉快，而且是我最大的客户。

同时，当谈判陷入僵局的时候，女性的优势往往就得到了最鲜明的体现。我经常会在气氛尴尬时，拿一些其他话题来缓解，比如赞美对方今天穿的衬衣很漂亮，领带配起来很不错。其实男性很爱听这样的话，因为很少有人表扬他们，尤其是当面表扬，所以当你没什么话可讲的时候，不妨赞美一下谈判桌旁的男性，他们也是需要赞美的。

柔术二：站在对方的"鞋子"里面

庄飞：在商务谈判中，女性有自己天然的优势——直觉、细腻、敏感，最主要的是可以体会对方的感受。实际上，商务谈判并不是一场商战，不是说一定要把对方当对手，而是在谈判过程中，站在对方的角度去考虑，让自己站在对方的"鞋子"里面，这样的谈判结果往往会令双方愉快地接受。

我做财务工作时，曾夹在要求控制成本的总部与要求利润的会计师事务所之间。公司发展速度很快，一年的时间，整个规模就有很大增长。这个时候再要求会计师事务所与我们合作，价格肯定会有相应的增长，但是亚洲总部却要求其价格只能在一定额度内。因为和事务所有长期的合作，加上我以前有这方面的工作经历，所以我了解他们的工作量。夹在中间，如何平衡双方的利益？跟会计师事务所谈的时候，我当自己是他们的同行，尊重对方的自尊心及时间，同行之间谈起来会比较容易。在与他们的长期合作中，我一直保持尊重对方、信任对方的态度，所以他们知道我并不是故意及无理地要压他们的价格，我有我的难处，"因为公司要控制成本，你就看在多年合作的基础上，再降一点吧，我可以给你介绍一些其他业务，把这块补上"。

同时，我也要考虑总部的感受，尽量压缩成本。跟总公司谈的时候，我会提供给亚洲总部有关中国事务所的资料和报价，以及会计师事务所将要做的每一项工作、要去的每一个城市，我们的员工需要配合的事情等，让总部了解中国的人力成本并非外界想象的那样便宜，但是我会尽量争取，符合亚洲总部对于成本控制的要求。

退一步讲，我认为，就算谈判也不要总想着每次都要赢，而在赢的时候，更要保持低调及平和的心态。我过去的一位老师曾对我说，对待输赢，要把握好几个字：见龙在田，飞龙在天，亢龙有悔。脚踏实地做好基础的工作，现在的谈判对手也会是将来的合作伙伴，要着眼于长期合作关系的建立。

柔术三：平和心态

方静辉：会计师事务所和贸易行业是不一样的，这个行业技术性比较强，商务谈判与其说是一场谈判，不如说更多的是一种沟通和交流。当意见与客户不一致的时候，我们就要与客户坐下来，用自己的专业知识慢慢去说服他们来接受我们的意见。我们着眼的是诚信与专业水准、长期的合作目标。这个过程，女性切忌以强硬态度来沟通，而是要始终保持一种平和的心态，用柔和的态度去对待客户。

我的客户主要是外商投资企业和国有企业，有些项目来自境外的直接委托。境外委托人不太了解中国国情，加上不了解我们的服务和成本，总是认为我们的成本应该很低。如果是第一次合作的客户，整个专业水准就和我的谈判紧密相连，要让对方在第一时间感知我们的专业水准，因此我考虑的更多的是我们能不能提供相应的服务和专业知识，反而没有太多考虑利润这一块。毕竟大家第一次接触，都处于信息不对称的状态中，只能通过实操先进行尝试性的合作，一旦达成第一次合作，如果没有意外，就可以长期保持下去。果然，第一次合作，我们双方很愉快，第二年我们的整个报价就提上去了。

当然，客户选择永远是双向的，如果对方太激进，我们也会有所选择，只有大家的理念是吻合的，才会达成合作。

柔术四：以退为进

刘颖：女性在商务谈判中是有优势的，"以退为进"是较多使用的一种方式。由于所处行业的特点，我经历的谈判中，如果有十余人参加，经常就只有一两个人是女性。因此，女性就承担了缓和气氛、打破僵局的重任。发挥女性以柔克刚的性格优势，最好的办法就是以退为进。当谈判处于僵局时就需要退一步。我通常是，先告诉对方，由于该项目比较重要，拍板权在老板或是董事会手里，"这个问题我哪能做得了主啊！您看，老板给我的权限就到这里了"，有时候可以让老板背下"黑锅"，然后再退一小步，"要不这样，在××问题上，我尽力都您争取达到……"多数时候陷入僵局不是因为根本性的原则问题，而是面子问题，你一软下来，给了对方面子，对方也就软下来了，再一起吃饭聊聊天，气氛一缓和，往往就差不多了。

在谈判中不能只考虑自己的要求，而不让对方挣钱，所有的交易都是双赢的。刚参加工作时，在一次谈判中，我费力地把对方的价格压下来很多，但只合作到一半，对方就把合同撂下了，原因是越做越亏，我只能另选合作公司，反而浪费了人力、物力。从那次以后，我就得到一个教训：一定要给对方留余地，不能不让对方赚钱。

最近，我去外地谈一个项目，谈了三天，我们觉得对方条件苛刻，对方觉得我们没诚意，僵持不下。我想老待在那儿，没什么进度也不好，于是就跟对方说这次不谈了，我们先撤，同时把我们的条件和理由一条条列出来递给对方。从我的角度考虑，是否投资一个项目，一方面要考虑利润，另一方面还要考虑项目对公司品牌拓展或其他方面是否有帮助。后来，我们又通过各种渠道收集了更多更详细的资料，再跟他们谈的时候，每一个问题，我们都可以很详细地回答。单就项目而言，因为我们不是当地企业，且首次进入这个城市，成本方面肯定不占优势，我们是希望通过该项目在这个区域拓展品牌，扩大业务，看中长期发展；对他们而言，如果能引进像我们这样的企业，对当地房地产发展和招商引资是有一定好处的。所以，谈判双方看的并不仅仅是项目本身，更多的是双方后续的发展前景。结果是，一个月我去那个城市三次，待了近二十天，大家各让一步，给以后的合作留下一个空间。

另外，女性经理人还要掌握谈判的节奏，这个很重要。对于今天不谈下来明天就属于其他人的好项目，谈之前一定要清楚自己的底线（包括利润和未来发展），在可接受的范围内妥协让步，如果超出了底线，干净利落放弃，好项目总会有的，不要纠缠；而如果项目是我们眼中的璞玉、别人眼中的石头，就可以慢慢谈，衡量得失优劣。

资料来源　佚名. 玫瑰部落：商务谈判中的超级女生［EB/OL］.［2014-11-17］. http://www.china-qg.com/viewArticle.asp?ID=5353.

9.2.3　结束阶段策略

经过报价和还价阶段的反复磋商，克服了一个又一个的障碍和分歧，谈判双方都会不同程度地向对方发出有签约意愿的信号。在这一阶段促成签约的策略主要有：

1）期限策略

这一策略买卖双方都可以采用。供方利用期限的力量促成签约的方法有：存货不多，欲购从速；我们只剩下这么多货了，新的产品要过××时间才能生产出来；其他用户已等得不耐烦了；这个优惠价的截止日期是×××；如果现在还不签订合同，我们就无法按其规定的期限交工；唯有立刻订货，才能保证季节前到货；由于受某些因素的影响，若不尽快签约，以后难免遭受损失。

需方利用期限的力量促成签约的方法有：假如对方的某项条件不肯让步，我们只好另找门路了；我方来电催促，要求5天以内必须到货，否则就不买了；我们不接受××日期的订单；你先考虑，我去接待其他合作方；告诉对方这时成交效果最好。

2）优惠劝导策略

向对方提供某种特殊的优待作为尽快签订合同的鼓励。例如，采用打折扣、附送零配件、提前送货、允许试用等手段可促使尽快签约。

3）行动策略

假设主要问题已基本谈妥，谈判双方都可采用大胆行动，促成签约。如果你是需方可以拿起笔或向对方借一支钢笔草写协议，边写边询问对方喜欢哪一种付款办法。如果是供方可以边写边询问对方愿意将货物运送到哪个地点或仓库等。

4）主动提出签约细节策略

谈判一方主动向对方提出协议或合同中的某一具体条款的签订问题。例如，验收条款，要共同商量验收的时间、地点、方式以及技术要求等。

5）采取一种表明结束的行动策略

谈判一方可以给对方一个购货单的号码、明信片，或者和他握手祝贺谈判成功。这些做法有助于加强对方已经做出的承诺。必须注意，不要恭维对方。

9.3　商务谈判地位应对策略

在商务谈判过程中，由于谈判人员在素质、经济实力、拥有的信息量、准备的情况等方面存在着许多差异，因此总会存在被动、主动和平等地位的区别。当谈判人员所处的地位不同时，就会选择不同的谈判策略来实现自己的谈判目的。

9.3.1　平等地位的谈判策略

谈判的目的是达成某种协议。在双方地位平等条件下，谈判的基本原则是平等互利，求同存异。按照这个原则，首先要建立一种热情友好的合作气氛与环境，然后双方才能融洽地进行工作。在这种条件下，谈判的策略有以下几种：

1）抛砖引玉策略

抛砖引玉策略是指在商务谈判中主动地提出各种问题，但不提解决的办法，而让对方去解决的一种战术。它一方面可以达到尊重对方的目的，使对方感觉到自己是谈判的主角和中心；另一方面，自己又可以摸清对方底细，争得主动。但该策略在两种情况下不适用：一是在谈判出现分歧时用；二是在了解到对方是一个自私自利、寸利必争的人时，因为对方会乘机抓住对自己有利的因素，使你方处于被动地位。

2）避免争论策略

谈判人员在开谈之前，要明确自己的谈判意图，在思想上进行必备的准备，以创造融洽、活跃的谈判气氛。然而，谈判双方为了谋求各自的利益，必然要在一些问题上发生分歧。分歧出现以后，要防止感情冲动，保持冷静，尽可能地避免争论，因为争论不仅于事无补，而且只会使事情变得更糟。最好的方法是采取下列态度：

（1）冷静地倾听对方的意见

在谈判中，最好的方法是在他陈述完毕之后，先表示同意对方意见，承认自己在某些方面的疏忽，然后提出对对方的意见进行重新讨论。

（2）婉转地提出不同意见

在谈判中，当你不同意对方意见时，切忌直接提出自己的否定意见。最好的方法是先同意对方的意见，然后再做探索性的提议。

（3）分歧产生之后谈判无法进行，应马上休会

休会策略不仅可以避免出现僵持局面和发生争论，而且可以使双方保持冷静，调整思绪，平心静气地考虑双方的意见，达到顺利解决问题的目的。

3）声东击西策略

在军事上，该策略被称作"明修栈道，暗度陈仓"。在商务谈判中该策略指己方为达到某种目的和需要，有意识地将洽谈的议题引导到无关紧要的问题上故作声势，转移对方注意力，以求实现自己的谈判目标。具体做法是在无关紧要的事情上纠缠不休，或在对自己不成问题的问题上大做文章，以分散对方对自己真正要解决的问题的注意力，从而在对方无警觉的情况下，顺利实现自己的谈判意图。比如，对方最关心的是价格问题，而己方最关心的是交货时间。这时，谈判的焦点不要直接放到价格和交货时间上，而是放到价格和运输方式上。

9.3.2 被动地位的谈判策略

当己方在谈判中处于被动地位时，应避其锋芒，设法改变谈判力量的对比，以达到尽量保护自己、满足己方利益的目的。具体运用的策略是：

1）沉默策略

在谈判一开始就保持沉默，迫使对方先发言。沉默是处于被动地位的谈判者常用的一种策略。运用沉默策略要注意审时度势，运用不当，谈判效果会适得其反。要有效地发挥沉默策略的作用，首先，要做好准备。要明确在什么时机运用该策略。事先要准备好使用哪些行为语言。在沉默中，行为语言是唯一的反映信号，是对手十分关注的内容。如果是多人参加的谈判，要统一谈判人员的行为语言口径。其次，要耐心等待。只有耐心等待，才可能使对方失去冷静，形成心理压力。为了忍耐可以做些记录。

2）忍耐策略

在商务谈判中，占主动地位的一方会以一种咄咄逼人的姿态来表现自己。这时如果表示反抗或不满，对方会更加骄横，甚至退出谈判。在这种情况下，对对方的态度不做反应，采取忍耐的策略，以我之静待"敌"之动，以我方的忍耐来磨对方的棱角，挫其锐气，使其筋疲力尽之后，我方再做反应，以柔克刚，反弱为强。如果被动的一方忍耐下来，对方得到默认和满足之后，反而可能会通情达理，公平合理地与你谈判。同时，对自己的目标、要求也要忍耐，如果急于求成，反而会更加暴露自己的心理，进一步被对方所利用。忍耐的作用是复杂的，它可以使对方最终无法应付，也可以赢得同情和支持；可以等待时机，也可以感动他人。总之，只要忍耐，奇迹就有

可能出现。

3）多听少讲策略

处于被动地位的谈判者，应让对方尽可能多地发言。这样做既表示出对对方的尊重，也使自己可以根据对方的要求，确定自己对付他的具体策略。让对方多谈，可以使其消除逆反心理，放松戒备，他也会因暴露过多而回旋余地较小。

4）迂回策略

如果与对方直接谈判的希望不大，就应采取迂回的策略，即通过其他途径接近对方，彼此了解，联络感情，沟通了情感之后，再进行谈判。人都具有七情六欲，满足人的感情和欲望是人的一种基本需要。在谈判中利用感情的因素去影响对手是一种可取的策略。这种策略的方法很多，可以有意识地利用空闲时间，主动与谈判对手一起聊天、娱乐或谈论对方感兴趣的问题，也可以馈赠小礼品，请客吃饭，提供交通食宿的方便，还可以帮助其解决一些私人的疑难问题，从而增进了解，联络感情，建立友谊，从侧面促进谈判的顺利进行。

9.3.3 主动地位的谈判策略

处于主动地位的谈判者，可以利用自己的优势，迫使对方做出更大的让步，以谋取更大的利益。具体可以采取以下几种策略：

1）先苦后甜策略

在谈判中先向对方提出全面苛刻的条件，造成一种艰苦的局面，恰似给对方一个苦的信号，在这一先决条件下再做出退让，使对方感到欣慰和满足。先苦后甜的策略只有在谈判中处于主动地位的一方才有资本使用。同时，在具体运用该策略时，开始向对方提出的方案不要过于苛刻；否则，对方就会退出谈判。

2）以战取胜策略

当己方在谈判中处于主动或优势地位时，通过战胜对方来赢得谈判目标，满足自己的需要。使用这一策略会有许多弊端。

9.4 商务谈判对方谈判作风应对策略

俗语说：人上一百，形形色色。在商务谈判中，谈判作风因人而异。就谈判人员个体或集体在谈判中所显现的态度和姿态看，主要有强硬型、不合作型、阴谋型和合作型等作风。对不同作风的对手，应该采取不同的策略。

9.4.1 对付"强硬型"谈判作风的策略

这种谈判作风最突出的特点是，主谈人很自信，态度傲慢。面对这种谈判对手，寄希望于对方的恩赐是枉费心机，因此要避其锋芒，设法改变谈判力量的对比，以达到尽力保护自己、满足己方利益的目的。除前述沉默策略外，还可采取以下策略：

1）争取承诺策略

该策略是指在商务谈判中利用各种方法获得对方某项议题或其中一部分的认可。争取到有利于自己的承诺，就等于争取到了有利的谈判地位。在正式的商务谈判中，无论哪方谈判代表，无论什么性格的谈判者，从信誉出发，通常总要维护自己已经承诺的条件，但有时，谈判者为了加快谈判进程或躲避对方的追问会有意识做出一些假的承诺。为此，对待承诺要善于区分，既不盲目听信，也不全盘否定，要认真考虑对方承诺的原因和内容，见机行事，以取得有利的谈判效果。

2）软硬兼施策略

这个策略是指将组成谈判的班子分成两部分，其中一部分成员扮演强硬型角色即鹰派。鹰派在谈判某一议题的初期阶段起主导作用。另一部分成员扮演温和的角色即鸽派。鸽派在谈判某一议题的结尾阶段扮演主角。

这种策略是商务谈判中常用的策略，而且在多数情况下有效。如何运用此项策略呢？在洽谈某项议题时，担任强硬型角色的谈判人员，毫不保留果断地提出有利于己方的要求，并且坚持不放，必要时带一点疯狂，酌量情势，表现一点吓唬式的情绪行为。此时，承担温和角色的谈判人员则保持沉默，观察对方的反应寻找解决问题的办法。等到谈判气氛十分紧张时，鸽派角色出台缓和局面，一方面劝阻自己的伙伴，另一方面也平静而明确地指出，这种局面的形成与对方也有关系，最后建议双方都做出一些让步。需要指出的是，在谈判中，充当鹰派角色的人，在要威风时应有理，切忌无理搅三分，此外，鹰、鸽派角色配合要默契。

3）以柔克刚策略

这种策略是指对咄咄逼人的谈判对手，可暂不做出回应，以我之静待"敌"之动，以持久战磨其棱角，挫其锐气，待其精疲力竭之后，我方再发起反攻，反弱为强。运用以柔克刚策略必须树立持久战的思想，同时还要学会运用迂回策略和反守为攻策略。

4）制造竞争策略

这种策略是指在谈判中创造一种竞争的姿态。例如，"这种订单，我已经接到了几份，他们都希望与我们合作"。这种做法可以转变谈判中所形成的局面。运用该策略的前提条件是让对方知道你对所谈问题确实有多项选择，切忌不要在没有选择的情势下运用这种策略。

综上所述，对付"强硬性"谈判作风的策略，归纳起来不外是以计制强、以柔克刚等。

9.4.2 对付"不合作型"谈判作风的策略

具有这种谈判作风的主谈人突出的特点是：以我为中心，善用谈判技巧。我方谈判人员要坚信对方是可以改变的，因为他的谈判目的是通过此次谈判获得经济利益。那么如何与之交锋呢？应该采取求同存异、适度冒险、利益共沾的原则，可以选择以下策略：

1）感化策略

人是有感情的。在谈判过程中，经过接触和交往，相互尊敬、相互体谅就能建立良好的工作关系，从而使每一次谈判变得顺利和有效率。"感化"作用的发挥要求谈判者在任何场合、任何内容的谈判中，不使对方难堪。即使对手语言过激，也要忍耐，不要因人的情绪问题影响谈判的进行，要把对手看成解决问题的伙伴，想方设法用坦诚的态度和诚恳的语言感化对方。

2）改良策略

改良策略的作用是让对方能接受我方更多的观点，达到由不合作转变为合作的谈判。使用该策略时要掌握好以下七条原则：①少说多听，中途不打岔。②说话语气温和，不做无谓争论。③不急于说出自己的观点，要先让对方"露底"。④用对手的话说出自己的观点。⑤利用休会的时间与对方讨论谈判中的分歧点。⑥对于一些不太重要的问题和要求，本着求同存异的原则，一笔带过。⑦向对方提出具体建议，抛弃原有的无关紧要的问题。不过，千方不要做出轻率的让步。

3）制造僵局策略

在商务谈判中出现僵局是令人不愉快的，但多次实践证明：人为地制造僵局，并把僵局作为一种威胁对方的策略，会有利于己方的谈判。但在制造僵局时应考虑以下条件：①市场情况对己方有利。②让对方相信自己是有道理的，僵局是由对方造成的。③在制造僵局之前要设计出消除僵局的退路，以及完整的僵局"制造"方案。④制订消除僵局后的提案。谈判人员应该牢记：制造僵局并不等于宣告谈判结束；打破僵局的真正目的不是相互道歉，而是达成协议。

4）"搅和"策略

"搅和"就是要打破原有的秩序，把要讨论的议题搅在一起，将事情弄得复杂化。通过搅和形成僵局，或促使对方在困惑时犯错误，或借此机会反悔已经答应的让步，有时候还可以趁机试探对方在压力下保持机智的能力。

5）"荆棘地"策略

这种策略是将对方的注意力吸引到看起来对我们颇具威胁，而事实上对我方较为有利的事情上，对方很可能因此而被说服不致采取我们所真正害怕的行动。

6）出其不意策略

在商务谈判过程中，突然改变谈判的方法、观点或提议，使对方为之惊奇或震惊，从而软化对方立场，施加某种压力的策略，就是出其不意策略。出其不意策略的内容包括：令人惊奇的问题，如新要求、新包装等；令人惊奇的时间，如截止日期的改变、谈判速度的突然改变等；令人惊奇的行动，如不停地打岔、退出商谈等；令人惊奇的表现，如提高嗓门、人身攻击等；令人惊奇的人物，如专家、权威的突然加入；令人惊奇的地方，如杂乱无章的办公室、豪华的办公室等。实施出其不意策略的方法是制造极具戏剧性的事件，比如，在谈判过程中有一方突然毫无理由地大发雷霆，行为很不理智，让对方难以招架。

9.4.3　对付"阴谋型"谈判作风的策略

除秘密谈判外，谈判应是光明的、公平的，但是在商务谈判中，有些人为了满足自身的利益和欲望，常使用一些诡计来诱惑对方达成不公平的协议。当遇到谈判对手使用一些阴谋型策略时，我们要采取反策略主动对付。

1）反车轮战的策略

在商务谈判中，对手采取车轮战术，通过不断更换谈判人员的方法来使对方筋疲力尽，从而迫使其做出某种让步。如何对付这种车轮战术呢？

①及时揭穿对方的诡计，使其停止使用车轮战术。

②找借口拖延谈判，让对手重新回到原来的谈判上。

③对新更换的谈判对手拒绝重复以前的陈述，反而静静地听对手替你做报告。

④如果新对手否认过去的协定，己方也可以用同样的方法否定己方曾许过的诺言。

⑤在消极对抗中，不要忽视对方提出的新建议，抓住有利时机立即签约。

⑥采用私下会谈的形式与新对手谈话。其用意是了解情况，另外是为对方的谈判设置障碍。

2）对付滥用权威的策略

在商务谈判中，人们对专家、权威的意见往往是比较看重的。有些谈判者就是利用人们这种心理，在谈判中当对某个重要议题产生争论时，便请出"权威"给对方施加压力。对付这种做法的策略是：

①沉着应战。面对"权威"不要畏惧，要用你熟悉的业务知识与专家交谈，抓住某些"权威"不太熟悉的技术难点向"权威"发起进攻，使其难堪，达到使"权威"失去其威力的目的。

②向对方表明，即使对手请出来的是一位专家，他的观点也只是个人的学术观点，并不是谈判的协议，要想达成协议还需要洽谈双方可接受的条件。

③如果确认自己不是"权威"的对手，不妨可用无知作为武器，表明这些东西我们不懂，无法确认其真伪，也无法对此做出什么承诺。这种做法可以为你带来许多好处，它能够使你有足够的时间去思考、请教专家，并考验对方的决心，还可以造成对方"权威"的失落感。

3）对付"抬价"的策略

抬价策略在商务谈判中经常用到，它是否符合谈判惯例要看如何运用。

当谈判双方已经谈好价款，第二天供方却又突然要求提价，需方尽管很生气，但为了避免谈判破裂或损失，也只好再和供方磋商，最后结果肯定以较高的价格成交。这种情况称为抬价。抬价作为一种常见的现象，在商务谈判中经常出现。其中，有些抬价是不合理的。对待不合理抬价，商务谈判人员应该遵循一些基本的原则：

①若看出对方的诡计，应直接指出，争取主动。

②在讨价还价中，要争取让对方达到临界的边缘。

③尽早争取让对方在协议或合同上签名，这样可以防止对方以种种借口推翻。

④必要时可以向对方要求某种保证，以防反悔。

⑤中止谈判。

4）对既成事实再谈判的策略

严格说，既成事实再谈判是一种不讲道理的策略，但在特定的条件下，使用它也可以讲出一些正确的道理来。为了防止既成事实再谈判造成损失，谈判人员应掌握以下策略：

①对谈判者爽快地答应己方提出的要求要有戒心。

②一旦悲剧发生，要敢于向对方的领导抗议，若不能解决，可向当地的司法机关上诉。

③搞联合战线，揭穿他们的行为，使对方的信誉扫地。

④切记在没有获得对方押金或担保时，不要预付货物或款项。

5）假痴不癫策略

这种策略是表面装糊涂，暗中筹划不露声色，伺机迫使对方让步或诱使对方上当。用这种策略来对付"阴谋型"谈判者，可视为上策。比如，谈判对手将其经营的产品乔装打扮，售价由 1 000 元提高到 1 500 元，己方明知是骗局，但还是向对方表明愿出 1 200 元购买，并当下预付少量定金。一般来说，对方不会再考虑其他需方了。如果己方本身还有存货可以低于对方价格出售，但是还想要这批货源，可拖些时候再来惠顾，到那时，己方可以提出种种理由作为杀价的筹码。例如，"现在市场价格最多只能值 1 000 元啦，因此实在无法继续按 1 200 元完成交易"。

6）"兵临城下"策略

这种策略是指对你的对手采取大胆的胁迫做法，看对方如何反应。虽然它具有冒险性，但对于"阴谋型"的谈判代表时常有效。这是因为谈判对手本想通过诡计诱使我方上当，一旦被我方识破反击过来，一般情况下会打击他们的士气，从而迫使对手改变态度，或是重新谈判。

9.4.4　对付"合作型"谈判作风的策略

"合作型"谈判作风的主谈人是人们最愿意接受的，因为他最突出的特点是合作意识强，他能给谈判双方带来皆大欢喜的结果，所以对付"合作型"的主谈人总的策略思想应是互利互惠。

1）谈判期限策略

明确某一谈判的结束时间是很有必要的，这样做可以使谈判双方充分利用时间，在不违背互利互惠原则的前提下，灵活地解决争议问题，适时做出一些让步，使谈判圆满结束。运用该策略时应注意两点：一是提出的时间要恰当，如果过早地提出最后期限，会给双方或一方造成时间上的压力，造成消极的影响；二是提出的方法要委婉，强硬提出最后期限，会引起对方不满，使谈判向不利于自己的一方发展。

2）假设条件策略

在谈判过程中，向对方提出一些假设条件，用来探知对方的意向，这一策略就是假设条件策略。这种做法比较灵活，使谈判在轻松的气氛中进行，有利于双方达成互利互惠的协议。一般地说，假设条件的提出应在谈判的开局至还价阶段。

3）适度开放策略

它是指谈判人员在谈判过程中坚持开诚布公的态度，尽早向对方吐露自己的真实意图，从而赢得对方的通力合作。开放策略的"度"的大小要视情况而定。在谈判中遇到"不合作型"的谈判代表，开放策略的"度"就应掌握得小些；如果遇到老朋友，这个"度"就要放得大一些，以增强协作意识，取得皆大欢喜的效果。

4）私下接触策略

该策略指谈判者有意识地利用空闲时间，主动与谈判对手一起聊天、娱乐，目的是增进了解、联络感情、建立友谊，从侧面促进谈判的顺利进行。

5）润滑策略

润滑策略是指谈判人员在相互交往过程中馈赠一些礼品以表示友好和联络感情。这是国内外谈判经常采取的一种策略，但它容易产生副作用。为了防止其产生副作用，应注意：第一要根据对方的习俗选择礼品；第二是礼品的价值不宜过高；第三是送礼的场合要适当，一般不要选在初次见面的场合。

6）缓冲策略

该策略指在谈判气氛紧张时，适时采取调节手段，使之缓和。缓和紧张气氛的手段主要有：

①转移话题，比如讲一些当前国内外的大事或名人轶事，也可以开些比较轻松的玩笑等。

②临时休会，使谈判人员适当休息，以便失掉不平衡感。

③回顾成果，使谈判双方醒悟方才的过失。

④谈一些双方比较容易达成一致意见的议题。

9.5 商务谈判对方性格应对策略

由于人的心理、生理因素以及所处周围环境的复杂性，商务谈判人员的性格千差万别，归纳起来，主要有感情型、固执型、虚荣型三种类型。对待不同性格类型的谈判人员，我们应该采取不同的策略。

9.5.1 对待"感情型"谈判对手的策略

我国多数商务谈判人员属于感情型。感情型谈判对手的性格很容易被人接受。实际上，感情型的谈判者比强硬型谈判对手更难对付。强硬型性格的人容易引起对方的警惕，但感情型性格的人容易被人忽视，因为感情型性格的人在谈判中十分随和，能迎合对手的兴趣，能够在不知不觉中把人说服。

为了有效地应付感情型性格的主谈人，必须利用他们的特点及缺点制定相应策略。感情型性格的对手的一般特点是心胸开阔、富有同情心、与人为善、相互影响、着眼于战略问题，不拘小节，不能长时期专注于单一的具体工作，不适应冲突气氛，对进攻和粗暴的态度一般是回避的。针对上述特点，可以采用下面的策略取得谈判的成功。

1）以弱为强策略

谈判时，柔弱胜于刚强，因此要训练自己，培养一种"谦虚"的习惯，多说"我不懂""我不明白""你给我弄糊涂了""我要向你请教"等。由于感情型的主谈人需要有一个良好的人际关系环境，他会帮助你使你搞清楚不明白的东西。这样他便会为你提供越来越多的信息资料，这就意味着你的谈判力量也越来越强。

2）恭维策略

感情型的主谈人有时为了顾及"人缘"而不惜代价，希望得到对方的承认，受到外界的认可，为了争取到有利于自己的谈判结果，可以满足他们的需要。在即将成交时，要抛出一些让对手高兴的赞美话，这对于具有感情型性格的人非常有效。

3）在不失礼节的前提下保持进攻态势

在谈判一开始就创造一种公事公办的气氛，不与对手谈得火热，在感情上保持适当的距离。与此同时，就对方的某些议题提出反对意见，以引起争论，这样就会使对方感到紧张，但不要激怒对方，因为一旦撕破脸面，就很难指望谈判会有好结果。

4）提出大量细节问题，并拖延讨论时间

感情型性格的人对细节问题不感兴趣，也不喜欢长久局限于某个问题之中，他们希望以一种友善的方式尽快取得具有实质意义和影响全局的成果，以此证明他们的能力。在细节上长时间纠缠，会使他们感到烦躁和紧张，从而使他们就某些有争议的议题达成协议。

9.5.2　对待"固执型"谈判对手的策略

在各类谈判中都会遇到固执型的谈判者。他们有一种坚持到底的精神，对其所认定的观点坚持不改，对新建议和新主张很反感。他们需要较长的时间来适应环境的变化，谈判中需要不断地得到上级的指导和认可，喜欢照章办事。对固执型谈判者可采用以下策略：

1）休会策略

当商务谈判进行到一定阶段或遇到某种障碍时，谈判双方或一方提出休会几分钟，使谈判双方人员有机会调整对策和恢复体力，推动谈判的顺利进行，这种策略就是休会策略。

休会一般是由一方提出的，只有经过对方同意，这种策略才能发挥作用。那么怎样才能取得对方同意呢？一是看准时机，当谈判处于低潮或出现了新情况难以应对时，一方提出休会，对方一般不会拒绝。二是提出休会的方式要委婉，休会的意义要讲清。

在休会之前，要明确目前需要解决的问题是什么、休息的时间等。

这种策略为固执型谈判者提供了请示上级的机会，同时也为自己创造了养精蓄锐的机会。

2）试探策略

该策略用来观察对方的反应，分析对方虚实真假，摸清"敌情"。比如，需方向供方提出一项对己方很有利的提议，如果供方反应强烈，就可以放弃这种提议；如果供方反应温和，就说明谈判有很大余地。这一策略还可以试探固执型谈判对手的权限范围。

3）先例策略

固执型谈判者所坚持的观点不是不可改变，而是不易改变。为了使对手转向，不妨试用先例的力量影响他、触动他。例如，向对手出示有关协议事项的文件以及早已成为事实的订单、协议书、合同等，并且可以告诉他调查的地点和范围。

4）以守为攻策略

与固执型性格的人谈判是很痛苦的事情，一方面，必须十分冷静和耐心，并温文尔雅地向最终目标推进；另一方面，还要准备详细的资料，注意把诱发需求与利用弱点结合起来进行攻击。

9.5.3 对待"虚荣型"谈判对手的策略

爱虚荣的人自我意识较强，好表现自己，嫉妒心理较强，对别人的暗示非常敏感。对待这种性格的谈判人员，一方面要满足其虚荣的需要，另一方面要善于利用其本身的弱点作为跳板，可以选择以下具体策略：

1）以熟悉的事物展开话题

与虚荣型谈判者洽谈，以他熟悉的事物作为话题，效果往往是比较好的。这样做可以为对方提供自我表现机会，同时己方还能了解对手的爱好和有关资料，但要注意到虚荣者的种种表现可能有虚假性，切忌上当。

2）间接传递信息

这一策略是依据由间接途径得来的信息比公开提供的资料更有价值的心理设计的。例如，非正式渠道得到的信息，对方会更重视。运用此种策略的具体方法是，在非正式场合，由一些谈判中非常重要的角色有意透露一些信息。

3）顾全面子策略

谈判中一方如果感到失掉了面子，即使是再好的交易条件也会造成不良的后果。实验资料表明，失掉面子的人都会从交易中撤出，对方攻击愈是切中要点，失掉面子的一方撤退得愈彻底，没有一点商量余地。因此，必须记住，无论你是如何气愤或是为自己的立场辩护，都不要相信激烈的人身攻击会使对方屈服。要多替对方设想，顾全他的面子。

在谈判中，怎样做才能顾全对方的面子呢？首先，提出的反对意见或争论应该针对所谈的议题，不应该针对人。其次，如果一个人被逼到非常难堪的地步，可选择一个替罪羊，为他承担责任。最后，当双方出现敌意时，要尽量找出彼此相同的观点，然后一起合作将共同的观点写成一个协定。

4）制约策略

具有虚荣型性格的谈判人员，其最大的弱点就是浮夸，因此对方应有戒心。为了免受浮夸之害，在谈判的过程中，对虚荣型谈判人员的承诺要有记录，最好要他本人以书面的形式来表示。对达成的每项协议应及时立下字据，要特别明确奖罚条款，预防他以种种借口否认。

【实例9-2】

掌握谈判技巧，成功销售

本公司开发商务管理软件，总部在北京。我们的产品线有两条：一条是小产品线，价位便宜，面向中小型企业；一条是大产品线，价位很高，面向大中型企业。在全国各省会城市有我们的办事处，但其只负责小产品的销售，大产品的销售由总公司大产品部直接负责。我们在全国各地寻找合作伙伴，由合作伙伴负责寻找客户和提供售后服务。

某年9月初步和沈阳网拓公司（化名）接触。沈阳网拓公司孙总和本公司沈阳办事处联系，表示对我们公司开发的管理软件感兴趣，想做代理。沈阳办事处及时给他邮寄了资料，并保持联系。同年11月，我和同事找网拓公司谈了一下。该公司在沈阳开发区，规模不大，而且刚刚成立，公司主营业务是网站维护和网络工程。双方初步沟通后达成一定的共识，并签署了小产品合作协议。

签署协议后对方一直没有打款，本公司也并没有催促其打款，因为该公司的规模和领导人的风格决定了他们不会在找到下家之前完成订货，而且由于他们正在积极开拓市场，并在此期间和本公司沟通过关于本公司某一款产品功能的问题，所以我们预计他们近期会实现打款进货，希望培养他们的积极性和热情后，能够放长线。11月初，本公司新上任的沈阳办事处张经理进行市场调查时，走访了网拓公司的一个用户，该用户做电机设备业务，对电脑不太熟练，但其领导有用管理软件管理企业的想法，而且与沈阳网拓公司是老业务关系，成功的希望非常大。本公司和网拓公司都有意想让该用户使用本公司的高价位产品，这样彼此的利润空间都很大，而且也能满足用户的需求。于是双方开始了新一轮的谈判。

第一轮谈判：软件是用还是不用，怎么用

大产品软件和小产品不同，首先是其功能的全面性，系统涉及整个企业几乎所有部门的业务，各部门相互之间的协调配合是软件系统实施的重点之一，也是难点之一；其次是使用方面，此产品系统实施不仅仅是一种软件的应用，还是对企业生产模式的转变，期间必然要改变一些沿袭已久的传统习惯；最后是签协议面临的首次打款金额的风险很大，比如天津××公司，首次10万元，青岛××公司，首次8万元，这也使很多人不敢问津，是大产品长期以来拓展不利的一个因素。孙总的做事风格是不见兔子不撒鹰，让他签署大产品协议并实现首次打款几乎是不可能的事。但本公司并没有放弃，不断地和他进行电话沟通、交流，主要目的是想促成这项合作，有了客户，不管从哪里走货，都会成为本公司的利润。

此轮的谈判停留在产品技术上和实施方式上，希望通过实施方式和技术的指导，使其拿下这个单子，并要求他不着急，慢慢来。

首先，由网拓公司比较懂软件的人组成一个系统负责软件实施的队伍，给客户安装好Windows操作系统，创立拓扑网络环境，并保证每台机器都能互联互通。其次，整理好相关资料，包括对所有仓库、物料进行编码，对所有供应商、客户进行编码，整理会计基础资料、员工资料等。再次，进行客户内部的整体培训，使其明晰岗位职责。最后，进行试运行，启用账套，并指导输入，3个月后方可正式使用。但本公司清楚，由于用户很着急，时间上根本不允许网拓公司用3个月或更长的时间给用户实施。一切摆在网拓公司眼前，只能谈是上还是不上，如果上，就马上实施，具体问题实施时再解决。11月4日，用户同意上大产品了。

第二轮谈判：是否合作，怎么合作

签署小产品协议的时候，网拓公司对于打款的事就一拖再拖，表现得过于保守谨慎，这使得北京大产品部开始用"网拓公司没钱"的定位做判断，并指导与网拓公司的合作。北京大产品部希望能够说服其从其他合作伙伴那儿拿货，比如沈阳深蓝或大连凯来等处，然后让其他合作伙伴再从本公司购进该产品。通过沟通，网拓公司表示不愿意从其他渠道走货，因为这样有可能产生售后服务彼此推脱的问题和本公司人员培训不及时的问题，对自己很不利。网拓公司在电话里随即表示愿意和本公司直接合作。

第三轮谈判：达成初步回款意向

直接合作需要完成首次打款6万元（本公司对于沈阳市场的内部约定），可是网拓公司没钱，所以本公司只是告知他们一下，并没有希望产生什么效果。果然，网拓公司表示不能接受。协商过后，北京大产品部做出了让步，正好本月有新产品上市促销，不仅订货便宜，而且可以5万元签署大产品协议并获得活动、广告支持。本公司的人员培训随后会跟上。

但5万元对网拓公司来说还是太高了。通过几轮电话之后，网拓公司表示，可以打款5万元，但分两次打，先打这次订货的3万多元，20日之前再打剩余的部分。这对于北京大产品部来说，即便是剩余部分不打，本月也有了3万多元的业绩，就能完成本月销售任务了。这轮谈判初步是成功的，因为网拓公司已经同意了5万元这道坎。

第四轮谈判：咬定5万元不放松

幸运的是本公司并没有过早给网拓公司答复，而是坐下来认真地分析了当前的状况。网拓公司已经有了一个客户，这个客户是我们曾经接触过的，认为肯定会用本软件。而且也了解到，用户马上需要和外商在下月初谈判，希望能在此之前启用该软件，作为外商参观时的一个项目。时间是现在促成这个单子最关键的因素，也是本公司目前的法宝。本公司可以拖，也就是欲擒故纵，先放一放，以不变应万变。自己有了必胜的信心，再进行谈判就更能够沉着冷静、游刃有余。

11月12日上午，网拓公司打电话过来，沟通售后服务的事情，希望本公司派技术人员来给用户做培训。本公司告知：首先必须签协议，再提培训的事情，您也应该考虑考虑您是否能代理大产品，如果没有技术能力和服务能力，是不能做大产品代理的，我们希望我们的大产品合作伙伴有充足的售后服务实施能力。

11月12日下午，网拓公司表示真的没有那么多钱完成首次打款，目前公司正在谈公交车广告，已经给了预付款，资金周转困难，如果本公司愿意，可以将公交车广告喷绘成本公司的形象广告，并不要任何费用。本公司经沟通，回复道：广告合作可以再谈，这与签署大产品协议是两回事。广告合作可以和本公司市场部谈，而且绝对不能把订货款和广告款混为一谈。

通过几次的谈判，11月13日，网拓公司终于答应5万元的进货要求了。培训的事情放到打款以后再说，这件事情基本搞定。

经过反复几次的交涉，我认为做销售如果只看现象不看本质，就会使销售工作的进行过于盲目，达不到销售的目的。销售的目的在于怎么将公司的产品卖掉，但销售的精髓在于怎么能给公司带来更多的利润。对同样的一家公司能够要回更多钱的销售人员才最有能力。

资料来源　佚名. 掌握谈判技巧，成功销售［EB/OL］.［2014-11-24］. http://www.koucai.cn/kc/eloquence/tanpankoucai/20100104/20305.html.

9.6 商务谈判中的风险及其规避

9.6.1 风险的含义与特征

一般来说，商务谈判的风险包括宏观谈判风险、来自谈判对手的风险和源自机构谈判者的风险。只有学会规避风险，才能实现谈判目的。

风险的含义有两个方面：一方面，对多数人来说，风险就是某件事情出错的概率；另一方面，一个人或一个组织进行投资，预期将来会得到一定的回报，但实际的回报有时高于预期，有时低于预期，这也是风险，我们把它叫作"双向风险"。

商务谈判风险是指在商务谈判中由于某些谈判环境因素、谈判对手或者谈判内部因素的作用，使得谈判出错或失误，无法达到预期目标的可能。在任何商务谈判中，谈判风险都是存在的。

在商务谈判中，风险具有不可预见性、突发性、可控性等主要特征。对于风险的控制可分为事前控制和事后控制。事前控制是指在风险发生之前针对可能会发生的风险做好预防、避免的工作；事后控制则是指在风险发生之后，采取一定的措施降低风险对谈判带来的影响。具体的控制方法要根据风险种类的不同来具体使用。

9.6.2 宏观谈判风险

宏观谈判风险是由于谈判环境变化带来的谈判风险，其根源在于商务谈判的外部环境的不确定性，主要包括市场风险、技术风险和社会风险。

1）市场风险

市场风险是指商务谈判的经济环境和市场环境的变化对谈判的影响，给谈判带来变化的可能性。这里的市场主要指两个市场：外汇市场和利率市场。

外汇风险主要产生于国际商务谈判活动中，是指由于汇率波动而遭受损失或减少期望收益的可能性。由于在国际商务谈判中，谈判双方往往使用不同的货币，在签订商务合同的时候，一般是采用其中一种货币作为货款结算标准，两种货币之间的汇率一般会参考当时的国际市场汇率。由于国际市场上不同货币种类之间的汇率变化无常，难以预测，且在合同签订到合同履行之间会经历一段时期，在这段时期内，汇率会产生波动，从而影响到最后货款支付数额。这种波动的结果可能是己方获得收益，也可能是遭受损失，而汇率是上升还是下降一般难以预测，所以存在外汇风险。

虽然外汇风险很难预测，但可以通过一定的途径来避免或者减轻其带来的影响。一般来说，有以下一些主要途径：一是随时观察国际外汇市场的汇率波动状况。如果遇到汇率波动比较剧烈的情况，可以考虑推迟合同签订的时间，等待汇率稳定下来之后再考虑签订合同。二是尽量缩短从合同签订到货款结算之间的期限。这一期限的长短与外汇风险的大小相关。一般来说，时间越长，汇率波动的可能性越大，外汇风险也就越大；时间越短，汇率波动的可能性越小，外汇风险则越小。所以，要减小外汇风险，缩短从合同签订到货款结算之间的期限是一个切实可行的途径。三是在合同中添加相关的附加条款。在谈判协议中约定以合同签订时的汇率作为最后货款结算时本外币的兑换汇率，从而排除外汇风险。当然，这样也会失去由于汇率波动而带来额外收益的机会。

利率风险是指由于利率变化的不确定性，使得未来资金的筹集者或使用者遭受损失或者减少期望收益的可能性。由于20世纪70年代后，国际金融市场上普遍实行浮动利率制度，特别是近年来国际金融市场的动荡日益加剧，使得利率的波动更加频繁。利率风险与前文所述的外汇风险一起成为目前最主要的两大金融风险。受此影响，国内的利率波动也开始频繁，中国人民银行频频出台减息与加息政策，使得国内商务环境中的利率风险也日益增加。

2）技术风险

在商务谈判中，特别是在国际商务谈判中，有很多是有关引进技术、设备以及管理经验的谈判。这些谈判都会涉及各类技术问题，不仅有项目的技术工艺要求，还有项目管理的技术要求。由于国际技术环境的变化以及谈判中信息的不对称性，往往会产生技术风险。技术风险主要包括技术超标风险、技术落后风险以及技术保留风险。

技术超标风险是指由于技术或设备引进方对技术及设备的使用情况不了解，对技术水平提出过高要求，超出了实际需要的水平，从而造成成本过高的风险。为了避免这种风险的发生，引进方在谈判之前，最好请专家根据己方的具体情况确定实际需要的技术水平或者设备要求，以免因为引进超过实际需要的技术和设备而带来损失。

技术落后风险是指由于引进的技术或设备落后于引进方的需要或国际先进水平，达不到技术或设备改造的要求，从而遭受损失的风险。造成技术落后风险的原因主要有两个方面：一方面，技术或设备输出商将落后的技术输出，并且对其先进性进行隐瞒，从而造成引进方的损失；另一方面，国际上技术更新换代的速度加快，造成在引进前还是先进水平的技术或者设备在引进后短期内便落后了，从而造成引进方的损失。要规避技术落后风险，应该密切注意在国际上同行业内技术及设备的最新发展水平以及发展趋势和动态；同时，对谈判对手提供的技术或设备的先进水平做全方位的考察，并要求对方做出书面保证，从而保证引进的技术或设备的先进性，避免为己方带来损失。

技术保留风险是指由于技术或管理经验输出方出于某些目的故意隐瞒、保留一部分技术或管理经验，从而给引进方带来损失的风险。这种风险往往是由于谈判双方的信息不对称而产生的，而且与输出方缺少足够的商业道德有关。由于技术和管理经验关键部分的缺失，会使得引进方无法获得该技术或者管理经验所能发挥的全部效用，从而遭受一定的损失。要避免这种风险的发生，引进方必须在谈判前对该技术或者管理经验做全方位的了解和考察，并且要求输出方对其完整性做出书面保证。

3）社会风险

社会风险是指因为商务谈判的过程或者结果所产生的社会负面效应，导致无法达到预期的谈判效果的风险。这些社会风险可能是由于商务谈判违背了社会道德、公共伦理或者主流价值导向而产生的。人们会因此对该商务谈判活动或谈判主体产生反感、抵触甚至厌恶情绪，从而对谈判主体进行批判、抵制甚至控诉的行为，给谈判主体带来经济上和社会声誉上的损失。要避免社会风险，应在谈判前预期谈判过程和结果可能带来的社会影响，是否会违背社会道德、公共伦理和主流价值导向。如果预期会产生负面效应，应及时调整谈判方向，或者预先采取公共关系活动，以抵消这种不良影响。

还有一些特定的风险也可以归入社会风险之中，如政治风险和自然风险。

政治风险是指由于一国的宏观政策或者政治局面变动对商务谈判的过程及结果产生影响，并导致商务谈判主体遭受经济损失的风险。政治风险主要发生在国际商务谈判中。在国际商务谈判中，要避免或减小政治风险，应在谈判前分析该国的国家制度、政局的稳定性以及国家宏观政策的延续性，并且分析其在短期内是否会出现政局动荡、宏观政策调整等变化，从而选择是否开展商务谈判并制定应急措施。

自然风险是指由于商务谈判所处的外部自然环境发生变化，而对商务谈判过程和主体产生影响的可能性。虽然商务谈判是一项经济活动，但是，自然条件的变化也会对其产生影响。例如，自然灾害不仅可能影响商务谈判标的物的生长、存储环境，也有可能对谈判举行地产生影响，从而影响谈判的进程。

9.6.3 来自谈判对手的风险

因为商务谈判需要直接与谈判对手正面交锋，在谈判中往往会由于谈判对手采取一些不当的谈判手段而造成谈判风险，这也是在谈判中需要规避的主要风险之一。来自谈判对手的风险，主要的产生原因有两个：一是谈判对手采取非法谈判手段；二是谈判对手采取商务欺诈手段。

1）由于谈判对手采取非法谈判手段而产生的风险

在商务谈判中，有一些谈判对手为了达到其谈判目的，会使用一些非法的手段来影响甚至控制谈判过程和结果。如果发现不及时，则往往会因为落入对手圈套而遭受损失，即使事后可以通过报警或者法律手段来制裁对手或者讨回公道，仍然无法避免经济和时间上的损失。

在谈判前或者谈判时应该多加提防，及时发现对手已经采用或者可能采用的非法谈判手段，从而对其加以规避，以避免损失。在商务谈判中，可能采用的非法谈判手段一般会有以下几种：

（1）监视

监视这种手段往往会被谈判中的主方使用，他们会利用己方安排谈判举行地点、时间以及客方的住宿、行程等优势，暗中对谈判客方进行监视，从而获得谈判客方的内部信息，并掌握其行动走向，为己方在谈判中创造主动有利的地位。

谈判的客方要避免被监视的情况，不完全听任主方的安排，提出部分自己的意见和建议；在到达下榻地点以及谈判地点时，及时仔细检查布局结构，排除被监视的可能；灵活安排谈判桌外的活动并尽量分散活动，在内部集体讨论时也应该注意周围环境，防止被监视或窃听。一旦发现被监视或窃听，应及时掌握证据，并以此敦促谈判主方停止这种行为，否则将中止谈判甚至报警。

（2）窃取

窃取是指谈判中的一方为了得到更多有关谈判对手的信息，使用偷窃的手段获取谈判对手的资料的行为。窃取不仅是一种违法的行为，更是一种不道德的行为，在谈判中应坚决摒弃。由于内部资料被窃取而带来的损失，往往是无法估量的。

要避免对手的窃取行为，应建立严格的保管制度，由专人看管资料并受到监督；建立严格的保密制度，杜绝内部人员泄漏资料的可能性。一旦发现资料被窃取或泄漏，应及时报警并暂停谈判。

（3）暴力

暴力是指谈判中的一方为了达到其谈判目的，使用暴力手段威胁、恐吓或者强迫谈判对手答应其谈判条件的行为。由于暴力是赤裸裸的违法行为，所以在谈判中一旦发生暴力行为，受害方应及时报警，并暂停谈判。

（4）贿赂

贿赂是指谈判中的一方为了达到其谈判目的，利用向谈判对手个人行贿来使其答应己方的谈判条件。与前几种非法行为不同，贿赂行为是双方的，一旦贿赂成功，谈判双方个人分别构成了行贿罪和受贿罪，所以在商务谈判中，无论是行贿还是受贿，都是不可取的。

2）由于谈判对手采取商务欺诈手段而产生的风险

商务欺诈是指在商务谈判中利用伪造、欺骗等手段给谈判对手以错误的谈判信息，从而使己方获利的行为。从本质上来说，商务欺诈也是一种非法的行为，根据我国最高人民法院《关于贯彻执行〈中华人民共和国民法通则〉若干问题的意见》第六十八条规定："一方当事人故意告知对方虚假情况，或者故意隐瞒真实情况，诱使对方当事人做出错误意思表示的，可以定为欺诈行为。"

商务欺诈的种类有合同欺诈、金融欺诈、保险欺诈、广告欺诈、海运欺诈五类，在商务谈判中，主要出现的是合同欺诈和金融欺诈。

9.6.4　源自机构谈判者的风险

源自机构谈判者的风险是指由于谈判人员的缺陷或者失误，导致商务谈判目标无法完全实现，从而造成损失的风险。根据产生原因的不同，其可分为谈判者素质缺陷风险和谈判失误风险两类。

1）谈判者素质缺陷风险

谈判者素质缺陷风险是指由于谈判人员在性格、知识、能力、经验等方面存有漏洞，并被谈判对手抓住而失去谈判中的有利地位，从而导致谈判目标无法完全实现的风险。一般来说，在商务谈判中，谈判人员会有以下一些主要漏洞容易被谈判对手抓住并利用：

（1）性格缺陷

具有性格缺陷的人是不适宜参加谈判的，如固执的人、意志薄弱的人、不愿意合作的人等。一旦这些人参加谈判，并且在谈判中表现出了他们的性格缺陷，就很容易被谈判对手发现，并且被对手作为主要的攻击对象。在谈判对手的攻击之下，这些人的性格缺陷很容易被放大，影响己方的谈判计划，成为被突破的薄弱点，并最终导致己方陷入被动，无法实现既定的谈判目标。

发现己方谈判队伍中具有上述性格缺陷的谈判人员时，应该考虑更换谈判人员，用性格更适合参加谈判的人员来替换这些具有性格缺陷的人员。如果这些谈判人员具有知识或者能力上的专长而难以被替代时，应该想办法尽量避免让他们表现出这些漏洞，其他谈判成员也应该起到保护作用，及时分散对手的注意力，防止他们成为对手攻击的单一对象。

（2）心理缺陷

很多时候，谈判人员在谈判中可能会产生一些心理上的变化，在这些心理变化中，有相当一部分是不利于己方的，谈判专家把这些不利于己方的心理变化称作谈判中的心理缺陷。谈判中的心理缺陷是由于谈判人员的心理素质不过硬，加上对方的干扰而形成的。这些缺陷可能包括不自信、怀疑、恐惧、烦躁、悲观、盲目乐观、骄傲等，无论是消极的还是过分积极的情绪和心理，都会造成对谈判目标和谈判过程的错误理解。而这些缺陷一旦被谈判对手发现，其很容易通过施压、迷惑、干扰等手段夸大己方的不良情绪，并且利用这些不良情绪来削弱己方的谈判力，从而控制谈判局势，占据谈判的有利地位。所以，在谈判中，应尽量避免由于心理变化而带来的风险。

要避免或者减少谈判中的心理缺陷，应该挑选心理素质好的谈判人员，并且在谈判前做好足够的准备，以防止在谈判中因为突发事件而产生强烈的心理变化。一旦在谈判中有人员产生了不良的情绪，其他成员应该首先发现，并且及时疏导他的不良情绪，同时防止传染到其他人。

（3）技术缺陷

技术缺陷是指谈判人员由于对商务谈判所涉及的技术问题不了解或了解不完全而产生的缺陷。对手可以抓住己方对技术不了解的弱点，获取谈判中的有利地位，从而使得己方遭受损失，影响谈判目标的实现。

由于技术缺陷属于谈判中的"硬伤"，所以主要避免的途径就是在谈判队伍中安排具有丰富理论知识和实践经验的技术专家，同时在谈判前应对有关技术问题做充分详细的了解，并掌握大量资料以供谈判时使用。如果在商务谈判中遇到了己方不熟悉、不了解的技术问题，应及时利用谈判的间歇期，通过搜集资料、专家讨论的方式尽快弥补这些技术缺陷。

（4）语言缺陷

语言缺陷主要是指在国际商务谈判中，谈判双方使用不同的语言进行谈判，由于一方对于另一方的翻译和理解发生偏差而导致获得错误谈判信息，从而造成利益损失。

要克服语言缺陷，应该在谈判中安排熟悉谈判主体且经验丰富的翻译，同时，谈判小组中最好有尽可能多的成员掌握对方的语言。在谈判时，如果对对方的表达不甚理解时，应该要求对方进行清楚明确的解释，从而避免理解上的偏差。

2）谈判失误风险

在商务谈判中，还可能遇到由于谈判人员操作失误而产生的风险。谈判失误的原因主要来自两方面：一方面是由谈判人员自身的固有缺陷造成的（这在前面已经论述过）；另一方面则是由谈判人员在谈判过程中接收错误的信息，导致对局势判断失误或者言语行为失当造成的。要避免在谈判中出现失误，首先，要克服谈判人员自身的漏洞；其次，要正确评估信息的可靠性和有效性；再次，要在谈判中时刻观察局势，并利用集体智慧来判断；最后，要言行谨慎，不要随意发表言论或做出决定。

在谈判过程中，谈判人员还可能因为以下原因而发生谈判失误：

（1）法律的漏洞

法律的漏洞是指由于对谈判所涉及的法律条款不够熟悉而导致的漏洞。对方会利用这种漏洞，钻法律的空子，诱使己方谈判人员发生谈判失误，给己方带来损失。由于法律漏洞和技术缺陷同样属于"硬伤"，所以在谈判前应对可能涉及的法律条款做充分的预习和理解，同时，尽量在谈判中安排法律方面的专家或者了解相关法律的成员，以便及时为谈判组提供法律上的咨询和支持。

（2）惯例的疏忽

谈判人员在谈判中，如果对商务谈判中所涉及的行业惯例不熟悉，往往会产生疏忽，从而被对方钻了惯例的空子，给己方带来损失。要避免在谈判中出现惯例的疏忽，一方面，需要在谈判前对谈判惯例以及行业管理做充分的预习；另一方面，应在谈判小组中安排具有丰富行业经验的人员。

相关链接：商务谈判的九大实战技巧

本章小结 ✎

商务谈判策略是一个集合概念和混合概念，是对谈判人员在商务谈判过程中为实现特定的谈判目标而采取的各种方式、措施、技巧、战术、手段及其反向与组合运用的总称。它包括参加商务谈判人员的行为方针和他们的行为方式两个方面。商务谈判策略的质的规定性包括其内容、目标、方式和要点等四大方面，具有综合性、艺术性、隐匿性、随机性、时效性、预谋性、针对性等特征。商务谈判策略具有引导、桥梁、调节、调整和稳舵、"筹码"和"资本"等多方面的作用。

谈判研究人员概括和总结出了许许多多的商务谈判策略类型。其主要有：个人策略和小组策略；时间策略、权威策略和信息策略；姿态策略和情景策略；速决策略和稳健策略；进攻性策略和防御性策略；回避策略、换位策略和竞争策略；喊价策略和还价策略；单一策略和综合策略；传统策略和现代策略等。

在商务谈判不同的阶段，谈判人员总会选择一些略带明显的主导性的策略，制定不同的谈判策略。

在商务谈判过程中，由于谈判人员在素质、经济实力、拥有的信息量、准备的情况等方面存在着许多差异，因此，总会存在被动、主动和平等地位的区别。谈判人员所处的地位不同，会选择不同的谈判策略来实现自己的谈判目的。

　　在商务谈判中，谈判作风因人而异。就谈判人员个体或集体在谈判中所显现的态度和姿态看，主要有强硬型、不合作型、阴谋型和合作型等风格。对不同作风的对手，应该采取不同的策略。

　　商务谈判人员的性格归纳起来，主要有感情型、固执型、虚荣型三种类型。对待不同性格类型的谈判人员，可以采取不同的谈判策略。

　　商务谈判风险主要包括宏观谈判风险、来自谈判对手的风险和源自机构谈判者的风险。只有学会规避风险，才能实现谈判目的。

主要概念和观念 🗋

□ 主要概念

　　商务谈判策略　商务谈判战略　个人策略　小组策略　姿态策略　情景策略　速决策略　稳健策略　进攻性策略　防御性策略　回避策略　换位策略　竞争策略　喊价策略　还价策略　单一策略　综合策略　商务谈判风险　宏观谈判风险

□ 主要观念

　　影响谈判结果的因素　商务谈判的不同阶段　传统策略和现代策略

基本训练 👥

□ 知识题

　　9.1　阅读理解

　　1）商务谈判战略和商务谈判策略是否相同？

　　2）商务谈判策略有哪些作用？

　　3）为什么说"谈判人员永远没有现成的、固定的、成竹在胸的策略与方法去应对所有的谈判"？

　　4）当进入商务谈判开局阶段时，可以采取哪些应对策略？

　　5）如何理解"喊价要高""还价要低"的策略？

　　6）谈判双方的地位平等时，采取哪些策略比较适宜？

　　7）在谈判过程中，当己方遇到"不合作型"谈判对手时，应采取哪些应对策略？

　　8）在谈判过程中，当己方遇到"虚荣型"谈判对手时，应采取哪些应对策略？

　　9）如何理解商务谈判风险的含义、特征与类型？

　　10）源自机构谈判者的主要风险有哪些？

　　9.2　知识应用

　　9.2.1　选择题

　　1）提出"姿态策略"和"情景策略"两个概念的谈判学家是（　　　）。

　　（1）拉塞尔·B.萨闪　　　（2）荷伯·科恩　　　（3）P.D.V.马什

　　2）吹毛求疵策略最适合在商务谈判的（　　　）运用。

（1）谈判开局阶段　　　　　（2）谈判磋商阶段　　　　（3）谈判结束阶段

3）声东击西策略最适宜处于（　　　）的谈判者。

（1）平等地位　　　　　　　（2）被动地位　　　　　　（3）主动地位

4）在商务谈判结束阶段，可以采取的策略是（　　　）。

（1）投石问路策略　　　　　（2）期限策略　　　　　　（3）不开先例策略

5）对待"合作型"谈判风格的人应多用的原则是（　　　）。

（1）团结进取　　　　　　　（2）互利互惠　　　　　　（3）勇往直前

6）当己方在谈判过程中处于主动地位时最好采取（　　　）。

（1）先苦后甜策略　　　　　（2）以战取胜策略　　　　（3）吹毛求疵策略

7）在谈判过程中，当己方遇到"固执型"谈判对手时，应采取的策略是（　　　）。

（1）先苦后甜策略　　　　　（2）以守为攻策略　　　　（3）休会策略

8）商务谈判开局阶段可选择的主要策略是（　　　）。

（1）留有余地策略　　　　　（2）开局陈述策略　　　　（3）软硬兼施策略

9）商务谈判的技术风险主要包括（　　　）。

（1）技术超标风险　　　　　（2）技术落后风险　　　　（3）技术保留风险

10）商务谈判风险的主要特征是（　　　）。

（1）不可预见性　　　　　　（2）突发性　　　　　　　（3）可控制性

9.2.2　判断题

1）商务谈判战略和商务谈判策略仅仅存在理论上的区别，它们都是解决问题的方式与方法。　　　　　　　　　　　　　　　　　　　　　　　　　　　　（　　　）

2）哈佛谈判原则是传统谈判策略的典型代表。　　　　　　　　　　　（　　　）

3）根据谈判人员在谈判中的态度与应对姿态，商务谈判策略可分为速决策略和稳健策略。　　　　　　　　　　　　　　　　　　　　　　　　　　　　　（　　　）

4）得当的商务谈判策略是实现谈判目标的桥梁、有力工具和利器。　（　　　）

5）从实现目标的速度和风格来分，商务谈判策略可分为姿态策略和情景策略。

（　　　）

6）在商务谈判磋商阶段，往往采取喊价要低、还价要高的策略，便于达成协议。　　　　　　　　　　　　　　　　　　　　　　　　　　　　　　　　（　　　）

7）出现僵局就意味着谈判的结束。　　　　　　　　　　　　　　　　（　　　）

8）感情型谈判对手的性格容易被人接受。我国多数商务谈判人员属于感情型。

（　　　）

9）只要谈判策略运用得当，基本不存在风险。　　　　　　　　　　　（　　　）

10）在商务谈判中，对于风险的控制可以分为事前控制和事后控制。　（　　　）

□ 技能题

9.1　规则复习

1）商务谈判中的策略

商务谈判策略和商务谈判战略是一种理论上的区别。从一定意义上讲，它们都是解决问题的方式与方法。商务谈判策略在谈判中具有重要的作用。

商务谈判策略由策略的内容、目标、方式、要点等要素构成。

商务谈判策略具有针对性、预谋性、时效性、随机性、隐匿性、艺术性、综合性等特征。

2）商务谈判策略

商务谈判策略可以从不同角度划分为不同的类型。

商务谈判进程应对策略包括：开局阶段策略、磋商阶段策略和结束阶段策略。

商务谈判地位应对策略包括：平等地位的谈判策略、被动地位的谈判策略和主动地位的谈判策略。

商务谈判对方谈判作风应对策略包括：对付"强硬型"谈判作风的策略、对付"不合作型"谈判作风的策略、对付"阴谋型"谈判作风的策略和对付"合作型"谈判作风的策略。

商务谈判对方性格应对策略包括：对待"感情型"谈判对手的策略、对待"固执型"谈判对手的策略和对待"虚荣型"谈判对手的策略。

3）商务谈判中的风险与规避

商务谈判风险主要包括宏观谈判风险、来自谈判对手的风险和源自机构谈判者的风险。

宏观谈判风险主要包括市场风险、技术风险和社会风险。

来自谈判对手的风险，从产生原因来讲，包括谈判对手采取非法谈判手段和采取商务欺诈手段两方面。

源自机构谈判者的风险主要包括谈判者素质缺陷风险和谈判失误风险。

9.2　操作练习

9.2.1　实务题

用两三个例子分析说明：

1）我国商务谈判人员有哪些特点？他们在谈判中常常选择哪些谈判策略？有何缺点？

2）如何制造僵局和化解僵局？

3）如何报价？如何还价？

9.2.2　综合题

如果你是保险公司的理赔责任人，请思考在开展保险理赔时会遇到哪些情况。收集保险业的有关资料，针对不同的情况设计、选用谈判策略。

□ 能力题

9.1　案例分析

某年7月下旬，中外合资重庆某房地产开发有限公司总经理张先生，获悉澳大利亚著名建筑设计师尼克·博榭先生将在上海短暂停留。张总经理认为，澳大利亚的建筑汇聚了世界建筑的经典，何况尼克·博榭是当代著名的有许多杰作的建筑设计师！为了把正在建设中的金盾大厦建设成豪华、气派，既方便商务办公，又适于家居生活的现代化综合商住楼，必须使之设计科学、合理，不落后于时代潮流。具有长远发展眼光的张总经理委派高级工程师丁静副总经理作为全权代表飞赴上海，与尼克·博榭先生洽谈，既向这位澳洲著名设计师咨询，又请他帮助公司为金盾大厦设计一套最新方案。

丁静女士一行肩负重担，风尘仆仆地赶到上海。一下飞机，便马上与尼克·博榭先生的秘书联系，确定当天晚上在一家名为银星假日饭店的会议室见面会谈。

下午5点，双方代表准时赴约，并在宾馆门口巧遇。双方互致问候，彬彬有礼地进入21楼的会议室。

根据张总经理的指示精神，丁静女士一行介绍了金盾大厦的现状，她说："金盾大厦建设方案是在七八年前设计的，其外形、外观、立面等方面有些不合时宜，与跨世纪建筑的设计要求存在很大差距。我们慕名远道而来，恳请贵公司合作与支持。"丁静女士一边介绍，一边将事先准备好的有关资料，如施工现场的相片、图纸，国内有关单位的原设计方案、修正资料等，提供给尼克·博榭一行。

尼克·博榭在我国注册了"博榭联合建筑设计有限公司"。该公司是多次获得大奖的国际甲级建筑设计公司，声名显赫。在上海注册后，尼克·博榭很快赢得了上海建筑设计市场的广泛好评。但是，内地市场还没有深入进来，该公司希望早日在中国内地的建筑设计市场上占有一席之地。由于有这样一个良好的机会，所以尼克·博榭一行对该公司的这一项目很感兴趣，他们同意接受委托，设计金盾大厦8楼以上的方案。

可以说，双方都愿意合作，然而，根据重庆某公司的委托要求，博榭联合建筑设计有限公司报价40万元人民币。这一报价令人难以接受。博榭公司的理由是：本公司是一家讲求质量、注重信誉、在世界上有名气的公司，报价稍高是理所当然的。但是，鉴于重庆地区的工程造价，以及中国内地的实际情况，这一价格已是最优惠的了。

据重庆方面的谈判代表了解，博榭联合建筑设计有限公司在上海的设计价格为每平方米6.5美元。若按此价格计算，重庆金盾大厦25 000平方米的设计费应为16.25万美元，根据当天的外汇牌价，应折合人民币102.75万元。的确，40万元人民币的报价算是优惠的了！"40万元人民币，是充分考虑了内地情况，按每平方米设计费16元人民币计算的。"尼克·博榭说道。但是，考虑到公司的利益，丁静还价："20万元（人民币）。"对方感到吃惊。顺势，丁静女士解释道："在来上海之前，总经理授权我们10万元左右的签约权限。我们出价20万元，已经超出了我们的权力范围……如果再增加，必须请示正在重庆的总经理。"双方僵持不下，谈判暂时结束。

第二天晚上，即7月26日晚上7点，双方又重新坐到谈判桌前，探讨对建筑方案的设想、构思，接着又谈到价格。这次博榭联合建筑设计有限公司主动降价，由40万元降为35万元，并一再声称："这是最优惠的价了。"

重庆方面的代表坚持说："太高了，我们无法接受！经过请示，公司同意支付20万元，不能再高了！请贵公司再考虑考虑。"对方谈判代表嘀咕了几句，说："介于你们的实际情况和贵公司的条件，我们再降 5 万元，30 万元好了。低于这个价格，我们就不搞了。"重庆方面的代表分析，对方舍不得丢掉这次与本公司的合作机会，对方有可能还会降价，重庆方面仍然坚持出价 20 万元。过了一会儿，博榭公司的代表收拾笔记本等用具，根本不说话，准备退场。眼看谈判陷入僵局。

这时，重庆某公司的蒋工程师急忙说："请贵公司的代小姐与我公司总经理通话，待我公司总经理决定并给我们指示后再谈，贵公司看这样好不好？"由于这个提议，紧张的气氛才缓和下来。

7 月 27 日，代小姐等人打了很多次电话，与重庆某公司张总经理联系。在此之前，丁静副总经理已与张总经理通话，向张总经理详细汇报了谈判的情况及对谈判的分析和看法。张总经理要求丁静女士一行："不卑不亢！心理平衡！"所以当代小姐与张总经理通话时，张总经理做出了具体指示。

在双方报价与还价的基础上，二一添作五。重庆某公司出价 25 万元。博榭公司基本同意，但提出 8 月 10 日才能交图纸，比原计划延期两周左右。经过协商，当天晚上草签了协议。7 月 28 日，签订正式协议。

问题：

1）在谈判过程中，除权力有限策略外，双方主要运用了哪些谈判策略？

2）如何理解谈判中"有限的权力才是真正的权力"？

3）在谈判过程中，谈判代表会受到哪些限制？

4）面对丁女士使用权力有限策略，如果你是尼克·博榭一方的代表，如何应对？

9.2　网上调研

就房地产行业的特点及销售情况进行网上调研。

9.3　单元实践

一则房地产谈判实例

最近我们录了一段谈判会议，与会人士为杰出的谈判者，此会议地点是一位精明律师的办公室。此律师代表一位大客户处理房地产，正与一位有名的房地产经纪人谈判。此房地产经纪人因为大力开发公司"聚集"大片的整块房地产而闻名。"土地聚集"是复杂的技巧，需要有谨慎小心和独当一面进行谈判的能力。出色的"土地聚集者"并不多，他便是其中最杰出者之一。他们谈判的标的是一栋位于快速成长市区的房子，而房子拥有人便是律师的大客户。此房子的地点价值远大于其居住价值，其实早可以卖掉了。不过，一对古怪的兄妹住在那儿多年，拒绝出售。他们的坚持总算有了报酬，此房子现在是按月收租，租给房客，直到房主决定如何处置这栋房子。

为了便于了解、分析，让我们假设此房子的公平市价是 25 万美元。先由房地产经纪人开始谈判。

"你好，X 先生，我很高兴见到你。如同我在电话中所说，我的委托人对×××很有兴趣（×××是讨论中的这栋房子的地址）。我想亲自造访，与你商谈价钱。"

"很好，Y 先生，或许你已知道，我的委托人拥有这栋房子，所以任何我收到的出价，必须书面呈交他们，然后由他们决定。此栋房子对适当的人来说是颇有价值的房地产。"

"是的，我的委托人也这么想。不过当然了，他所感兴趣的只是那块土地，不是房子。"

"那是自然了。不过，我不断接到许多买主打来的电话，而由于我的委托人了解所有的情况，上个星期我便拒绝了一位买主的议价，因价钱谈不来。"

"X先生，你是知道的，出价并不是可以摆在博物馆里的东西，事情变化快，你我都清楚，时机很重要，若不是我的委托人对此栋房子颇有兴趣，我也不会占用你的宝贵时间了。"

"是的，的确如此。Y先生，对了，请问你的委托人是谁呢？"他拿起一支笔，一本正经的样子。

"X先生，很自然地，我的委托人目前宁愿在背后。"（他说这句话时，面不改色。）"他觉得既然他是相当知名的人士，他对×××有兴趣，正在议价的情报对他没有好处。"

"是的，我了解。那么，让我们继续，请问你的出价是多少？"

两人原先是站着。此刻，房地产经纪人站直身躯，开始走向对手，就像在递交皇冠一样。"我代表我的委托人，出价17.5万美元，现金交易。此出价有效期限10天，这10天足够你和你的委托人商谈了。"说完这些话时，此经纪人站在律师面前，朝下看着律师，很明显地对律师施以压力，要他采取对经纪人有利的行动。

"哈哈，17.5万美元！很好，冲着你的面子，Y先生，我会把你的出价转告我的委托人。不过我可以告诉你，上星期他们拒绝了一项更为优惠的出价。"

经纪人说道："我说过，时机永远是考虑的因素（回到他提过的论点）。再者，此出价是来自一位支票信誉极好，所有银行、董事会都会见票即兑付的人士，而要将此信誉卓著的支票开给你的人就在你身边。"

"Y先生，我说过我会把你的出价转告我的委托人。麻烦你是否可以书面报价，以便呈递。"

"抱歉，先生，我不能这么做！"

"为什么呢？难道你的出价诚意不够吗？"律师带着讽刺的口气问道。

"我的出价是很有诚意的。不过，我常常因留下书面报价单而受害匪浅。一旦你的委托人拥有报价单，他们会以它作为压榨我竞争对手的工具。抱歉，X先生。不过你可信赖我所说的话和我的信誉。我无法违背己愿，写下书面的报价。"

你会察觉到此谈判的清晰、明确。虽然这次会议，出价太低并无结果。而从谈判经过来看，你或许会认为此买主——经纪人的委托人——其实就是经纪人本人。不过，观察两位老练的对手试探彼此，以友善、风趣的对话进行谈判，彼此都很清楚对方所玩的花样，是很有参考价值的。的确，此谈判也不是没有成功的可能。假使房地产税即将到期，或房主需要一笔钱来支付律师的费用和其他开销的话，那么，Y先生便很可能为自己买得了一件廉价品。

谈判其实就是意见的沟通。谈判不是要给对方留下深刻印象（虽然如此也无妨）。你谈判是为了表达你的意见，纵使Y先生没有买到房子，他还是很明确地表示了他对这房子的态度。

资料来源　佚名. 简单明了的谈判实例［EB/OL］.［2014-11-04］. http：//china.findlaw.cn/fangdichan/goufangzhinan/maifanggonglue/101649.html.

问题：在上述谈判实例中，您认为双方采用了哪些谈判策略？从对话中，你获得了哪些启示？

实践要求：扮演其中的一方（组），设计模拟谈判中对方（组）选择的谈判策略，并说明理由。

第 10 章

商务谈判沟通

通过本章学习，你应该达到以下目标：

知识目标：认识沟通在商务谈判中的重要作用；掌握商务谈判中的沟通类型。

技能目标：能够依据所学到和掌握的常用商务谈判语言沟通、行为语言沟通的基本方法和文字处理技巧等，合乎规范地进行商务谈判。

能力目标：具有在商务谈判中熟练运用语言沟通和行为语言沟通基本技巧与方法的能力；具有较强的文字沟通和处理能力。

引例 @ 商务谈判需要语言技巧吗

有一位教徒问神父："我可以在祈祷时抽烟吗？"他的请求遭到神父的严厉斥责。而另一位教徒又去问神父："我可以吸烟时祈祷吗？"后一个教徒的请求却得到允许，悠闲地抽起了烟。这两个教徒发问的目的和内容完全相同，只是谈判语言的表达方式不同，但得到的结果却相反。由此看来，表达技巧高明才能赢得期望的谈判效果。

谈判的语言技巧在营销谈判中运用得好可带来营业额的高增长。某商场休息室售卖咖啡和牛奶，刚开始服务员总是问顾客："先生，喝咖啡吗？"或者是："先生，喝牛奶吗？"其销售额平平。后来，老板要求服务员换一种问法："先生，喝咖啡还是牛奶？"结果其销售额大增。其原因在于，第一种问法，容易得到否定回答；而后一种是选择式提问，在大多数情况下，顾客会选其中一种。

你想到一家公司担任某一职务，你希望年薪2万元，而老板最多只能给你1.5万元。老板如果说"要不要随便你"这句话，就有攻击的意味，你可能扭头就走。而老板不那样说，而是这样跟你说："给你的薪水，那是非常合理的。不管怎么说，在这个等级里，我只能付给你1万元到1.5万元，你想要多少？"很明显，你会说"1.5万元"，而老板又好像不同意，说："1.3万元如何？"

你继续坚持1.5万元。其结果是老板投降。表面上，你好像占了上风，沾沾自喜，实际上，老板运用了选择式提问技巧，你自己却放弃了争取2万元年薪的机会。

当你作为顾客与店主进行谈判时，你有没有运用语言技巧呢？我们不妨先看一则笑话。有一次，一个贵妇人打扮的女人牵着一条狗登上公共汽车，她问售票员："我可以给狗买一张票，让它也和人一样坐个座位吗？"售票员说："可以，不过它也必须像人一样，把双脚放在地上。"售票员没有否定答复，而是提出一个附加条件：像人一样，把双脚放在地上。这样限制对方，从而制服了对方。

学会谈判并不是一件难事，只要你努力学习，掌握有关的谈判技巧和策略，你一定能够成为谈判高手。

资料来源　刘志刚. 营销人语：营销谈判技巧［EB/OL］.［2014-11-16］. http：//www.ycwb. com/gb/content/2004-03/10/content_655110.htm.

在第9章，我们探讨了商务谈判策略，目的在于学会在商务谈判过程中运用各种各样的策略来达到自己的目的。作为一门艺术，商务谈判各种策略的实现都离不开语言的运用。成功的商务谈判是谈判双方出色运用沟通技巧的结果。

商务谈判的过程，其实就是谈判各方运用各种语言进行洽谈的过程、沟通的过程。本章所要探讨的商务谈判沟通，就是为了成功地、艺术地运用语言沟通、行为语言沟通和文字沟通，实现商务谈判的目的。

10.1 商务谈判中的语言沟通

10.1.1 商务谈判语言的类型

商务谈判的语言多种多样，从不同的角度或依照不同的标准，可以把它分成不同的类型。同时，每种类型的语言都有各自运用的条件，在商务谈判中必须相机而定。

1）依据语言的表达方式分类

依据语言的表达方式不同，商务谈判语言可以分为有声语言和无声语言。在商务谈判中，各种语言都可以归类为有声语言和无声语言。

有声语言是通过人的发音器官来表达的语言，一般理解为口头语言。这种语言是借人的听觉传递信息、交流思想。有声语言，又可分为同情语、委婉语、幽默语、格言、成语等。

无声语言又称为行为语言或体态语言，是指通过人的形体、姿态等非发音器官来表达的语言，一般理解为身体语言。这种语言是借人的视觉传递信息、表示态度、交流思想等。

在商务谈判中巧妙地运用这两种语言，可以产生珠联璧合、相辅相成、绝妙默契的效果。

2）按语言表达特征分类

按语言表达特征分类，商务谈判语言可分为专业语言、法律语言、外交语言、文学语言、军事语言等。

（1）专业语言

专业语言是指在商务谈判过程中使用的与业务内容有关的一些专用或专门术语。谈判业务不同，专业语言相别。例如，在国际商务谈判中，有到岸价、离岸价等专业用语。在产品购销谈判中，有供求市场价格、品质、包装、装运、保险等专业用语。在工程建筑谈判中，有造价、工期、开工、竣工交付使用等专业用语。这些专业语言的特征是简练、明确、专一。

（2）法律语言

法律语言是指商务谈判业务所涉及的有关法律规定的用语。商务谈判业务内容不同，要运用的法律语言则不同。每种法律语言及其术语都有特定的内涵，不能随意解释和使用。法律语言的特征是法定的强制性、通用性和刻板性。通过法律语言的运用，双方可以明确各自的权利与义务、权限与责任等。

（3）外交语言

外交语言是一种具有模糊性、缓冲性和圆滑性特征的弹性语言。在商务谈判中，使用外交语言既可满足对方自尊的需要，又可以避免己方失礼；既可以说明问题，还能为谈判决策进退留有余地。例如，在商务谈判中常说的"互利互惠""双方互惠""可以考虑""深表遗憾""有待研究""双赢"等，都属外交语言。外交语言要运用得当，如果过分使用外交语言容易让对方感到无诚意合作。

（4）文学语言

具有明显的文学特征的语言属于文学语言。这种语言的特征是生动、活泼、优雅、诙谐、富于想象、有情调、范围广。在商务谈判中运用文学语言既可以生动明快地说明问题，还可以调节谈判气氛。

（5）军事语言

带有命令性特征的用语属于军事语言。这种语言的特征是干脆、利落、简洁、坚定、自信、铿锵有力。在商务谈判中，适时运用军事语言可以起到增强信心、稳定情绪、稳住阵脚、加速谈判进程的作用。

10.1.2　语言艺术在商务谈判沟通中的作用

美国企业管理学家哈里·西蒙曾经说过："成功的人都是出色的语言表达者。"成功的商务谈判是谈判各方出色运用语言艺术的结果。无论有声语言还是无声语言，在商务谈判沟通中都起着十分重要的作用。

1）语言艺术是商务谈判中表达自己观点的有效工具

在整个商务谈判过程中，谈判人员要把自己的判断、推理、论证的思维成果准确地表达出来，必须出色地运用语言艺术工具。同样的观点，经过不同的语言表达，其达到的效果可能就不一样。比如，在谈判中，如果通过行为语言表现出己方的急躁，对达成协议表现得很急迫，那么对方就可能利用我们的弱点。如果在谈判场上表现得不急不躁，根据价格的高低并比较各方面的条件来决策，那么我方在谈判中就会处于比较主动的地位，达成有利于己方的协议。

2）语言艺术是通向谈判成功的桥梁

在商务谈判中，恰当地运用语言艺术来表达同样的问题或一段话，可以使对方听起来有兴趣，并乐于听下去；否则，对方会觉得是陈词滥调，产生反感，进而抵触。许多谈判的实战经验还告诉我们：面对冷漠的或者不合作的谈判对手，通过恰当的语言艺术，可以使对手变得热心起来。

3）语言艺术是实施谈判策略的主要途径

谈判策略的实施，必须讲求语言艺术。在商务谈判过程中，许多策略如软硬兼施、红脸白脸等，都需要比较高超的语言技巧与艺术。扮演"白脸"的谈判人员，既要态度强硬、寸步不让，又要以理服人；既要"凶狠"，又要言出有状，保持良好的形象。在谈判中，态度强硬不等于蛮横无理，平和的语气、稳重的语调、得体的无声语言，往往比蛮横无理更具有力量。

4）语言艺术是处理商务谈判中人际关系的关键

一场成功的谈判有三个价值评判标准，即目标实现标准、成本优化标准和人际关系标准。在商务谈判中，除了争取实现自己的预定目标，努力降低谈判成本外，还应该重视建立和维护双方的友好合作关系。在商务谈判中，双方人际关系的变化，主要通过语言交流来体现。谈判各方的语言，都是表达己方的意愿和要求的。如果用语言表达的意愿和要求与双方的实际努力相一致，就可以使双方维持并发展某种良好的关系；反之，可能导致冲突或矛盾，严重时可能导致双方关系破裂，进而使谈判出现败局。较高水平的语言艺术，即使是反驳、说服、否决对方的话，也可以使对方听得入耳。如果语言运用不当，即使是赞同、认可、肯定、支持对方的话，也可能使对方反感。因此，既表达清楚自己的意见，又较好地保持双方的良好人际关系，取决于语言艺术。语言艺术决定了谈判双方关系的建立、巩固、发展、改善和调整，从而决定了双方对待谈判的态度。

10.1.3　商务谈判沟通中运用语言艺术的原则

对商务谈判而言，不仅仅谈判的内容重要，而且谈判过程中语言的运用及谈判者所表现出的态度、举止也一样重要。善于运用语言艺术的人懂得利用表情、手势和抑扬顿挫的语调等种种技巧来表达和强调自己的思想和见解。但是，如果这些运用过度或不及，都不能准确地实现自己的初衷，所以在商务谈判中运用语言艺术时需要遵循一些基本的原则。

1）客观性原则

客观性原则要求在商务谈判中运用语言艺术表达思想、传递信息时，必须以客观事实为依据，并且运用恰当的语言为对方提供令其信服的证据。这一原则是其他原则的基础。离开了这一原则，无论一个人有多高水平的语言艺术，他所讲的也只能是诺言，商务谈判也就失去了存在和进行的意义。

以产品购销谈判为例。产品销方不可避免地要对产品的情况做介绍，这时销方要遵循客观性原则，对自己的产品性能、规格、质量等做客观介绍。为了使对方相信，必要时还可通过现场试用或演示。相反，如果采取"涂脂抹粉"、蒙混过关的做法，这次谈判也许过得了"关"，得到了暂时的利益，但因此可能使自己的产品信誉下降。长期下去，用户就会"畏而远之"、越来越少，使长远的利益受到损失。

产品的购方也要实事求是评价对方产品的性能、质量等，在讨论价格问题时，提出压价要有充分根据。如果双方都能这样遵循客观原则，都能让对方感到自己富有诚意，就可能使谈判顺利进行下去，并为以后长期合作打下良好基础。

2）针对性原则

针对性原则要求在商务谈判中运用语言艺术要有的放矢、认清对象、对症下药。

不同的谈判对手，他们的身份、性格、态度、年龄、性别等不同，即使是同一谈判对手，随时间场合的不同，其需要、价值观等也会有所不同，谈判人员必须针对这些差异运用语言。从使用语言的角度看，把这些差异透视得越细，洽谈效果就越好。

商务谈判的内容非常丰富，每局每次谈判都有其特定的目标、业务内容、谈判对手、谈判时间与地点等，在谈判中必须针对这些特殊性来考虑语言的运用，这样才能增加谈判成功的可能性。

3）逻辑性原则

逻辑性原则要求在商务谈判过程中运用语言艺术要概念明确、判断恰当、证据确凿，推理符合逻辑规律，具有较强的说服力。

要想提高谈判语言的逻辑性，既要求谈判人员具备一定的逻辑学知识，又要求其在谈判前充分准备，详细掌握有关资料，并加以认真整理，然后在谈判席上富有逻辑的语言表达出来，为对方认识和理解。

在商务谈判中，逻辑性原则反映在问题的陈述、提问、回答、辩证、说服等各个语言运用方面。在陈述问题时，要注意术语概念的同一性，问题或事件及其前因后果的衔接性、全面性、本质性和具体性。提问时要注意察言观色、有的放矢，要注意和谈判议题紧密结合。回答时要切题，除特殊谈判策略的使用外，一般不要答非所问。说服对方时要使语言、声调、表情等恰如其分地反映人的逻辑思维过程。此外，还要善于利用对手在语言逻辑上的混乱和漏洞，及时驳击对手，增强自己语言的说服力。

4）隐含性原则

隐含性原则要求在商务谈判中运用语言艺术，要根据特定的环境与条件，委婉而含蓄地表达思想、传递信息。

隐含性原则在许多方面集中反映了语言运用的艺术性，除了表现在口头语言中，还直接表现在无声语言中，即无声的行为语言本身就隐含着某种感情和信息。

尽管前面我们强调语言表达要遵循客观性、针对性、逻辑性原则，但这并不是说在任何发问下都必须"直"不打弯、"露"而无遮；相反，在谈判中根据不同条件，掌握和运用"弯弯曲曲""隐隐约约"的语言表达方式，有时会起到良好的效果。

5）规范性原则

谈判语言的规范性是指谈判过程中的语言表述要文明、清晰、严谨、精确。第一，谈判语言必须坚持文明礼貌的原则，必须符合商界的特点和职业道德要求。无论出现任何情况，都不能使用粗鲁的语言、污秽的语言或攻击辱骂的语言。第二，谈判所用语言必须清晰易懂。口音应当标准化，不能用地方方言或黑话、俗语之类与人交谈。第三，谈判语言应当注意抑扬顿挫、轻重缓急，避免吐舌挤眼、语不断句、嗓音微弱、大吼大叫或感情用事等。第四，谈判语言应当准确、严谨，特别是在讨价还价等关键时刻，更要注意一言一语的准确性。在谈判过程中，由于一言不慎，导致谈判走向歧途，甚至导致谈判失败的事例屡见不鲜。因此，必须认真思索、谨慎发言，用严谨、精当的语言准确地表述自己的观点、意见，如此，才能通过商务谈判维护或取得自己的经济利益。

6）说服力原则

说服力是谈判语言的独特标志。这一原则要求谈判人员在谈判沟通过程中无论语言表现形式如何，都应该具有令人信服的力量和力度。比如，是否引起了对方的共鸣？是否达成了协议？是否建立了谈判各方的长期友好合作关系？谈判语言是否具有说服力，最终要用实际效果来检验。

谈判语言的说服力，不仅仅是语言客观性、针对性、逻辑性的辩证统一，还包括更广泛的内容。它要求声调、语气恰如其分，声调的抑扬顿挫和语言的轻重缓急都要适时、适地、适人。谈判人员还要将丰富的面部表情和适当的手势，期待与询问的目光等无声语言，作为语言说服力的重要组成部分。

上述基本原则都是在商务谈判的语言表达中必须遵守的，运用这些原则的目的是提高语言艺术的说服力，因此说服力的大小是语言艺术高低的衡量尺度。这几项原则又都是就语言的某一方面而言的，各有侧重、各有针对，在实践中，不能将其绝对化，强调过分或偏废一方都会适得其反。所以，在商务谈判中运用语言艺术，必须坚持上述几项原则的有机结合与辩证统一，这样才能使语言具有真正的说服力。

【实例10-1】

在商务谈判中让你的话字字千金

专家建议，在商务谈判中应该尽快切入正题。切入正题之后，就要应对自如地表达出自己想要表达的东西。要做到这一点，你可以参考下列重要法则：

不要说"但是"，而要说"而且"

你很赞成一位同事的想法，你可能会说："这个想法很好，但是你必须……"这样子一说，这种认可就大打折扣了。你完全可以说出一个比较具体的希望来表达你的赞赏和建议，比如说："我觉得这个建议很好，而且，如果在这里再稍微改动一下的话，也许会更好……"

不要说"首先"，而要说"已经"

你要向老板汇报一项工程的进展情况，你跟老板说："我必须得首先熟悉一下这项工作。"想想看吧，这样的话可能会使老板（包括你自己）觉得，你还有很多事需要做，却绝不会觉得你已经做完了一些事情。这样的讲话态度会给人一种悲观而绝不是乐观的感觉，所以建议你最好是这样说："是的，我已经相当熟悉这项工作了。"

不要说"错"，而要说"不对"

一位同事不小心把一份工作计划浸上了水，正在向客户道歉。你当然知道，他犯了错误，惹恼了客户，于是你对他说："这件事情是你的错，你必须承担责任。"这样一来，只会引起对方的厌烦心理。你的目的是调和双方的矛盾，避免发生争端，所以把你的否定态度表达得委婉一些，实事求是地说明你的理由。比如说："你这样做的确是有不对的地方，你最好能够为此承担责任。"

不要说"几点左右"，而要说"几点整"

在和一个重要的生意上的伙伴通电话时，你对他说："我在这周末左右再给您打一次电话。"这就给人一种印象，觉得你并不想立刻拍板，甚至是更糟糕的印象——别人会觉得你的工作态度并不可靠。最好是说："明天11点整我再打电话给您。"

资料来源　佚名. 如何让你的话字字千斤〔EB/OL〕.〔2014-11-18〕. http://www.lawtime.cn/qiye/yunzuo/shangyetanpan/187441.htm.

10.1.4　商务谈判语言沟通技巧

谈判是有诀窍、有技巧的。掌握商务谈判的诀窍比较困难，必须反复练习、总结，不断借鉴。在商务谈判中，运用有声语言的技巧主要体现在听、问、答、叙、辩、说服等方面。因此，在谈判桌上必须随时注意这几方面技巧的运用，以便准确地把握对方的行为与意图。

1）商务谈判中"听"的要诀与技巧

"听"是我们了解和把握对方观点和立场的主要手段与途径。美国科学家富兰克林曾经说过："与人交谈取得成功的重要秘诀就是多听，永远不要不懂装懂。"商务谈判人员应该养成耐心地倾听对方讲话的习惯，这也是谈判人员具备良好的个人修养的标志。

专家认为"听"有两种形式，即积极的听与消极的听。所谓积极的听，就是在交谈中与说话者密切呼应，比如，表示理解或疑惑、支持或反对、愉快或难过等。所谓消极的听，就是指在一定的交谈中，听者处于比较松弛的状态中，即处于一种随意状态中接受信息，比如，平时家庭中的闲谈、非正式场合下的交谈等。积极的听既有对语言信息的反馈，也有对非语言信息，即表情、姿势等的反馈。而消极的听则往往不是同时具有这种明显的姿势反馈和表情反馈。

"听"是存在听力障碍的。为了能够听得完全，听得清晰，必须克服一些听力障碍，主要有：

第一，只注意与己有关的讲话内容，不顾对方的全部讲话内容。

第二，因精力分散，或思路较对方慢，或观点不一致所造成的少听、漏听。谈判人员的精力和注意力的变化是有一定规律的。一般来说，谈判开始时精力比较充沛，但持续的时间较短，约占整个谈判时间的8.3%~13.3%；谈判过程中，精力趋于下降，时间较长，约占整个时间的83%；谈判快要达到协议时，又出现精力充沛时期，时间也是很短，约占3.7%~8.7%。

第三，凭借感情、兴趣的变化来理解对方讲话内容，从而曲解了对方的原意。一系列试验表明，积极地听对方讲话，其中只有1/3的讲话内容是按原意听取的，1/3的讲话内容是被曲解地听取的，还有1/3则是丝毫没有被听进去。

第四，收听者受文化知识、语言水平等的限制，特别是受专业知识与外语水平的限制，而听不懂对方的讲话内容。

第五，环境的干扰，常会使人们的注意力分散，形成听力障碍。

商务谈判中必须想尽办法克服听力障碍，掌握"听"的要诀，提高收听效果。"听"的要诀与技巧主要包括：

第一，避免"开小差"，专心致志、集中精力地倾听。精力集中是倾听艺术最基本、最重要的问题。心理学家研究证明，一般人说话的速度为每分钟120~180个字，而听话及思维的速度，则大约要比说话的速度快4倍。因此，往往是说话者话还没有说完，听话者就大部分都能够理解了。我们必须注意时刻集中精力倾听对方讲话，用积极的态度去听，主动与讲话者进行目光接触，并做出相应的表情，以鼓励讲话者。比如，可扬一下眼眉，或是微微一笑，或是赞同地点点头，或否定地摇摇头，也可不解地皱皱眉头等，这些动作配合，可帮助我们集中精力，起到良好的收听效果。

第二，通过记笔记来集中精力。谈判过程中，人的思维在高速运转，大脑接受和处理大量的信息，加上谈判现场的气氛又很紧张，所以只靠记忆是办不到的。记笔记，一方面，可以帮助自己回忆和记忆，而且也有助于在对方发言完毕之后，就某些问题向对方提出质询，同时，还可以帮助自己做充分的分析，理解对方讲话的确切含义与精神实质；另一方面，通过记笔记，给讲话者的印象是重视其讲话的内容，当停笔抬头望讲话者时，又会对其产生一种鼓励的作用。

第三，在专心倾听的基础上有鉴别地倾听对手发言，去粗取精、去伪存真、抓住重点，收到良好的听的效果。

第四，克服先入为主的倾听做法。

第五，创造良好的谈判环境，使谈判双方能够愉快地交流。有利于己方的谈判环境，能够增强自己的谈判地位和实力。对于一些关系重大的商务谈判工作，如果能够进行主场谈判是最为理想的。如果不能争取到主场谈判，至少也应选择一个双方都不十分熟悉的中性场所。

第六，注意不要因轻视对方、抢话、急于反驳而放弃听。

第七，不可为了急于判断问题而耽误听。

第八，听到自己难以应付的问题时，也不要充耳不闻。在商务谈判中，可能会遇到一些一时回答不上来的问题，这时，切记不可持一种充耳不闻的态度。要有信心、有勇气去迎接对方提出的每一个问题，用心领会对方每个问题的真实用意，找到摆脱难题的真实答案。培养自己急中生智、举一反三的能力，应多加训练、多加思考，以便自己在遇到问题时不乱、不慌。

2）商务谈判中"问"的要诀与技巧

在商务谈判中，如何"问"是很有讲究的。重视和灵活运用发问的技巧，不仅可以引起双方的议论，获取信息，而且还可以控制谈判的方向。

（1）发问的方式

谈判中的发问有以下几种：

第一，澄清式发问。这是针对对方的答复，重新措辞，以使对方进一步澄清或补充其原先答复的一种问句。其作用在于确保谈判各方能在叙述"同一语言"的基础上进行沟通。

第二，强调式发问。该发问方式旨在强调自己的观点，强调本方的立场。

第三，探索式发问。这是针对对方的答复，要求引申或举例说明，以便探索新问题、新方法的一种发问方式。它不但可以进一步发掘较为充分的信息，而且还可以显示发问者对对方答复的重视。

第四，间接式发问。这是借助第三者的意图来影响或改变对方意见的发问方式。比如，"某某先生，对你方能否如期履约关注吗？"

第五，强迫选择式发问。这种问句旨在将本方的意见抛给对方，让对方在一个规定的范围内进行选择回答。比如，"原定的计划，你们是本周实施，还是下周，请给我们答复"。在使用强迫选择式发问时，要语调温柔、措辞得体。

第六，证明式发问。证明式发问旨在通过己方的提问，使对方对问题做出证明或理解，比如，"为什么要更改原已订好的计划？"

第七，多层次式发问。这是含有多种主题的问句，即一个问句中包含有多种内容。比如，"您能否将这个协议产生的背景、履约的情况、违约的责任，以及双方的看法和态度谈一谈？"这种问句因包含过多的主题而致使对方难以周全把握。许多心理学家认为，一个问题最好只含有一个主题，最多也不能超过两个主题，才能使对方有效地掌握。

第八，诱导式发问。这种问句旨在开渠引水，对对方的答案给予强烈的暗示，使对方的回答符合己方预期的目的。比如，"已经到期了，对不对？"这类问句几乎使对方毫无选择余地按照发问者所设计好的答案做回答。

在商务谈判中，谈判的任何一方都应避免使用盘问式、审问式或威胁性与讽刺性的问句，以免影响双方关系。

（2）不应发问的问题

在商务谈判中并不是任何方面的问题都可以随意提问的。一般不应提出下列问题：

第一，带有敌意的问题。

第二，有关对方个人生活、工作方法的问题。多数国家和地区的人对于自己的收入、家庭情况、女士或太太的年龄等问题都不愿回答。我国情况相反，当商务谈判时问候一下对方个人生活，以及家庭情况等，往往容易拉近关系，从而博得对方的信任感和亲切感。

第三，对方品质和信誉方面的问题。

第四，故意表现自己而提问。要知道，故作卖弄的结果往往是弄巧成拙，被人蔑视。

（3）发问的要诀

为了获得良好的提问效果，需掌握以下发问要诀：

第一，应该预先准备好问题，最好是一些对方不能够迅速想出适当答案的问题，以期收到意想不到的效果，同时，预先有所准备也可预防对方反问。

第二，在对方发言时，如果我们脑中闪现出疑问，千万不要中止倾听对方的谈话而急于提出问题，这时我们可先把问题记录下来，等待对方讲完后，有合适的时机再提出问题。

第三，要避免提出那些可能会阻止对方让步的问题，这些问题会明显影响谈判效果。

第四，如果对方的答案不够完整，甚至回避不答，这时不要强迫地问，而是要有耐心和毅力等待时机到来时再继续追问。这样做以示对对方的尊重，同时再继续回答问题也是对方的义务和责任，时机成熟时，对方也不会推卸。

第五，在适当的时候，我们可以将一个已经发生，并且答案也是我们知道的问题提出来，验证一下对方的诚实程度，以及其处理事情的态度。同时，这样做也可给对方一个暗示，即我们对整个交易的行情是了解的，有关对方的信息我们也是掌握很充分的。这样做可以帮助我们进行下一步的合作决策。

第六，既不要以法官的态度来询问对方，也不要问起问题来接连不断。

第七，提出问题后应保持沉默，闭口不言，专心致志地等待对方做出回答。

第八，要以诚恳的态度来提出问题。这有利于谈判者彼此感情上的沟通，有利于谈判的顺利进行。

第九，注意提出问题的句式应尽量简短。

3）商务谈判中"答"的要诀与技巧

谈判中回答的要诀应该是：基于谈判的需要，准确把握该说什么、不该说什么，以及应该怎样说，一般不以正确与否来论之。谈判中的回答是一个证明、解释、反驳或推销己方观点的过程。为了能够有效地回答好每个问题，我们应该：

①回答问题之前，要给自己留有思考时间。谈判经验告诉我们，在对方提出问题之后，我们可通过点支烟或喝一口茶，或调整一下自己的坐姿和座椅，或整理一下桌子上的资料文件，或翻一翻笔记本等动作来延缓时间，考虑一下对方的问题。之后，再回答。

②把握对方提问的目的和动机，再决定怎样回答。

③不要彻底地回答问题，因为有些问题不必回答。在商务谈判中，对方提出问题或是想了解我方的观点、立场和态度，或是想确认某些事情。对此，我们应视情况而定。对于应该让对方了解，或者需要表明我方态度的问题要认真回答，而对于那些可能会有损己方形象、泄密或一些无聊的问题，谈判者也不必为难，不予理睬是最好的回答。我们回答问题时可以自己将对方的问话的范围缩小，或者在回答之前加以修饰和说明，以缩小回答范围。

④顾左右而言他。有时，对方提出的某个问题我方可能很难直接从正面回答，但又不能以拒绝回答的方式来逃避问题。这时，谈判高手往往用避开话题、顾左右而言他的办法来回答。

⑤对于不知道的问题，应坦率地告诉对方不能回答或暂不回答。

⑥答非所问。答非所问在商务谈判中是对不能不答的问题的一种行之有效的答复方法。

⑦以问代答。顾名思义，以问代答是用来应付谈判中那些一时难以回答不想回答的问题的方式，如同把对方踢过来的球又踢了回去。

⑧"重申"和"打岔"。商务谈判中，要求对方再次阐明其所问的问题，实际上是为自己争取思考问题的时间。打岔的方式是多种多样的，可以借口去洗手间，或去打个电话等。

4）商务谈判中"叙"的要诀与技巧

商务谈判中的"叙"不受对方提出问题的方向和范围的制约，是带有主动性的阐述，是商务谈判中传达大量信息、沟通情感的一种方法，也是基于己方的立场、观点、方案等，通过陈述来表达对各种问题的具体看法，或对客观事物的具体阐述，以便让对方有所了解。

按照常理，在谈判中叙述问题、表达观点和意见时，应当态度诚恳，观点明朗，语言生动、流畅，层次清楚、紧凑。但这只是就一般情况而言的，具体地讲，谈判中的叙述应把握以下几项技巧：

①叙述应简洁、通俗易懂。商务谈判中的叙述在于让对方相信本方所言的内容均为事实，并使其接受本方的观点。为了达到这一目的，说出来的话要尽可能简洁、通俗易懂，使对方听了立即就能够理解。

②叙述应具体、生动，使对方集中精神，全神贯注地听。

③叙述应主次分明、层次清楚。

④叙述应基于客观事实，使对方相信并信任我方。

⑤叙述的观点要准确，力戒含混不清，前后不一致。

⑥叙述时发现错误要及时纠正，以防造成不应有的损失。

⑦重复叙述有时是必要的。

总而言之，商务谈判中的叙述，应从谈判的实际需要出发，灵活把握上述有关叙述应遵循的原则，以便把握好该叙述什么、不该叙述什么，以及怎样叙述等。

5）商务谈判中"辩"的要诀与技巧

商务谈判中的讨价还价集中体现在"辩"上。它具有双方辩者之间相互依赖、相互对抗的二重性。它是人类语言艺术和思维艺术的综合运用，具有较强的技巧性。谈判人员为了获得良好的辩论效果，应注意以下几点有关"辩"的技巧：

①观点要明确，立场要坚定。

②"辩"路要敏捷、严密，逻辑性要强。

③掌握大的原则，枝节不纠缠。

④态度要客观公正，措辞要准确犀利。

⑤辩论时应掌握好进攻的尺度。

⑥要善于处理辩论中的优劣势。当处于优势状态时，谈判人员要注意以优势压顶，滔滔雄辩，气度非凡，并注意借助语调、手势的配合，渲染己方的观点，以维护己方的立场。当己方处于优势时，切忌表现出轻狂、放纵和得意忘形。要时刻牢记：谈判中的优势与劣势是相对而言的，而且是可以转化的。当我们处于劣势状态时，要记住这是暂时的，应沉着冷静、从容不迫，既不可怄气、无理不让人，又不可沮丧、泄气、慌乱不堪。在劣势状态下，只有沉着冷静，思考对策，保持己方阵脚不乱，才会对对方的优势构成潜在的威胁，从而使对方不敢贸然进犯。

⑦注意辩论中个人的举止和气度。

6）商务谈判中"说服"的要诀技巧

说服常常贯穿于商务谈判的始终。它综合运用"听""问""答""叙""辩"

"看"各种技巧，是谈判中最艰巨、最复杂、最富有技巧性的工作。

（1）说服他人的基本要诀

说服他人的基本要诀主要包括：

第一，取得他人的信任。信任是人际沟通的"过滤"。只有对方信任你，才会理解你友好的动机。

第二，站在他人的角度设身处地地谈问题，从而使对方对你产生一种"自己人"的感觉。

第三，创造出良好的"是"的氛围，切勿把对方置于不同意、不愿做的地位，然后再去批驳他、劝说他。商务谈判事实表明，从积极的、主动的角度去启发对方、鼓励对方，就会帮助对方提高自信心，并接受己方的意见。

第四，说服用语要推敲。通常情况下，在说服他人时要避免用"愤怒""怨恨""生气""恼怒"这类字眼，这样才会收到良好的效果。

（2）说服"顽固者"的方法

在商务往来过程中，"顽固者"往往比较固执己见，性格倔强。仔细分析会发现他们中多数人是通情达理的。在说服"顽固者"时，给他一个"台阶"，采取"下台阶"法、等待法、迂回法、沉默法等。

（3）"认同"的要诀

在商务谈判中，"认同"是双方相互理解的有效方法，是人们之间心灵沟通的一种有效方式，也是说服他人的一种有效方法。

认同就是人们把自己的说服对象视为与自己相同的人，寻找双方的共同点。寻找共同点可以从以下几个方面入手：

第一，寻找双方工作上的共同点，比如共同的职业、共同的追求、共同的目标等。

第二，找双方在生活方面的共同点，比如共同的国籍、共同的生活经历、共同的信仰等。

第三，寻找双方兴趣、爱好上的共同点，比如共同喜欢的电视剧、体育比赛、国内外大事等。

第四，寻找双方共同熟悉的第三者作为认同的媒介，比如，在同陌生人交往时，想说服他，可以寻找双方共同熟悉的另外一个人，通过各自与另外一个人的熟悉程度和友好关系，相互之间也就有了一定的认同，从而也就便于说服对方了。谈判活动中也是如此。

（4）说服他人时易出现的不良行为

人们在说服他人时，效果往往不十分理想。分析原因发现，在说服他人的过程中，存在一些弊病：一是先想好几个理由，然后才去和对方辩论；二是站在领导者的角度上，以教训人的口气，指点他人应该怎样做；三是不分场合和时间，先批评对方一通，然后强迫对方接受其观点等。另外，还有胁迫或欺诈对方的情况。这些做法，其实未必能够说服对方。这样做，其实质是先把对方推到错误的一边，也就等于告诉对方，我已经对你失去信心了。

总之，说服工作的关键在于抓住对方的心，在此基础上，再结合前边所述的"听""问""答""叙""辩"等技巧，综合地加以运用、统筹兼顾方能收到良好的效果。

【实例10-2】

广东玻璃厂与美国欧文斯公司关于玻璃生产线事宜的谈判

广东玻璃厂厂长率团与美国欧文斯公司就引进先进的玻璃生产线一事进行谈判。从我方来说，美方就是顾客。双方在部分引进还是全部引进的问题上陷入了僵局，我方的部分引进方案令美方无法接受，我方遭到拒绝。

这时，我方首席代表虽然心急如焚，但还是冷静分析形势，如果他一个劲儿说下去，就可能会越说越僵。于是他聪明地改变了说话的战术，由直接讨论变成迂回说服。"全世界都知道，欧文斯公司的技术是一流的，设备是一流的，产品是一流的。"我方代表转换了话题，从微笑中开始谈天说地，先来一个"第一流"的诚恳而又切实的赞叹，使欧文斯公司代表由于谈判陷入僵局而产生的抵触情绪在很大程度上得以消除。"如果欧文斯公司能够帮助我们广东玻璃厂跃居全中国一流，那么全中国人民很感谢你们。"这里刚离开的话题，很快又转了回来，但由于前面说的那些话消除了对方心理上的对抗情绪，所以对方听了这话，似乎也顺耳多了。

"美国方面当然知道，现在，意大利、荷兰等几个国家的代表团，正在我国北方省份的玻璃厂谈判引进生产线事宜。如果我们这次的谈判因为一点点的小事而失败，那么不但是我们广东玻璃厂，而且更重要的是欧文斯公司方面将蒙受重大的损失。"我方代表只使用"一点点的小事"来轻描淡写，目的是引起对方对分歧的关注。同时，指出谈判万一破裂将给美国方面带来巨大的损失，完全为对方着想，这一点对方不容拒绝。

"目前，我们的确有资金方面的困难，不能全部引进，这点务必请美国同行们理解和原谅，而且我们希望在我们有困难的时候，你们能伸出友谊之手，为我们将来的合作奠定一个良好的基础。"这段话说到对方心里去了，既通情，又达理，不是在做生意，而是朋友间互相帮助，至此谈判僵局被打破，问题迎刃而解，双方迅速签订了协议，我方代表为国家节约了大量外汇。

在这里，广东玻璃厂的首席谈判代表在面对美国方面的拒绝时，没有直接地对抗拒绝，而是采用了迂回绕道的技巧，从而化解了谈判中产生的矛盾，取得了谈判的成功。

资料来源　佚名. 商务谈判经典案例全案 [EB/OL]. [2018-01-29]. http://blog.sina.com.cn/s/blog_5423d0120102vbrk.html.

10.2 商务谈判中的行为语言沟通

10.2.1 商务谈判行为语言的作用

商务谈判人员常常通过人的形体、姿态等非发音器官来与对方沟通、传递信息，表示态度，交流思想。谈判桌上，"人可以貌相"。在谈判过程中，我们可以通过观察对方的行为语言，获得有关信息。商务谈判和社交活动中行为语言的作用主要有：

①行为语言可以作为口头语言的补充，起到辅助表达、增强力量、加重语气的作用。比如，人在说话时通过手势表示物体的大小，挥动手臂表示自信，挥舞拳头表示威胁，点头表示同意，摇头表示否定，调节声音大小引起他人注意等。

②在适当的场合，行为语言可以代替语言表达的意图或情绪。例如，伸出两个手指构成"V"字形，表示胜利；伸出大拇指表示赞许、称赞、好样的等多种含意。据载，晋代阮籍常以眼神直接表示对人的态度；对器重之人以青眼（眼睛正视）表示尊重；对鄙薄之人以白眼（眼珠向上或向旁，现出眼白）表示轻视和憎恶。

③行为语言可以表达言语难以表达的思想感情、意图、要求、条件，传递出与口头语言一致或相反的信息。这是行为语言的一大优点，在许多情况下弥补了言语沟通上的不足，避免了交往上的窘迫感。千言万语难以表达的思想，或一时说不出口的心底话，常常仅用一个微妙的眼神，一个会意的微笑等就心领神会了，可谓"无声胜有声"。例如，"我很喜欢你""你真讨厌"这两句字面意义完全相反的话，根据表达情绪的需要，通过对声音特征的调整，都可以表现从真的喜欢到真的厌烦的所有不同程度的情绪。又如，"欢迎你光临"，却挡住门不让你进屋。

④行为语言在某些场合会起到调节人的情绪的作用。谈话人或听话人有时会拿一根小草在手中摆弄，抖一阵脚，拿着笔在本子上随意地画写等，通过这些动作以排解心中的烦闷，调节不适的心理，缓解自己无聊的心境。

行为语言除了有积极的作用外，它还有一些弊端。其表现在对行为语言的识别比行为语言的发出更困难。它要求接受信息的人对交际背景有一定的了解，否则，沟通就可能产生障碍。

总之，我们掌握和运用行为语言的沟通技巧有两个目的：一是通过对方的行为语言判断其当前的心理状态，以采取相应的对策；二是通过自己出色的行为语言技巧，作用于对方的视觉，促使对方相信他所听到、看到和想到的一切，从而坚定他做出判断的信心，并使判断结果更加接近己方的企图。

10.2.2 商务谈判行为语言的观察与运用

在商务谈判和交际活动中，行为语言必须有一定的连续性才能表达比较完整的意义，单独的一个动作难以传递丰富、复杂、完整的意义。因此，我们需要将具有不同背景的个人及其姿态、语言和谈判者携带的物品等看作一个复合体，将这些因素综合起来进行理解和分析。

1）商务谈判行为语言的观察

学会观察是运用商务谈判行为语言的前提。如何观察呢？观察哪些方面呢？我们应当从各方面进行一系列与环境相关的观察，从不同层次观察谈判对手的姿态、面部表情和形体语言等方面。

（1）姿态与姿态簇

语言是由单词、句子、标点、符号按照一定的规则组成的。一个单独的姿态在表达功能上相当于语言中的一个单词，可能存在不同的意思。特定姿态到底是什么意思，需要把它放在句子中才能比较准确地理解到对象的内心世界。比如搔头，可能是头皮屑太多发痒，也可能是紧张或说谎。只有把这个姿态与环境因素联系起来，才能确定它的意义。

要把一个行为语言的"单词"与"句子"联系起来并不容易，因为它与"姿态簇"紧密相关。**姿态簇**是指由各种相关姿势结合而成的群体。它既可以是存在的多个姿势的复合体，又可以是一个接一个发生的连续动作。例如，两臂叠抱在胸前，双手同时握成拳头，两脚交叉的动作就是一组姿态簇；先将左腿放在右腿上，再将右腿架在左腿上，反复交替，一会儿摘下眼镜，一会儿又戴上眼镜等也是一组姿态簇。

下面是专家们研究的关于姿态和手势的一些基本含义：

①姿态。

一般性的交叉跷腿的坐姿（俗称"二郎腿"），常伴之以消极的手势，表示紧张、缄默和防御态度，但有时人们为了坐着舒服些，也常用这种坐姿。

高跷腿坐姿，是在上述姿态基础上，将上压腿上移，使小腿下半节放在另一条腿的上膝部，它暗示一种争辩、竞争的态度，如果再用双手扳住上压的这条腿，则表示这个人固执己见、顽固不化，要想同这种人议事，应首先改变其态度。

谈话时，对方头部保持中正，有时会微微点点头，则说明他对你的讲话既不厌烦，也非大感兴趣。

如果对方将头侧向一边，尤其是倾向讲话人一边，则说明他对所讲的事很感兴趣。

如果对方把头垂下，则是一种消极信号，表示他觉得所讲的事索然无趣。

十指交叉、搂住后脑，则显示一种权威、优势和信心。

一手支撑脑袋，则说明此人处于思考状态。

两腿站开，相距肩宽，双手背后，挺胸、抬头，目光平视对方，面带微笑，则说明对谈判问题有信心、有兴趣。

双腿合拢，双手前合，上体微前俯，头微低，目视对方，则表示他谦恭有礼，并愿意听取对方的意见。

行态端庄、彬彬有礼、宾主分明，则反映一种修养、稳重、信心和有力量。

②手势。

手势是人们在交谈中用得最多的一种行为语言，在商务谈判中常见的手势有：

伸出并敞开双掌，给人以言行一致、诚恳的感觉。

谈话时掌心向上的手势，表示谦虚、诚实、屈从，不带有任何威胁性。

掌心向下的手势，表示控制、压抑、压制，带有强制性，这会使人产生抵触情绪。

食指伸出，其余手指紧握，呈指点状，表示教训、镇压，带有很大威胁性。这种行为最令人讨厌，在谈判中应尽量避免。

双手相握或不断玩弄手指，会使对方感到你缺乏信心或拘谨。

把拇指指向另一人，表示藐视和嘲弄。

十指交叉常表示控制沮丧心情的外露。这时手的摆放通常有三个位置：一是十指交叉放在眼前；二是放在桌前；三是垂在腹前。有时这种手势也表示敌对和紧张情绪。

塔尖式手势，即把十指端相触，撑起呈塔尖式，表示自信，若再伴之以身体后仰，则显得高傲。男性常以塔尖向上，女性则常以塔尖向下。

背手常显示一种权威，但在一个人极度紧张、不安时，常常背手以缓和这种紧张情绪。另外，如果背手伴以俯视踱步，则表示沉思。

搓手常表示人们对某事情结局的急切期待心理，在经济谈判中这种手势可以告诉对手或对手告诉你在期待着什么。

双臂紧紧交叉于胸前，这种姿势暗示一种防御和敌意态度。

在不同的文化背景中，相同的姿势可能具有不同的含义，引起不同的反应。这需要我们客观分析。事实上，有的姿态只是一种习惯性的反应，并没有特别的含意。有的令人难以接受的姿势则可能是因人的特殊身份造成的。为此，需要我们通过某些经过分析和验证的认识过程去了解他人。

（2）面部表情

在所有的行为语言中，人们认识最趋于一致的就是脸部表情。在谈判中，老练的谈判者不会忽略对方脸部一丝一毫的信息。

①眉眼。

眼睛加上眉毛是人面部传递信息潜力最大的器官，眼视的方向、方位不同，产生不同的眼神，传递和表达不同的信息，因此素有"眉目传情"之说。在经济谈判中常见的眉眼行为有凝视、扫视与侧视、闭眼等。

凝视，即注视对方。凝视的部位、时间长短不同都给对方以不同影响。首先，自然地凝视对方脸部上由双眼底线和前额构成的三角区域，是经济谈判中最常用的一种凝视行为。这种行为显得严肃认真，给对方以诚恳的感觉，在经济谈判中运用这种凝视行为往往能把握谈话的主动权。其次，凝视对方脸部由双眼上线和唇中点构成的三角区域，是在经济谈判过程中所举行的酒会、餐会、茶会等场合常用的凝视行为。这种行为能给对方带来轻松的社交气氛。

扫视常用来表示好奇的态度，侧视尤其是乜斜而视常表示轻蔑的态度。在经济谈判中过多使用扫视，会让对方觉得你心不在焉，对讨论的问题没兴趣；过多地使用侧视会给对方造成敌意。

闭眼不同于眨眼。在正常的情况下，人的眼睛每分钟要眨6~8次，这种行为是无意识的，也不会给人造成不良之感。但闭眼则常是一种有意识的行为，闭合的时间长达数秒钟，会给对方以孤傲自居之感。如果闭眼的同时，还伴有双臂交叉、仰头等动作，就会给对方以故意拉长脸、目中无人的感觉，这种消极的行为很难使谈判进行下去。

其他眉眼行为：眉开眼笑常表示欢乐；双眉紧锁常表示忧愁；横眉立目常表示愤怒；瞠目结舌常表示惊恐；眼珠溜转常表示邪计上心等。

②微笑。

不管面部表情如何复杂微妙，在商务谈判和交往活动中最常用也是最有用的面部表情之一就是你的笑容。愿不愿、会不会恰到好处地笑，实际上完全能反映你适应社会、进行社交和成功谈判的能力如何。

微笑应该发自内心，自然坦诚。人们之间多一点这样的微笑，在家庭中能创造幸福，在单位里能增强团结，在商店里能吸引顾客，在工作中能鼓舞干劲，在谈判中能获得圆满成功。

在谈判交往中，谈判人员会笑往往还是具有幽默感的标志，因为幽默往往是通过恰到好处的嫣然一笑流露出来的。例如，初次见面，说句笑话，在笑声中就消除了双方的拘束感；身处窘境，自嘲地开个玩笑，也可摆脱窘境；别人对你有所冒犯，你可大度地一笑了之，算是"相逢一笑泯恩仇"吧；对方如若出了什么差错，你一句笑话也许就能为对方解围。总之，可以肯定地说，不善笑便不善交往，善意而恰到好处的笑，则使自己轻松自如，使别人心旷神怡。

微笑来自快乐，也创造快乐，在谈判桌上，微微一笑，双方都从发自内心的微笑中获得这样的信息："我是你的朋友，同志""你是值得我微笑的人"。微笑虽然无声，但是它说出了如下许多意思：高兴、欢悦、同意、赞许、尊敬。作为一名成功的谈判者，请你时时处处把"笑意写在脸上"。

对面部表情的观察，只是整个行为语言观察的一部分，因此，应当把其与身体各部位的表现、声调、环境等联系起来，以提高判断的准确性。

（3）对形体语言的观察

形体语言是指在摆弄、佩戴、选用某种物体时传递的某种信息，实际也是通过人的姿势表示信息。在商务谈判中可能随身出现的物品有笔、本、眼镜、贴身手提包、帽子、香烟、打火机、烟斗、茶杯，以及服装、衣饰等。这些物品由人拿在手中，戴在身上，呈现不同姿势，反映不同内容与含义。

①手中玩笔，表示漫不经心，对所谈的问题无兴趣或显示其不在乎的态度。

②慢慢打开本，表示关注对方讲话；快速打开本，说明发现了重要问题。

③猛推一下眼镜，则说明对方因某事而气愤。

④摘下眼镜，轻轻揉眼或擦擦镜片，可能反映对方精神疲劳，或对争论不休的老问题厌倦，或是喘口气准备再战。

⑤如果轻轻拿起桌上的帽子，或轻轻触帽，则可能表示要结束这轮谈判，或暗示要告辞。

⑥打开包可能想再谈新的问题，关上包则表示到此为止，夹起包则可能无法挽留。但如果是关而不提，夹而不去，则说明还怀有一线突破的希望，实际上许多谈判都是在这种情况下取得突破性进展的。

⑦不停地吸烟，表示伤脑筋；深吸一口烟之后，可能是准备反击。

⑧将烟向上吐，则表示自信、优越感，有主见、傲慢；向下吐，则表示情绪低沉、犹豫、沮丧等。

无论是姿态、面部表情还是形体语言，反映的都是人的形象。谈判者应追求这些方面的最佳组合，树立良好的形象，以争取最佳的谈判地位。

2）商务谈判行为语言的运用

商务谈判行为语言的运用取决于两大因素的影响：一是谈判者的行为语言能力。该能力是谈判者行为语言素养的外在表现。谈判者的素质和修养的高低，通过其言谈举止表现出来，既可能被对方认可，也可能不被对方认可。二是谈判者的谈判目的。

怎样才能提高商务谈判行为语言的运用能力？我们认为观察和训练是提高个人行为语言能力的最好方法。

（1）观察

留心观察才能学会运用。有一种比较好的学习行为语言的观察方法，就是通过摄像机来提供具体的、生动的素材，让讨论者在专业人员或有丰富谈判经验人员的帮助或提示下进行分析，也可以在自然条件下直接观察他人运用的各种行为语言，分析行为语言的意思。自己多总结、多提炼，不断升华和提高，总会习得比较自然的行为语言。

行为语言的运用在多数情况下都是与语言环境因素配合。行为语言和语言环境应成为一个相互协调的整体。我们应尽可能避免行为语言与语言之间的矛盾，否则，会极大地降低语言的可信程度。

（2）训练

训练的目的是为了使你的行为语言给人以自然的感觉。一个经过专业训练和彩排的演员与未经训练的业余演员的差距是显而易见的。在有条件的情况下，应该在专业人员或有谈判经验的人员帮助下，训练行为语言的使用。行为语言的运用是国外诸多谈判研究中心或训练中心专门讲授的内容。

10.2.3　商务谈判交往空间

1）商务谈判交往空间的含义

美国谈判学专家罗伯特·索默经过观察和实验研究认为，人具有一个把自己圈住的心理上的个体空间，它就像一个无形的"气泡"一样，为自己割据了一定的"领土"。这个"气泡"就是个体交往空间。在商务谈判中，**交往空间**是指交往者彼此间为了保持自己的领域以获得心理平衡而对交往距离和空间进行控制与调整的范围。影响交往空间的因素主要有社会文化习俗、社会生活环境、人与人之间的亲密与熟悉程度、谈判目的、个体素养等。商务谈判交往空间被看作一个极其敏感的问题，它涉及个人的具体领域。领域是人的身体的延伸，是一个人为自己划定并认为属于他个人的空间。一旦这个"气泡"或"领土"被人触犯，就会感到不舒服或不安全，甚至恼怒起来。

2）西方交往空间的划分

根据国外有关资料介绍，谈判双方在空间上的距离越近，彼此交流的机会和频率就越高。谈判双方交往中的个体空间需要多大呢？这需要考虑到各种具体情况，如交往对象、交往内容、交往场合、交往心境等主客观因素。西方文化环境中人与人交往空间距离，一般分为四个区域：

（1）亲密交往空间

这是人际交往中的最小间隔，是个人最重要的领域，人会把它看作自己身体的一部分来保护，只有亲密的人才能接近。其近段距离在6英寸（约15厘米）之内，彼此可能肌肤相触，耳鬓厮磨，以至相互能感受到对方的体温和气息。其远段距离在6英寸到18英寸之间（约15~46厘米），身体上的接触可能表现为挽臂执手或促膝谈心，仍体现出交往双方亲密友好的人际关系。

就交往情境而言，亲密距离属于私下情境，在社会场合与大庭广众之前，两个人如此贴近稍欠雅观。在近段距离中，人们基本上只谈论有关切身利益的私事，而少谈正式公事，否则可能意味着有什么不想为人所知的私下交易，这里最适宜窃窃私语，说贴心话。就交往对象而言，亲密距离内最具排他性，在同性别的人之间，往往限于贴心朋友，彼此十分熟识和随和，可以不拘小节，无话不谈。在异性之间一般只限于夫妻和情人之间，超出这种感情关系之外的第三者闯入这个空间，就会引起十分敏感的反应和冲突。

因而，在谈判交往中，一个不属于别人亲密距离圈子内的人，随意闯入这个空间，都是不礼貌的，会引起对方的反感，也会自讨没趣。

（2）私人交往空间

这是在人际间隔上稍有分寸感，已较少直接的身体接触。其近段距离在1.5英尺到2.5英尺之间（约46~76厘米），正好能相互亲切握手，友好交谈。这是与熟人交往的空间。远段距离在2.5英尺到4英尺之间（约76~122厘米），已有一臂之隔，恰在身体接触之外。

一般的个人间的交往都在这个空间之内，它有较大的开放性。任何朋友和熟人都可以自由地进入这个空间，但对陌生人来说，则要视具体情境而定。当一个人在独自思考什么或专心做什么事情时，素昧平生的人冒冒失失地闯入这个空间，还是会引起他的不满和不安的。

（3）社会交往空间

这已超出了亲密或熟悉的人际关系，而是体现出一种社交性的或礼节上的较正式的关系。其近段距离在4英尺到7英尺之间（约1.2~2.1米），一般出现在工作环境、社交聚会和谈判协商场合。远段距离在7英尺到12英尺之间（约2.1~3.7米），表现了一种更加正式的交往关系。

谈判过程中保持社交距离，并不仅仅从相互关系不够亲密的角度考虑，在很多情况下是从交往的正规性和庄重性来考虑的。社交距离中彼此说话响亮而自然，因此交谈的内容也较为正式和公开。一些本来只宜在私下情景中交谈的话题就不宜在社交距离中谈论。

（4）公共距离空间

在这个空间中，人与人之间的直接沟通大大减少了。其近段距离在12英尺到15英尺之间（约3.7~4.6米），远段距离则在25英尺（约7.7米）之外，这是一个几乎能容纳一切人的"门户开放"空间。人们完全可以对处于这个空间内的其他人"视而不见"，不予交往，因为相互之间未必发生一定联系。

3）个体空间的伸缩性

个体空间的范围是具有伸缩性的。不同的谈判人员所需的个体空间范围有所不同，同一个谈判者在不同心理状态下所需的个体空间也会发生变化。

①现代谈判学家对不同民族交往距离的研究表明，不同文化背景或不同民族的谈判者其需要的个体空间不同。例如，同是美洲国家，对两个成年的北美人来说，最适宜的交谈距离是相距一臂至4英尺（约1.2米），即在个人距离之间，而南美人交谈则喜欢近一些，所以很容易闯入北美人的亲密距离。不同文化背景的人交往时常会因个体空间的不同需要产生误解：一方会觉得另一方粗俗无礼，而另一方则会觉得对方冷淡傲慢。这样，很可能影响谈判双方之间的融洽与沟通。

②性格差异会导致对个体空间的要求不同。性格开朗、喜欢交往的人更乐意接近别人，也较能容忍别人的靠近，他们的个体空间就较小。而性格内向、孤僻自守的人不愿主动结交别人，宁愿把自己孤立地封闭起来，他们的个体空间就较大。

③谈判者的社会地位不同，也会表现出个体空间的差异。地位尊贵的人物，往往需要较大的个体空间，总是有意识地与下属和人群保持一定距离。就年龄而言，任何人可以抚摸儿童的头和脸，但如此对待一个成年人常是不尊敬的表现。

④谈判者的情绪状态也会造成个体空间的伸缩性。心情舒畅时，个体空间就会有较大的开放性，允许别人靠得很近，甚至不熟识之人的接近也不会引起反感；而若独自生闷气时，个体空间就会非理性地扩张，甚至亲朋好友也可能被拒之门外。

⑤在特定的场合下，人们对个体空间的需要会自然发生变化。在拥挤的公共汽车上或电梯上，人们无法考虑自己的个体空间，因而也就能容忍别人靠得很近，这时已没有亲密距离还是公众距离的界限。但在这种情况下，人们会以背靠背来避免视线或呼吸相接触，还常把手放在身体两侧来阻挡别人贴得太近。如果是面对面，则眼睛注意头顶或空间某个位置而不相互对视或打量对方。然而，若在较为空旷的公共场合，人们的个体空间就会扩大，如谈判会场、公园、阅览室，别人毫无理由地挨着自己坐下，就会引起怀疑和不自然的感觉。

【实例10-3】
行为语言与商务谈判

美国一家石油公司经理几乎断送了一笔重要的石油买卖，关于事情的经过，请听他的自述："我会见石油输出国组织的一位阿拉伯代表，和他商谈协议书上的一些细节问题。谈话时，他逐渐地朝我靠拢过来，直到离我只有15厘米才停下来。当时我并没有意识到什么，我对中东地区的风俗习惯不太熟悉。我往后退了退，在我们两人之间保持着一个我认为是适当的距离——60厘米左右。这时，只见他略略迟疑了一下，皱了皱眉头，随即又向我靠近过来。我不安地又退了一步。突然，我发现我的助手正焦急地盯着我，并摇头向我示意。我终于明白了他的意思。我站住不动了，在一个我觉得最别扭、最不舒服的位置上谈妥了这笔交易。"

资料来源 刘园. 国际商务谈判［M］. 北京：对外经济贸易大学出版社，2006.

10.3 商务谈判中的文字处理

10.3.1 商务谈判文字处理的特征和原则

1）商务谈判文字处理的含义

商务谈判文字处理是指对谈判前的准备、谈判过程和谈判结果全部内容的文字表现。它包括谈判准备工作的文字处理，如双方信息沟通的来往信函、谈判方案或议程的拟定；谈判过程的文字处理，如谈判记录、备忘录等；谈判后的文字处理，如双方达成的协议、签订的合同等。

商务谈判各环节的文字处理科学与否，直接关系到谈判的质量、谈判的进程和谈判的效果。经验证明，口头的君子协定容易变得很不君子。美国电影导演山姆·高德文曾说过："口头协定不值书面协定的纸钱。"文字处理贯穿商务谈判的始终。任何谈判都离不开谈判前准备工作的落实、对谈判进程及所达成协议的反映以及谈判终了书面合同的签订。为了促进和方便谈判，这些过程和结果均须用文字表达成书面材料。

2）商务谈判文字处理的特征

（1）客观及时

这一特征是指商务谈判中的任何一个环节的文字处理要及时、准确、迅速、精练，如实地、完整地反映谈判过程中的全部内容。商务谈判的文字记录和处理不需要像文学作品那样去构思、准备、修改、最后定稿。在商务谈判中，倾听，归纳，进行简明、得体的文字处理十分重要。

（2）格式固定

商务谈判中文字处理的内容均属应用文范畴，一般都有固定的格式，比如商务信函大致由八个部分组成，即信头、日期、收信人姓名和地址、称谓及客套语、正文、信尾、结束礼词、署名等。如果缺一项，就会给收信人带来疑问。记录、备忘录、协议书、合同等更是如此。

（3）语言质朴

除记录、备忘录外，商务谈判其他内容的文字处理要求质朴、准确、简明。所谓质朴，是指文字语言表达必须实事求是、直截了当，不追求辞藻华丽，不咬文嚼字，不堆砌词语，不做文字游戏，不过多描绘；准确是指文字不含糊其辞、不模棱两可。简明是指语言精练、准确，双方的理解或解释不存在歧义。

（4）时间性强

商务谈判的文字处理与一般行文的又一重要区别就是它具有很强的时间性。这些文字内容具有按法律的规定约束双方行为的作用，也是处理日后合同纠纷的依据。例如，签订书面合同的依据主要是来往的函电及谈判、磋商后的记录和备忘录。在商务谈判实践中，函电的时间、谈判的时间、出席人数等均成为处理合同纠纷的重要依据。

3）商务谈判文字处理的原则

（1）实用性原则

实用性原则是指无论商务谈判哪一环节的文字表达都要简明、易懂，直接服务于谈判，有助于谈判过程的加速，直至合同契约的形成，并以此作为双方遵守、执行的凭证，起到规范和约束谈判双方行为的作用。因此，客观上要求这样的文字处理必须语言大众化、术语专业化，真实简洁地反映谈判全过程。

（2）可靠性原则

可靠性原则是指谈判中达成的文字协议所依据的材料、情节真实可靠。具体包括谈判中的情况、资料所涉及的数字（购销量、价格等）等必须真实可靠、合法，做到情况全面、事实清楚、数据准确、根据充分、合同具有法律效力。

（3）准确性原则

准确性原则是指表达方式的选择要恰当，内容的反映要准确无误。商务谈判文字表达是否准确，将直接关系到谈判双方切身利益及谈判能否成功。商务谈判中的文字表述是否准确，主要取决于其表达方式是否符合文章样式的需要。例如，记录讲求实；签订合同要概念明确，判断恰当，推理合乎逻辑；使用简称要坚持约定俗成的原则，避免牵强与武断；文字书写要符合国家统一的规定标准，正确使用标点符号等。

10.3.2 商务谈判文字处理技巧

商务谈判文字处理贯穿谈判的整个过程及各个环节。前面，我们已经介绍过合同及文字处理技巧，在此，不再赘述。现仅就商务谈判方案、记录、备忘录等的文字处理技巧做些简单的介绍。

1）商务谈判方案的文字处理技巧

（1）商务谈判方案

商务谈判方案是指为实现商务谈判目标，事前进行全面、总体的设想所写出的书面材料，即根据谈判目标将所制定的谈判内容、谈判方法、谈判组织、谈判策略、完成期限等内容写成的文字材料。谈判议程和可行性方案是商务谈判方案的重要组成部分。

"凡事预则立，不预则废。"在商务谈判中如果有一个好的计划，就能避免盲目性，增强自觉性，工作起来就能按部就班、有条不紊、提高效率。可见，谈判方案在商务谈判中有着非常重要的作用。

（2）拟定商务谈判方案的要求

①讲求写作效率。制订谈判方案的时间性较强，必须认真准备，提高写作效率。为此，谈判文书需事前做好一些工作，如掌握领导意图，深刻领会谈判目标，研究我方可能采取的策略、所能提供的利益保障；研究谈判对手的基本情况，包括参加的人员、年龄结构、身份及地位、对我方可能做出的反应等，以缩短谈判方案的写作时间。

②从实际出发。从实际出发主要指拟定的谈判方案既要使谈判者有章可循，又要给其留有充分的余地，能应变自如，还要有针对性地为谈判文书提供更多的信息资料，包括书面的和会议的，以便对现实情况做出科学的分析，制订出切实可行的商务谈判方案。

③行文通畅易记。商务谈判方案要语句通顺流畅、逻辑严谨、结构紧凑。要紧紧

围绕已经确定的谈判目标展开，其布局、对策应与目标融为一体，上下连贯。文字必须简洁、醒目、流畅。语言力争言简意赅。专家建议，以人脑的承受力为准，每句16~19个字为宜。

④具有应变能力。谈判方案要有一定的灵活性。从某种意义上讲，任何谈判方案都是纸上谈兵。在实际谈判中，会有一些难以预料的情况。因此，谈判方案中的一些关键用语不要过于绝对，以免束缚谈判人员的随机应变能力；可使用一些弹性语言，如接近、尽可能、成功系数在X%~Y%之间等，便于谈判人员有回旋的余地。

⑤严格写作格式。谈判方案的写作格式一般包括：谈判方案的名称，如××商品购销谈判方案；正文，主要包括建立目标、卖方预期分析和形势分析、买方采取相应的对策、组选谈判队伍、对前述目标的评价和再完善等；结尾，写明谈判方案的拟订时间等。

（3）商务谈判方案的文字处理技巧

①句子长短适宜。依据人脑的承受能力，短句子一般比长句子容易理解和记忆，因此在谈判方案的写作上要特别注意巧妙地选择和组织词语。一般句子的字数以不超过20字为宜。

②段落简单明了。一般来说，每句话表达一个意思，每一段阐明一种观点。理想的结构是：一个重要部分由三至四个段落组成，各段落中间由一个一句话的段落搭桥衔接，不仅容易理解，而且可以加深记忆。

③措辞严谨通俗。谈判方案要多用专家和普通读者都熟悉、常见的词汇。谈判方案不仅供谈判者阅读，还要指导谈判，起着规范谈判者语言的作用，同时某些内容还要让谈判对手听懂、理解，滥用生僻的字词就收不到预期的效果。

2）商务谈判记录的文字处理技巧

（1）商务谈判记录

商务谈判记录是指用文字形式如实、及时、准确、完整地反映谈判全过程的书面材料。其作用在于：①有利于推动并加速谈判进程，避免无休止的重要谈判、反复谈判；②可作为约束谈判双方行为的凭据，也为撰写备忘录和最终签订合同（协议）提供依据。

（2）商务谈判记录的要求

记录必须符合谈判的实际情况，不能随意增添或删改谈判的内容和基本精神。

谈判进入达成协议的关键阶段，对重要人物的发言要做详细记录，有的甚至要记下原句。

严格谈判记录的格式。谈判记录的格式一般包括如下部分：谈判概况，包括谈判名称、时间、地点、参加谈判人员、列席人员、主持人、记录人等项。

谈判内容是谈判记录的主要部分，主要记录双方发言人的发言，谈判中所做出的决议、结论等。

（3）商务谈判记录的方法

商务谈判记录与一般会议记录的方法大致相同。一般包括：

①摘要记录（重点记录）：只记录谈判中讨论或争论焦点问题时的双方意见，或

达成一致意见的具体内容。

②详细记录（全面记录）：把谈判中的全部内容，包括每个发言人的原话、动作表情、谈判气氛都记录下来；如果谈判时间较长，争论问题较多，中间必须注明何处为休息时间；谈判结束，可另起一行空两格写"结束"二字，以保证内容的真实、完整；关键性的谈判阶段，要由主持人和记录人在记录末尾右下方签名，以示负责。

具体采用何种方法，要根据谈判的需要而定。

3）商务谈判备忘录的文字处理技巧

（1）商务谈判备忘录

商务谈判备忘录是指用文字形式对每一次重要谈判双方所达成的协议如实反映的书面材料。它与商务谈判记录有区别：

①备忘录是就谈判中达成的协议，用文字形式表现出来；记录是对谈判中发言或重点发言内容的文字表现。

②备忘录要载明双方承担的权利和义务，不管双方谁起草，最终都要出示给对方，征得对方的同意并且签字方可生效；记录无须征得对方同意，即使重要人物的关键谈话以及承诺等内容的记录，也并非必须签字，但为避免事后麻烦，也可以要求当事者签字。签字后的记录，往往具备了备忘录的性质。

③备忘录虽不像合同那样具有法律效力，但经双方签字后，就成为双方认可并约束双方行为的凭据；记录就不具有这种效力。

④对小宗买卖活动，备忘录可起到协议或合同的作用；而记录则没有这种作用。

商务谈判备忘录与记录又有一定的联系：

①两者都作为签订大宗商品买卖合同的重要依据；

②对期限较长的谈判，备忘录与记录都对下一轮谈判的重要议题和谈判内容的确定起着决定或参考作用；

③备忘录的形成要以每次谈判的记录为依据。

（2）商务谈判备忘录的文字处理技巧

商务谈判备忘录在写作上必须谨慎、用词准确无误，达到以下要求：

①阐明义务，突出依据。备忘录要对双方达成的协议用书面形式反映出来，因此，必须要突出达成协议的凭据。文字上可这样处理："依据我们双方于某年某月某日之洽谈，现双方已达成协议如下……"

②主动撰写，避免被动。自己动手写备忘录有许多益处：首先，备忘录的内容是按照自己使用最习惯的词语来写，有充分的解释权，可避免对方在备忘录中做文字游戏，有意遗漏、错写而造成自己吃亏。其次，由于自己写备忘录，所以对谈判中的任何细节都格外注意听、认真记，为打主动仗奠定基础。再次，自己可主动选择有益的项目或条件写入备忘录中。如果对方提出疑义，要求修改，一般不要轻易写上，可先找一些理由推辞，非写不可的，则以谈判中对方未提及或未说清为理由做让步处理，再填写漏记项目。这样既让对方满意，又显出自己的高姿态，也可能因这一项作难后对方不愿再提其他项，从而使自己受益。最后，因你费时间和精力写备忘录，对方还会感谢你，也可避免在一些枝节问题上挑剔。

③提高警惕，主动出击。如果对方写备忘录，我方需要提高警觉，不能过于天真或示弱：第一，要由二人以上审阅对方写好的备忘录，从中找出遗漏和错误的地方，这些很可能是对方有意搞错，存心使我们蒙受损失；第二，面对事实，和谈判对手重新商谈备忘录中遗漏或错写的问题，并且要有面对事实的勇气和力量，决不逃避问题；第三，要有充足的理由据理力争，因此需对谈判的全过程认真做好记录，证据才会充分；第四，树立"直到最后一分钟都可以改变备忘录条款"的观念，为赢得正当的利益而穷追不舍。

相关链接：注意商务谈判的语言技巧

本章小结 ✎

商务谈判的过程，其实就是谈判各方运用各种语言进行洽谈、沟通的过程。依据语言的表达方式不同，商务谈判语言可以分为有声语言和无声语言。按语言表达特征，商务谈判语言可分为专业语言、法律语言、外交语言、文学语言、军事语言等。语言艺术在商务谈判沟通中起着十分重要的作用。

在商务谈判中运用语言艺术时需要遵循客观性、规范性、针对性、逻辑性、隐含性、说服力等原则。谈判是有诀窍、有技巧的。掌握商务谈判的诀窍比较困难，必须反复练习、总结，不断借鉴。在商务谈判中，运用有声语言的技巧主要体现在听、问、答、叙、辩、说服等方面。

在谈判桌上，"人可以貌相"。我们可以通过观察对方的行为语言，获得有关信息。商务谈判和社交活动中行为语言具有重要的作用。在商务谈判中，行为语言必须有一定的连续性才能表达比较完整的意义，单独的一个动作难以传递丰富、复杂、完整的意义。我们需要将具有不同背景的个人及其姿态、语言和谈判者携带的物品等看作一个复合体，综合起来理解和分析。观察和训练是提高个人行为语言能力的最好方法。

在商务谈判中，交往空间是指交往者彼此间为了保持自己的领域以获得心理平衡而对交往距离和空间进行控制与调整的范围。影响交往空间的因素主要有社会文化习俗、社会生活环境、人与人之间的亲密与熟悉程度、谈判目的、个体素养等。

文字处理贯穿商务谈判的始终。任何谈判都离不开谈判前准备工作的落实、对谈判进程及所达成协议的反映以及谈判终了书面合同的签订。为了促进和方便谈判，这些过程和结果均须用文字表达成书面材料。

主要概念和观念

□ 主要概念

　　有声语言　无声语言　外交语言　姿态簇　形体语言　交往空间　商务谈判方案
商务谈判记录　商务谈判备忘录

□ 主要观念

　　商务谈判语言沟通技巧　成功谈判的价值标准　商务谈判行为语言

基本训练

□ 知识题

10.1　阅读理解

1）语言艺术在商务谈判沟通中有哪些作用？

2）什么是消极的听和积极的听？

3）商务谈判中不适宜问对方的问题主要有哪些？

4）如何说服谈判中的"顽固者"？

5）商务谈判中行为语言有哪些作用？

6）谈谈商务谈判备忘录与商务谈判记录的联系与区别。

7）说说交谈中常见的手势及其意义。

8）商务谈判文字处理有哪些特征和原则？

9）如何理解个体空间的伸缩性？

10.2　知识应用

10.2.1　选择题

1）委婉语属于（　　）。

（1）有声语言　　　　（2）无声语言　　　　（3）既是有声语言，又是无声语言

2）评判一场谈判成功的价值标准有（　　）。

（1）成本优化标准　　　　（2）目标实现标准　　　　（3）人际关系标准

（4）战略战术标准

3）"深表遗憾""有待研究"属于（　　）。

（1）专业语言　　　　（2）法律语言　　　　（3）外交语言

（4）文学语言　　　　（5）军事语言

4）在商务谈判中，运用有声语言的技巧主要体现在（　　）等方面。

（1）听　　　　　　（2）问　　　　　　（3）答

（4）叙　　　　　　（5）辩　　　　　　（6）说服

5）在商务谈判中，对方与说话者密切呼应的"听"，被专家称为（　　）。

（1）消极地听　　　　（2）积极地听　　　　（3）心不在焉地听

（4）存在障碍地听

6）谈判中，说服工作的关键在于（　　　）。

（1）抓住对方的手　　　　　　（2）抓住对方的眼　　　　　（3）抓住对方的心

（4）抓住对方的耳

7）商务谈判文字处理（　　　）。

（1）主要在前期的议程设计　　　　　　（2）主要在后期的合同签订

（3）主要在后期的备忘录　　　　　　　（4）贯穿谈判的整个过程及其各个环节

10.2.2　判断题

1）说服常常贯穿于商务谈判的始终。它综合运用听、问、答、叙、辩和看等各种技巧，是谈判中最艰巨、最复杂、也最富技巧性的工作。　　　　　　　（　　　）

2）在商务谈判中，运用身体语言和无声语言，可以产生珠联璧合、相辅相成、绝妙默契的效果。　　　　　　　　　　　　　　　　　　　　　　　　（　　　）

3）为了表示合作的诚意，在商务谈判过程中对对方提出的问题都要直接如实回答。

（　　　）

4）说服性的大小是语言艺术高低的衡量尺度。　　　　　　　　　（　　　）

5）为了弄清对方的情况，商务谈判过程中任何方面的问题都可以随意提问。

（　　　）

6）性格差异会导致对个体空间的要求不同。　　　　　　　　　　（　　　）

7）消极的听既有对有声语言信息的反馈，又有对无声语言信息的反馈。

（　　　）

8）商务谈判行为语言的运用取决于两大因素的影响：一是谈判者的行为语言能力，二是谈判者的谈判目的。　　　　　　　　　　　　　　　　　　　（　　　）

9）商务谈判方案中在提到目标时，所用的关键语句要避免使用弹性语言。

（　　　）

10）商务谈判备忘录必须突出达成协议的凭据。　　　　　　　　　（　　　）

□ 技能题

10.1　规则复习

1）商务谈判中的语言沟通

商务谈判的语言主要可以分为有声语言和无声语言。

语言艺术是商务谈判中表达观点的有效工作，是通向谈判成功的桥梁，是实施谈判策略的主要途径，是处理商务谈判中人际关系的关键。

在商务谈判中运用语言艺术时需要遵循的原则包括客观性原则、针对性原则、逻辑性原则、隐含性原则、规范性原则和说服性原则。

2）商务谈判语言沟通技巧

为了准确把握对方的行为和意图，在商务谈判中必须随时注意听、问、答、叙、辩、说服等方面的要诀和技巧。

在商务谈判中，行为语言的沟通作用比较明显。学会观察是运用商务谈判行为语言的前提，要注意对方的姿态、手势、面部表情等的变化。

西方文化环境中人与人的交往空间，一般分为亲密交往空间、私人交往空间、社会交往空间、公共距离空间。个体空间的范围具有伸缩性。

3）商务谈判中的文字处理

商务谈判文字处理具有客观即时、固定格式、语言质朴、时间性强等特征，应根据实用性、可靠性、准确性等原则进行商务谈判的文字处理。

商务谈判文字处理贯穿谈判的整个过程及其各个环节，需要遵循一些技巧。

10.2　操作练习

10.2.1　实务题

用两三个例子分析说明：

（1）积极的"听"和消极的"听"在商务谈判中具有不同的效果。

（2）商务谈判中个体空间的范围具有伸缩性。

10.2.2　综合题

如果你是谈判小组的负责人，在关于一项货物销售或购买的贸易谈判中，从语言艺术的角度，你会如何制订谈判的方案？收集有关资料并进行说明。

□ 能力题

10.1　案例分析

日本人 Masako Seto 与美国人 Bob Jones 从未见过面，对对方国家的文化背景了解甚少，这次两人都是第一次到新加坡参加商务会议。两人约好开会前在大厅会晤交谈。9时，他们准时到达。Seto 很快注意到 Jones 比自己年长，而且身穿高质量的西装，他准备以日本最礼貌的方式问候 Jones。Seto 在离 Jones 两步之遥时，突然停住，双手扶膝，在 Jones 的正前方鞠躬90度。与此同时，美国人伸出的表示问候的手却刺到了他的眼睛。对此，Jones 深感不安，不停地道歉，忙上前扶住了 Seto 的肩膀。这在日本是从未有过的。为了不丢面子，挽回第一次失误，Seto 摆脱了 Jones 的手，又一次站在 Jones 的正前方，再次深深鞠了一躬。见状，Jones 还以为 Seto 痛得要跌倒，这次急忙抓住了 Seto 的双肩，并扶他坐在临近的椅子上然后自己也坐下，接着又一次伸出了手。这次，Seto 干脆拒绝与 Jones 握手。他感到自己在公众场合丢了脸，受到了侮辱，因为竟有人抓住他的双肩。Jones 也很沮丧，一是他的手碰到了 Seto 的眼睛，二是这位日本人不接受他表示友好的握手。

资料来源　韩玉珍. 国际商务谈判实务［M］. 北京：北京大学出版社，2006.

问题：

1）为什么 Seto 拒绝与 Jones 握手？为什么 Jones 感到很沮丧？

2）Seto 和 Jones 的这次会晤对今后的业务开展会有什么影响？

3）假如你是其中一方，应该做好哪些准备？

10.2　网上调研

就不同民族或国家的商务谈判人员的语言特点进行网上调研。

10.3　单元实践

一次，某销售公司的谈判人员甲拜访一位客户乙，他们的对话如下：

甲问："什么时候决定订购我们的产品？"

乙说："对不起，我们还没有进行讨论。"

甲说:"这么久哇,能不能这两天就讨论呢?"

乙说:"这是我们自己的事情,我们愿意什么时候讨论就什么时候讨论!"

这位谈判人员甲并不气馁,又谈起了别的话题:

"某某客户已经与我们合作了,你们也应该与我们合作。"

乙生气地说:"某某客户是个小公司,我们是大公司,请你不要用小公司与我们大公司比较!"

资料来源 冯亚华. 商务谈判〔M〕. 北京:清华大学出版社,2006.

问题:在谈判人员甲与客户乙的沟通中,谈判人员甲的不足主要有哪些?

实践要求:请你为谈判人员甲设计更好的沟通方法。

第 11 章

商务谈判礼仪与礼节

学习目标 ◎

通过本章学习，你应该达到以下目标：

知识目标：了解商务谈判礼仪和礼节的含义；认识礼仪和礼节在商务谈判中的重要作用；理解文化差异对商务谈判的影响；熟悉中西方文化差异的主要表现。

技能目标：能够依据所学到和掌握的商务谈判常用礼仪与礼节规范，合乎规范地进行商务谈判。

能力目标：具有根据国家、民族、文化等特点准确选择和恰当运用常用商务谈判礼仪、礼节的能力。

引例 @   一场木炭交易谈判中的礼仪与服饰

某年夏天，S市木炭公司经理尹女士到F市金属硅厂谈判其木炭的销售合同。S市木炭公司是生产木炭的专业厂，想扩大市场范围，对这次谈判很重视。会面那天，尹经理脸上粉底打得较厚，使涂着腮红的脸尤显白嫩，戴着垂吊式的耳环、金项链，右手戴有两个指环、一个钻戒，穿着大黄衬衫。F市金属硅厂销售科的王经理和业务员小李接待了尹经理。王经理穿着布质夹克衫、牛仔裤，皮鞋不仅显旧，还蒙着车间的硅灰。他的胡茬发黑，使脸色更显苍老。

尹经理与王经理在会议室见面时，互相握手致意，王经理伸出大手握着尹经理白净的小手，但马上就收回了，并抬手检查手上情况。原来尹女士右手的戒指、指环扎了王经理的手。看着王经理收回的手，尹经理眼中掠过一丝冷淡。小李眼前一亮，觉得尹经理与王经理的反差大了些。

双方就供货及价格进行了谈判，F厂想独占S厂的木炭供应，以加强与别的金属硅厂的竞争力，而S厂提出最低保证量及预先付款作为滚动资金的要求。王经理对最低订量及预付款原则表示同意，但在"量"上与尹经理分歧很大。尹经理为了不空手而回，提出暂不讨论独家供应问题，预付款也可放一放，等于双方各退一步，先谈眼下的供货合同问题。王经理问业务员小李，小李没应声。原来他在观察研究尹经理的服饰和化妆，尹经理也在等小李的回话，发现小李在观察自己，不禁一阵脸红。但小李没提具体的合同条件，只是将F厂"一揽子交易条件"介绍了一遍。尹经理对此未做积极响应。于是小李提出，若谈判依单订货，可能要货比三家，愿先听S厂的报价，依价下单。尹经理一看事情复杂化了，心中直着急，加上天热，额头汗珠汇集成流，顺着脸颊淌下来，汗水将粉底冲出了一条小沟，使原本白嫩的脸变得花了。

见状，王经理说道："尹经理别着急。若贵方价格能灵活些，我方可以先试订一批货，也让你回去有个交代。"尹经理说："为了长远合作，我们可以在这笔交易上让步，但还请贵方多考虑我厂的要求。"双方就第一笔订单做成了交易，并同意就"一揽子交易条件"存在的分歧继续研究，择期再谈。

资料来源　贾蔚，栾秀云. 现代商务谈判理论与实务［M］. 北京：中国经济出版社，2006.

前面我们讨论了商务谈判的策略和沟通问题。对商务谈判策略的应用和在谈判中进行交流沟通，都需要人与人之间的平等相待与尊重。怎样才能体现对他人的尊重呢？人类需要寻找一种规范！这就是礼仪和礼节。

礼仪和礼节是两个概念不同的词。"**礼节**是做什么，**礼仪**是如何做，以及如何优雅地做。"比如，握手是许多国家商人见面的礼节，如何握手、采用什么样的方式握手、谁先伸手、如何用力等则属于礼仪。

礼仪和礼节作为重要的生活规范和道德规范，是对他人表示尊敬的方式与体现。同时，它也是人类文明的重要表现形式，它在一定程度上反映了一个国家、一个民族、一个地区或个人的文明、文化程度和社会风尚。

11.1　商务谈判礼仪

11.1.1　迎送礼仪

迎送礼仪是商务谈判中最基本的礼仪之一。迎来送往是一种很常见的社会交往活动。这一礼仪包含两方面：一方面，对应邀前来参加商务谈判的人士——无论是官方的人士、专业代表团，还是民间团体、友好人士——在他们抵达时，一般都要安排相应身份的人员前去迎接；另一方面，谈判结束后，要安排专人欢送。重要客商或初次来的客商，要派专人迎送；一般的客商、常来的客商，不接也不为失礼。

1）确定迎送规格

通常，迎送规格主要依据三方面的情况来确定，即前来谈判人员的身份和目的、我方与被迎送者之间的关系以及惯例。主要迎送人的身份和地位通常应与来者相差不多，以对口对等为宜。如果当事人因故不能出面，或者不能保证对等，可适当变通，由职位相当人士或副职出面，同时应从礼貌出发，向对方做出解释。只有当对方与我方关系特别密切，或者我方出于某种特殊需要时，方可破格接待。除此之外，均应按常规接待。

2）掌握抵达和离开的时间

迎候人员应当准确掌握对方抵达时间，提前到达机场、车站或码头，以示对对方的尊重。只能由你去等候客人，绝不能让客人在那里等你。客人经过长途跋涉到达目的地，如果一下飞机、轮船或火车，就看见有人在等候着，一定会感到十分愉快的。如果客人是第一次来这个地方，则能因此而获得安全感。如果你迟到了，对方会立即陷入失望和焦虑不安之中。不论事后怎样解释，都很难使对方改变对你失职的印象。同样，送别人员亦应事先了解对方离开的准确时间，提前到达来宾住宿的宾馆，陪同来宾一同前往机场、码头或车站，亦可直接前往机场、码头或车站恭候来宾，与来宾道别。在来宾上飞机、轮船或火车之前，送行人员应按一定顺序同来宾一一握手话别。如果条件允许，飞机起飞或轮船、火车开动之后，送行人员应向来宾挥手致意；直至飞机、轮船或火车在视野里消失，送行人员方可离去。不到机场、码头或车站送行，或者客人抵达后才匆忙赶到，对来宾都是失礼的。来宾一登上飞机、轮船或火车，送行人员立即离去，也是不妥的，尽管只是几分钟的小事情，也可能因小失大。

3）做好接待的准备工作

在得知来宾抵达日期后应首先考虑到其住宿安排问题。对方尚未启程前，先问清楚对方是否已经自己联系好住宿事宜，如未联系好，或者对方系初到此地，可为其代预订旅馆房间，最好是等级较高、条件较好的旅馆。客人到达后，通常只需稍加寒暄，即陪客人前往旅馆，在行车途中或在旅馆简单介绍一下情况，征询一下对方意见，即可告辞。客人到达的当天，最好只谈第二天的安排，另外的日程安排可在以后详细讨论。

【实例11-1】

因迟到而失礼的谈判

巴西一家公司到美国去采购成套设备。巴西谈判小组成员因为上街购物耽误了时间。当他们到达谈判地点时，比预定时间晚了45分钟。美方代表对此极为不满，花了很长时间来指责巴西代表不遵守时间，没有信用，如果老这样下去的话，以后在很多工作上很难合作，浪费时间就是浪费资源、浪费金钱。对此巴西代表感到理亏，只好不停地向美方代表道歉。谈判开始以后美方似乎还对巴西代表来迟一事耿耿于怀，一时间弄得巴西代表手足无措，说话处处被动，无心与美方代表讨价还价，对美方提出的许多要求也没有静下心来认真考虑，匆匆忙忙就签订了合同。等到合同签订以后，巴西代表平静下来，头脑不再发热时才发现自己吃了大亏，上了美方的当，但已经晚了。

在谈判中，对对手的某项错误或礼仪失误严加指责，使其感到内疚，可以达到营造低调气氛、迫使对方让步的目的。美国谈判代表成功地使用挑剔式开局策略，迫使巴西谈判代表自觉理亏，在来不及认真思考的情况下匆忙签下对美方有利的合同。

资料来源 金瑞亮. 商务谈判六大经典案例分析［EB/OL］.［2014-11-26］. http：//www.docin. com/p-276222102.html.

11.1.2 交谈礼仪

中国文字"谈判"是从"言"从"刀"。意思就是要说话，要在说话和交谈中分析判断。所有成功的谈判，无一不是在一定方式之下的圆满的交谈。可以说，交谈是商务谈判活动的中心活动，而在圆满的交谈活动中，遵守交谈礼仪占有十分重要的作用。当然，在交谈活动中，遵守了交谈礼仪未必一定使谈判成功，但是，如果违背了交谈礼仪，必定会造成许多不必要的麻烦，给达成协议造成困难，甚至使谈判破裂。因此，在商务谈判活动中，必须讲究和遵守交谈的礼仪。

1）尊重对方，谅解对方

在交谈活动中，只有尊重对方，理解对方，才能赢得与对方感情上的接近，从而获得对方的尊重和信任。因此，谈判人员在交谈之前，应当调查研究对方的心理状态，考虑和选择令对方容易接受的方法和态度；了解、分析对方讲话的语言习惯、文化程度、生活阅历等因素对谈判可能造成的种种影响，做到多手准备，有的放矢。千万不可信口开河，不分场合；更不可咄咄逼人，自诩师尊。尊重对方，谅解对方，还应包括发现对方失言或有语病时，不要立即加以纠正，更不要当场表示惊讶。如有必要做出某种表示，可于事后根据双方关系的亲疏程度妥善处理。例如，双方有较好的感情基础，在适当场合、适当时机，善意指出其不足，可博得对方由衷的感谢。若对方固执己见，骄傲自负，又确有必要指出其不足，应当婉转地告诉对方："对您的意见，我还需要进一步考虑，等考虑较为成熟时咱们再谈好吗？"或是采用转移话题的方法，使谈判按计划程序继续进行下去，切忌批评，更不能当众揭短，伤害对方尊严。交谈时应当意识到，说和听是相互的、平等的，双方发言时都要掌握各自所占用的时间，不能出现一方独霸的局面。特别是当对方发言时，一定要注意洗耳恭听，并适当跟讲话者交流目光，或用点头、微笑、手势等方式鼓励对方继续讲下去。如果对方是位健谈者，不管对方的话是否顺耳，也不要轻易打断对方的讲话，要让对方尽兴。即使对方的讲话已离题万里，但仍在滔滔不绝，也不要心不在焉，或做其他的事，或以同其他的人交谈等方式表示不耐烦甚至厌恶。否则，对方还可能会见怪于你，那样，你将因小不忍而失掉全局。每当遇到这种情况，谈判者应坚信：交谈的目的，不是帮助对方改变平素既有的各种缺点，也不是帮助对方学会交谈，而是使对方最终按我方意向达成协议。

在交谈中，当自己失言或失态时，应当立即向对方道歉，说声"请原谅""对不起"，一定不要自我辩解。实践证明，失言或失态者仅为自我觉察，对方尚未完全察觉或尚未做出反应时，应镇定自若，运用随机应变之术机警地将话题岔开，或用补充说明作为掩护，避免对方产生不满和反感。

2）及时肯定对方

在谈判过程中，当双方的观点出现类似或基本一致的情况时，谈判者应当迅速抓住时机，用溢美的言辞中肯地肯定这些共同点。如有可能，还要想办法及时补充、发展双方一致的论点，引导、鼓励对方畅所欲言，将交谈推向高潮。赞同、肯定的语言在交谈中常常会产生异乎寻常的或积极或消极的作用。从积极作用方面看，当交谈一方适时中肯地确认另一方的观点之后，使整个交谈气氛变得活跃、和谐起来，陌生的双方从众多差异中开始产生一致感，进而十分微妙地将心理距离拉近。在此基础上，本着求大同存小异、互谅互让、互惠互利的原则达成协议就成为比较容易的事情。从消极作用方面看，有时交谈一方虽然注意了对对方观点的赞同和肯定，但由于态度虚伪，多用讨好言词讨好对方，甚至是极尽阿谀奉承之能事，就可能引起对方怀疑和警惕，也可能招致对方的鄙夷，从而使自己失去与对方对话的平等地位，因此，赞同要态度诚恳，肯定要恰如其分，既不可言过其实，又不可言未达义。当对方赞同或肯定我方的意见和观点时，我方应以动作语言，如点头、微笑等进行反馈交流。这种有来有往的双向交流，易于使双方谈判人员感情融洽，从而为达成一致协议奠定良好基础。

3）态度和气，言语得体

交谈时要自然，要充满自信。态度要和气，语言表达要得体。手势不要过多过大，不要用手指别人，不要唾沫四溅。谈话距离要适当。交谈内容一般不要涉及病、亡等不愉快的事情，不要径直询问对方履历、工资收入、家庭财产、衣饰价格等个人生活问题；与西方人一起谈判，或与自己不熟悉的中国人谈判，不要询问妇女年龄、婚姻、体态等。对方不愿回答的问题不要追问。涉及对方反感的问题要表示歉意。不要批评长者、身份高的人，不要讥讽别人，不要随便议论宗教，不要议论他国内政。争论问题要有节制，不可进行人身攻击。言语得体还表现在选择合适的交谈词语，准确表达自己的意思。

4）注意语速、语调和音量

在交谈中语速、语调和音量对意思的表达有比较大的影响。

交谈中陈述意见要尽量做到平稳中速。如果说话太快，对方往往难以抓住你说话的主要意思，难以集中注意力正没有领会和把握你的实际表达。有时还会给对方留下敷衍了事、应付任务的印象，认为没有必要做出什么反应，导致双方语言交谈不畅。如果说话太慢，节奏不当，吞吞吐吐，欲言又止，容易被对方认为不可信任。在特定的场合，可以通过改变语速来引起对方的注意，加强表达的效果。

在交谈中，不同的语调可以使同一句话表达出不同的含义；声音的大小则反映说话人的心理活动、感情色彩、某种情绪或某种暗含的意思。通常的经验是，一般问题的阐述应使用正常的语调，保持能让对方清晰听见而不引起反感的高低适中的音量。切忌出现音调、音量失控，如果这样，将会损害自己的礼仪形象。

11.1.3 会见礼仪

会见是商务谈判过程中的一项重要活动。身份高的人会见身份低的人，或是主人会见客人，一般称为接见或召会。身份低的人会见身份高的人，或是客人会见主人，一般称为拜见或拜会。接见与拜会在我国统称为会见。接见或拜见后的回访称为回拜。就其内容来说，会见分为礼节性的、政治性的和事务性的三种，或者三种兼而有之。礼节性会见时间较短，话题比较广；政治性会见一般涉及双边关系、国际局势等重大问题；事务性会见一般指外交交涉、业务商谈等。经济谈判或商务谈判涉及的会见问题，属于业务商谈一类的事务性会见。在商务谈判活动中，东道主应根据来访者的身份和访谈目的，安排相应的有关部门负责人与之进行礼节性会见。

1）做好会见准备

如果一方要求拜会另一方，应提前将自己的姓名、职务以及要求会见什么人、为何会见通知对方。接到要求的一方应尽早予以答复，无故拖延、置之不理是不妥当的。因故不能会见，应向对方做出解释。如果接到要求的一方同意对方的请求，可主动将会见的时间、地点、自己一方的参加人员通知对方。提出要求的一方亦应提供自己一方的出席人员名单。双方人员的人数和身份，应大体相当。礼节性的会见时间以半小时为宜。会见一般都在会客室或办公室里进行，我国习惯安排在会客室里。会见时座位的安排是：主人坐在左边，主宾坐在右边，译员和记录员坐在主人和主宾的后面。双方其他人员各自按一定的顺序坐在左右两侧，主方为左，客方为右。会客室里的座位要多准备一些，以免有人无座。主人应在会见开始之前到达，以迎候客人。主人可以在宾馆或单位正门口迎候，也可以在会客室的门口迎候，也可以在会客室内等候，而由工作人员把客人引入会客室。工作人员领客人时，应走在前边；到楼梯或拐角处时，要回头告诉客人一下。宾主双方进入会客室后，工作人员应负责关好门，并退出现场。在会见过程中，不允许外人进进出出。

2）会见时的介绍礼仪

会见时，正确得体的介绍礼仪十分重要。在一般社交场合，与来宾见面时，通常有两种介绍方式：一是第三者做介绍；二是自我介绍。自我介绍适用于人数多、分散活动而无人代为介绍的时候。自我介绍时应先将自己的姓名、职务告诉来宾。介绍的顺序各国不大一致，我国的习惯是年纪大的人在介绍顺序中优先，而西方国家是妇女优先，只有对方是年纪很大的人时才例外，在公事场合一般是职位高者在先。第三者做介绍时，应先将来宾向我方人员介绍，随即将我方人员向对方介绍。如对方是我方人员都熟悉的人就只需将我方人员介绍给对方即可。介绍我方人员时，要把姓名、职务说清楚，介绍到个人时应有礼貌地以手示意，不要用手指点，更不要用手拍打别人。介绍时对外宾通常可称"先生""女士""小姐"；对国内客人通常可称"同志""先生""女士""小姐"。在商务谈判场合，应该按照职务的高低进行介绍，将职位低的介绍给职位高的。

3）会见过程中应注意的问题

商务谈判活动中的礼节性会见，因其性质决定，时间不应太长，所以会见的双方应掌握分寸，言简意赅，多谈些轻松愉快、相互问候的话，避免单方面冗长的叙述，更不可有意挑起争论。在会见中，如果人员较多，亦可使用扩音器。主谈人交谈时，其他人员应认真倾听，不可交头接耳，或翻看无关的材料。不允许打断他人的发言，或使用人身攻击的语言。在会见时可以预备茶水招待客人，夏季还可以准备饮料。会见结束时，主人应将客人送至门口或车前，握手话别。目送客人乘坐的车子远走之后，主人方可退回室内。

11.1.4 宴请与赴宴礼仪

1）宴请的种类

宴请的种类和形式较多，但以宴会、招待会、茶会、工作进餐为主。

（1）宴会

宴会为正餐，分国宴、正式宴会、便宴和家宴四种，坐下进食。按照举行的时间来分，宴会分为早宴、午宴、晚宴。一般情况下，晚宴和家宴最为隆重。

国宴是国家元首或政府首脑为国家庆典或为外国元首、政府首脑来访而举行的正式宴会，因而规格最高。宴会厅内悬挂国旗，奏国歌，席间致辞或祝酒。

除不挂国旗、不奏国歌以及出席规格不同外，正式宴会与国宴基本相同。宾主均依据身份就位。有些宴会对服饰规格、餐具、酒水、菜肴道数、陈设，以及服务人员的着装、仪表等都有严格要求。

便宴是非正式的宴会，常见的有午餐、晚餐，有时也有早餐。便宴形式简单，不排座位、不做正式讲话，随便亲切，菜肴道数也可以酌减。西方人的午宴有时不上烈性酒，不上汤。

家宴是在家中设宴招待客人。这种形式亲切友好，往往由主妇亲自下厨，家人共同招待。

在商务谈判中，上述宴会形式都可以选用。小型的正式宴会和便宴比较切合实际。必要时，可设宴家中，寻找或创造谈判良机。

（2）招待会

招待会是指各种较为灵活的不备正餐但准备食品和酒水饮料的宴请形式。招待会期间不排座位，宾客自由活动。常见的有冷餐会、酒会两种形式。

冷餐会，即自助餐。其特点是不排座位，菜肴以冷食为主，也可有热菜，供客人自取，客人可以自由活动，也可以多次取食，酒水可以放在桌上，也可由招待人员端送。冷餐会可在室内或庭院、花园等地举行，可设小桌、椅子自由入座，也可不设椅子站立进餐。举办时间为中午12时至下午4时或下午5时到7时。冷餐会有三大优点：可以安排下很多的客人，即无论室内或室外、客厅或餐厅，只要有位子，都可以在冷餐会上派上用场；缺乏人手招待时也毫不影响，客人可自己拿取食物；不受任何正宴礼仪上的约束，无论是用餐前还是用餐中，客人都可以自由活动。

目前，冷餐会已成为社交活动中很盛行的一种款待客人的方式。在经济谈判中也可以用这种形式宴请客人或对方人员。

酒会，又称鸡尾酒会。这种宴请形式活泼，便于参加者广泛接触、交谈。招待品以酒水为主，略备小吃，不设座椅，仅设桌、几以便客人随意走动。酒会举行的时间亦较灵活，中午、下午或晚上均可。

（3）茶会

这是一种简单的招待形式。举行的时间多在下午4时左右。茶会通常设在客厅，而不是餐厅。厅内设茶几、座椅，不排座次。茶会对茶叶和茶具的选用应有所讲究，一般用陶瓷器皿，而不用玻璃杯。在经济谈判中，各方在许多时候和场合都自觉或不自觉地用茶会形式招待对方。

（4）工作进餐

这是现代交往中经常采用的一种非正式宴请形式，利用进餐时间，边吃边谈问题。这类活动一般只请与工作有关的人员参加，而且往往排席位。工作进餐按时间可分为工作早餐、工作午餐和工作晚餐。在经济谈判中，因日程安排不开时可采用这种形式，而且这种形式往往能缓解某些对抗，促进问题的解决。

2）宴请活动的组织工作

成功的宴请需要成功地组织。一般来说，宴请的组织工作主要包括：

（1）确定宴请的目的、名义、对象、范围与形式

①宴请目的。宴请的目的多种多样，既可以为某人，也可以为某件事，如为某人某团赴约谈判；为某展览、展销、订货会的开幕、闭幕；为某工程的破土与竣工等。在经济谈判中，可为双方合作的开始或合作的成功或谈判中某环节、某阶段问题的解决等进行宴请，总之，目的需要明确。

②名义与对象。宴请的名义或对象主要依据主客双方的身份确定，即主宾双方身份要对等，经济谈判中多以一方主谈人的名义出面邀请对方主谈人及其从属人员。

③邀请范围。邀请范围是指请哪方面人士、哪一级别，请多少人，主人一方请什么人出陪，这要考虑宴请的性质、主宾身份、惯例等多方面因素，不能只顾一面。邀请范围确定后，就可草拟具体邀请名单。

④宴请形式。采用何种形式，很大程度上取决于习惯做法，根据习惯和需要选择宴请形式。目前各种谈判交际活动中的宴请工作都在简化，范围趋向偏小，形式更加简便。酒会、冷餐会被广泛采用。

（2）确定宴请的时间、地点

宴请的时间对主宾双方都应适宜。一般不要选择对方的重大节假日，有重要活动或有禁忌的日子。在经济谈判中，宴请时应先征求对方的意见，口头当面约定较方便，也可用电话联系。

一般来讲，正式的、隆重的宴请活动安排在高级宾馆大厦内举行；其他可按宴请的性质、规模大小、形式，主人意愿及实际可能而定。原则上选定的场所要能容纳全体人员。

（3）发出邀请及请柬格式

①发出邀请。各种宴请活动，一般都发请柬，这既是礼貌，也是提醒客人备忘之用。请柬一般提前一到两周发出，有些地方还需要再提前，以便被邀人及早安排。

②请柬格式要求。请柬的内容包括活动形式，举行的时间、地点，主人的姓名。请柬行文不加标点，所提到的人名、单位名、节目名等都应用全称。中文请柬行文中不提被邀请人姓名，其姓名写在请柬封面上，主人姓名放在落款处。请柬格式与行文，中外文本差异不大，用到时不要硬译。请柬可以印刷也可以手写，但手写字迹要美观清晰。请柬信封上被邀请人的姓名、职务书写要准确。

（4）订菜

宴请的酒菜根据宴请形式和规格及规定的预算标准而定。选菜不以主人的爱好为准，主要考虑主宾的爱好与禁忌。如果宴会上有个别人有特殊要求，也可以单独为其上菜。无论哪种宴请，事先都应列菜单，并征求主管负责人的同意。

宴请的菜肴一般都较丰盛。例如，在中餐宴席上，除冷盘和甜点外，还有鸡鸭鱼肉虾等数道热菜。最后是汤、冷食和水果。一般都备有精致的菜谱，分别放在第一主人及第二主人的下手。上菜的先后顺序与菜谱相符。

中餐宴会菜肴的道数，并不一定以主宾身份的高低而定。一般国宴在礼仪规格、场面上都十分宏伟壮观，但菜肴并不一定十分丰富。一些企业间的互相宴请，其费用标准、菜肴道数等，可能比国宴更高。

西餐宴请的菜肴与中餐不同。一般菜肴道数不多。其选料、丰盛程度及口味诸方面，实在无法与中餐相比。西餐一开始先喝汤，然后陆续上两三道菜，这些菜或是肉类与蔬菜搭配，或是水产品（如鱼类）与蔬菜搭配，之后就是甜点、冷饮（如冰激凌）等。至于咖啡，可离席而饮。西餐常以生菜（即色拉）、奶酪配之。

（5）席位安排

正式宴会一般均排席位，也可只排部分人的席位，其他人只排桌次或自由入座，无论哪种做法，都要在入席前通知到每个入席者，现场还要有人导引。

按国际上的惯例，桌次的高低依离主桌位置的远近而定，右高左低。同一桌上，席位的高低依离主人的远近而定。外国习惯于男女穿插安排，以女主人为准，主宾在女主人右上方，主宾夫人在男主人右上方。我国则习惯于按各人本身的职务排列，如夫人出席，通常把女方排在一起，即主宾坐男主人右上方，其夫人坐女主人右上方。

有关宴会座位具体安排，大致可分为下列几种情况：

①圆桌。

如宴请只设一桌时，一般以设宴的房间正面或对着房门的一边为正席，排第一主人。正席的正对面为副席，排第二主人，也可排第一主人的夫人。与正席和副席成90度角的线上为两个侧席，右侧的为右侧席，排第三主人，左侧的为左侧席，排第四主人。

关于客人的排列法，一律按先右后左排列。在正席的右侧和左侧是第一客人夫妇；在副席的右侧和左侧是第二客人夫妇；在右侧席的右侧和左侧是第三客人夫妇；在左侧席的右侧和左侧是第四客人夫妇。

如果未请宾客的夫人赴宴，则可将第一、二宾客以先右后左的次序排在正席两侧，将第三、四宾客排在副席的右侧和左侧，其余依次类推。

如需配译员，可安排在第一宾客右侧。如在同一桌上需安排第二译员，也按上列次序，安排在副席右侧与第三宾客隔开的座席上。大型的宴会桌，可列二三十个座席，有时需安排三四名译员，以利于主宾间进行交谈。第三、四名译员，仍参照上列次序依次排列。

②多桌。

如果参加宴请的人数较多，一桌难以安排，也可排多桌。两三桌，四五桌，甚至十几桌、几十桌都可以。如果桌次多，第一桌称为主宾桌，人数可适当安排得多一些，十几人到二十几人均可。用大桌时，桌中央可以鲜花填空。其他桌次以10人至12人为好。多桌的正席，均应面向主宾桌的正席（第一主人席）。排法也如同圆桌的排法一样。在每桌上应设置桌序牌，供来客按桌次与席次入座。桌序的排法，除主宾桌外，自右向左，按二、三……依序排列。

③长方桌。

席桌的顺序常常根据房间的形状和席桌的形状而定。如举行宴请的房间是长方形的，也可将主宾全安排在一长方桌上就座。其排法如下：

正席可安排在长方桌一顶端，也可安排在长方桌宽边的中央。

如果正席安排在长方桌顶端，则副席为长方桌的另一顶端。来宾与陪客按身份高低的礼宾顺序，仍以先右后左的次序，间隔地分坐于第一主人和第二主人两侧，如有译员，自然也安排在第一或第二客人右侧，与主人席间隔一席，以便主宾交谈。

如果正席安排在长方桌宽边的中央，则另一宽边中央为副席。来宾与陪客也按礼宾顺序，以先右后左的顺序，间隔地分别坐于第一主人或第二主人两侧。译员的位置也按上述方法安排。

桌次多的大型宴会，常将桌次排列在请柬上写明，以便于受邀请的人对号入座。桌次不多的，有的将桌次与座席排列画成图，张贴于宴会厅前，供来宾在入席前查看。主要宾客的一般做法是，入席前先在客厅内休息、寒暄，然后由主人陪同引导入席。一般来宾或陪客，则应在宴会前了解一下自己的桌次和席次，免得宴会开始，还没有找到自己的座位。大型的宴会常有几十桌，甚至二三百桌之多，在宴会开始后，桌次序号牌往往会被撤掉。迟到的来客，如不能预先知道自己桌次席位的大概位置，有时会因找不到座位而弄得十分狼狈。

不论圆桌还是长方桌，也不论是一桌还是多桌，一般将参加宴会者的姓名与职称写在名签上，摆在每人所在座位的桌前。

（6）现场布置

宴会厅、休息厅的布置取决于活动的形式、性质。官方的和其他正式的活动场所的布置应严肃、庄重、大方。不要用彩灯、霓虹灯装饰，可以少量点缀鲜花、刻花等。

宴会上可用圆桌、长桌或方桌。桌子之间距离要适当，各个座位之间距离要相等。

冷餐会常用方桌靠四周陈设，也可根据情况摆在房间中间。座位要略多于全体人数，以便客人自由就座。

酒会一般摆小圆桌或茶几，以便放花瓶、烟灰缸、干果、小吃等，也只在四周设些椅子供妇女和年老体弱者用。

（7）餐具的准备

总的来说，根据宴会的人数、菜肴道数准备足够的餐具。餐桌上一切用品都要十分清洁卫生。桌布、餐巾都应浆洗洁净、熨平。各种器皿、筷子、刀叉等都要预先洗净擦亮，如果是宴会，还应备好每道菜撤换用的菜盘。

①中餐餐具及其摆放。中餐主要用筷子、碗盘、匙、小碟、酱油罐等，水杯放在菜盘上，右上方放酒杯，酒杯数目和种类应与所上酒品种相同。餐巾叠成花插在水杯中，或平放在菜盘上。在宴请外国客人时，以中餐西吃为宜，此时要备必要的西餐餐具。酱油、醋、辣椒油等作料，通常一桌数份。公筷、公勺应备有筷架勺托，其中一套摆在主人面前。餐桌上应备有烟灰缸、牙签。

②西餐餐具及其摆放。西餐餐具有刀、叉、匙、盘、杯等。刀分为食用刀、鱼刀、肉刀、奶油刀、水果刀；叉分为食用叉、鱼叉、龙虾叉；匙有汤匙、茶匙等；杯的种类更多，茶杯、咖啡杯均为瓷器，并配小碟，水杯、酒杯多为玻璃制品，不同的酒使用的酒杯规格不同。宴会有几道酒就配有几种酒杯。公用刀叉一般大于食用刀

叉。西餐餐具的摆放是：正面位放食盘（汤盘），左手位放叉，右手位放刀。食盘上方放匙（汤匙及甜食匙），右上方放酒杯，右起依次放置烈性酒杯或开胃酒杯、葡萄酒杯、香槟酒杯、啤酒杯（水杯）。餐巾插在水杯内或摆在食盘上。面包和奶油盘放在左上方。吃正餐，刀叉数目应与菜肴道数相等，按上菜顺序由外至里排列，刀口向内。用餐时按此顺序使用，撤盘时，一并撤去使用过的刀叉。

（8）宴请程序及现场工作

主人一般在门口迎接客人。主客握手后，由工作人员引到休息厅，无休息厅可直接入宴会厅，但不入座。休息厅内应有相应身份的人员照料，由招待人员送饮料。

主宾到达后，由主人陪同进入休息厅与其他客人见面。如其他客人尚未到齐，可由其他迎宾人员代表主人在门口迎接。

主人陪同主宾进入宴会厅，全体客人就座，宴会即开始。吃完水果，主人与主宾起立，宴会即告结束。

主宾告辞，主人送至门口，主宾离去后，原迎宾人员顺序排列，与其他客人握别。

工作人员应提前到现场检查准备工作。

3）赴宴

赴宴即参加宴请，和宴请宾客一样，在大型谈判交际活动中具有同等的机会，因而有必要了解参加宴请的一些礼仪。

（1）应邀

接到宴会的邀请后，要根据邀请方的具体要求，尽早地、尽快地答复对方自己能否出席，以便主人安排。答复对方时可打电话，也可复以便函。在接受邀请之后，不要随意改动。万一由于特殊情况不能出席，尤其是主宾，应及早向主人解释、道歉，必要时要亲自登门表示歉意。应邀出席一项活动之前，要核实宴请的主人，活动举办的时间、地点，是否邀请了配偶，以及主人对服装的要求等，以免失礼。

（2）掌握出席时间

出席宴请活动，抵达时间的迟早，逗留时间的长短，在某种程度上反映对主人的尊重，这要根据活动的性质及有关习惯掌握。迟到、早退或逗留的时间过短，被视为失礼或有意冷落主人。身份高者可略晚抵达，一般客人应略早抵达，在我国一般正点或提前两三分钟或按主人的要求抵达。确实有事需要提前退席，应向主人说明后悄然离去，或事先打招呼，届时离去。

（3）抵达

抵达宴请地点，先到衣帽间脱下大衣和帽子，然后前往主人迎宾处，主动向主人问好。如果是吉庆活动，应表示祝贺。

（4）入座

应邀出席宴请活动，应听从主人安排，即所谓客随主便。要先弄清自己的桌次、座次再入席，不要乱坐。如邻座是年长者与女性，应主动协助他们先坐下。

（5）进餐

入座后，主人招呼，便开始进餐。

（6）交谈

无论是主人、陪客或宾客，都应与同桌人交谈，特别是左右邻座。邻座如不相识，可先自我介绍。

（7）祝酒

作为主宾参加宴请，应了解对方的祝酒习惯，即为何人祝酒、何时祝酒等，以便做必要的准备。碰杯时，主宾与主人先碰，人多时可同时举杯示意，不一定碰杯。祝酒时注意不必交叉碰杯。在主人和主宾致辞、祝酒时应暂停进餐，停止交谈，注意倾听，不要借机抽烟等，遇到主人和主宾来桌前敬酒时，应起立举杯。碰杯时，要目视对方致意。

在宴会上互相敬酒，可表示友好，活跃气氛，但切忌喝酒过量，否则会失言失态。

（8）宽衣

在社交场合，无论天气如何炎热，都不能当众解扣脱衣。小型便宴，如主人请客人宽衣，男宾可脱下外衣搭在椅背上。

（9）喝茶（或咖啡）

通常牛奶、白糖均用单独器具盛放，喝茶、咖啡时如愿意加牛奶、白糖，可自取加入杯中，用小茶匙搅拌，然后将茶匙放回小碟内。喝时用右手拿杯把，左手端小碟。

（10）水果

吃水果时，要根据不同水果的不同特点食用，总的来说不要整个拿着咬食，可以先借助水果刀进行分解，然后再食用。用刀时，刀背要朝内。

（11）水盂

在筵席上，上鸡、龙虾、水果时，有时送上一个小水盂（铜盆、瓷碗或水晶玻璃缸），水上漂有玫瑰花瓣或柠檬片，供洗手用。洗手时两手轮流沾湿手指头，轻轻刷洗，然后用餐巾或小毛巾擦干。

（12）纪念物品

有的主人为每位出席者准备了一份小纪念品或一朵小鲜花，宴会结束时，主人招呼客人带上。这时，客人可以说一两句赞扬小礼品的话，但不必郑重示谢。除了主人特别示意作为纪念品的东西外，各种招待用品，包括糖果、水果、香烟等，都不要拿走。

（13）致谢

有时在出席私人宴请活动之后，往往致以便函或名片示谢。

（14）冷餐会与酒会的取菜

在冷餐会、酒会上，招待员上菜时，不要抢着去取，待送至本人面前时再拿。周围的人没有拿到第一份时，自己不要急于取第二份。勿围在菜桌旁边，取完立即退开，以便让别人取菜。

（15）遇到意外情况

在宴会进行中，由于不慎而发生异常情况，如用力过猛，使刀子撞击盘子发出声响，或餐具摔落，或打翻酒水等，要沉着应付，可向邻座人说声"对不起"。掉落餐具后可由招待员另送一副，若打翻的酒水等溅到邻座人身上，应表示歉意，并协助擦掉。如果对方是女性，只要把干净的餐巾或手帕递上即可，由她自己擦拭。

4）餐桌上的礼仪

（1）餐姿、餐巾和餐具

餐桌前的坐姿和仪态都很重要。身体与餐桌之间要保持适当距离，太远不易处理食物，太近则易使手肘过弯而影响邻座用餐。理想的坐姿是身体挺而不僵，仪态自然，既不呆板，也不轻浮。在餐桌上一个劲"埋头苦干"的人，比狼吞虎咽更令人感到不快。

用餐时一般不要把桌面弄得非常凌乱。

适度的文雅与细心，可以防止餐桌上许多不快之事发生，且能获得众人的赏识与尊敬。

进餐前用餐巾纸擦拭餐具是极不礼貌的陋习。如发现不洁餐具，可要求服务员调换。

餐巾须等主人动手摊开使用时，客人才能将它摊开置于膝盖上。

餐巾的主要作用是防止油污、汤水滴到衣服上，其次是用来轻擦嘴边油污，但不可用它擦脸、擦汗或除去口中之食物。餐纸亦同。

用餐完毕或用餐离席时，将餐巾放于座前桌上左边，不可胡乱扭成一团。

中餐宴请外国客人时，既要摆碗筷，也要放刀叉，以中餐西吃为宜。

西餐刀叉的使用是右手持刀，左手使叉，将食物切成小块后用叉送入口中。

吃西餐时，按刀叉顺序由外往里取用，每道菜吃完后，将刀叉并拢平放于盘内，以示吃完，否则摆成八字或交叉型，刀口向内。

切带骨或带壳食物时，叉子一定要把食物叉牢，刀要紧贴叉边下切，以免滑开。

切菜时，不要用力过猛撞击盘子发出声响。

不易叉的食品，可用刀将其轻轻推上叉。

除喝汤外，不用匙进食。

汤用深盘或小碗盛放时，喝汤要用汤匙由内往外舀起送入嘴中，即将喝尽时可将盘向外略托起。

（2）吃和喝

放在自己面前的食物多少都要用一点，特别合口的食物请勿一次用得过多，对不合口的食物也不要显出厌恶的表情。

在用西餐时，如果吃不完盛在你盘中的食物是失礼行为，所以取食要量力。

不要把自己用过的餐具放在大家共同吃的食物旁边。

吃西餐中的肉类时，边切边吃，切一次吃一口。

面条之类的食物，可用叉、筷卷起一口之量食之，不要吸食发声。

吃鸡、龙虾等食物时，经主人示意，可用手撕开吃。

喝汤时，宜先试温，待凉后再用，忌用口吹，或嘶嘶出声。要用勺喝汤，不要双手端起汤碗像喝水一样，发出咕咚咕咚的声音。

应闭嘴咀嚼，喝汤不要啜，吃东西不宜发声。

口里的骨头、鱼刺等，不要直接往外吐，要用餐巾掩口，用手或筷子取出，或轻轻吐在叉上，放在盘内。

嘴内有食物时，切勿说话。

正餐中不易当众用牙签剔牙，可用餐巾掩嘴。

同席客人尚在嚼食时应避免向其问话或敬酒。

席间如无主人示意抽烟，须先征得邻座同意，否则不宜抽烟。

进餐时应尽量避免打喷嚏、长咳、打哈欠、擤鼻涕，无法抑制时用手帕掩口，并避免对人。

吃带腥味食品时，常备有柠檬，可用手将汁挤出滴在食品上，以去腥味。

11.1.5 签字礼仪

签字既是一种非常常见和实用的仪式，又是一种纯礼仪方式。谈判人员了解签字仪式的礼仪规范和基本常识是非常必要的。

1) 签字的种类

① 从礼仪的角度考虑，国家间通过谈判，就政治、军事、经济、科技、文化等某一领域内的相互关系达成协议，缔结条约、协定或公约时，一般都举行签字仪式。

② 一国领导人访问他国，经双方商定达成共识，发表联合公报（或联合声明），有时也举行签字仪式。

③ 各地区、各单位在与国外交往中，通过会谈、谈判和协商，最终达成有关合作项目的协议、备忘录、合同书等，通常也举办签字仪式。

各国业务部门之间签订专业性协议，一般不举行这类签字仪式。

2) 签字仪式的筹办

签字仪式往往时间不长，也不像举办宴会、出游那样涉及许多方面的工作，但由于它涉及国与国之间的关系，同时往往是访问、谈判成功的一个标志，有时甚至是历史转折的里程碑，因此也一定要十分认真地筹办。

（1）人员确定

签字人应视文件性质由缔约各方确定，有由国家领导人签的，也有由政府有关部门签的。如不是国家级的项目，而是地区间、部门间的协议，则由地区、部门负责人签字（通常是法人代表）。总之，双方签字人的身份应大体相当。

出席签字仪式的人员，应基本上是参加会谈的全体人员。如果因某种需要，一方要求让某些未参加会谈的人员出席，另一方应予以同意，但双方人数最好大体相等。不少国家为了对签订的协议表示重视，往往由更高级别或更多的领导人出席签字仪式。

（2）必要的准备工作

首先是签字文本的准备，有关单位应及早做好文本的定稿、翻译、校对、印刷、装订、盖火漆印等项工作，同时准备好签字用的文具、国旗等物品。还要与对方商定助签人员的安排事宜，安排双方助签人员洽谈有关细节。

（3）签字厅的布置

由于签字的种类不同，各国的风俗习惯不同，因而签字仪式的安排和签字厅的布置也不尽相同。

我国一般在签字厅内设置一张长方桌，作为签字桌。桌面覆盖深绿色台呢，桌后放两把椅子，作为双方签字的座位，座位面对正门，主左客右。座前摆的是各自保存的文本，文本上端分别放置签字的文具，中间摆一个旗架，悬挂签字国双方的国旗（见图11-1）。

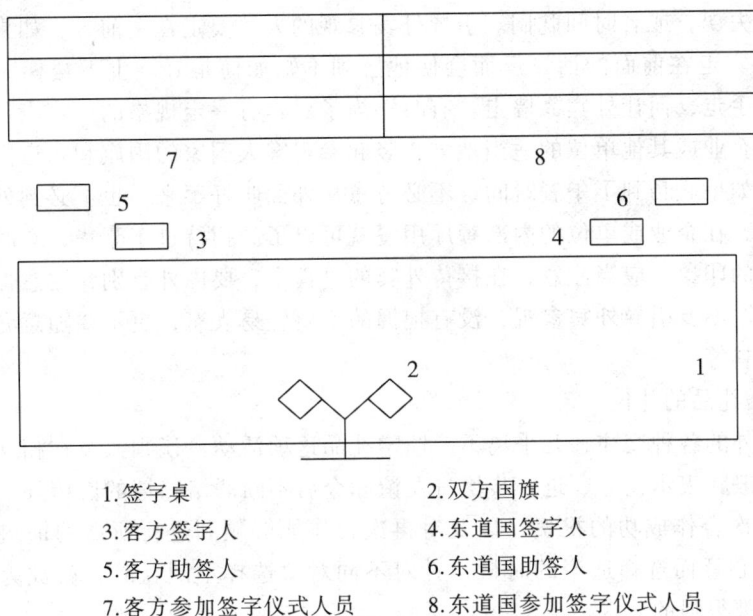

1.签字桌	2.双方国旗
3.客方签字人	4.东道国签字人
5.客方助签人	6.东道国助签人
7.客方参加签字仪式人员	8.东道国参加签字仪式人员

图11-1　签字厅布置示意图

3）签字仪式的程序

各国签字程序大同小异，以我国为例：双方参加签字的人员进入签字厅。当签字入座时，其他人员分主方、客方，按身份顺序排列于各方的签字人员座位之后。双方的助签人员分别站立在各自签字人员的外侧，协助翻揭文本及指明签字处。在签完本国保存的文本后，由助签人员互相传递文本，再在对方保存的文本上签字，然后由双方签字人交换文本，相互握手。有时签字后，备有香槟酒，共同举杯庆贺。

如有三四个国家缔结条约，其签字仪式大体如上所述，只是相应地增加一些签字人员的座位、签字用具和国旗等物。

11.1.6　其他礼仪

1）参观礼仪

安排外宾的参观日程，应根据接待计划、外宾的特点和要求，有针对性地安排。对外宾提出的合理要求，在允许的情况下，要尽可能予以满足，确实无法满足的，应做好解释。参观日程一旦确定后，应尽快通知参观接待的有关单位和部门，加以落实。无特殊情况，不应随便改变日程，如确需改变日程，也要妥善安排，尽可能保证整个活动的衔接。接待单位一般应事先准备相应语种的中外文对照的情况介绍。如果外宾所属国家或地区所用语种不甚通用，或准备起来有一定难度，也可准备中英文对照。介绍材料力求简明扼要、实事求是，体现本单位特点，而且对谈判要有实际意义。接待单位要针对事先了解和掌握的外宾的情况、特点和要求，提出的问题和需要注意的问题进行充分考虑，以便有针对性地进行准备。对外宾不宜用"莅临指导""检查工作""汇报""指示"等词语。陪同参观人员不宜过多，但应该有能够回答技术问题的人员。对可能涉及的技术问题要求事先有充分的准备，不要临时抱佛脚，以免出现应答失误，或者时间耽搁。引导外宾参观的人，要走在左前方，如果为了表示尊重而让外宾走在前面的话，反而会使他感到不知如何是好。上下楼梯时，引导的人应该靠扶手走，而让外宾靠墙走。有时，为了对具有一定规格的外宾表示欢迎，应该在被参观企业或其他单位的适当地方，竖起参观客人国家的国旗和东道国国旗。在参观途中，如果碰巧到了午餐时间，不必特意从外面叫好菜来，也不必到外面的高级餐厅去招待，在企业或单位的内部餐厅用餐就可以了。招待过于豪华，有时反会使外宾产生不好的印象。应当注意，在接待外宾的过程中，要内外有别，注意保密。属于保密产品的，不要引导外宾参观，没有把握的不要轻易表态，更不要随意允诺送给外宾产品、资料等。

2）馈赠礼品的礼仪

古今中外的各种交往，几乎离不开馈赠礼品这项活动。谈判人员在相互交往中馈赠礼品，一般除表示友好、进一步增进友谊和今后不断联络感情的愿望外，更主要的是表示对此次合作成功的祝贺，以及对再次合作能够顺利进行所做的铺垫。既然如此，为表达心意而选择适当的时机，针对不同对象选择不同礼品，就成为一门敏感性、寓意性都很强的艺术。

赠送给对方的礼物价值多少为宜？这应该根据交易及客商的具体情况而定。在一般情况下，欧美国家在送礼方面较注重的是礼物的意义价值而不是礼物的货币价值，他们只把礼物作为传递友谊和感情的媒体或手段。因此，我们在选择礼物时货币价值不要过高，但要有中国特色，有异国情调。有时，赠送很昂贵的礼物效果适得其反，对方会怀疑你此举是否想贿赂他或另有图谋，这样不但不能加深相互间的友谊，反而会引起对方的戒备心理。在美国，一般的商业性礼物的价值在25美元左右。而亚洲、非洲、拉丁美洲、中东地区的客商与欧美国家的客商相比有所不同，他们往往比较注重礼物的货币价值。

对礼物的具体选择，首先要注意对方的习俗和文化修养。由于谈判人员的文化背景不一样，爱好和要求也会有所不同。比如，在阿拉伯国家，酒类都不能作为礼品，更忌讳给当事者的妻子送礼品；在英国，受礼人讨厌有送礼人单位或公司标记的礼品；法国人不欣赏别人送菊花，原因在于菊花只有在法国人办丧事时才会使用；日本人不喜欢有狐狸图案的礼品，因为日本人视狐狸为贪婪的象征。所以，在馈赠礼品时就要注意和重视这些差异。

据了解，外国朋友大都喜欢我国如下礼品：景泰蓝、玉佩、绣品、水墨字画、瓷器、茶具等。

送礼的数量也有讲究。我国一向以双数为吉祥，而在日本则以奇数表示吉利。西方一些国家通常忌讳"13"这个数，因此，无论在送水果还是其他任何数量较多的礼物时要注意这一点。

送礼的时机和场合亦应注意。各国、各地区大同小异，一般都有初交不送礼的习惯。法国人喜欢下次重逢时馈赠礼品，英国人多在晚餐或看完戏之后乘兴时赠送礼品，我国则在在离别前赠送纪念品较为自然。

如果是有意给对方惊喜的礼物，那送礼物的时间更是重要。比如，飞机起飞了，空中小姐代你的朋友送来一份祝你旅途愉快的小礼品，火车快开了，朋友给你递上一个小包，这样是很特别的。

同时应当注意的是，礼物往往有暗示的作用，不要因馈赠礼品造成误解。例如，我国一般忌讳送梨或送钟，因为"梨"与"离"同音，"钟"与"终"同音，而"送离"和"送终"都是不吉利的字眼。又如，男性对一般关系的女子，不可赠送贴身的内衣、腰带和化妆品，更不宜送项链、戒指等首饰物品，否则容易引起误解。正确选择礼品的做法是，既要考虑到对方的文化、习俗、爱好、性别、身份、年龄，又要考虑礼品本身的思想性、实用性、艺术性、趣味性和纪念意义等，还要注意避奢脱俗。

有时，我们也会遇到对方给我们送礼的情况，这就需要确定对方的礼物是否恰当，是否可以接受等问题，因为如果你接受了一件礼物，就失去了对某些事物的一些控制。道理很明白，送礼者总是想得到你的某些方面的让步。对于在涉外商务交往中是否可以接受礼物，以及礼物的处置，国内有关部门和企业都有相应的政策和纪律，谈判人员一定要遵守这些政策规定。当有人送礼给你而你又不能接受其礼物时，应当向对方说明我们的国家政策和企业制度有规定，必须遵守，但对方的情意我们领了，这样，才能防止对方误解和不愉快事件的发生。另外，当你认为对方送的礼物恰当，并接受后，应当以适当的方式表示感谢。

赠送礼物应根据不同情况，用礼品纸包装，并且一般要当面赠送。当面受礼时，应双手接受礼品，握手并感谢对方。

11.2 商务谈判礼节

11.2.1 见面礼节

商务谈判人员初次见面，介绍、握手和交换名片是必不可少的礼节。

1）介绍

商务谈判中，介绍是相互了解的基本方式。通过介绍，可以缩短彼此之间的距离，以便更好地交谈、沟通和深入了解。人们主要在社交场合和商务场合使用介绍礼节。

在社交场合，可以按照正式与否分为正式介绍和非正式介绍。正式介绍需要依据严格的程序进行。按照被介绍者的人数来划分，可以分为对多数人进行介绍的集体介绍和个人介绍。按照介绍者的位置来划分，可以分为自我介绍、他人介绍和为他人介绍。介绍时,应先把身份低、年龄小的人介绍给身份高、年龄大的人,把男子介绍给女士。被介绍时,除年长者或女士外,一般应起立,但在宴席、会谈桌上不必起立,而以微笑、点头表示。如为他人做介绍,应先了解双方是否有结识的愿望。介绍时要自然周全,讲清楚被介绍者的姓名、身份、单位或国籍。为第三者介绍,还可介绍其与自己的关系,便于新结识的人相互了解与信任。

商务谈判场合的介绍与社交介绍略有不同。在商务谈判中,介绍的目的主要是建立某种贸易往来关系,以发展自己的事业。这种介绍一般不分男女老少,只以社会地位的高低作为衡量的标准,遵从社会地位高者有了解对方优先权的原则。在任何场合下,都是将社会地位低者介绍给地位高者。在实业界,当男士被介绍给比他地位低的女士时,无须起立。只有当两个人的地位相同时,才遵循先介绍女士这一习惯。在介绍中,通常以职务相称。

2)握手

在商务谈判中,通过谈判双方的相互介绍之后,彼此握手以示友好和交往的意愿,以便更多地交谈和更深入地了解。

(1)握手的含义

握手是见面致意和问候的一种礼节,是一种祝贺、感谢或相互鼓励的表示。例如,某人在工作中取得了成绩,同事们可握手向他表示祝贺,他也可以采取握手的方式向前来祝贺者表示感谢;运动员在比赛之前,教练员和同事们可握手鼓励他取得好成绩,当他取得好成绩之后,教练员可以采取握手的方式向他表示祝贺,他同样也可以采取握手的方式表示对祝贺者的感谢之情。

(2)握手的次序

握手的次序是指彼此相见时谁先伸手、谁应握。它主要根据握手人双方所处的社会地位、年龄、性别和各种条件来确定。一般说来,在社交场合握手的基本规则是:主人与嘉宾相互握手,主人应先伸出手来,宾客待主人伸出手后,方可伸手握之;年长者与年轻者相互握手,年长者应先伸出手来,年轻者待年长者伸出手后,方可伸手握之;身份高者与身份低者相互握手,身份高者应先伸出手来,身份低者待身份高者伸出手后,方可伸手握之;女士与男士相互握手,女士应先伸出手来,男士待女士伸出手后,方可伸手握之。在码头、车站、机场等场合迎接客人,主人应先伸手,表示非常友好地欢迎对方。

握手时,双方应先打招呼或点头示意,然后是相互握手、寒暄致意。关系密切的双方,可边握手边问候。初次见面者,则应听完介绍之后轻轻地相握,握一下即可。年轻者对年长者,身份低者对身份高者握手,上身应稍稍前倾,以双手相握,表示尊敬;男士与女士握手,往往只需要握一下女士的手指部分或轻轻贴一下,女士与男士握手,只需要轻轻地伸出手掌。

(3)握手的时间

对握手的时间,没有统一的规定。在商务谈判中,彼此见面相互介绍之后,双方握手的时间大约以三四秒或五六秒为宜。如果握手的时间过短,彼此手一接触便即刻松开,表明双方完全出于客套、应酬或没有进一步交往的愿望。如果一方握住对方的手时间过长，尤其是第一次见面的时候，则易被对方视为热情过度，不懂社交礼仪。当然，如果双方之间的关系十分密切，握手的时间可适当延长，并可将握着的手上下摇晃几下，表示热烈、真诚的感情。

（4）握手的力度与握手者之间的距离

握手时，一般应走到对方的面前，不能在与他人交谈时，漫不经心地侧面与对方握手。握手者的身体不宜离得太近，但也不宜离得太远。特别要注意，不要从他人的头顶上或会议桌上方与对方握手，如果在就餐时确有握手的需要，应注意不要在餐桌或食物上方握手，以免令人生厌。双方握手时用力的大小，常常表示感情深浅的程度。握得有力，表示握手者充满热情、诚意、信任或感激之情。当然，也要注意，握手不要用力过大、过猛致使对方有痛感，那样也不会收到预期的效果。

（5）握手的面部表情与身体弯度

握手者的面部表情是配合握手行为的一种辅助动作，通常可以起到增进情感、加深印象的作用。因此，握手时双方应面对面地对视，面部表情要流露出发自内心的喜悦和表达真诚的笑意。谈判双方握手时，切忌表情呆滞冷淡、心不在焉。握手者身体的弯度，要根据对方的情况确定。例如，与地位相等的人握手，身体稍微前倾即可；以握手形式表达谢意时，则要稍微躬腰；与长辈握手，则应以深躬表示尊重。除非有特别用意，一般不要昂首挺胸握手，以免给人造成蠢而无礼的不良印象。

（6）必须握手的场合

人们在社交活动中，有些场合可以不握手，如相见双方之间有一些人障、物障时；女士与男士相见，女士不愿意伸手时。但是，在许多场合都不能忽视握手的礼节：

在被介绍与人相识、双方互致问候的时候，应与对方握手致意，表示为相识而高兴；

对久别重逢的友人或多日未见的同学，相见时应热情握手，以示问候、关切和感到高兴；

当对方获得新成绩、得到奖励或其他喜事时，与之握手表示祝贺；

领取奖品时，一定要与发奖者握手，以表示感谢对自己的鼓励；

接受对方馈赠的礼品或祝词时，应与之握手表示感谢；

当拜托别人某事并准备告别时，应以握手表示感谢和恳切企盼之情；

当别人为自己做了某件好事时，应握手致谢；

在参加各种宴请（包括茶话会、招待会等）后告辞时，应和主人握手表示感谢；

在拜访友人、同事或上司之后告辞时，应以握手表示再见之意；

邀请客人参加活动，告别时，主人应与所有的客人一一握手，以表示感谢对方光临、给予支持之意；

参加友人、同事或上下级的家属追悼会，离别时应和其主要的亲属握手，表示劝慰并节哀之意。

握手的礼节在社交场合应用很广，除了在上述场合不应忽视与别人握手外，还应本着"礼貌待人、自然得体"的原则，灵活地掌握和运用，以显示自己的修养和对对方的尊重。

3）名片

名片可分为普通社交性名片和业务、职业性名片。在商务场合，主要使用业务名片或职业性名片。后两种名片与普通社交名片的区别在于，除了姓名、地址、邮编、电话、传真外，还将所在单位、职务、职称、社会兼职等都印在上面。现在，常见的名片大都属于后者，但因它具有通用价值，故而可不加区别。

通常在以下三种情况下使用名片：一是在带商业性质的横向联系与交际中使用；二是在社交的礼节性拜访中使用；三是在某些表达感情或表示祝贺的场合中使用。

交际性名片，用于社交场合中的相互了解，并在自我介绍或被介绍之后使用。在递、接名片时，如果是单方递、接，最好能用双手递、双手接；双方互送名片时，应右手递，左手接；两种情况都要求名片的正面（写中文字样的一面）朝着对方。接过对方的名片应点头致谢，并认真地看一遍，最好能将对方的姓氏、主要职称或身份轻轻地读出来，以示尊重。遇有看不明白的地方也可以请教。将对方的名片放在桌子上时，其上面不要压任何东西。收起名片时，要让对方感觉到，你是将其名片认真地放在了一个最重要、最稳妥的地方。切忌不要接过对方的名片一眼不看就立即收起，也不要将其随意地摆弄，因为这样做会让对方感到不恭。

如果是事先约定好的面谈，或事先双方都有所了解，不一定忙着交换名片，可在交谈结束、临别之时取出名片递给对方，以加深印象，表示保持联络的诚意。

拜访性名片，可用于下列情况：寄送礼物时，可将名片附在其中；赠送鲜花或花篮时，可将名片附在其上；在非正式的邀请中，可用名片代替请柬，并写清时间、地点及内容；拜访相识的人而未相遇，可将名片作为留帖，并附上适当的文字。

感谢与祝贺性名片，可用于当朋友送来礼品或书信时，作为收条或谢帖；当朋友举行重要的庆典活动时，可寄送一张附有亲笔题写的祝福语的卡片作为对朋友的祝贺。如果收片人非单身，祝福语应以夫妇俩人为对象。此外，寄送名片，还可以用于对朋友及其亲属的问候等。

11.2.2　日常交往礼节

1）遵守时间

参加谈判或其他商务活动，应遵守时间，按约定时间到达。过早到达会使主人因没准备好而感到难堪；迟到会使主人长久等候、担心牵挂，则是失礼。万一因特殊原因迟到，应向主人表示歉意。如果因故不能赴约，要有礼貌地尽早通知主人，并以适当方式表示歉意。

2）尊重老人、妇女

在很多国家的社交场合，上下楼梯或车船、飞机，进出电梯时，均让老人和女性先行；对同行的老人和女性，男子应为其提拎较重的物品；进出大门时，男子应帮助老人和女性开门、关门；同桌用餐时，两旁若坐着老人和女性，男子应主动照料，帮助他们入座就餐等。

3）尊重各国、各民族的风俗习惯

不同的国家、民族，由于不同的历史、文化、宗教等原因，各有特殊的宗教信仰、风俗习惯和礼节，应该受到理解和尊重。天主教徒忌讳"13"这个数字，尤其是"13日，星期五"，遇上这个日子，不举行宴请；印度、印度尼西亚、马里、阿拉伯国家等，不用左手与他人接触或用左手传递东西；使用筷子的国家，用餐时不可用一双筷子来回传递食物，也不能把筷子插在饭碗中间；保加利亚、尼泊尔等一些国家，摇头表示同意，点头表示不同意等。不了解或不尊重其他国家、民族的风俗习惯，不仅失礼，严重的还会影响双边关系，阻碍谈判达成一致协议，因此必须高度重视这一问题。

4）举止得体

在谈话活动或其他礼宾活动中，谈判人应做到坐有坐姿，行有行态，落落大方，端庄稳重，诚恳谦恭。站立时，应两腿自然分开，约相距一肩宽，双手相握放在腹前，或两手背放身后，挺胸、抬头，目光平视对方，面带微笑，对所负谈判任务充满信心、兴趣和进取精神。坐时，应将双手放在桌子上，挺腰近台，目光平视对方，面含微笑，神情专注，从容不迫，缓急适度。如果是陪同宾客走入房间，应先请客人坐到各自的座位上，然后自己轻步入席。如果谈判者因故迟到，应当疾步入门，眼睛搜寻主宾，边走边伸手给主宾致意，以表达迟到的歉意。在谈判时，态度要诚恳、谦恭、热情。当对方在谈判中摆出虚假、傲慢、冷漠的态度时，不应持同样错误的态度。要分析原因，对症下药。总之，应不卑不亢，或婉转指出对方表现上的失礼，奉劝其应以维护谈判的融洽气氛为重，不要因失礼而危及谈判的成功。在公共场所，应保持安静，不要喧哗。在举行重要仪式、听演讲、看演出等隆重场合，要保持肃静，不要交头接耳，窃窃私语，或者表现出不耐烦的情绪。

11.2.3 电话联系礼节

电话联系是一种重要的交际方式，其中，也有一些礼节应当遵守。在谈判双方休整过程中，一方给另一方打电话，一般是有重要的事情，双方对此类电话都会注意。因此，打电话之前要做准备，打好腹稿，选择好表达方式、语言声调。在通话中，如果是主方，应以客气的语言请对方找某先生或女士接电话。无论在多么紧急的情况下，也不可一挂通即进行交谈。如果是收接他人电话，首先应报清自己的通话地点、单位名称和自己的姓氏，然后再进行交谈。这是一种国际性的电话交谈礼节。每次谈话的内容，要力求简明扼要、逻辑严密、节奏适中，关键的地方要放慢速度，询问对方听清没有，记下没有，特别是涉及谈判议程、会议通知、谈判时间、谈判地点和出席人员等方面的内容，更不能马虎，要请对方重复一遍，经核对无误才保险。

11.2.4 出席娱乐活动礼节

在紧张的谈判之余，主方常常会安排一些文体活动。当你决定接受邀请的时候，要准时出席，并按座号或主人的安排入座。在观看节目时，要保持肃静，不要谈话，不要大声咳嗽或打哈欠。即席翻译要小声，最多大略译几句。在观看电影、戏剧、舞蹈、交响乐等文艺节目时,最好事先了解一下梗概,自己欣赏。场内禁止吸烟,不吃零食。一般不要对节目表示不满或失望。节目结束,应报以掌声,当然,电影除外。

11.2.5 服饰礼节

在商务谈判中,服饰的颜色、款式、质地是否合体均会对谈判人的情绪产生一定影响。在不同的气候带,对着装的要求是不同的。商务谈判桌上的季节特征在国外只分春秋和夏。与季节适应,服装也分为春秋装(冬天在谈判时亦着春秋装)和夏装。

1)春秋季着装

(1)中青年男装

中青年男性参加商务谈判活动一般着西服、中山装、两用衫或夹克衫。大型谈判、高层小范围谈判、最终决胜性谈判以着西服为佳。着西服时,衬衣、领带与西服反差要鲜明。如穿一套黑色的西服,可配深蓝色或带浅色条纹的领带和白衬衣。在一般性的谈判中,可着中山装或夹克衫。年轻人身着夹克衫有时效果不一定好,本来年轻,经历、资格都浅,再着活泼的夹克衫将会使对方感到你不够沉稳。年岁大些的业务人员着夹克衫则会显得年轻、有朝气。应当注意,穿夹克衫时,裤子尺寸要适宜,尤其不要太紧。

(2)中老年男装

中老年人在高层会见、礼宾活动中着西服、中山装均可。年纪大的人着西服,可不追求颜色反差,而讲究颜色柔和,配色和谐。例如,着灰色西服,配银灰色领带、白底带浅色条纹衬衣,或穿蓝底浅色条纹西服,配蓝色领带、蓝衬衣。配色和谐,将会给对方以慈祥、阔达、博雅、融通的心理感受。着中山装时,应注意衣服的质地和保持整洁。

(3)中青年女装

中青年女性出席大型会谈、礼宾活动时着西服、毛衣外套、两用衫、西服套裙、旗袍均可,而以着西服、西服套裙为佳。总之,应当以充分显示女性的自信、自尊为出发点。花色上注意不可过分鲜艳和花哨。

(4)中老年女装

中老年女性出席会谈或礼宾活动时,着西服、西服套裙、两用衫、毛衣外套等均可,但隆重的谈判,仍以着西服和西服套裙为宜。服装的颜色应浅而不亮、深而不呆,庄重、和谐。

2)夏季着装

(1)中青年男装

夏季天气炎热,出席会谈或礼宾活动时,中青年男性着衬衣长裤或单西服均可。在隆重场合,宜着单西服、打领带,或着短袖衬衫(扎在长裤内)、打领带。颜色以浅色、单色、浅色格为主。套头T恤衫和短西裤在正式谈判中不适合。

(2)中老年男装

中老年男士出席会谈或其他礼宾活动,可着长、短袖衬衣配西裤,或着西服,长袖衬衫须扎在长裤内。短袖衬衣若是硬领须打领带,若为开领则不打。较重要的谈判或会见，为了表示庄重，以着单西服、打领带为宜。颜色搭配以白衬衣浅灰裤子或浅灰、蓝色、米色西服为宜。

（3）中青年女装

中青年女性参加礼宴活动衣着一般为长、短袖衬衣配裙子，连衣裙或西服套裙等。平时会谈可着衬衣配裙子或连衣裙。隆重场合可着西服或西服套裙。过紧的衣裤，偏露的裙子，T恤衫配健美裤、牛仔裤的装束不适用于谈判场合。有合适的衣裙，还要配上颜色、质地均良的袜子，要注意衣、裙、袜子的颜色搭配。至于饰物，可以佩戴，但不可太多，化妆也不宜太浓艳。

（4）中老年女装

中老年女性出席会谈或礼宾活动，可着长、短袖衬衣配裙子，西服、西服套裙，亦可着旗袍、连衣裙等。颜色以浅色、浅花或单色为宜，不要太花哨。饰物也不宜多，戒指、项链即可，耳环可不戴。化妆可简单进行，也可不化妆。

总之，服装与饰物应与着装者的性别、年龄、职业、地位、场合相符，这样才能使服饰与人的精神面貌和谐一致，相得益彰。

【实例11-2】

商务谈判与服饰

有一次商业谈判会议，甲方首席穿着灰色西装、白色衬衫、印花领带（保守配色），与会代表则穿着不同颜色的夹克；而乙方首席穿着笔挺深蓝双排扣西装、浅蓝衬衫，系金黄条纹领带（深浅色、对比色具自信心、企图心），与会代表一律着深蓝单排扣西装、蓝白条纹衬衫，系蓝色领带。两队人马握手入座，根据服装颜色的心理学分析，乙方组合较具谈判权威性，严如正规军，甲方保守色系有如游击队，气势弱了三分，最后乙方主动掌握先机。

我有一位好友是一家大中型贸易公司董事长，他曾说：他派人开疆拓土，代表公司跟国外客户谈判重要业务时，由于女性员工居多，他不敢派遣穿着太前卫的员工，因为客户会担心她没有耐心，也不派遣从不化妆、缺乏工作经验的员工。所以，他会考虑找稳重、理性的员工，着浅褐色系外套、直筒长裙、针织短衫或米色系外套搭配长裤，再配同色系之丝巾、皮鞋、皮包，如此显得既有女人味，又不失专业形象。在不同的部门工作，要求的形象亦不同，如营业部宜用明朗、活泼和清爽的色调；而财务部比较严谨，以灰色和深蓝色为主；企划部须符合自由创造的个性，宜用红、黑、黄、紫。所以，穿着适合职位的服饰，穿出造型，机会将永远留给有准备的人。

资料来源 庄铭国. 国际礼仪——公务员必修手册［M］. 北京：中共中央党校出版社，2006.

11.2.6 其他礼节

1）称谓礼节

讲究礼节的第一要素是正确、清楚地道出每个人的姓名和头衔。如果不注意，张冠李戴或称谓错误，不仅使对方不高兴，引起反感，而且还会危及谈判的顺利进行。

所以，要重视称呼方面的礼节。

不同国家、民族的语言、风俗习惯不同，反映在称呼方面，也有不同的礼节。在对外交往中，对男子一般称先生。对英国人则不能单独称"先生"，而称"某先生"。美国人随便，容易接近，很快就可直呼其名。对女性，一般称夫人、女士、小姐，不了解其婚姻情况的女子可称其为女士。在日本，对女性一般不称女士，而称"先生"。美国、墨西哥、德国等国家，没有称"阁下"的习惯。

在我国，德高望重的女士，有时也称"先生"。对年纪较大的人，习惯上不直呼其名，而应称"某先生""某公""某翁""某老"等以示特别尊重。称呼的基本原则是：先长后幼，先上后下，先疏后亲，先外后内，这样较礼貌、周到和得体。

在商务场合，无论亲疏远近，都应该以职务相称。

2）舞会礼节

在现代交际中，谈判人员应邀参加舞会的机会越来越多。舞会是一种较好的交际手段。常见的交谊舞，如传统的华尔兹、探戈、快步舞，现代的迪斯科、牛仔舞，具有民族特色的伦巴、桑巴、恰恰舞等，都是从国外传入我国的。因此，舞会所涉及的礼仪不同程度地要遵循西方礼节的要求。通常所指的舞会是规模较大并有专人提供服务的社交活动。

（1）舞会前的准备工作

在西方，参加舞会必须正式着装。男士通常为黑色西服，女士为长裙。在我国，虽然没有规定特殊的服饰，但必须穿戴整齐。女性可以化妆，佩带发光的首饰。有专家根据舞会灯光的设计，建议舞会服饰最好选用绿、橙、黄、深红色调及中性色调，不宜采用紫罗兰、钢蓝或浅红色调。在饮食方面，参加舞会前忌食带刺激性气味的食物，如酒、葱、蒜、韭菜等。如果已食，舞会前应清洁口腔，并含一点茶叶或口香糖消除异味。如果患有传染病，即使被邀请，也不应该到这种公共场合，以免把疾病传给他人。

（2）来宾向主人通报

由于参加舞会的人较多，主人不可能全都认识参加舞会的人。这时，客人应主动向主人通报自己的姓名和身份。单身女宾或男宾应向主人通报自己的全名，而不能自称某小姐或某先生。夫妇应一起通报。未婚伴侣、恋人或自带舞伴的来宾应一起通报，但应先报女方的全名，再报男方。有时主人没有在门口等候，或客人迟到，舞会已经开始，这时客人要注意一到达会场便找机会向主人打招呼。

（3）邀舞

跳舞是从邀舞开始的。舞会中通常由男士邀舞。彬彬有礼的邀舞会让每位女士都十分乐意地接受。男士在邀女士共舞时，应先问她是否愿意跳这支曲子。在舞会中，男士可以邀请任何女性跳舞，但不能整个晚上只与一位女士跳舞。带女伴的男士要记得邀请自己的女伴共舞第一支舞曲和最后一支舞曲。而在邀请有男士或长辈陪同的女士跳舞时，应先征得男士或长辈的同意，并在跳完舞后把女士送回原处，向其陪伴者点头致意。在舞会中，男宾要注意至少应邀请女主人跳一次舞。如果女主人还有女伴、女儿在场，在礼貌上也应一一共舞。

（4）应邀

以礼貌的邀舞开始，还必须辅以礼貌的应邀才能达成一次愉快的共舞。女士在接受男士的邀舞时，如果愿意，应先说谢谢，也可以微笑起身走向舞池。当女士不想接受男士的邀舞时，可以选择一些委婉而礼貌的话加以推辞，如"对不起，我现在不想跳"或"抱歉，我不喜欢这首曲子"等，以免伤了邀舞男士的体面和自尊。在刚拒绝了一位男士后，马上接受另一位男士的邀请是十分失礼的，除非你们事先有约定。成熟的女性对于在舞会中被人冷落、不受注意并不当一回事，但很多女性做不到这点。在这种情况下，她可以中途退出舞会或向同伴建议回家。她有权要求舞伴送她回家，舞伴不应拒绝。

（5）愉快地共舞

在跳舞时男女应保持适当的距离。男士不要把女士搂得太紧，或老盯着对方的脸看，也不能低着头看自己的脚。正确的做法是目光越过对方的肩向后看。

男士个高腿长，在跳舞过程中要注意照顾女伴，舞步不要太大，以免女伴跟不上，或跳起来很吃力。一曲结束，男士和女士应互相道谢，同时，男士还应将女士送回原处。

（6）道别

舞会结束或中途退场，应向主人辞行。辞行时应向主人表示舞会举办得很成功，自己或同伴很愉快，表示感谢。有时，还可以在一两天后寄上一封简短的感谢信表示感谢。除了向主人辞行外，还应向在舞会上结识的新朋友或以前认识的老朋友说一些客套话道别。

11.3 商务谈判中的文化差异

11.3.1 文化差异对谈判的影响

礼仪和礼节的实质，在于对人的尊重。在谈判过程中，由于谈判主体具有不同的文化背景，因而会表现出不同的文化价值观，进而表现出不同的行为方式。甚至，谈判人员在谈判过程中还会遇到文化上的障碍。了解不同民族的礼仪和礼节，在一定意义上，就是在了解不同的文化元素。只有对文化进行深入理解，才能在商务谈判中做到有效沟通。

在中国古代，"文化"是指"以文教化"。现代汉语中通用的文化一词，首先是由日本学者在翻译介绍西学时借用了汉语的词汇，后又由日文转化过来，成为一个内涵丰富、外延宽广的概念。关于文化的概念，据有关研究人员统计，各国学者所下的定义已经超过180多种。英国文化学家泰勒认为："文化是一个复杂的总体，包括知识、信仰、艺术、道德、法律、风俗以及人类在社会里所得到的一切能力与习惯。"我国多数学者认为文化有广义和狭义之分。广义的文化指人类社会历史实践过程中所创造的物质财富和精神财富的总和；狭义的文化指社会的意识形态以及与之相应的制度和组织文化。

从整个人类社会看，人类文化有共性即有相同性的一面。但是，由于地理环境、历史背景、发展过程以及其他因素的不同，各国各民族的文化各有其特色。我们把这种文化的个性或特殊性称为**文化差异**。我们说文化具有差异性，不是把文化区分为优劣高低。尽管在实际生活中会出现某种文化在一定时期内会对其他国家和地区产生较大的影响，但并不表明该文化就优于其他类型。开展商务谈判，特别是跨国谈判，谈判人员必须具备文化差异意识。谈判人员是不同文化的承载者，因此，在思维方式、价值观、谈判方式、谈判策略选择等方面都会有很大的不同，应当正视这些差异。

文化是如何影响谈判的呢？我们知道，每个国家或地区，人们在长期的生活中，都会形成一系列的基本信念、行为准则（或规范）和习俗，逐渐形成了相应的做事情的习惯和应当如何做事情的方式，因此他们的思维便有了选择性，即倾向性。这种选择性会对谈判产生影响，包括对意见交换方式和决断方式的影响。文化对谈判方式的影响是广泛而深刻的。它会影响谈判者思考问题、制订计划、解决问题、做出决断、交换意见、做出反应的过程和偏好。不过，需要指出的是，文化只是影响谈判的诸多因素之一，不可简单地认为只要通过对谈判双方文化背景的研究就能解决谈判的所有问题。谈判人员对文化的作用应该有正确的认识。

11.3.2 中西方文化差异的主要表现

多数学者认为，世界文化可分为四大体系：一为西方文化体系，覆盖整个欧美及澳洲；二是阿拉伯的伊斯兰文化体系，覆盖西亚、中亚、北非、中非、南亚及中南亚；三是印度文化体系，覆盖南亚，影响东南亚；四是中国文化体系，覆盖和影响整个东亚。

对于中西方文化的特点，以冯天瑜为主的部分学者提出从地理环境、生产方式、社会组织等几个方面进行综合比较，认为中国传统文化属于大陆性文化，以农业文明为特征；而西方传统文化属于海洋性文化，以商业文明为特征。中西方文化的差异，表现在政治、道德、伦理、法治、艺术、宗教等各个方面。概括起来主要有：

1）中西方的时间观念差异

西方人时间观念强，做事讲究时间的条理性、精确性，喜欢制定详尽的时间表，按部就班；而中国人往往喜欢几件事情同时进行，讲究统筹兼顾，但有时难免顾此失彼，拖泥带水。另外，遵守时间的秩序也有差异，西方人将工作时间与休息时间分得非常清楚，下班时间、休息时间不打电话谈论工作，甚至在休假时间断绝一切与工作有关的交往。而中国人的工作和生活却没有明显的界线，常加班加点、利用休息的时间去应酬等。

2）中西方的空间观念差异

不同文化背景下的人，各自拥有不同的空间观念。在人与人的心理交往距离上，西方人比东方人要远一些。西方人注重人与人之间的距离，比如，在排队时他们会小心翼翼地保持与他人的身体距离，不碰及他人，也不愿意他人触碰自己。另外，家是西方人的私人领地，每个西方人都十分看重和爱护自己的这块领地，西方人不轻易在家中待客，假如西方人邀请你到家里做客，那说明你们之间友谊是很深的了。而中国人不仅喜欢邀请好朋友到家中做客，有时甚至是初识就会热情地请对方到家中坐坐。相对西方人，在中国人家里做客，客人会更随意自在。所以中国人到外国人家里做客，则应该格外注意，不要侵犯其"私人空间"。

3）中西方的语言文化和感情表达方式差异

语言直接体现一个民族和国家的文化。从总体上说，中国人的表达方式是细腻的、含蓄的，而西方人是直接的、明确的。例如，美国人喜欢直率，所有暗示、影射、模棱两可都会令他们难以接受；德国人直截了当，善于纠正他人的错误和不当之处，喜欢直接触及主题；而中国人在彼此交谈时，喜欢让对方猜测谈话内容的实质而不直接涉及具体问题。

4）中西方的送礼、受礼方式的差异

西方人彼此送礼物时，受礼者总是当着送礼者的面打开礼物，以表谢意和礼貌。而中国人彼此之间送礼物，往往不马上当面打开礼物，唯恐礼物过轻或不尽如人意而有失对方的面子，或显得受礼人重利轻义。

5）中西方处事的差异

受传统的儒家礼学影响，中国人注重面子和荣誉，如请客吃饭喜欢讲究排场。中国人常说的"家常便饭"其实是主人忙上半天准备的一桌丰盛酒菜，用餐时主人还要对客人说"没什么菜，别客气，一定要吃饱"等，还会常常让酒、让菜、让饭，这些都体现了中国人的热情好客。而西方则不同，注重实际。一两道菜再加上些甜食就够了，主人请客坦然，客人也可踏实进餐。中国人初入西方人家中用餐，面对如此情景会感到受了冷落。有些人前往西方家庭做客，在餐桌上也像吃中餐一样的推辞、礼让，给主人"已经吃饱了"的印象，因此常出现应约吃饭可还是饥肠辘辘的情形。

6）中西方思维方式和价值观念的差异

中国人的思维方式有很强的意会性，而西方人却有很明显的直观性。西方人外向，讲求实事求是，而中国人是内向、谦虚的。西方人重利轻义，中国人重义轻利或义利兼顾。在中国人的生活中，谦让是一种美德，西方人在多数时候为了利益可以牺牲自己的义。中国人强调整体性和综合性，而西方人则重视个体性。西方文化以人为本，以人为中心，注重人格和尊严，注重个体，强调个人权利，而中国传统重视和谐，强调服从与秩序，主张妥协和宽容。

【实例11-3】

日本与澳大利亚的煤铁谈判

日本的钢铁和煤炭资源短缺，渴望购买煤和铁。澳大利亚生产煤和铁，并且在国际贸易中不愁找不到买主。按理来说，日本人的谈判者应该到澳大利亚去谈生意，但日本人总是想尽办法把澳大利亚人请到日本去谈生意。

澳大利亚人一般都比较谨慎，讲究礼仪，而不会过分侵犯东道主的权益。澳大利亚人到了日本，使日本方面和澳大利亚方面在谈判桌上的相互地位发生了显著的变化。澳大利亚人过惯了富裕的舒适生活，他们的谈判代表到了日本之后不几天，就急于想回到故乡别墅的游泳池、海滨和妻儿身旁去，在谈判桌上常常表现出急躁的情绪；而作为东道主的日本谈判代表则不慌不忙地讨价还价，他们掌握了谈判桌上的主动权。结果日本方面仅仅花费了少量接待费用作"鱼饵"，就钓到了"大鱼"，取得了大量原本在谈判桌上难以获得的东西。

日本人在了解了澳大利亚人恋家的特点之后，宁可多花招待费用，也要把谈判争取到自己的主场进行，并充分利用主场优势掌握谈判的主动权，使谈判的结果最大限度地对己方有利。

资料来源　佚名. 日本与澳大利亚的煤铁谈判［EB/OL］.［2014-11-26］. http：//www.sdwm.cn/bumen/khshow.php？tid=19983.

相关链接：身势语在国际商务谈判中的差异

本章小结

"礼节是做什么，礼仪是如何做，以及如何优雅地做"。礼仪和礼节作为重要的生活规范和道德规范，是对他人表示尊敬的方式与体现。作为人类文明的重要表现形式，礼仪和礼节在一定程度上反映了一个国家、一个民族、一个地区或个人的文明、文化程度和社会风尚。

迎送客人要做好接送的准备工作，确定迎送规格，掌握客人抵离时间。交谈时要尊重对方、谅解对方、及时肯定对方，并注意自己的语速、语调和音量。会见客人时要做好相应准备，得体介绍，时间长短适宜。在谈判中，无论参加宴会、招待会、茶会还是工作进餐，都应注意餐桌上的各种礼仪。参加签约仪式和进行参观，都要服从安排，遵守规则。馈赠礼品要选择适当，价值适宜，符合文化习俗和习惯。

见面后，介绍应注意相互关系、称呼、职位。握手时应注意次序、时间、力度、场合、表情和距离。名片的递接要得体，符合规范，运用得当。在日常生活交往中，要遵守时间，尊重老人和妇女，尊重各国各民族的风俗习惯，举止得体。遵循国际电话礼节规范，有礼貌地参加各种娱乐活动，称谓得当。在舞会上邀舞、应邀都应让人愉快，向舞伴、主人表示感谢。

文化差异对商务谈判有广泛而深刻的影响。由于文化的选择性，它会影响谈判者思考问题、制订计划、解决问题、做出决断、交换意见、做出反应的过程和偏好。中西方文化差异表现不同。

主要概念和观念 □

□ **主要概念**

　　礼节　礼仪　文化差异

□ **主要观念**

　　中西文化差异表现

基本训练 ▥

□ **知识题**

11.1　阅读理解

1）礼仪和礼节的联系与区别及其在商务谈判中的重要作用是什么？

2）参与商务谈判的着装要求有哪些？

3）在商务谈判中名片有哪些作用？

4）怎样才能做好迎送礼仪工作？

5）怎样才能做好会见礼仪工作？

6）必须握手的场合有哪些？

7）称谓的基本原则有哪些？

8）舞会礼节包括的内容有哪些？

9）如何筹办签字仪式？

10）赴宴应注意哪些礼仪？

11.2　知识应用

11.2.1　选择题

1）经济谈判或商务谈判涉及会见问题，是属于业务商谈一类的（　　　）会见。

　（1）礼节性　　　　　　　　（2）政治性　　　　　　　　（3）事务性

2）茶会是一种简单的招待形式，通常设在（　　　）。

　（1）客厅　　　　　　　　　（2）餐厅　　　　　　　　　（3）书房

3）在日本，对妇女一般称为（　　　）。

　（1）女士　　　　　　　　　（2）小姐　　　　　　　　　（3）先生

4）有学者认为，中国传统文化属于大陆性文化，以（　　　）为特征。

　（1）农业文明　　　　　　　（2）工业文明　　　　　　　（3）商业文明

5）有学者认为，西方传统文化属于（　　　），以商业文明为特征。

　（1）干旱性文化　　　　　　（2）海洋性文化　　　　　　（3）湖泊性文化

6）"文化只有差异性，没有优劣之分"这句话（　　　）。

　（1）正确　　　　　　　　　（2）不正确　　　　　　　　（3）既正确又不正确

7）在商务谈判中，商务人员初次见面行握手礼时，应注意（　　　）等。

　（1）握手的次序　　　　　　（2）握手的时间　　　　　　（3）握手的力度

（4）握手的含义

8）多数学者认为，世界四大文化体系，包括西方文化体系、伊斯兰文化体系、印度文化体系和（　　　）。

（1）俄罗斯文化体系　　　（2）中国文化体系　　　（3）加拿大文化体系

（4）埃及文化体系

11.2.2　判断题

1）迎送规格主要依据前来谈判人员的身份和目的、我方与被迎送者之间的关系以及惯例等三方面情况来确定。　　　　　　　　　　　　　　　　　　　（　　　）

2）会见是商务谈判过程中的一项重要活动。身份高的人会见身份低的，或是主人会见客人的会见，一般称为拜见或拜会。　　　　　　　　　　　　　　（　　　）

3）在谈判过程中，当双方的观点出现类似或基本一致的情况时，谈判者应及时肯定对方。　　　　　　　　　　　　　　　　　　　　　　　　　　　（　　　）

4）在商务谈判中，一般把地位高者介绍给地位低者，且不一定以职务相称。

（　　　）

5）无论在多么紧急的情况下，也不可一挂通电话即进行交谈。接听他人来电者首先应报清自己的通话地点、单位名称和自己的姓氏，然后再进行交谈。（　　　）

6）在商务谈判中，谈判人员双手接过对方的名片后，应立即放在自己的皮夹中。　　　　　　　　　　　　　　　　　　　　　　　　　　　　　　（　　　）

7）在商务场合，无论亲疏远近，都应该以职务相称。　　　　　　　（　　　）

8）招待会是一种非常正式的宴会，必须为宾客排座位。　　　　　　（　　　）

9）在现代交际中，谈判人员应邀参加舞会的机会越来越多。在西方，参加舞会必须正式着装。男士通常为黑色西服，女士为袒胸长裙。　　　　　　　（　　　）

10）只要对谈判双方文化背景进行认真研究，就能解决谈判中遇到的所有问题。

（　　　）

□ **技能题**

11.1　规则复习

1）商务谈判礼仪

迎送客人要做好接送的准备工作，确定迎送规格，掌握客人抵离时间，做好接待的准备。

交谈时要尊重对方、谅解对方、及时肯定对方，并注意自己的语速、语调和音量，态度和气，言语得体。

会见客人时要做好相应准备，得体介绍，时间长短适宜。

在谈判中，无论参加宴会、招待会、茶会还是工作进餐，都应注意餐桌上的各种礼仪。

参加签约仪式和进行参观，都要服从安排，遵守规则。

馈赠礼品要选择适当，价值适宜，符合文化习俗和习惯。

2）商务谈判礼节

见面后，介绍应注意相互关系、称呼、职位。

握手时应注意次序、时间、力度、场合、表情和距离。

名片的递接要得体，符合规范，运用得当。

在日常生活交往中，要遵守时间，尊重老人和妇女，尊重各国各民族的风俗习惯，举止得体。

遵循国际电话礼节规范，有礼貌地参加各种娱乐活动，称谓得当。

在舞会上邀舞、应邀都应让人愉快，向舞伴、主人表示感谢。

3）商务谈判的文化差异

文化差异对商务谈判有广泛而深刻的影响。由于文化的选择性，它会影响谈判者思考问题、制订计划、解决问题、做出决断、交换意见、做出反应的过程和偏好。

中西方文化差异表现不同。

11.2　操作练习

11.2.1　实务题

利用教室或相应场地，分组进行正确的介绍、握手、递送名片等模拟训练。

11.2.2　综合题

请按照通行的礼仪要求，设计方案并模拟有外商参加的小型宴请。

□ 能力题

11.1　案例分析

欧洲 R 国一财团驻香港办事处负责人率很有实力的企业代表团来我国西部 C 市考察，商谈举办药品企业的有关事宜，并准备考察环境。C 市某国营药厂出面接待安排。洽谈会的第一天，R 方人员全部西装革履，穿着规范出席，个个彬彬有礼。而中方人员有穿着夹克衫、布鞋的，有穿牛仔裤、运动鞋的，还有的干脆穿着毛衣外套。在交谈过程中，中方除主谈人发言外，还有人说话声、咳嗽声很大，有人还随意吐痰、丢烟头，有一个因为塞车姗姗来迟。结果，当天的会谈草草结束，R 方连考察的现场都没去，第二天找了一个理由，就匆匆打道回府了。

问题：

1）为什么 R 方代表团考察、商谈没有结束就回国了？

2）与欧洲商人谈判，应注意哪些问题？

11.2　网上调研

就国内外礼品设计的特点或发展趋势进行网上调研。

11.3　单元实践

我国的一家外贸公司与印度一家商贸公司新近做成一笔生意。为表示合作愉快，中方决定向印方赠送一批具有地方特色的工艺品——皮质相框。中方向当地的一家工艺品厂订制了这批货，这家工艺品厂也如期保质保量地完成了生产。当赠送的日子快要临近的时候，这家外贸公司一位曾经去过印度的职员突然发现这批皮质相框是用牛皮做的。这在奉牛为神明的印度是绝对不允许的，很难想象如果将这批礼品赠送给印方，会产生什么样的后果。幸好及时发现，才使我国的这家外贸公司没有犯下错误，造成损失。他们又让工艺品厂赶制了一批新的相框，这回在原材料的选择上特地考察了一番。最后将礼品送给对方时，对方相当满意。

资料来源　韩玉珍. 国际商务谈判实务 ［M］. 北京：北京大学出版社，2006.

问题：

1）为什么印度商人不愿意接受牛皮做的礼品？

2）请你说说选择礼品有哪些注意事项。

实践要求：

请你为我方公司再设计2~4种礼品，用于赠送给美国和日本朋友。

国际商务谈判

学习目标 ◐

通过本章学习，你应该达到以下目标：

知识目标：了解国际商务谈判的含义，理解国际商务谈判的基本特征，掌握国际商务谈判工作的基本要求，熟悉世界主要国家的商人从事商务谈判的基本风格，认识伦理道德对商务谈判的作用。

技能目标：能够依据所了解和掌握的国际商务谈判的特征、要求与风格等，合乎规范地进行商务谈判。

能力目标：具有开展国际商务谈判的基本能力。

引例 @ 　　　　　　　一笔国际旅游业务的谈判

中国桂林风情旅行社邀请马来西亚一家旅行社洽谈一笔国际旅游业务，双方约定于某日上午十点在桂林榕湖饭店进行洽谈。风情旅行社派车接上马来西亚旅行社代表前往榕湖饭店进行洽谈。由于马方代表是第一次到桂林，对桂林的美景流连忘返，以致路上耽搁了时间，晚到了一个小时。后在商讨价格时，因双方提出的交易条件与价格相差较大，中方代表有点不悦，在谈判中失去耐心，说话声音过高，且在条件与价格方面不肯做出让步。马方代表年纪较大，认为中方代表的言语和举动对他们不礼貌、不尊重。在享用午餐过程中，中方代表为了增进双方感情，拿出接待贵宾专用的茅台酒并极力劝说马方代表饮用，又由于中方忽略了马方代表是穆斯林，在午宴中点了青菜但忘记嘱咐厨师不要用猪油来炒，马方代表认为中方代表没有诚意，生气地离开了。至此，谈判破裂。

资料来源　佚名．商务谈判经典案例全案［EB/OL］．［2018-01-29］．http://blog.sina.com.cn/s/blog_5423d0120102vbrk.html.

国际商务谈判是国内商务谈判的延伸，也是国际商务活动中的重要环节。随着我国改革开放的不断深化，随着我国经济的快速、持续发展和在世界经济各个领域所占比重的不断提升，随着我国经济与区域经济、全球经济的日益融合，国内商务活动与国际商务活动相互渗透和紧密联系，因此国际商务活动及国际商务谈判越来越具有重要地位和意义。

当今，国际商务活动的内容极其宽泛，比如，跨国公司的发展，国际商品（货物）贸易的发展，国际技术贸易的发展和知识产权的国际保护，国际服务贸易（包括国际运输服务贸易、国际旅游服务贸易、国际电信服务贸易、国际金融服务贸易、国际教育服务贸易、国际信息服务贸易、国际专业服务贸易等）的发展，因此，由各种发展与竞争、不平衡与矛盾所需要、所引发的各种国际商务谈判成为必然，而且，国际商务谈判的内容也极其复杂。

国际商务谈判是一个大议题，本章只能就某些一般知识进行阐述和说明。

12.1 国际商务谈判的特征与要求

12.1.1 国际商务谈判的含义

国际商务谈判是国际商务活动的重要组成部分，在国际商务活动中占据相当大的比重。有关研究表明，在商务活动过程中，销售人员、企业在各个地区的管理人员、律师以及工程技术人员等的50%的工作时间用于各种各样的商务谈判之中，其中多数是与来自不同文化背景或不同国家的对手之间的谈判。

国际商务谈判是指在国际商务活动中，不同国家之间的商务活动主体为满足某一需要或达到某一目标而进行的讨论和洽谈的商业活动的总称。

尽管目前还没有让大家都接受的表述一致的定义，但我们应该完整、准确地理解国际商务谈判的含义：

①国际商务谈判是国际商务理论的主要内容。在国际商务实践活动中，谈判占有很大的比重。换句话说，国际商务谈判是国际商务活动的重要组成部分。

②国际商务谈判是关于商务交易的讨论、洽谈等商业活动的总称。我们不能仅仅把签约的辉煌时刻称为国际商务谈判，也不能把它理解为仅仅是签约之前那一阶段的事情，它还包括签约之后协议的履行阶段。签约只是交易的开始，更重要的是协议的完满执行。相当一部分人仅重视签约之前那一阶段的研究，而忽略了签约之后的事情。

③商务活动的主体分属于不同的主权国家。也就是说，谈判主体属于不同的主权国家，谈判结果和益处将有益于不同的主权国家。特别是在国际商务合作形式多样化的今天，这一点必须牢记。同一个国家的人，大家彼此熟悉，但也许会代表不同的国家进行谈判。在这种情况下，国家和民族利益必须充分考虑。当然，由于历史的原因，可能在一个主权国家内的不同地区实行着不同的社会制度。如果出现这种情况，就不能称为国际谈判或国家之间的商务谈判，准确的称呼应该是跨区域谈判。

④国际商务谈判是国内商务谈判的延伸和发展。国内商务谈判和国际商务谈判都是商务活动的必要组成部分，是企业发展国内市场和国际市场业务的重要手段。国际商务谈判与国内商务谈判是一致的，它仍然是以实现商业利润为目标，以价值谈判为核心。只不过，在一定阶段上，国际商务谈判的商业目标表现得比较间接和委婉而已。

12.1.2　国际商务谈判的特征

国际商务谈判是国内商务谈判的延伸和发展，因此国际商务谈判首先具备国内商务谈判的特征。国内商务谈判的特征在本书的第1章做过介绍，不再赘述。

与国内商务谈判相比，国际商务谈判的特征主要有：

1）国际性

国际性是国际商务谈判的最大的特点，又称为跨国性。其谈判主体属于两个或两个以上的国家。谈判者代表了不同国家或地区的利益。通常以国家的简称加具体的谈判对象或事物来称呼特定的国际商务谈判，如"中美知识产权谈判""中美俄关于某某工程建设的谈判"等。国际商务谈判的结果会导致资产的跨国转移，因而要涉及国际贸易、国际结算、国际保险、国际运输等一系列问题。在国际商务谈判中，要以国际商法为准则，并以国际惯例为基础。国际商务谈判的这一特点是其他特点的基础。

2）跨文化性

国际商务谈判不仅是跨国的谈判，而且是跨文化的谈判。不同国家的谈判代表有着不同的社会、文化、经济、政治背景，谈判各方的价值观、思维方式、行为方式、交往模式、语言和风俗习惯等各不相同。

表12-1比较了美国、日本、巴西谈判者之间语言与非语言的交际模式。在语言交际中，美国谈判者常有与日本人几乎同样数量的交谈重叠，但远比巴西人少。在非语言交际中，美国谈判者一般没有日本谈判者那么沉默，但比巴西人要更沉默。他们比日本人保持更多的目光接触，但比巴西人少。巴西谈判者在触碰方面比他们的美国及日本对手要多得多。

表12-1　　　　　　　　　**谈判交往模式的多文化比较**

行为	日本人	美国人	巴西人
语言交际			
交谈重叠（每10分钟次数）	12.6	10.3	28.6
非语言交际			
沉默时间（持续时间大于10秒，每30分钟次数）	5.5	3.5	0
对视/直接的目光接触（每10分钟次数）	1.3	3.3	5.3
触碰（不包括握手，每30分钟次数）	0	0	4.7

3）复杂性

复杂性是由跨文化性和国际性派生而来的，是指国际商务谈判的参与者所面临的环境比国内商务谈判的参与者所面临的环境更加复杂多变。从事国际商务谈判的人将花费更多的时间与精力来适应环境及其多变性。国际商务谈判的这种复杂性体现在若干差异上，如语言及其方言的差异、沟通方式的差异、时间和空间概念的差异、决策结构的差异、法律制度的差异、谈判认识上的差异、经营风险的差异、谈判地点的差异等。

4）政策性

由于国际商务谈判常常涉及谈判主体所在国家之间的政治和外交关系，所以在国际商务谈判的过程和谈判结果方面，谈判者必须贯彻执行国家的有关方针政策，特别是对外经济贸易的一系列法律和规章制度。这就要求谈判人员熟悉国家的有关方针政策。

5）困难性

在国际商务谈判协议签订之后的执行阶段，如果出现纠纷或其他意外，需要协调的关系多，经历的环节多，解决起来相当困难。这就要求谈判者事先估计到某些可能出现的不测事件并进行相应的准备。

【实例 12-1】

漫长的跨国收购谈判

联想收购 IBM 的 PC 业务，经过长达 13 个月的谈判后才最终达成一致。最初的谈判时间是 2003 年 11 月，联想组成了由财务总监冯雪征领队的谈判队伍，飞往美国与 IBM 进行了第一次接触。按照联想副总裁乔松的说法，"那个时候主要是双方的摸底"。

2003 年 11 月到 2004 年 5 月，被看作联想和 IBM 谈判的第一个阶段，联想谈判小组的主要工作是了解对方情况和提出有关收购的商业方案。联想集团副总裁王晓春透露说，联想的谈判队伍是在不断扩大的。在联想内部，收购所涉及的部门，包括行政、供应链、研发、IT、专利、人力资源、财务等部门，都派出了专门小组全程跟踪谈判过程。每个小组由 3~4 名员工组成，总人数达 100 人左右。在内部谈判团队之外，联想还聘请了诸多专业公司协助谈判。例如，麦肯锡担任战略顾问，高盛担任并购顾问，安永、普华永道作为财务顾问，奥美公司作为公关顾问。

2004 年 5 月到 12 月 6 日，从联想方面提出包括收购范围、收购价格、支付方式、合作方式等内容的商业方案开始，谈判进入了艰苦的实质性磋商阶段。一直到 12 月 6 日，长达 13 个月的收购谈判才最终达成协议。

资料来源　郭芳芳. 商务谈判教程——理论·技巧·实务［M］. 上海：上海财经大学出版社，2006.

12.1.3　国际商务谈判工作的基本要求

国际商务谈判是国内商务谈判的延伸和发展，它们之间并不存在本质的区别。但是，如果谈判人员以对待国内谈判对手和国内商务活动同样的逻辑和思维去对待国际商务谈判的对手和遇到的问题，显然难以取得国际商务谈判的预期效果。因此，为了做好国际商务谈判工作，谈判者除了要掌握好商务谈判的基本原理和方法外，还必须注意以下几个基本要求：

1）树立正确的国际商务谈判意识

国际商务谈判意识是促使谈判走向成功的灵魂。谈判者谈判意识的正确与否，将直接影响到谈判方针的确定、谈判策略的选择，影响到谈判中的行为准则。正确的国际商务谈判意识主要包括：谈判是协商，不是"竞技比赛"；谈判中既存在利益关系，又存在人际关系，良好的人际关系是实现利益的基础和保障；国际商务谈判既要着眼于当前的交易谈判又要放眼未来，考虑今后的交易往来。

2）做好开展国际商务谈判的调查和准备

国际商务谈判的复杂性，要求谈判者在开展正式谈判之前做好相关的调查和准备工作。首先，要充分地了解和分析潜在的谈判对手，明确对方企业和可能的谈判者的个人状况，分析政府介入的可能性，以及一方或双方政府介入可能带来的问题。其次，要调研商务活动的环境，包括国际政治、经济、法律、社会意识形态等，评估各种潜在的风险及其可能产生的影响，拟订各种防范风险的措施。再次，合理安排谈判计划，选择比较好的谈判地点，对对方的策略开展反策略的准备。最后，反复分析论证，准备多种谈判方案，应对情况突变。

3）正确认识并对待文化差异

国际商务谈判的跨文化特征要求谈判者必须正确认识和对待文化。世界上不同国家和不同民族的文化没有高低贵贱的分别。文化习俗的差异，反映了不同文化中的民族与自然、地理环境等斗争的历史。尊重对方的文化是对国际商务谈判者最起码的要求。"入乡随俗，出国问禁"。从事国际商务谈判的谈判人员要善于从对方的角度看问题，善于理解对方看问题的思维方式和逻辑判断方式。切记：在国际商务谈判中，以自己熟悉的文化的"优点"去评判对方文化的"缺点"，是谈判的一大禁忌。当跨出国门与他人进行谈判时，自己就成为别人眼中的外国人。

4）熟悉国家政策、国际商法和国际惯例

国际商务谈判的政策性特点要求谈判者必须熟悉国家的政策，尤其是外交政策和对外经济贸易政策，把国家和民族的利益置于崇高的地位。除此之外，还要了解国际商法，遵循国际商务惯例。

5）善于运用国际商务谈判的基本原则

在国际商务谈判中，要善于运用国际商务谈判的一些基本原则来解决实际问题，取得谈判效果。在国际商务谈判中，要运用技巧，尽量扩大总体利益，使双方都多受益；善于营造公开、公平和公正的竞争局面，防止暗箱操作；一定要明确谈判目标，学会妥协，争取实质利益。

6）具备良好的外语技能

语言是交流磋商必不可少的工具。良好的外语技能有利于提高双方的交流效率，减少或避免沟通过程中的障碍和误解。许多国家的人都认为，对方懂得自己的语言是对自己民族的尊重。法国人对自己语言的热爱和"保护"众所周知，对在法国不讲法语的外国人，他们的热情与欢迎程度就会降低。学好语言，能够更好地了解对方的文化。语言本身就是文化的重要组成部分。

12.2　商务谈判风格的国别比较

12.2.1　商务谈判风格的特点与作用

1）什么是谈判风格

"谈判风格"是一个几乎人人都使用的词。但是，对这个词至今还没有比较确切的定义。大多数对谈判风格的理解来源于文学作品中对"文学风格"的类推。大多数谈判著作对这个词未做定义。对谈判风格比较难下定义，是因为人们对"风格"的理解存在差异。

我们认为，**谈判风格**是指谈判人员在谈判过程中通过言行举止表现出来的建立在其文化积淀基础上的与对方谈判人员明显不同的关于谈判的思想、策略和行为方式等的特点。这一概念包括如下几层含义：首先，谈判风格是在谈判场合与过程中表现出来的关于谈判的言行举止；其次，谈判风格是对谈判人员文化积淀的折射和反映；再次，谈判风格有其自身的特点，与不同国家或地区的风格存在显著的差异；最后，谈判风格历经反复实践和总结，被其他国家或民族的商人所认同。

谈判风格的内容，在商务谈判中体现在如何开始谈判，如何根据对方的情况制定目标，如何摸底，如何报价，如何讨价还价，谈判者的行为举止与作风等方面。由于谈判风格所包含的内容太多太广，很难用简短的语言来概括它，但这丝毫不影响人们对谈判风格的利用。

2）谈判风格的特点

（1）对内的共同性

同一个民族的谈判人员或者有着相同文化背景的谈判人员，在商务谈判中会体现出大体相同的谈判风格。这就是谈判风格的共同性特点。比如，受儒家文化影响的中国人和日本人都有"爱面子"的思想。这一特征是由文化对人的同化和影响形成的。正因为如此，世界上才存在不同国家或地区商人的特点。

（2）对外的独特性

谈判风格的独特性是指特定群体及个人在谈判中体现出来的独特气质和风格。从社会学观点看，任何集团的人的集合都是一种群体。各群体有自己的主文化和亚文化，会体现出群体与群体之间的差异。在同一个群体内，个体与个体之间也存在着差异。谈判风格的独特性决定了它的表现形式的多样化。所以，不同国家、不同民族，由于文化背景、生活方式、风俗习惯等的影响，会表现出不同的特点和风格。

（3）成因的一致性

无论哪种谈判风格，其形成原因都大体一致，即它主要受文化背景、人的性格及文化素养等的影响。

任何一个民族都深深植根于自己的文化土壤中。无论其是否意识到，是否承认，都会受到本民族风俗习惯、价值观念和思维方式等的潜移默化的影响，形成他们的世界观，并由此指导自己的行为处事方式，表现出该民族在特定的文化背景下形成的共同气度和作风。如果忽视这一点，就很难对其表现出来的谈判风格做出合理而深刻的理解，很难适应其谈判风格，当然也难以获得谈判的成功。

人的性格与文化背景有着源远流长的关系。根据社会心理学的研究，在先天因素的基础上，人的性格与后天环境影响有着密切的关系，是社会化的结果。社会化的内容之一，就是社会文化的内化。例如，我国北方人具有直爽、豪放的性格特点，南方人具有机智、灵活的性格特点。

一个国家和一个民族的价值观、文化传统以及思维方式造就出体现自己风格的优秀谈判人员，并不等于其国家和民族所有的人都具有这种优秀的素质。同时，不同性格的人，同样都可以成为优秀的谈判人员。原因何在？是后天因素的影响。后天因素是指个体所受的教育程度，表现为知识、修养、能力的提高等。谈判人员的风格不仅与其性格、民族有一致性，更与其文化素养一致。为此，要形成和培养自己良好的谈判风格，还需要努力学习，从提高自己的文化素养入手。

3）学习谈判风格的作用

谈判风格对谈判有着不可忽视的作用，甚至关系到谈判的成败。学习和研究谈判风格，对我们具有重要的意义和作用。

（1）营造良好的谈判气氛

良好的谈判气氛是保证谈判顺利进行的首要条件。如果我们对谈判对手的谈判风格十分熟悉的话，言行举止会十分得体，就能比较快地赢得对方的好感，使其从感情和态度上接纳我们。在这样的氛围下开展谈判，深入探讨问题，自然会容易得多。谈判风格是一种看不见、摸不着的东西，但它会在谈判中反复顽强地表现出来，并成为始终起重要作用的因素。我们可以通过了解对方的民族、宗教、习惯、习俗、文化背景、思维方式、价值取向等来掌握某些共同的谈判风格。

（2）为谈判策略提供依据

学习和研究谈判风格不仅仅是为了创造良好的谈判气氛，更重要的是为谈判谋略的运筹提供依据。如果我们不研究对方的谈判风格，不了解谈判风格的形成、表现形式及其作用，或缺乏这方面的知识，就会在遇到需要谋略的时候束手无策，更谈不上主动地根据对方的谈判风格设谋用略。谈判风格所涉及的知识领域非常广阔，既有天文的、地理的、社会的、宗教的、民俗的、文化的，又有心理的、行为的、政治的、经济的等。这些知识本身就会为谈判设谋提供依据和帮助。

（3）有助于提高谈判水平

商务谈判往往是很理性化的行为，但理性往往受到非理性或感性东西的引导或驱使。谈判风格在认识上有可能是理性的，但其表现形式多为感性。我们研究谈判风格的过程本身，就是一种学习和提高的过程。我们要汲取不同国家、不同民族和不同地区优秀的谈判经验与艺术，减少失误或避免损失，进而形成自己的谈判风格，或使自己的谈判风格更加完善。

4）考察商务谈判风格的方法

不同国家的商人在长期谈判实践中形成的谈判风格，零散地表现在他们的日常言谈举止中。想要用比较少的文字来描述或总结这些风格显得非常困难。因此，需要我们先确立考察商务谈判风格的方法。

到底从哪些角度来考察不同国家、不同地区商人的谈判风格呢？主要有两种：一是从谈判者的性格特征来总结或描述。但由于个人的性格特点千差万别，很难取舍。二是从地理分布及不同国家的商人表现的大体特点来总结。我们主要选取这个角度做介绍。为了便于比较，我们选取了一些特定的角度来观察一些非常重要的国家。这些角度包括：商人如何建立谈判关系；在谈判中，他们的决策程序怎样；时间观念有没有差别；沟通如何进行；对待合同或协议是什么样的态度等。

12.2.2 部分国家商人的谈判风格

1）美国商人的谈判风格

（1）谈判关系的建立

在经商过程中，美国人通常比较直接，不太重视谈判前个人之间关系的建立。如果在业务关系建立之前竭力与美国对手建立私人关系，反而可能引起他们的猜疑。他们会认为或许你是因为产品质量、技术水平存在问题才拉拢他们，反而使他们在谈判过程中特别警惕和挑剔，结果使过分"热情"的谈判者倍感委屈，甚至蒙受损失。他们喜欢公事公办，个人交往和商业交往是明确分开的。他们认为，良好的商业关系带来彼此的友谊，而非个人之间的关系带来良好的商业关系。不过，美国人强调个人主义和自由平等，生活态度积极、开放，他们很愿意也比较容易结交朋友。美国人以顾客为主甚于以产品为主，他们很努力地维护和老客户的长期关系，以求保持稳定的市场占有率。

（2）决策程序

受美国文化的深层影响，美国人对角色的等级和协调的要求比较低，往往尊重个人的作用和个人在实际工作中的表现。在企业的决策上，常常是以个人或少数人为特点，自上而下地进行，在决策中强调个人责任。他们的自我表现欲望很强，乐意扮演"牛仔硬汉"或"英雄"的形象，在谈判中表现出大权在握的自信模样。在美国人的谈判队伍中，代表团的人数一般不会超过七人，很少见到大规模的代表团。即使是有小组成员在场，谈判的关键决策者通常也只有一两个人，遇到问题，他们往往有权做出决定，"先斩后奏"之事时时发生。但他们在谈判前往往非常认真、充分、详细而规范地做资料准备，以便在谈判过程中能干脆、灵活地决策。

（3）时间观念

美国人的时间观念很强。办事要预约，并且准时。约会迟到的人会感到内疚、羞耻。一旦不能如期赴约，一定要致电通知对方，并为此道歉，否则将被视为无诚意和不可信赖。

美国谈判者总是努力节约时间，不喜欢繁文缛节，希望省去礼节、闲聊，直接切入正题。他们喜欢紧凑的谈判，强调尽可能有效率地进行，迅速决策，不拖沓。在美国人的价值观念中，时间是线性的而且是有限的，必须珍惜和有效地利用。

对整个谈判过程，他们总有个进度安排，精打细算地规划谈判时间，希望每一阶段逐项进行，并完成阶段性的谈判任务。他们这种一件事接一件事、一个问题接一个问题地讨论，直至最后完成整个协定的逐项议价方式被称为"美式谈判"。他们重视时间成本和谈判效率，常用最后期限策略来向对方施加压力，迫使对手让步。

（4）沟通方式

根据文化人类学家霍尔（Edward T. Hall）对文化的分类，美国文化属于低内涵文化。在低内涵文化模式中，沟通比较容易和直接。美国商人坦诚直率、真挚热情、健谈，不断发表自己的意见和看法。他们注重实际，对"是"与"非"有明确、理性的定义。当他们无法接受对方提出的条件时，就明白地告诉对方自己不能接受，而且从不含糊其辞，不使对方心存希望。无论介绍还是提出建议，美国谈判者都乐于简明扼要，尽量提供准确数据。对手任何非直接、模棱两可的回答会被美国谈判者视为缺乏能力与自信，不真诚甚至虚伪的表现。美国人推崇人人平等，交往中不强调等级差别。对谈判，他们认为是双方公平自由的协商，应该有"双赢"的结果，所以希望彼此尽量坦诚陈述观点和意见。有理的争论都会受到欢迎。美国人十分欣赏能积极反应，立足事实，大方地讨价还价，为取得经济利益而精于施展策略的人，每当这时他们有种"棋逢对手"的兴奋；相反，过分谦虚，立场不鲜明，只会把事情弄糟。

（5）对合同的态度

美国人重视契约。由于美国人口的流动性高，他们彼此之间无法建立稳固的持久关系，因而只能将不以人际关系为转移的契约作为保障生存和利益的有效手段。他们认为，双方谈判的结果一定要达成书面的法律文件，以明确彼此的权利和义务，并将达成书面协议视为谈判成功的关键一步。美国人总是认真仔细地订立合同，力求完美。合同的条款从产品特色、运送环节、质量标准、支付计划、责任分配到违约处罚、法律适用等无不细致精确，以至显得冗长而烦琐。他们认为正是包含了各方面的标准，合同才提供了约束力，带来安全感。合同一旦签订，他们会认真履行，不会轻易变更或放弃。

2）加拿大商人的谈判风格

（1）谈判关系的建立

加拿大是个移民国家，民族众多。各民族相互影响，文化彼此渗透。大多数人性格开朗，强调自由，注重实利，发挥个性，讲究生活舒适。受多元文化的影响，加拿大商人一般懂英、法两种语言。

（2）决策程序

加拿大居民大多是法国人和英国人的后裔。在谈判决策上，明显带有法国人和英国人的风格（请参阅英国人和法国人的谈判风格）。加拿大各省对自己的社会建设、经济活动、科技开发等有较大的独立决策权。

（3）时间观念

拜访加拿大政府官员和各类商人应注意取得秘书和助手的协助，事先约定，并准时前往。

（4）沟通方式

加拿大是冰雪运动大国，人们讨论的话题多与滑雪、滑冰、冰雕、冰球等有关。他们忌讳"13"这个数字，宴请活动不宜安排在13号。他们喜欢蓝色，应邀做客时，可带上一束价格较高的鲜花或蓝色包装的礼品。谈判时不喜欢在商品价格上讨价还价，变来变去，不愿做薄利多销的生意。

（5）对合同的态度

法国系商人对签约比较马虎，往往在主要条款谈妥后就要求签字。他们认为次要的条款可以在签字之后再谈。英国系商人比较保守，重视信用，谈判严谨，一旦签约，违约的事很少出现。

3）英国商人的谈判风格

（1）谈判关系的建立

言行持重的英国人不轻易与对方建立个人关系。即使本国人，个人之间的交往也比较谨慎，很难一见如故。他们特别在意"个人天地"，一般不在公共场合外露个人感情，也决不随意打听别人的事，未经介绍不轻易与陌生人交往，不轻易相信别人或依靠别人。

英国人有很强的民族自豪感和排外心理，总带着一种强国之民悠悠自得的样子。初与英国商人交往，总感觉有一段距离，让人感到他们高傲、保守，但慢慢地接近，建立起友谊之后，他们会十分珍惜，长期信任你。与美国人相似，他们习惯于将商业活动和自己个人生活严格分开，有一套关于商业活动交往行为礼仪的明确准则。个人关系往往以完成某项工作、达成某个谈判为前提，是滞后于商业关系的。

（2）决策程序

英国商人比较看重秩序、纪律和责任，组织中的权力自上而下流动，等级性很强，决策多来自于上层。比较重视个人能力，不喜欢分权和集体负责。在对外商务交往中，英国人的等级观念使他们比较注重对方的身份、经历、业绩、背景，而不像美国人那样更看重对手在谈判中的表现。所以，在必要的情况下，派身份和地位较高的人参加与英国人的谈判，会有一定的积极作用。

（3）时间观念

英国人对时间的看法非常严谨，崇尚准时和守时，有按日程或计划办事的习惯和传统，在商务活动中讲究效率，谈判大多进行得较紧凑，不拖拉。

（4）沟通方式

英国人以绅士风度闻名世界，常常处变不惊，谈话轻描淡写。对他人和他物，英国人所能给的赞赏是"英国式的"。他们喜欢以他们的文化遗产、喂养的宠物等作为谈论的话题，尽量避免讨论政治、宗教、皇家是非等。初识英国人，最佳、最安全的话题当然是天气。

英国人谈判稳健，善于简明扼要地阐述立场、陈述观点，之后便是更多的沉默，表现出平静、自信而谨慎。在谈判中，与英国人讨价还价的余地不大。有时他们采取非此即彼的态度。在谈判关键时刻，他们往往表现得既固执，又不肯花大力气争取，使对手颇为头痛。英国人认为，追求生活的秩序与舒适是最重要的，勤奋与努力是第二位的。所以，他们愿意做风险小、利润少的买卖。在谈判中如果遇到纠纷，英国商人会毫不留情地争辩。

（5）对合同的态度

英国人很重视合同的签订，喜欢仔细推敲合同的所有细节。一旦认为某个细节不妥，便拒绝签字，除非耐心说服，并提供有力的证明材料。英国商人一般比较守信用，履约率比较高，注意维护合同的严肃性。但国际上对英国商人比较一致的抱怨是他们有不大关心交货日期的习惯，出口产品经常不能按期交货。所以，在与英国人签订的协议中万万不可忘记写进延迟发货的惩罚条款加以约束。

【实例12-2】

英国人在游泳池边谈成生意

英国某啤酒公司的副总裁在南美商务旅行时接到总部的传真,要他在归途中顺便去牙买加和当地一家甜酒出口公司的经理谈生意。但问题是他没有去牙买加的公务旅行签证,想临时办一个,时间又来不及。

于是,他只好以旅游者的身份来到金斯敦的诺尔曼雷机场。在检查护照的关口,移民官从他皮包的工作日志及来往信函中判明他是在公务旅行,所以不许他入境。他反复向移民官声明,自己不过是在返回伦敦前来这儿做短暂的休整,这才勉强被允许入境。

他一在旅馆安顿好,便打电话和那位甜酒出口商联系。刚打完电话,就来了位移民局的官员,说他是怀着商务目的来到此地,而没有取得应有的签证。对他说,他将受到有关方面的严密监视,一旦发现从事商务活动,便将立即驱逐出境,并处以高额罚款。

足足两天,他身边总有一位警察,像个影子似的,使他不得不像个旅游者一样打发时光。看来此行只能是白费时间和金钱了。

但是他在离开之前却在警察的眼皮底下与那位出口商谈成了生意。

旅馆设有游泳池,池旁有个酒吧供客人喝喝饮料,稍事休息。监视的警察只见他与一位身着比基尼泳装的妙龄女郎正坐在酒吧里喝酒,还有一搭没一搭地和酒吧服务员聊天。

谁知那位服务员竟是出口商装扮的,而那名妙龄女郎则是他的女秘书。

只要会想办法,任何官样文章都阻止不了人们谈生意,任何地方、任何场景都可以用来谈生意。在国内很多私人老板特别会利用与客人吃饭的时间做成生意,也有很多人会在陪客人游玩时把生意谈成。

资料来源 郭艺珺,汪敏华. 谈判,智斗成产业〔N〕. 解放日报,2007-05-12.

4)法国商人的谈判风格

(1)谈判关系的建立

法国人乐观、开朗、热情、幽默,注重生活情趣,富有浓郁的人情味、爱国热情和浪漫情怀,非常重视相互信任的朋友关系,并以此影响生意。在商务交往上,法国人往往凭借着信赖和人际关系去进行,在未成为朋友之前,他们不会同你进行大宗交易,而且习惯于先用小生意试探,建立信誉和友谊之后,大生意便接踵而至。热情的法国人将家庭宴会作为最隆重的款待,但绝不会将家庭宴会上的交往视为交易谈判的延伸。如果将谈判桌上的话题带到餐桌上来,法国人会极为不满。

(2)决策程序

法国的家族企业多,讲究产品特色,不轻易做出超越自己财力范围的投资。一般情况下,法国公司的组织结构单纯,自上而下的层次不多,比较重视个人力量,很少集体决策。从事谈判也大多由个人承担责任,决策迅速。法国商人大多专业性强，熟悉产品，知识面广，即使是专业性很强的专业谈判，他们也能一个人独挡几面。

（3）时间观念

对别人要求严格、对自己比较随便是法国人时间观的一大特点。如果你迟到，不论出于何种原因都会受到冷遇，但他们自己却会很自然地找个借口了事。在法国社交场合，有个非正式的习惯，主宾越重要，到得越迟。

法国人工作时认真投入，讲究效率，休闲时痛快玩耍。他们十分珍惜假期，十分舍得在度假中花钱。八月通常是法国人的假期。

（4）沟通方式

法国商人大多十分健谈，富有感情，话题广泛，而且口若悬河，出口成章。在谈判开始时，他们喜欢聊一些社会新闻及文化方面的话题，以创造一种轻松友好的气氛，否则，将被视为"枯燥无味的谈判者"。法国商人在边聊边谈中慢慢转入正题，在最后做决定阶段才一丝不苟地谈生意。法国人非常尊重自己的传统文化和语言，在商务谈判中多用法语。如果能讲几句法语，将有助于形成良好的谈判气氛。

（5）对合同的态度

法国人比较注重信用，一旦签约，会比较好地执行协议。在合同条款中，他们非常重视交货期和质量条款。在合同的文字方面，法国人往往坚持使用法语，以示其爱国热情。为此，与法国商人签订协议不得不使用两种文字，并且要商定两种文字的合同具有相同的效力。

在谈判方式的选择上，他们偏爱横向谈判，谈判的重点在于整个交易是否可行，不太重视细节部分。主要问题谈妥后，他们便急于签约。他们认为具体问题可以以后再商量或是日后发现问题时再修改，经常出现前一天签的协议第二天就要修改的情况。

法国商人不喜欢为谈判制定严格的日程安排，但喜欢看到成果，所以在各个谈判阶段都有"备忘录""协议书"之类的文件为后面的正式签约奠定基础。

5）德国商人的谈判风格

（1）谈判关系的建立

德国人沉稳、自信、好强、勤奋、严谨，对发展个人关系和商业关系都很严肃，不大重视在建立商务往来之前先融洽个人关系。他们十分注重礼节、穿戴、称呼等。要想得到德国伙伴的尊重和信任，着装必须严肃得体。在交谈中，应避免提及个人隐私、政治以及第二次世界大战等。在与德国人最初的几次会面中，他们显得拘谨、含蓄甚至生硬。一旦彼此熟悉，建立商务关系且赢得他们的信任后，便有希望长期保持。德国人不喜欢"一锤子"买卖，求稳心理强。

（2）决策程序

在商务谈判中，德国人强调个人才能。个人意见和个人行动对商业活动有重大影响。各公司或企业纪律严明，秩序性强。决策大多自上而下做出，不习惯分权或集体负责。

（3）时间观念

无论公事还是私事，德国人都非常守时。在商业谈判和交往中忌讳迟到。对迟到者，德国人会毫不掩饰他们的不信任和厌恶之情。勤奋、敬业是德国企业主的美德。在欧洲，德国人的上班时间最长，早上8点以前上班，有时要晚上8点才下班。

（4）沟通方式

尽管德国人比较保守，但他们办事雷厉风行，考虑事情周到细致，注重细枝末节，力争任何事都完美无缺。在谈判前，他们收集资料详细，准备十分周密。他们从不打没有准备的仗。充分的准备使他们在谈判一开始便占据主动，谈判思维极具系统性、逻辑性。他们谈判果断，极注重计划性和节奏紧凑，一开始就一本正经地进入正题。谈判中，德国人语气严肃，陈述和报价清楚明白；谈判建议具体、切实，以一种清晰、有序和有权威的方式加以表述。德国人在谈判中常常固执己见，缺乏灵活性。

（5）对合同的态度

德国人有"契约之民"的雅称，非常重视和尊重契约。在签订合同之前，他们将每个细节都谈判到，明确双方权利、义务后才签字。这种100%的谈判作风，使得德国商人的履约率在欧洲最高。他们会一丝不苟地按照合同办事，诚实可信。同时，他们也严格要求对方，除非有特殊情况，绝不理会其贸易伙伴在交货和支付的方式及日期等方面提出的宽限请求或事后解释。他们重视商权。在德国的法律条文中有严格而明确的商权规定。比如，如果要取消代理契约，必须支付五年期间平均交易额的所得利润，否则不能取消代理契约等。

6）俄罗斯商人的谈判风格

（1）谈判关系的建立

俄罗斯是礼仪之邦。俄罗斯人热情好客，注重个人之间的关系，愿意与熟人做生意。他们的商业关系是建立在个人关系基础之上的。只有建立了个人关系，相互信任和忠诚，才会发展成为商业关系。没有个人关系，即使是一家优秀的外国公司进入俄罗斯市场也很难维持其发展。俄罗斯人主要通过参加各种社会活动来建立关系，增进彼此友谊。这些活动包括拜访、生日晚会、参观、聊天等。在与俄罗斯人交往时，必须注重礼节，尊重民族习惯，对当地的风土民情表现出兴趣等。只有这样，在谈判中才会赢得他们的好感、诚意与信任。

（2）决策程序

俄罗斯于1992年1月2日正式启动向市场经济的转型。至今，已过了20多个年头。俄罗斯作为苏联继承国，是中央集权的计划经济体制的发源地，实施这一体制时间最长。这使得俄罗斯社会生活的各个方面和各个层面都带有比较浓厚的集权特征。他们往往以谈判小组的形式出现，等级地位观念重，责任常常不太明确、具体。他们推崇集体成员的一致决策和决策过程的等级化。他们喜欢按计划办事，一旦对方的让步与其原定目标有差距，则难以达成协议。由于俄罗斯人在谈判中经常要向领导汇报情况，因而谈判中决策与反馈的时间较长。俄罗斯经济转型任务最为艰巨，在转型过程中出现的问题极为复杂，转型危机也十分严重，经济转型过程中参与了很多复杂的政治因素。与他们谈判要注意这些变化，搜集相关资料，做好应付复杂性和动荡性的准备。

（3）时间观念

俄罗斯有一句古老的谚语说："如果你打算出门旅行一天，最好带上一周的面包。"因为在俄罗斯难以预料和不确定的因素太多，包括谈判中的时间和决策、行政部门的干预、交通和通信的落后。他们认为，时间是非线性的，没有必要把它分成一段一段地加以规划。谈判时俄罗斯人不爱提出讨论提纲和详细日程安排，谈判节奏松弛、缓慢。不过，俄罗斯人比较遵守时间，在商务交往中，须事先预约。

（4）沟通方式

俄罗斯人喜欢非公开的交往，喜欢私人关系早于商业关系的沟通方式。一旦彼此熟悉，建立起友谊，俄罗斯人表现得非常豪爽、质朴、热情，他们健谈、灵活，乐于谈论自己的艺术、建筑、文学、戏剧、芭蕾等。他们非常大方、豪迈，长时间不停地敬酒，见面和离开都要握手。俄罗斯人是讨价还价的行家里手，善于运用各种技巧。常用的技巧有制造竞争、有的放矢等。他们缺乏外汇，比较欢迎易货交易。

（5）对合同的态度

俄罗斯人重视合同。一旦达成谈判协议，他们会按照协议的字面意义严格执行，同时，他们也很少接受对手变更合同条款的要求。在谈判中，他们对每个条款，尤其是技术细节十分重视，并在合同中精确表示各条款。

7）日本商人的谈判风格

（1）谈判关系的建立

日本人的谈判方式独特，被认为是"很难对付的谈判对象"或"圆桌武士"。日本人相信良好的人际关系会促进业务的往来和发展。他们十分重视人际关系。人际关系的建立及相互信任程度，决定了与日本人建立商务关系的状况。日本人相信一定形式的介绍有助于双方尽快建立业务关系。因此，谈判开始之初，日本商人会想方设法找一位与他们共事的人或有业务往来的公司作为谈判初始的介绍人。日本人往往通过私人接触建立联系，或通过政府部门、文化机构以及有关的组织安排活动来建立联系。为了进一步了解谈判对手，日本商人常常邀请谈判对方去饭店或其他场所。

（2）决策程序

日本商人的决策程序或步骤往往令谈判小组的每个成员感觉到自身参与的重要作用。其表现为两大特点：

一是自下而上，上司批准。先由下级或部属对某个方案进行讨论，然后再由上级领导决定。这一特点由于建立在充分讨论的基础上，因而容易执行，但决策时间过长，效率不高。

二是认同在先，集体决策。在谈判过程中，日本商人总是分成几个小组，任何个人都不能对谈判的全过程负责，决策必须征求全组人员的意见，任何决策只有在全组人员均认可后才能付诸实施。

（3）时间观念

认同在先，集体决策，使日本商人的决策过程较慢，并受到许多外国谈判人员的批评。因此，在与日本商人的谈判过程中，想急于求成是不太现实的。日本商人对截止日期、时间有限等不理不睬。在对方的各种压力之下，他们仍然心平气和、沉着冷静。另外，要让日本商人在谈判中畅所欲言，必须花大量的时间来发展与他们的私人关系。

（4）沟通方式

日本商人注重"面子"，不喜欢在公共场合发生冲突，往往采用委婉、间接的交谈风格。虽然他们表达方式大都清晰明了，但某些听似肯定的答复，实际为否定的回答。这种间接的沟通方式容易误导对方。

日本商人一旦同意了一项提议，做出某种决定，往往坚持自己的主张，很难改变他们的决定，因为改变决定需要参与谈判的全体成员的同意。

日本人的商业圈，注重礼仪。对对方的感激之情往往借助于馈赠礼品或热情款待对方等方式来表达。馈赠礼品的时间通常在岁末或其他节假日。

（5）对合同的态度

日本商人有一套自己的标准和原则。他们认为，相互之间的信任在业务往来中最重要，不必明白无误地签订详细的合同。这种观念正在发生变化。不过，即使有书面形式的合同，合同的内容也非常简短。他们大量依赖于口头协议。书面协议仅仅在纠纷产生时作为处理的参考文件。

美国人与日本人的谈判方式对比见表12-2和表12-3。

表12-2 　　　　　　　　　　**美国和日本谈判方式的对比**

美国	日本	持这种看法的比例（%）
直接式	间接式	61
快速	慢速	49
着眼于短期合同	着眼于长期合同	37
灵活	僵硬	33
不太重视面子	很强调面子	32

表12-3 　　　　　　　　　　**美国人与日本人谈生意的成功因素对比**

原因	很重要的成功因素（%）	重要的成功因素（%）	不太重要的成功因素（%）
美方代表的准备工作	67	23	5
美方代表的耐心	59	30	8
美方代表的诚意	59	28	16
个人关系	33	39	18
美方代表熟悉日本经商法	31	38	26
美方代表熟悉日本社会风格	22	31	33

8）中国商人的谈判风格

（1）谈判关系的建立

中国商人十分注重人际关系。在中国，建立关系是寻求信任和安全感的一种表现。在商业领域和社会交往的各个环节，都渗透着"关系"。"关系"成为人们所依赖的与他人、与社会进行沟通、联系的一个重要渠道。在商务交往中建立业务关系，一般情况下，应该借助于一定的中介，找到具有决策权的主管人员。

建立关系之后，中国商人往往通过一些社交活动来达到相互的沟通与理解。这些活动通常有宴请、观光、购物等。

（2）决策程序

决策结构和关系一样，人的因素始终是决定性的。从某种程度上说，中国企业的决策系统比较复杂，改革过程中企业的类型多，差异大。企业的高层领导往往是谈判的决策者，争取他们的参与，有利于明确彼此所需要承担的义务，便于执行谈判协议。

（3）时间观念

中国人对时间的流逝并不十分敏感。人们喜欢有条不紊、按部就班。在商务交往中，对时机的判断直接影响到交易行为。信奉欲速则不达，防止拔苗助长、急躁妄为。如果时机不成熟，他们宁可按兵不动也不草率行事。随着市场经济的确立和深入，中国人的时间观念不断加强，工作效率不断提高。

（4）沟通方式

中国文化追求广泛意义上的和谐与平衡。受儒家文化的影响，"面子"观念深入社会生活的各个方面与层次，并直接影响商务谈判。在商务谈判中，商人不喜欢直接、强硬的交流方式，对对方提出的要求常常采取含糊其辞、模棱两可的方法作答，或利用反问把重点转移。

名片被广泛使用在商业往来中。备好自己的名片是聪明的做法。通过名片的交换，可以了解到双方各自的等级地位，以便注意相应的礼节。

在沟通过程中，一些被西方人认为是交谈禁区的话题，如家庭状况、身体状况甚至年龄、收入等，都可以作为很好的加深了解的话题。不过，无论什么话题，都要表现得谦虚有礼。谦虚是儒家思想提倡的美德。

（5）对合同的态度

传统中国社会重视关系胜于重视法律。改革开放后，中国加强了法制建设和执法的力度，人们的法制观念和合同意识不断增强。中国正处于快速发展时期，大量条件发生变化后，政府和企业都可能对某些方面做调整，从而影响对事先签订的协议的履行。

12.2.3　中西方商务谈判风格比较

当我们考察了世界上部分国家的商务谈判风格之后，有了对商务谈判风格的感性认识和了解。下面，我们进一步从中西方文化划分的角度，再简略地比较一下基于中西方文化的商务谈判风格。

1）先谈原则与先谈细节

中国商人喜欢在处理细节问题之前先就双方关系的一般原则取得一致意见，把具体问题安排到以后的谈判中去解决，即"先谈原则，后谈细节"。而西方商人如美国人则往往是"先谈细节，避免讨论原则"。西方人认为细节是问题的本质，细节不清楚，问题实际上就没有得到解决，原则只不过是一些仪式性的声明而已。所以，他们比较愿意在细节上多动脑筋，对于原则性的讨论比较松懈。事实表明先谈原则必然会对后面的细节讨论产生制约作用。然而中西方对谈判原则的重视程度不同，常常导致中西方交流中的困难。美国一些外交官曾感受到中国人所具有的谈判风格对西方人的制约。专门研究中国谈判风格的美国学者查尔斯·弗里曼告诫西方外交界，在与中国人打交道时应"坚持先谈具体而特定的细节，避免关于一般原则的讨论"。

中国人重视"先谈原则，再谈细节"的原因在于：第一，先谈原则可确立细节谈判的基调，使它成为控制谈判范围的框架。第二，可以利用先就一般原则交换意见的机会来估计和试探对方，看看对方可能有哪些弱点，创造一些有利于自己的机会。第三，可以很快地把原则性协议转变成目标性协议。第四，先谈原则可以赢得逻辑上或道德上的优势。第五，通常原则问题的讨论可以在与对方的上层人物的谈判中确立下来，从而既避免了与实质性谈判中的下层人员（这些人对具体问题很精明）可能的摩擦，又能在一定程度上控制他们的举动。应当指出，先谈原则的谈判作风虽然有对于具体细节谈判的某种制约作用，但是在协议的执行过程中，如果对方对于自己的违约站定脚跟而对中国的批评不予理睬，那么这种手法就不会特别有效，因为毕竟依照原则精神来谈细节与依照原则精神来执行协议是两码事。

2）重集体与重个体

中西方在谈判中都既重集体，又重个体。西方人比较强调集体的权力（即"分权"）和个体的责任；中国人比较强调集体的责任和个体的权力（即"集权"）。

3）重立场与重利益

中国人比较重立场，而西方比较重利益。中国人由于自己的国民性把"面子"看得极重，在谈判中对于立场特别敏感。美国谈判学家雷法指出："如果谈判者在立场上争执时，他们会使自己更加陷入该立场中。你越澄清你的立场，越抵抗别人对它的攻击，你就越会执着于它；你越设法叫别人相信你不可能改变立场，你越难做到这一点。于是，你的'自我'变得与你的立场混为一体。你现在有了'保住面子'这项新利益——把未来的行动与过去的立场联系起来——也就越不可能达成一项调和双方最初利益的明智的协议……在立场上投入的注意力越多，越不会注意如何调和双方利益。任何达成的协议，都只不过是机械式地消除双方在最后立场上的歧见，而不是精心拟出符合双方合法利益的解决方案。这种协议不可能使双方都满意。"立场争执往往会使谈判陷入僵局，导致彼此的尖锐对立。多年的合作伙伴，会因此而分道扬镳，朋友从此会视同陌生人。

西方人对利益看得比立场更为重要。对任何人，评价其工作绩效的标准是看其谈判成果。一个在谈判中"勤恳稳重"有余而低效无利的谈判者，在西方人看来是绝对不能容忍的。"苦劳"在西方人眼睛里不可能被记入"功劳"簿。因此，一个在谈判中过分坚持立场而不能获得利益或放弃了应得利益的人在西方是不可能被重用或提拔的。由于西方的谈判者重效果而轻动机，他们对立场问题往往表现出极大的灵活性，在谈判中努力追逐利益。他们对待事物的态度，取决于其是否能为自己带来好处，是否会损害自己的利益。

对欧洲国家、美国和日本谈判风格的比较见表12-4。

表12-4　　　　　　　　　欧洲国家、美国和日本谈判风格比较

欧洲国家	美　国	日　本
传统的个人主义	个人奋斗的个人主义	传统的集体主义
个人领导	个人领导	集体一致领导
背景决定地位	成功决定地位	职务决定地位
注重诚实	注重奖励	注重名誉
没有耐心	非常没有耐心	很有耐心
简短的准备	很少的准备	长时间的准备
公平报价	合理报价	漫天报价
适当让步	很少让步	很大让步
有一定权力	有全部权力	没有权力
采用说服策略	采用进攻策略	采用协调一致的策略
提供允诺	进行威胁	信守合同
注重逻辑	注重事实	侧重直觉
追求满意的交易	追求最好的交易	追求长期的交易
避免损失	获得胜利	取得成功
讲究礼仪	不拘礼节	讲究礼貌
注重人际关系	重视法律	重视人际关系

相关链接：应对国际商务谈判中的文化差异的影响

本章小结 ✎

国际商务谈判是商务谈判的重要组成部分，是国内商务谈判的延伸和发展，是国

际商务理论的主要内容和核心。它是指在国际商务活动中，不同国家之间的商务活动主体为满足某一需要或达到某一目标而进行的讨论和洽谈的商业活动的总称。

从理论上讲，在国际商务活动过程中需要进行磋商的方方面面都是国际商务谈判的内容。国际商务谈判具有国际性、跨文化性、复杂性、政策性和困难性等特征。学好外语，正确认识并对待文化差异，熟悉国家政策和国际贸易惯例，具备正确的国际商务谈判意识，是谈判人员持续努力的方向。

不同国家的商人有不同的谈判风格。谈判风格具有对内的共同性、对外的独特性、成因的一致性等特点。了解谈判风格对从事国际商务谈判具有十分重要的指导意义。从"谈判关系的建立、决策程序、时间观念、沟通方式、对合同的态度"等角度，我们比较容易理解和把握不同国家商人的谈判风格。

因为文化的差异，中西方的谈判风格差异较大。中国人喜欢先谈原则后谈细节；西方人喜欢先谈细节再谈原则。中西方在谈判中都既重集体又重个体。西方人比较强调集体的权力和个体的责任；中国人比较强调集体的责任和个体的权力。在利益与立场方面，中国人比较重立场，而西方人比较重利益。

主要概念和观念

□ 主要概念

国际商务谈判　谈判风格

□ 主要观念

"先谈原则，再谈细节"　重立场与重利益

基本训练

□ 知识题

12.1　阅读理解

1）什么是国际商务谈判？它有哪些特征？

2）如何理解商务谈判风格"成因的一致性"？

3）做好国际商务谈判工作的基本要求有哪些？

4）我国商人在谈判中表现出来的主要风格有哪些？

5）中西方商务谈判风格有何不同？

6）美国、日本、英国、俄罗斯商人的谈判风格有哪些？

12.2　知识应用

12.2.1　选择题

1）国际商务谈判包括（　　　）。

（1）签约之前的洽谈阶段　　　　　（2）签约之后协议的履行阶段

（3）签约仪式举行阶段

2）正确的国际商务谈判意识包括（　　）。

（1）谈判是协商，不是"竞技比赛"

（2）谈判中既存在利益关系，又存在人际关系。良好的人际关系是实现利益的基础和保障

（3）国际商务谈判既要着眼于当前的交易谈判，又要放眼未来，考虑今后的交易往来

3）国际商务谈判的风格的特点有（　　）。

（1）对内的共同性　　　　　（2）对外的独特性　　　　　（3）成因的一致性

（4）个体的模仿性

4）根据文化人类学家霍尔对文化的分类，美国文化属于（　　）。

（1）高内涵文化　　　　　　（2）低内涵文化　　　　　　（3）中内涵文化

5）主张"先谈原则，后谈细节"的商人，主要是（　　）。

（1）日本商人　　　　　　　（2）美国商人　　　　　　　（3）中国商人

（4）欧洲商人

12.2.2　判断题

1）国际商务谈判是国际商务理论的主要内容和核心，是国际商务交易的讨论、洽谈等商业活动的总称。　　　　　　　　　　　　　　　　　　　　　（　　）

2）德国人喜欢"一锤子"买卖，比较急于求成。　　　　　　　　　（　　）

3）国际商务谈判与国内商务谈判一致，以实现商业利润为目标，以价格谈判为核心。　　　　　　　　　　　　　　　　　　　　　　　　　　　　　（　　）

4）法国商人比较喜欢为谈判制定严格的日程安排。　　　　　　　　（　　）

5）在国际商务谈判中，要以国际商法为准则，并以国际惯例为基础。（　　）

6）伦理道德对谈判几乎没什么影响。　　　　　　　　　　　　　　（　　）

7）日本商人认为，相互之间的信任在业务往来中最重要，不必明白无误地签订详细的合同。　　　　　　　　　　　　　　　　　　　　　　　　　　　（　　）

□ 技能题

12.1　规则复习

1）国际商务谈判

国际商务谈判是指在国际商务活动中，不同国家之间的商务活动主体为满足某一需要或达到某一目标而进行的讨论和洽谈的商业活动的总称。它是国内商务谈判的延伸和发展。

国际商务谈判的主要特征包括国际性、跨文化性、复杂性、政策性和困难性等。

开展国际商务谈判，必须重视外语学习。

2）商务谈判风格

商务谈判风格的主要特征包括对内的共同性、对外的独特性、成因的一致性等。

了解谈判风格对从事国际商务谈判具有十分重要的指导意义。

美国、加拿大、英国、法国、德国、俄罗斯、日本和我国的商人，在谈判关系的建立、决策程序、时间观念、沟通方式、对合同的态度等方面有不同的谈判风格。

从文化的角度比较中西方商务谈判的风格。

12.2　操作练习

12.2.1　实务题

用两三个例子分析说明：

（1）国际商务谈判有哪些特点？有哪些基本要求？

（2）中国人比较重立场，西方人比较重利益。

12.2.2　综合题

请收集资料或实例，从中西方文化划分的角度，比较中西方商务谈判风格的差异。

□ 能力题

12.1　案例分析

德国一家机械厂就引进A型装备与美方的谈判

2008年，德国一家大型机械厂为进口美国某公司生产的A型技术装备，派代表赴美谈判。美方很重视这次谈判，由公司负责人和两名高级工程师组成谈判组。

谈判一开始，美方采用先报价、报高价的方法，抛出了高于世界市场最高价格的开价，先声夺人，为谈判划定了框框，欲大赚一笔。

德方主谈人是精通技术也深谙谈判之道的厂长，此时他并没被美方的策略吓住，他一边耐心倾听对方的吹嘘，一边想好了应对招数。等到美方报价后，他便自信地说："我们是最讲究实际的，既然贵公司的A型技术装备世界一流，那么就请贵方把图样拿出来，让我们看看到底是哪里先进吧！"

美方只好把图样拿来摊开。德方主谈人从容地走到图样前，一边仔细看，一边时而向美方谈判代表比比画画、指指点点，中肯而又在行地分析图样中的问题，如哪些地方不够合理，哪些地方不如某个国家的先进等。

看着美方代表面面相觑，德方主谈又很有心计地给了美方一个台阶："我们10年前就研究过了，贵公司的液压系统对世界机械行业是有贡献的，只是今天贵方报价虚高，诚意不够。"并说："我们这次远道而来，也不愿空手而归，好在还有两家公司愿意和我们商谈，不行我们就和他们接触接触……"

此时，美方已深深地被德方折服，连忙说："我们继续谈，你们需要什么装备，我们尽可能提供什么，一切从优考虑，并希望今后贵我双方建立长期合作关系。"

问题：

1）分析本次谈判中双方的主要差异。

2）如何评价双方主谈的谈判表现？

12.2　网上调研

就欧洲商人的谈判风格进行网上调研。

12.3　单元实践

在斯德哥尔摩的一次会议上，我和培训部经理就总部设在瑞典的跨国家具连锁公司宜家（IKEA）培训采购人员达成协议。就在我准备去阿姆霍特与一些采购人员见面时，我打电话给他，说我的航班上午8：00离开斯德哥尔摩。他回答道："好！我知道你什么时候到达。"

当我到达他的办公室时，他有点疑惑地说："你到得太早了。我们以为再过半小时你也到不了。"

"我说过我8：00从斯德哥尔摩起飞。"

"我们知道，但你不可能到得这么早。"

"但我到了。"

"如果你8：00出发，不可能到。"

"我都在这儿了，怎么到不了？这是毫无疑问的。"

"从韦克舍出发的公共汽车再过1小时也到不了。"

"公共汽车？我租了一辆小汽车。"

"谁付的费？"

"你们。"

文化冲突发生了。宜家的规定是用公交工具，尽管我听说过很多次，但我忘记了确认这一点。我穿一件运动夹克，打领带也不合适，因为两者在该公司是禁止的。虽然我完成了在会面时要求做的事，但气氛并未向应该的方向发展。

资料来源　昂特．谈判无输家［M］．付山峰，译．海口：海南出版社，2001．

问题："为什么"气氛并未向应该的方向发展"？

实践要求：请从谈判关系的建立、决策程序、时间观念、沟通方式、对合同的态度等方面，结合网上调研，分析瑞典商人的谈判风格。

综合案例

上海某重点工程国际招标项目的谈判

上海某重点工程，是由世界银行提供贷款的国际招标项目。参加投标的中外厂商有多家，竞争十分激烈。该项目属于综合性工程，既有国产设备，又有进口设备，既有技术引进，又有中外合作生产。招标单位经过开标、评标、决标，并征得世界银行同意后授标于四家联合组成的投标集团。该投标集团中，两家为中方单位，他们是上海 M 进出口公司和上海 N 工程公司；另两家为外方单位：X 公司和 Y 公司。这两家外方单位，经过调查，都是国际有名的专业公司，历史悠久，有先进的生产设施和一流的技术力量，其产品质量可靠。投标集团的四家单位，在联合投标前签订了"四方合作协议书"，就各方的分工负责、权利义务等做出了原则性规定，并商定由上海 M 进出口公司为集团的主承办单位。

授标之后，中标集团与招标单位还必须对总承包合同中的商务和技术条款的内容进行磋商，达成协议后，再签署合同。

与此同时，中标集团中的中方单位与外方单位，就分合同（即进口合同）进行了谈判。这一谈判，异常艰巨。外方的意图，是迫使中方接受他们所拟订的厚厚一大本分合同条款及附件。根据该分合同及附件，外方把原已承诺的责任尽量缩小，变相提高了原承诺的价格。例如，X 公司投标前承诺担任项目系统设计人，但投标后该公司在拟订的分合同中改称为咨询人，其责任大大减轻。经中方根据"四方合作协议书"的规定指出后，X 公司不得不在分合同中做了更改。又如，X 公司与 Y 公司在报价单中开列的支付条款超出了招标书规定范围，在分期支付的最后四期付款中加上了每期付款须规定最后期限这一条。这样，中方在谈判进口合同时，不得不用自己名义向外方出立保函，从而使中方在支付条件上承担了额外责任。再如，Y 公司在报价单中将安装调试指导人员的费用报价不写进去，而注有详见某附件字样。事后发现，所报价格只包括其技术人员来华后的工资和伙食费，其他费用诸如往返机票、宾馆住宿费、每日工地津贴、每日从宾馆至工地来往交通费、工地办公室安装空调和程控电话以及长途电话费、传真费等均需由进口方负担。这些费用都写在了附件的报价说明中，即外方的报价实际上是"开口"的。这一变相提价的手法在谈判进口合同时才发觉，为时已晚，并且外方在谈判中对中方就分合同条款提出的修改意见采取拖延策略。例如，对某些明显不合理的条款，讨论半天仍不同意修改；对已谈妥的条款，第二天又予推翻；以"提前回国""不再继续讨论"等借口，对中方施加压力。

外方之所以如此，是因为他们有下列有利条件：

（1）外方已从投资集团的成员变为中标集团的成员，中方已不能摆脱他们，必须与他们签订分合同。

（2）中标集团在与招标单位签订总承包合同时，将由主承办的上海 M 公司代表其成员签字，但在签字前需由其他成员出具授权书。而外方则表示在分合同未谈妥前不准备出具授权书给主承办单位，显然，主动权在外方手里。

（3）外方为国际投标业务的老手，早在联合投标前，就将所涉及的报价单中的重要问题，如支付条款等，拟订得对自己有利，有些已经理下伏笔。现在外方把它们列入分合同条款是有根据的，其根据就是原报价单。

（4）离签订总承包合同的时间已不多，外方认为中方不可能逐字逐句讨论外方拟订的分合同条款及附件的全部文本，也不可能在短时间内拟出中方的分合同及附件文本。因此，外方尽量拖延谈判时间，使中方到时候只能使用外方文本，否则将无法如期与招标单位签订总承包合同。

中方认识到外方所处的有利地位的同时，也掌握了他们的弱点，即外方绝不愿意使谈判破裂，绝不可能空手回国。因为总承包合同是中标集团全体成员的共同目标，倘若由于集团内部的原因最终不能与招标单位签约，则分合同也就不能成立。这样，外方的谈判代表就无法回去交代，特别是 X 公司的销售经理为了这一项目已先后来上海 20 余次，据估算其差旅费已近 10 万美元，如果不拿回订单，其处境的尴尬可想而知，所以，外方表面上强硬，其背后也很虚弱。

中方分析了以上情况后，认为只要与外方进行有理、有利、有节的谈判，问题是可以解决的。谈判的目标应予坚持，外方应负的责任，必须按照"四方协议书"的规定来执行，不允许从原有立场后退。其他的原则性问题，可适当让步。至于价格，只要在原报价总金额不变的情况下，允许外方对某些项目做适当的调整。另外，考虑到谈判时间短、谈判内容多，中方在谈判方式上采取了以下措施：

（1）与外方谈判的时间，不受办公时间的限制，晚上、星期天都可以安排。

（2）外方有两家，可分为两个小组进行谈判，但共同性的问题，则集中后以大组进行。

（3）端正外方盛气凌人的态度，向外方严肃指出，谈判各方的地位是平等的，一方将自己意志强加于他方的行为是不能接受的。此外，为了防止外方出尔反尔，每谈妥一页后就在该页上由中外各方谈判代表小签。

（4）对分合同条款及附件内容基本上可以接受的部分，可以外方所拟文本为谈判基础。对于原则上不能接受的部分，则由中方所拟文本作为谈判的基础。同时，中方就分合同中的某些重要条款，如外方应负的责任、质量的保证、检验和索赔等，以及某些附件内容，如安装、调试指导等，均自行起草作为外方文本的反建议提高讨论。

（5）对外方提出的难度较大的问题，不立即单独解决，而是与其他问题合并起来研究后一揽子解决。

中方在采取了以上各项措施后，总的来说，基本上掌握了谈判主动权，谈判进度得以加快。经过十几个日夜的艰苦谈判，原定的谈判目标在预定期限内完成，各方分别签订了分合同，外方也出具了授权书，中标集团的主承办单位——上海 M 进出口公司与招标单位，在约定的日期前签订了总承包合同。

问题：

1）本案例按谈判内容属于哪一类型？具体内容包括什么？

2）本案例按谈判参与方的数量属于哪一类型？

3）案例中外方采用了哪些做法变相提高了原承诺的价格？

4）案例中外方如何采用拖延策略？

5）谈判中中方对外方提出的难度较大的问题采取了哪些谈判模式？

6）工程招标项目谈判应如何选择进口伙伴？

7）联合投标方式的合作伙伴之间签订协议书应注意什么？

8）联合投标在中标后，外方随身份改变而态度改变，应如何应对？

9）面对外方在投标时可能有意做的某些手脚，应如何防范？

10）招标业务中进口合同文本及附件应如何准备？

综合实践

商务谈判实例及工作经验介绍

请某大中型公司负责商务谈判的人员，介绍该公司近一两年商务谈判活动的实例及个人的工作经验和体会。

主要参考文献

[1] 李逾男，杨学艳．商务谈判与沟通 [M]．2版．北京：北京理工大学出版社，2017．

[2] 蔡利华．柔性谈判攻略 [M]．北京：中国财富出版社，2017．

[3] 李娟娟．FBI谈判术 [M]．畅销3版．北京：中国法制出版社，2017．

[4] 莫德．国际商务谈判原理与实务 [M]．吴锡明，译．北京：中国人民大学出版社，2016．

[5] 尤里．内向谈判力 [M]．陈柳，译．北京：中信出版集团，2016．

[6] 尼尔，利斯．优势谈判心理学 [M]．王正林，译．北京：新世界出版社，2016．

[7] 科恩．超级谈判术 [M]．周江源，译．武汉：武汉大学出版社，2015．

[8] 陈文汉，徐梅．商务谈判实务 [M]．北京：清华大学出版社，2014．

[9] 袁其刚．商务谈判学 [M]．北京：电子工业出版社，2014．

[10] 李维．破解谈判密码 [M]．北京：新华出版社，2013．

[11] 迈尔．制胜谈判 [M]．丛铭辉，王焕明，译．合肥：时代出版传媒股份有限公司，安徽人民出版社，2013．

[12] 杨祖江．这样谈判才能赢 [M]．北京：经济科学出版社，2012．

[13] 蔡彦敏，祝聪，刘晶晶．谈判学与谈判实务 [M]．北京：清华大学出版社，2011．

[14] 李维．谈判中的心理学 [M]．北京：清华大学出版社，2011．

[15] 毛晶莹．商务谈判 [M]．北京：北京大学出版社，2010．

[16] 金依明，杜海玲．商务谈判实务 [M]．北京：清华大学出版社，2010．

[17] 杨晶．现代商务谈判 [M]．北京：中国人民大学出版社，2009．

[18] 王绍军，刘增田．商务谈判 [M]．北京：北京大学出版社，2009．

[19] 汤秀莲．国际商务谈判 [M]．天津：南开大学出版社，2008．

[20] 李品媛．现代商务谈判 [M]．大连：东北财经大学出版社，2008．

[21] 孙平．当代商务谈判 [M]．武汉：武汉大学出版社，2007．

[22] 刘园．国际商务谈判 [M]．北京：中国人民大学出版社，2007．

[23] 刘志超．商务谈判 [M]．广州：广东高等教育出版社，2006．

[24] 贾蔚，栾秀云．现代商务谈判理论与实务 [M]．北京：中国经济出版社，2006．

[25] 郭芳芳．商务谈判教程——理论·技巧·实务 [M]．上海：上海财经大学出版社，2006．

[26] 龚荒．商务谈判与推销技巧 [M]．北京：清华大学出版社，北京交通大学

出版社，2005.

　　［27］王洪耘. 商务谈判［M］. 北京：首都经济贸易大学出版社，2005.

　　［28］林逸仙，蔡峥，赵勤. 商务谈判［M］. 上海：上海财经大学出版社，2004.

　　［29］陈向军. 商务谈判技术［M］. 武汉：武汉大学出版社，2004.

　　［30］科恩. 经理人谈判技巧［M］. 陈皙，译. 海口：海南出版社，2003.

　　［31］丁建忠. 商务谈判［M］. 北京：中国人民大学出版社，2003.

　　［32］丁建忠.《商务谈判》教学指引［M］. 北京：中国人民大学出版社，2003.

　　［33］柯里. 国际谈判——国际商务谈判的策划与运作［M］. 朱丹，陆晓红，等，译. 北京：经济科学出版社，2002.

　　［34］方丽. 商务谈判理论与实务［M］. 上海：上海交通大学出版社，2002.

　　［35］樊建廷. 公共关系学［M］. 北京：中国商业出版社，2001.

　　［36］曾宪义. 以案说法·经济法篇［M］. 北京：中国人民大学出版社，2000.

　　［37］赵国柱. 商务谈判［M］. 修订版. 杭州：浙江大学出版社，1999.

　　［38］李扣庆. 商务谈判概论——理论与艺术［M］. 上海：东方出版中心，1998.

　　［39］杰勒德. 哈佛谈判学［M］. 佚名，译. 成都：西南财经大学出版社，1998.

　　［40］朱兵. 第一流的商务谈判［M］. 北京：中国发展出版社，1998.

　　［41］许晓明. 经济谈判［M］. 上海：复旦大学出版社，1998.

　　［42］樊建廷. 广告管理学［M］. 北京：经济科学出版社，1996.

　　［43］万成林，舒平. 营销商务谈判技巧［M］. 天津：天津大学出版社，1996.

　　［44］张祥. 国际商务谈判——原则、方法、艺术［M］. 上海：上海三联书店，1995.

　　［45］郭秀闳. 商务谈判制胜艺术［M］. 济南：山东人民出版社，1995.

　　［46］赵景华. 国际工商谈判技巧［M］. 济南：山东人民出版社，1994.

　　［47］樊建廷. 企业公共关系战略［M］. 北京：中国经济出版社，1994.

　　［48］余明阳，薛可. 谈判艺术［M］. 长春：吉林大学出版社，1993.

　　［49］曹昌厚. 商务谈判指导［M］. 北京：人民日报出版社，1993.

　　［50］张强. 谈判学导论——谈判的理论与实践［M］. 成都：四川大学出版社，1992.

　　［51］李翔. 经济谈判［M］. 北京：中国经济出版社，1991.

　　［52］成志明. 涉外商务谈判［M］. 南京：南京大学出版社，1991.

　　［53］马什. 合同谈判手册［M］. 章汝奭，主译. 上海：上海翻译出版公司，1988.

　　［54］巴罗，艾森. 谈判技巧［M］. 柳晓华，等，译. 北京：煤炭工业出版社，1988.

　　［55］雷法. 谈判的艺术与科学［M］. 宋欣，孙小霞，译. 北京：北京航空学院

出版社，1987.

　　[56] 斯科特. 贸易洽谈技巧 [M]. 叶志杰，卢娟，译. 北京：中国对外经济贸易出版社，1986.

　　[57] 尼尔伦伯格. 谈判的艺术 [M]. 曹景行，陆延，译. 上海：上海翻译出版公司，1986.